学術選書 082

世界単位 日本

列島の文明生態史

高谷好一

KYOTO UNIVERSITY PRESS

京都大学学術出版会

〈風土〉の共生の道を求めて――はじめに

私は今、この小さな本をほぼ書き上げた。書名を『世界単位 日本――列島の文明生態史』とした。日本という風土の成立をアジアの生態史のなかに位置づけるのが狙いだ。これまで私は世界の地域を足で歩いて、世界がいくつかの〈単位〉で作られていると主張し、それを世界単位と呼んできた（『「世界単位」から世界を見る』（一九九六／二〇〇一年）『世界単位論』（二〇一〇年）いずれも京都大学学術出版会、など）。そして私たち自身の地域、日本も一つの世界単位であると述べたが、それがどのようなもので、どういう歴史的経過を経て創られたのかについては、きちんと論じてこなかった。八〇歳を超えて、その不足を補いたいと思うようになり、書いたのがこの本である。

日本史は考古学的知見も含めて、膨大な資料があり、緻密な考証が山ほどある。日本史の門外漢が専門家の知見に付け加えることはできようもない。ただ、生態と風土から生まれ、外文明の移入で変容する地域像を世界大で見てきた目で見直すと、日本という地域の事象の見方に新たな切り口も生まれるように思う。それぞれの分野の専門家には、知識の不足を痛罵されることも時にあるとは思うが、そうした勇み足を願わくば御寛恕お願いしたい。

とはいえ、この本をいささか能天気に書いてきたことに私は自責の念を覚えている。私自身、この小冊の執筆中、この内容だけでは不十分だなと、しばしば考えていた。テロや難民急増の問題、そこに断面が現れている世界の共存の問題について、私自身がどう向き合うかという自省である。たとえ日本というものを文明論的に考えたとしても、地球世界にそれをどう繋げるのか。それが気になっていた。一国文明論は、いつかの時点で地球文明論とでもいうべきものの中で考え直さねばならない。あるいは、それに発展させていかねばならない。そんなことを考えていた。

この小冊がほぼ脱稿したとき、たまたま友人の吉村元男に出会った。「地球文明学を一緒にやりませんか。『世界単位論』はいいスタートになると思っています」と誘ってくれた。そのとき、彼は『コモンズの都市』という稿本を抱えていた。私はそのタイトルを見て、すぐに彼の考えている方向が理解できた。自分のやって来たのとはだいぶ違う。だが、私は即座に、これはいけると思った。「ぜひ、やろう。今すぐに。とにかく二人で始めればよい」と答えた。同じ京都大学探検部の先輩と後輩ということで、私は彼に絶大な信頼をおいているのである。ただ、彼の『都市のコモンズ』にいささかの違和感をもったのは、「土地の主」、「土地の魂」から私は足を洗うことはできない、という一点だった。普遍論理と「土地の主」、「土地の魂」の間の葛藤と共生については、本書の中でもずいぶんと考えてみた。今度は、それを地球全体に広げる必要がある。これは至難の業だな、というのが偽らざるところだ。

私の当面の答えは、その土地の生態と歴史の産物である個人が、自由に生きる、ただ真誠惻怛に生きること。それが地球文明全体を考えて、共生の道をさぐる答えのようにしか見えない。しかし、もう少し良い仕掛けを見つけられるのなら、それは大きな儲けものである。すぐにでもそれを見つける旅に出たいと思っている。

＊　＊　＊

本書はいわば、その旅立ちのための書なのであるが、旅の準備として本書の構成について紹介しておきたい。

先に述べたように、本書は日本という世界単位の特質を明らかにすることが狙いだが、そのために全体を大きく二部構成とした。第一部は「アジア概観」であり、第二部は「日本の形成」である。世界単位日本は東アジア、東南アジアの辿った歴史の中で析出し、その生態史、文明及び人の移動と分かちがたい。その中に於いて見ることで、日本の外文明と内世界統合の特質が明瞭になると考えるからである。

第一部では、日本を取りまくアジア全体の基本構造を、森と海という二つの生態、それに野の世界すなわち文明区という三本の柱を建てて理解しようとしている。

第Ⅰ章は「大陸の森」である。ここには「南の森」（Ⅰ―1）と「北の森」（Ⅰ―3）があるとする。南の森はさらに「照葉樹林」（1―a）、「亜熱帯林」（1―b）、「熱帯林」（1―c）に分かれるとして、それぞれにどんな生活や生業があるのかを述べる。

この南の森については、特に「南の森の川沿い」（Ⅰ―2）という章を設けている。南の森と区分される地帯の川沿いには水稲耕作が広く行われていて、世界単位日本を強く規定している稲作文明を作り上げたからである。ここでは「稲作の出現と展開」（2―a）を中心に論じている。

北の森は「亜寒帯常緑針葉樹林」（3―c）と「温帯落葉広葉樹林」（3―d）に分けている。前者は狩猟とトナカイ放牧が中心の地である。後者では狩猟も行うが、農耕が古くから行われている。

第Ⅱ章「海の世界」では、特に「東南アジアの海」（Ⅱ―1）を詳しく論じた。ここでは「スンダ陸棚」（1―a）、「ウォーレシア」（1―b）、「南シナ海」（1―c）に分け、それぞれの特質を述べている。海は文化を運んだ媒体であると同時に生活の場でもあるから、その様を示している。

アジア大陸では南の森と北の森の間に、中華世界とその周辺とでも呼んでよい地域がある。この部分の性格をはっきりさせるために、第Ⅲ章「草原、砂漠、中華世界」を設けている。そして、それを「草原」（Ⅲ―1）、「砂漠とオアシス」（Ⅲ―2）、「中華世界」（Ⅲ―3）と分けて論じた。

草原は遊牧が行われ、騎馬民族が活躍した場である。チンギス・カンの頃には世界帝国を建設した。砂漠、オアシスは商人の世界である。古来シルクロードとして知られている。中華世界としたものは、秦、漢以降、大帝国を作った文明の中心地である。これらのことを論じている。

これらの三地区は、決してばらばらに存在してきたのではない。むしろ、お互いに極めて強く関係し合いながら生きてきた。その意味では、一体のものと見ても良いようなところがある。このことに特に注意しながら論じるようにした。

また第Ⅲ章では「韓半島など」(Ⅲ—4)という節を設けている。ここは、原植生は温帯落葉広葉樹林だが、ツングース系の人たちが広がったところである。歴史的に見ると、日本列島と特に密接な関係を持ったところなので、その点に留意して記述している。

以上、アジア全体をふかんした上で、第二部では日本そのものを論じる。

第Ⅳ章「列島の森と野と海——縄文文化の生態史」では、縄文時代に列島にどんな生態があったかを見ている。ここでは「列島の森」(Ⅳ—1)と「列島をとりまく海」(Ⅳ—2)を鳥瞰している。

第Ⅴ章「米と銅・鉄——弥生文化」では、「稲作文化」(Ⅴ—1)が大陸からどのようにして伝播して来たか(Ⅴ—2、Ⅴ—3)を見、それが日本で「弥生社会」(Ⅴ—4)をどのようにして作り上げたかを論じている。私の住む近江の野洲川デルタは弥生遺跡が極めて密に分布するところなので、この地における弥生社会の展開に関して少し詳しく検討し、「環濠と異人」(5—a)、「米プランテーション」(5—b)、「銅鐸文化圏」(5—c)などについて私見を述べている。

第Ⅵ章「国連合から王国へ——天孫思想の到来」では、古墳時代を扱っている。私は、日本国はその萌芽が古墳時代に作られたと考えているが、ここでは「古墳の出現と盛衰」(Ⅵ—1)、「ヤマトの抬頭」(Ⅵ—2)などについて考える。さらに、こうした離陸が起こったのは草原から「天孫思想の到来」(Ⅵ—3)があったからだと述べる。この時期には「渡来人たち」(Ⅵ—4)の到来があって、列島の開発はずいぶん進んだ。「飛鳥時代」(Ⅵ—5)になると、渡来文化の影響は一段と大きいものになり、列島はいよいよ日本国を生むように動いていく。

第Ⅶ章「日本国の確立――律令制の導入と在地化」では、藤原京の時代から平安京の時代までを論じている。飛鳥時代に動き出した日本国建設は、いよいよ形を整え、「律令国家日本の成立」（Ⅶ―1）がなった。列島は唐の律令を真似て律令国家を作ったのだが、ただ一点、唐と大きく異なる形を作った。天子に代えて天皇制を作ったことである。これは何故か？私は、それは「日本の基底にある南性」（Ⅶ―2）のためだと論じた。草原、砂漠系の華北と違って、日本列島は森で覆われた南の国だからである。この日本国は「藤原京時代」（3―a）、「平城京時代」（3―b）「平安京時代」（3―c）と推移していった。平安時代になると、律令制はゆるんで貴族の時代になるが、その後半には武家が抬頭してくる。

第Ⅷ章「中世武家の時代――分裂と進出」は「フロンティアに開かれた鎌倉幕府」（Ⅷ―1）と「北条執権時代」（Ⅷ―2）、「室町幕府の時代」（Ⅷ―3）に分けて見ている。この時代の特徴は政治の中心が京の貴族の手から離れたことで、社会全体に地方の臭いが強くなったことである。また農村が力をつけ「惣村の出現」（4―b）があった。日本が京都だけでなく、地方に広がっていくときである。地方への拡散は「併合された蝦夷地」（4―c）という形でも起こっている。

第Ⅸ章「陸海あげての激動期――近世への胎動」では、「戦国の群雄割拠と下克上」（Ⅸ―1）と「織豊時代」（Ⅸ―3）を扱っている。戦国時代には惣村は前の時代よりもさらに強くなり、しばしば、戦国大名と戦うほどにもなった。自己救済の体質が日本の田舎に満ちるようになったのは、この時期である。この時期は、また銀山開発を始めとして鉱工業が飛躍的に発展（Ⅸ―2）した時期でもある。分裂的であった日本を統一したのが「織田信長」（3―a）と「豊臣秀吉」（3―b）である。この時代は、人々が「海への進出」(IX―4)を行った時代でもあった。

第X章「近世日本国の成熟――江戸時代」では江戸時代を扱っている。ここでは「徳川幕府」(X―1)の諸政策を見ている。また「地域社会の充実」(X―2)の様を見ている。

第XI章「脱亜から戦争へ――明治以降」では、幕末から明治と、それ以降のことを述べている。幕末には「列強の到来と開国」(XI―1)があった。そして、それは維新につながっていった。この過程で多くの海民系の人たちが活躍したことを述べている。

明治新政府は数々の大改革を行った(XI―2)。それはもう、「革命的な変革」(2―c)といってもよいものだった。しかし、それは同時に旧来の路線を捨てた「脱亜入欧」(2―d)であった。この結果、日本は列強に伍すことになったが、それは「世界大戦へ」(XI―3)の道でもあった。

以上がこの小冊の内容である。

そして、「第二部のまとめ」では、こうして大事に一生懸命作り上げてきた〈世界単位〉日本は、実にユニークなものであるから、まず、そのことを確認したい、そして、多文明共存の地球世界の建設に向かいたい、としている。

＊　＊　＊

このように、第二部は全体として編年的に構成はしたが、読者は一読して、奈良、京、江戸(東京)、大坂(大阪)といった、ふつう日本史では中心的に扱われる大都市について、あまり記述されていないことに気づくだろう。もちろん、これは意図あってのことである。

一つには、この四半世紀で、政治中心であったこうした都市以外の歴史資料や考古学的な知見に基づいた、地方の様子を活写した研究が蓄積され、地方の視点からの考察ができるようになった、ということがある。

しかし、私の意図はその先にある。一次生産から切り離された都市の歴史を見ていては、日本を生態史的に捉え直すことができないからだ。これまでの歴史観、社会観は、多かれ少なかれ、都市の視点に基づいていた。それは権力的なまなざしとも言って良いが、そうした視点からは、積極的な意味での地域の共生という発想は出てこない。生態史という視点で、地域の風土、暮らし方から考えて初めて、地域の特性、現実の地域の在り方に即した共生の道が探れるのだと信じるからである。その際、私は近江（滋賀県）の話をしばしば取りあげる。実は私は近江守山の出身で、それだけ言うと何か故郷万歳を唱えているように受け止められかねないが、そうではない。まず、近江に生まれて、京都での研究生活の間も長く近江に住まったことから、地域の資料や研究にアクセスしやすかった、ということはある。そして何より、本書で描き出すことになる、プランテーションとしての稲作の拡大、外文明（または海域）との関わり、そして「天子」とは違った「天皇」概念の誕生という三つの論点で日本の文明生態史を考える上で、近江が典型的な地域となっていると考えるからである。

また、私は世界単位論から見た共存のメッセージを、出来るだけ多くの人々に知っていただきたいと考えて本書を書いた。したがって本書は主な読者を高校生以上の学生、市民としている。そのため、引用する研究書、研究論文も、できるだけ専門家以外の読者に馴染みやすいものとするように努めた。それらに関心を持った読者は、ぜひ自分でも読んで欲しいし、さらに興味があれば、そうした研究書に示された専門の研究論文にも当たって欲しい。歴史学、考古学、農学、生態学等々、様々な視野からこの日本を見直して欲しいと思うからである。

世界単位日本——列島の文明生態史◉目　次

〈風土〉の共生の道を求めて——はじめに　i

第一部　アジア概観——生態区と文明区　1

第Ⅰ章……大陸の森　3
Ⅰ—1—南の森　4
Ⅰ—2—南の森の川沿い　28
Ⅰ—3—北の森　50

第Ⅱ章……海の世界　69
Ⅱ—1—東南アジアの海　70
Ⅱ—2—北の海　130

第Ⅲ章……草原、砂漠、中華世界　133
Ⅲ—1—草原　134

Ⅲ―2―砂漠とオアシス 151
Ⅲ―3―中華世界 163
Ⅲ―4―韓半島など 182
第一部のまとめ 190

第二部 日本の形成――内世界と外文明 197

第Ⅳ章……列島の森と野と海――縄文文化の生態史 199
Ⅳ―1―列島の森 200
Ⅳ―2―列島をとりまく海 212
Ⅳ―3―日本語を生んだ日本列島 225

第Ⅴ章……米と銅・鉄――弥生文化 229
Ⅴ―1―稲作文化 230

V—2—大陸から押し出された稲作　234
V—3—西日本に見る三つの文化圏　236
V—4—弥生社会の展開　241
V—5—弥生社会をどうみるか　246

第VI章……国連合から王国へ——天孫思想の到来　253

VI—1—古墳の出現と盛衰　254
VI—2—ヤマトの抬頭　261
VI—3—天孫思想の到来　271
VI—4—渡来人たち　275
VI—5—激動のピーク飛鳥時代　279

第VII章……日本国の確立——律令制の導入と在地化　285

VII—1—律令国家日本の成立　286
VII—2—日本の基底には南性がある　289

Ⅶ—3—藤原京から平城京、平安京へ 295

第Ⅷ章……中世武家の時代——分裂と進出 307

Ⅷ—1—フロンティアに開かれた鎌倉幕府 308
Ⅷ—2—北条執権時代 313
Ⅷ—3—室町幕府の時代 317
Ⅷ—4—動き出した地方 320

第Ⅸ章……陸海あげての激動期——近世への胎動 329

Ⅸ—1—戦国の群雄割拠と下克上 330
Ⅸ—2—経済と文化 339
Ⅸ—3—織豊時代 341
Ⅸ—4—海への進出 348

第Ⅹ章……近世日本国の成熟——江戸時代 365

Ⅹ—1—徳川幕府 366

X—2—地域社会の充実　376
X—3—活発になった沿岸航路　382
X—4—新しい日本の中心の出現　385
第XI章……脱亜から戦争へ——明治以降　387
XI—1—列強の到来と開国　389
XI—2—新政府の行った大改革　406
XI—3—世界大戦へ　418
第二部のまとめ　425
終　章……日本、「周辺」そして世界の共存　435
世界単位論を引き継ぐ同時代人に——跋に代えて　457
索　引　461

第一部――アジア概観――生態区と文明区

いささか捨象が過ぎると見えるかもしれないが、アジアは図1に示したように分類できるのではないかと私は考えている。ここには北の森、草原、砂漠、チベット高原、南の森、海の世界の六つの生態区と中華世界とインド世界の二つのコスモロジーで纏められた地区が示してある。

第一部ではこうした区分に従って、それぞれの地区について論じていきたい。ただし、チベットとインドについては割愛する。日本との関係は本書の意図と別のものになり、分量も本書の枠を超えるからであるが、前著『「世界単位」から世界を見る』や『世界単位論』の中でそれらの地域は論じているので、関心のある読者は是非参照していただきたい。

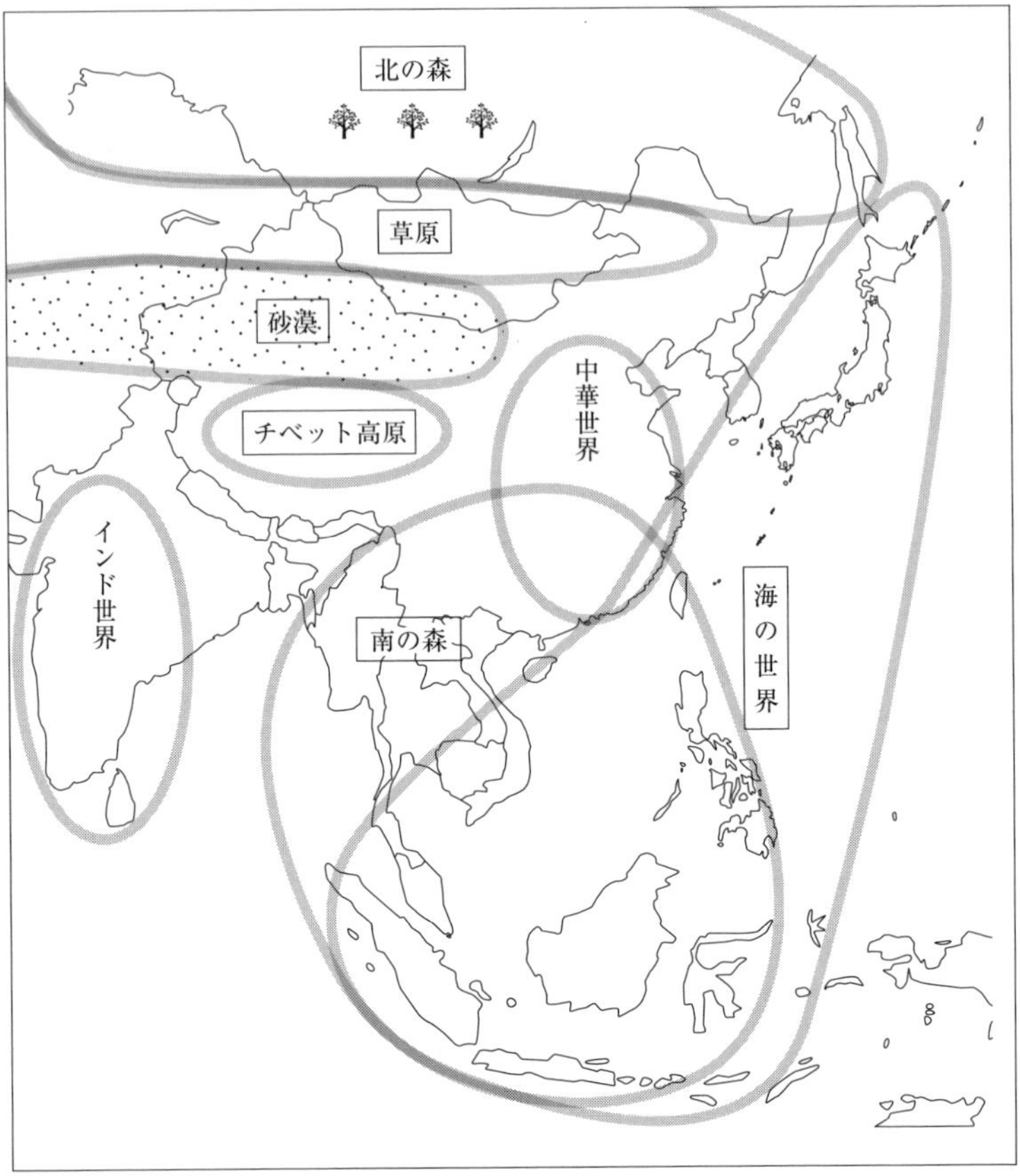

図1●アジア大陸鳥瞰（方形枠は生態区、方形枠のないものは文明区）

第Ⅰ章

大陸の森

大陸の森は北の森と南の森があるのだが、まず南の森から見ていこう。

I―1　南の森

これは長江より南の森である。中国の南部には照葉樹林帯がある。その南には大陸東南アジアを覆っている亜熱帯林があり、さらにその南には島嶼部東南アジアを覆っている熱帯林がある。この三つの森林を含めて南の森といっている。この三つの森の内容をざっと見てみたい。

1―a　照葉樹林

イ　照葉樹林文化

照葉樹林というのは、日本だと大きな神社の鎮守の杜などの形で残っている常緑林である。この型の森林がネパールから中国の南部を通り、日本列島の西半分に広がっている。その分布は図2に示してある。ここには照葉樹林文化が広がっていたのだという。

照葉樹林文化ということを最初に言い出したのは、中尾佐助である。ネパールを歩いていて、そこには日本にあるのと非常によく似た食材があることを見出した。ナットウ、ミソ、豆腐、麺、チマキ、モチ、

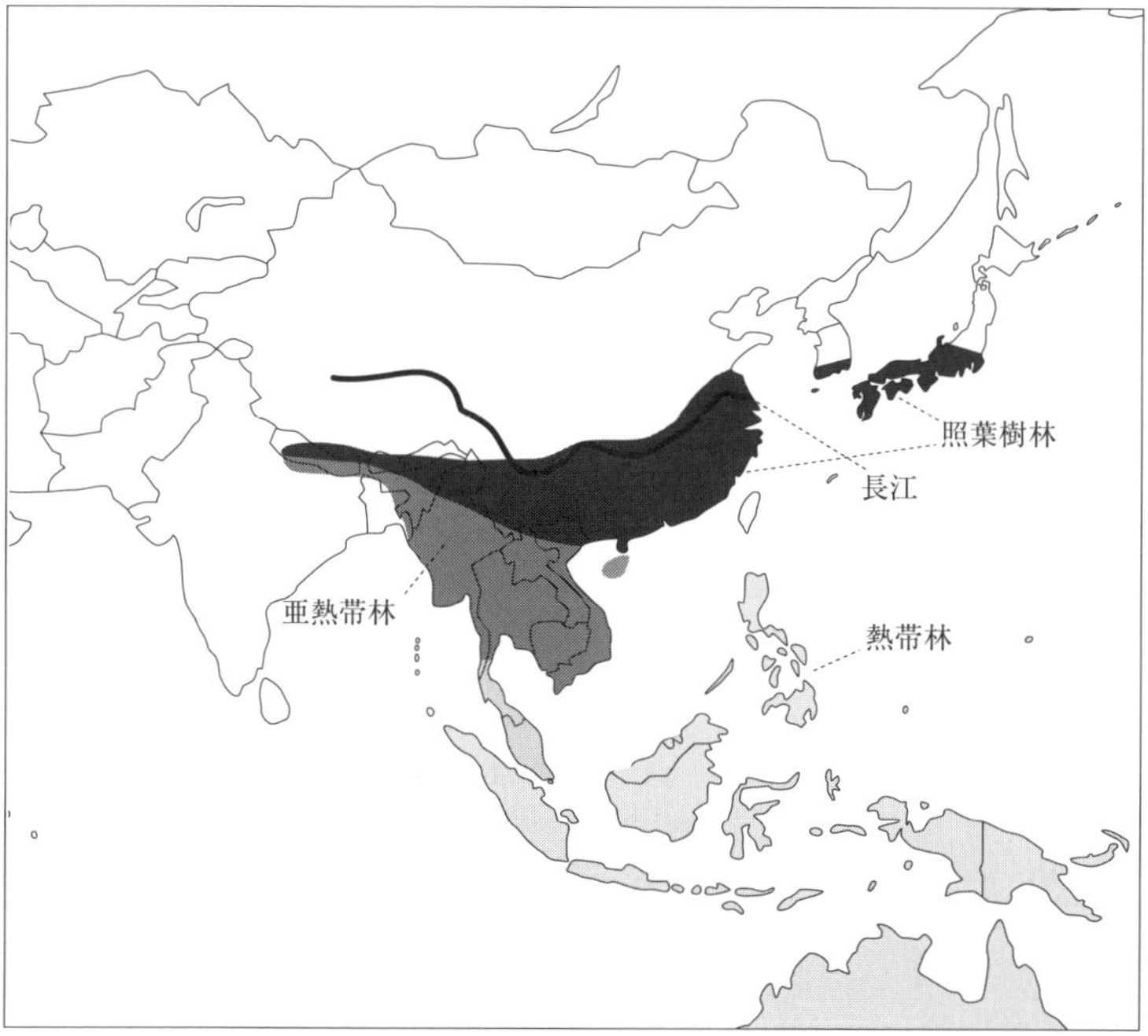

図2●南の森の分布

茶等である。他に、絹や漆などもある。日本とネパールに共通するこれらのものは、照葉樹林にくっついたものだと考えて、ここに照葉樹林文化の存在を提唱した。この考えが初めて発表されたのは、中尾佐助「農業起原論」（森下正明・吉良竜夫編『今西錦司博士還暦記念論文集Ｉ　自然――生態学的研究』中央公論社、一九六七年　所収）だ。その後、一九六九年には上山春平編『照葉樹林文化――日本文化の深層』（中央公論社）、さらに『続・照葉樹林文化』（上山春平、佐々木高明、中尾佐助、中央公論社、一九七六年）が出て、この学説はどんどん深められていった。

ロ　照葉樹林帯の現状

(i) ネパール

照葉樹林文化論の内容についてはこれらの本を読んでいただきたいが、私は照葉樹林帯の現状をこの眼で見てみたいと思って、一九七五年にインドとネパールの国境ビルガンジからランタン・ヒマラヤまで歩いた。その時のルートを断面図にすると、図3のようになる。このときの観察記録は、CIAS Discussion Paper No. 22『地域研究アーカイブズ　フィールドノート集成4』(二〇一二年、三六七―五六三頁)に詳しく記してあるが、結論だけ言うと次のようなものだった。

ヒマラヤ南麓の照葉樹林帯は、インドの平原を中心に広がる稲作圏とヒマラヤの高地にある牧畜地帯の中間に広がっている。標高でいうと、一五〇〇メートルから二五〇〇メートルくらいの間である。

ヒマラヤの南面では、元の照葉樹林はほとんど伐開されていて、トウモロコシとシコクビエを中心にした常畑になっている。

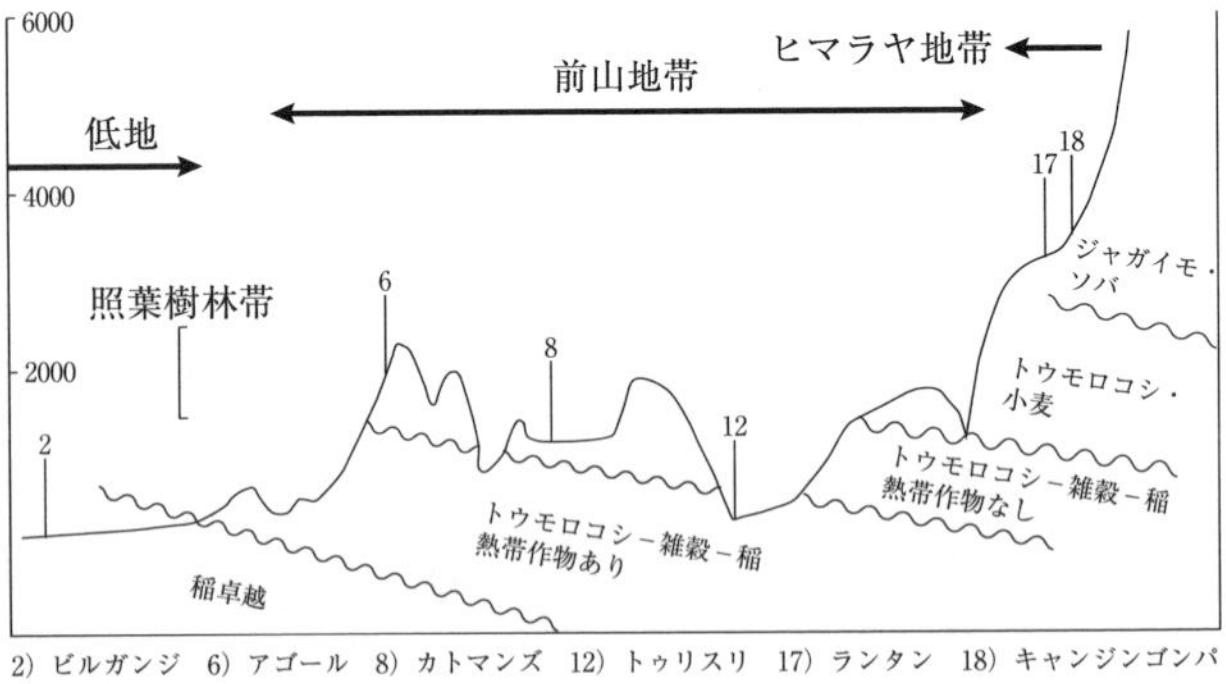

図3●ネパールのビルガンジからランタンヒマラヤまでの断面

わずかに残っている木も家畜の飼料用に枝が切り落とされて、ひどい状態になっている（写真1）。トウモロコシは新来の作物だから、昔はシコクビエを作っていたのだろう。わずかに残っている照葉樹林にはカシとシイがあった。それにシャクナゲが多かった。こうした木は北向きの斜面に多く残っていた。トゥリスリ（図3のLoc. 12）からランタン（Loc. 17）までのヒマラヤの南麓は、照葉樹林文化地帯だったのだろう。

ところで、今思い出して面白かったなと思うのは、その時一緒に歩いたポーターたちが、いつも食事にシコクビエを食べていたことである。彼らは個人用のナベと大きなヘラを持っていて、キャンプ地に着くとそれでシコクビエを炊いていた。ただ、いつもヘラでかき回しながら炊いていた。そうしないと焦げ付くのだと言う。時々チャンを飲んだ。ツブ酒である。これもシコクビエで作られているものが多いようだった。茶店などでは、土間の片隅の薄暗い所で、大きな甕に入れられたツブ酒がブツブツと発酵しているのを何度か見た。

ヒマラヤの前山の一部、たとえばチェアパン地区にはまだ相当昔風の生活をしている人たちがいる、という情報を得た。それ

写真1●ヒマラヤ南面の照葉樹林。常畑になっている。

で私はそこに行ってみることにした。これはカトマンズからすると西南西四〇キロメートルほどのところで、図3のLoc. 6（アゴールの西）に当たっている。インドに流れ込む大河ナラヤニ川の源流である。

この調査旅行の記録も『フィールドノート集成4』（五六四—五九三頁）に示してあるが、その要点だけを拾い上げると、次のようなものである。

　未だに焼畑が多い。そこでは多くシコクビエを作っている。トウモロコシやソバも作る（写真2）。シコクビエとコメが主な食糧である。しかし、ヤムやタロの類も多く食っている。野生のヤムも多く利用している。ヤムは大事な儀礼食である。正月の元旦には必ずこれを食べねばならない。

　焼畑では普通の陸稲の他に、極めて古風な稲も作られている。これは気根を出して匍匐する。

　調査中にシャーマンの家に泊めてもらった（写真3）。

普通にトレッキングをしていただけでは、これが照葉樹林文化だ、というようなものはほとんど見られない。それは照葉樹林地帯といわれる日本で、この森がほとんど見られないのと同じである。ただ、市場に行くとナットウやミソ、豆腐などはよく見た。

(ii) 貴州の苗族

貴州で見た苗族のことを報告しておこう。

写真3●シャーマンの家。

写真2●前山の雑穀焼畑

苗族は、昔は洞庭湖やその周辺に住んでいたらしい。それが後には南下して今は湖南省と貴州省の省境付近に移り住んでいるのだという。私は博物館に行った。案内の人はこう説明してくれた。

貴州は山国だ。省の八七％が山地で、ここには一三の少数民族がいる。この中で一番多いのが苗族で、四〇〇万人いる。作物の中心は水稲だが、これは宋代になって漢族が入った後に盛んになったのだ。それまでは焼畑が多かった。ここには今も蛇崇拝が残っている。ヤマタノオロチの話もある。苗族の鼓社節は大変有名だ。そのときには大量の水牛を殺して、その角を柱に飾り付ける。これは死んだ先祖があの世で使うものだ。博物館には銅鼓坪が作ってある。これは村の中央の広場に作る祭場だ。黒と白の丸石を並べて地面に大きな円を描く。その中央に柱を建て、それに水牛の角を腕状に付け、そこに銅鼓を吊り下げる。

地面のモザイクは私にはドンソン・ドラムの天板の太陽紋に似ているように見えた。苗族の家は高床で、地階は家畜置き場だ。屋根は板葺きが多い。米倉も高床造りで、住居から離して建ててある。苗族は祭祖神鼓をもっている。丸木をくり抜いて胴にし、両端には牛革が張ってある。これについては次のような話を聞いた。

苗族は自分たちの始祖は楓香木から産まれたと考えている、だから楓香木から木鼓を作る。そこには先祖の霊が宿っているのだ。木鼓を作るときには森に出かけ、巨木を伐り倒して、それを二本に分け、夫婦の木鼓にして村で祀る。その木鼓小屋が村の中心だ。

私は貴州省の省都、貴陽からは東進して凱里に来た。ここでも博物館を訪れた。ここには龍船が展示してあった。龍船の起源に関しては、いろいろな説があるらしい。息子を龍に殺された父親が、川底に潜って行って、その龍を退治したのが祭の始まりだという説が書いてあった。しかし、別の説明もあった。これは稲作の予祝儀礼のためのものだ、というのである。龍船は山から大木を引いて来て作るのだから、それは龍であると同時に山の神でもある。その山の神と龍に豊作を祈るのが本来の意味であると展示説明には書いてある。龍は冬になると川底から地底に入り、夏になると今度は山から天に昇っていく。そして稲を育てる雨を降らせてくれる。この龍への祈りを込めて競艇をするのだと説明してあった。

凱里からはさらに東進して、台江に進んだ。いよいよ苗族の多い地区である。この近くには最後の苗王国があったと聞いた。台江には谷底に極めて防禦的な漢族の町があった。そこから斜面を登って苗族の村に行くのである。何百メートルも登ったような気がするが、その斜面には棚田と塘田養魚の池が多かった。棚田で養魚をしているのである。

登りきると、烏郷郷反排村というところについた。標高は一〇〇〇メートルを越えている。村長の話を聞いた。

ここは大変古い村で、今は三〇〇戸からなっているが、全員が江西省出身だ。村には木鼓があり、これは村のシンボルだ。一三年に一度、この木鼓を用いて鼓社節を行う。この時は数十頭の水牛を殺して先祖に捧げる。こうして豊作と家畜の多産を祈る。

反排村では歓迎ということで、若い男たちによって葦笙が吹かれ、娘たちが歌ってくれた（写真4）。そして、泡糟酒をたらふくご馳走になった。これは椀に入れたツブ酒である。それに湯を注いで飲む。照葉樹林文化の酒である。台江に帰って、夕食をとった。これがまた、非常に照葉樹林文化的であった。揚げ豆腐の煮物、こんにゃくの煮つけ、豆腐と豚肉の煮つけ、白菜を豚の脂で炒めたもの、茶碗蒸、そして

写真4●反排村の人びとの歓迎

白飯だ。

苗族の村を歩いて強く感じたことは、彼らは水稲を栽培する人ではあるが、極めて強く森と木を意識している人たちだということである。木鼓や龍船がある。多くの所で村の中心柱が立っている。楓香木らしい。木臼がある。米をつくとき、その音を楽しんでいるようだ。

(iii) 雲南の佤族

鳥越憲三郎・若林弘子『弥生文化の源流考』(大修館書店、一九九八年)には、雲南の佤族の生活が詳しく紹介されている。彼らの伝統的な集落は環濠集落なのだが、その集落の建設には大変込み入った作業が行われ、そこには彼らの世界観がよく現れている。この本に述べられているところを簡単に紹介してみよう。照葉樹林の住民の精神世界がわかるように思うからである。

村を開くときには、まず村の三役が森に入って、神に向かって開村の希望を述べ、許可を得る。許可が得られたとなると、村の広場を作る。そしてその中央には一本の柱を建てる。これは神の依代である。一般の人は森の聖木には近づけないから、この柱をカミの依代として拝むのである。

柱を建てると、次は水である。泉を見つけて、そこから村まで竹の掛樋で水を引いてくる。次に広場で「元火」を作る。これは火鑽で行う。そして各戸から一握りずつの米を持ち寄り、泉から引いてきた水で洗い、「元火」で粥を作る。この粥の中には犠牲にしたネズミの肉を入れる。そして皆で共食し、夜を徹して酒を飲み、歌う。広場を作り終わると、すぐに全村で木鼓用の木を伐り出しに行く。長さ二・五メートル程の木を夜中に伐り出し、夜が明けるとそれを広場にもって帰る。広場には木鼓小屋が作られ、木鼓はそこに納められる。これは農耕神が宿る最も大事な聖器である。首狩りが行われていたころは、獲ってきた首はこれに供えられたという。

これらが終わると、各人は家を建てる。広場の柱に正面を向けて建てる。建てる場所に制限はないが、それぞれに土地の神が許可してくれるかどうかを占う。家を建てるための木は、八月から一〇月の間に伐っておく。上弦の月が出ている期間に伐らねばならない。伐るときには、その木に向かって「これから家を建てるので、よろしく」とお願いをする。

実際の建築は「結」で行う。まず村長の家を建て、それから他の人たちの家を建てる。一軒の家は早朝に始め、その日の夕方までに建て上げなければならない。家で一番大事な柱は左奥の柱である。ここには家の神が宿る。それでこの柱を最初に建てる。柱を建てる穴を掘ると、そこには二〇粒ほどの籾、犬の血、炉の灰を入れる。

そこに柱を建てる。

家が建てられると、仮住まいの炉から火が運び込まれる。こうして運び込まれた火は、以後、消されることはない。次に「家の守り神」を運び込まなくてはならない。「家の守り神」というのは、首狩りで獲ってきた人間の頭髪である。これを麻袋に入れて、普段は「神の柱」に架けてある。家の建築作業中は仮の祠に安置しておき、この神を新築した「神の柱」に移すのである。主婦がこれを行う。

皆の家が建てられると、最後に村の門が作られる。これは古老によって行われる。門が建てられている間、村人たちは皆、村の外で待つ。門が完成し、豚が供犠され、祈願が終わると、村人は初めてこの門をくぐって村に入る。門をくぐることで体に付いている邪霊を取り払い、心身とも健全になるのである。昔は、門の建設は焼畑の播種の直前に行われた。この時期には首狩りが行われた。獲ってきた首は農耕の神である。これが新しく作られた門を通って村の中に運び込まれた。こうして村は新しく農耕の神を迎えたのである。

門にはいろいろなものが取り付けられている。ターレオという、割り竹で作った六角形のもの。これは「鬼の目」といわれ、邪悪なものを見つけるのである。注連縄が張られる。これは悪魔を縛るもの。鳥が飾られ、これは天からの使いで、悪魔を払ってくれる。木製の刀や槍、弓矢が門の脇に置かれる。男女の木像も置かれる。これは祖霊である。こうしたものが門に並べられて、村を悪魔から守るのである。

以上が『弥生文化の源流考』に述べられた佤族の村建ての様子である（前掲書、五一—七七頁）。村は清浄なものでなければならない。そのためには、まず、村人自身が清浄で健康でなければならない。邪悪なものの侵入を許してはならない。そのために、門を建てて防衛する。さらに農耕神の助けを得て、豊穣を得なければならない。そのために、人間の首を狩ってくる。狩った首はそれ自体がすでに神である。だからこれは村の中央にある木鼓のそばに安置する。このおどろおどろしいほどの精神世界は、照葉樹林の暗い森と深く関わっているように私には見える。あの暗い森に囲まれて住み続けていれば、人間はこんな神秘な世界観を持つようになるに違いない。

(iv) 台湾の粟作

台湾の山地は照葉樹林文化がかなり色濃く残っているところである。佐々木高明の『日本文化の基層を探る』(日本放送出版協会、一九九三年、一五一―一五三頁)に書かれているルカイ族の粟祭の様子は、次のようなものである。

> 七月、月が欠けて尽きようとする夜、司祭は粟の収穫を宣言する。そしてその翌日、祭畑に赴いて、粟を一、二本採って帰る。祭畑というのは、焼畑の一角に設けられた一平方メートル程の特別な区画である。一般の畑よりも一日ないしは数日早く伐り開き、播種し、収穫する。
>
> 司祭による抜穂が終わると、粟祭が始まる。これはかなり長丁場なものだが、その内容は次の三つからなっている。最初に、新しく収穫した新粟を炊き、それをカマドの前に供える。これは新粟の収穫を神と先祖に報告し、感謝の意を表すものである。次に新粟のシトギを地炉で蒸し焼きにし、出来上がったチマキの具合

で翌年の豊凶を占う。以上のような儀礼を各戸が行った後、村中の男たちが村長の前庭に集まり、マチロクの儀礼をおこなう。これは「村を開く儀礼」である。台湾の村々では、粟の収穫中には外部との一切の交通を遮断する。この禁が解かれるのがマチロクの儀礼である。マチロクが終わると、男たちは集団で狩猟に出かける。ここまでが粟祭である。昔はこの粟祭は二六日間かけて行ったのだという。

私自身は、台湾の調査は全くしていない。しかし、たまたま台東に行く機会があり、そのとき卑南族の遺跡を訪れた。家の床下には板石で作った墓がいくつもあった。その中に犬の墓があった。焼畑と狩猟に生きた卑南人は、狩猟に使った犬を大事にして、こんな犬の墓を作ったのだと、説明してあった。

近くの博物館には「猴祭」の展示と説明もあった。少年たちがサルを槍で突き殺す儀礼である。今はもう、本物のサルではなく、ぬいぐるみのようなものになっているが、昔は本物のサルを殺したという。これには次のような説明があった。

前日、司祭が農耕の成功を祈願する。
当日、少年組がサルの刺殺を行う。
青年組は集団狩猟に出かける。
青年組が帰ってくると、村を挙げて饗宴を行う。

台湾の歴史文献には、しばしば首狩りの話も出てくる。持ってきた生首を前にして、二人の若い首長らしい人が話をしている写真などは、衝撃的なものだ。村人がそれぞれに生首を持って並んでいる写真もある。卑南族の男子集会所には、今でも持ってきた首を篭に入れて、置いてあるところもあるという。今なら野蛮極まりない、非人間的だ、と言われそうなことである。照葉樹林文化の基底には、こんな首狩りなどというものが基本的な要素として組み込まれていた、と私は考えているのである。

1—b　亜熱帯林

(i) 北ラオスのカム族

北ラオスの山地はずっと、焼畑で稲を作ってきたところである。そこに最近、中国からゴム栽培が大規模に入ってきて、焼畑民の社会は大きく揺れている。二〇一〇年、ルアンナムター県で、カム族といわれる人たちの話を聞いた。カム族というのは雲南の佤族と同じく、モン・クメール語族の一員である。その話を紹介しよう。

国道沿いに作られた新しい村は、ホアイ・ダムといった。村のすぐ近くには二次林が広がっていたが、そこに入ると三つの祭場があった。入口に近いものは森のピー(精霊)に対するもの。次のものは稲のピーに対するもの。一番の奥のものが天（空）のピーに対するものだといわれた。いずれも簡単な屋根のついた棚のようなもので、近くにはターレオが吊るしてあった。

村長の高床の家のベランダで話を聞いた。話を聞いている間、ずっと犬が同席して聞いていた。途中で鶏が器用に梯子を上ってきて、部屋に入り、しばらく歩き回ってから開けっ放しの窓から飛び去って行った。以下は村長の話である。

森のピーというのは、実際にはいろいろなピーを含んでいる。この祭場ではいろいろな精霊に対する儀礼を行う。稲のピーの祭場は、稲作を支えてくれるピーを祀る場だ。稲のクアン（魂）を祀るのではない。畑にいるピーを祀るのだ。自分は、去年は一〇軒で組んで焼畑をやったが、その一〇軒で稲がよくできるようにと焼畑のピーに祈り、一一羽のニワトリを捧げた。このピーをおろそかにしていると、ピーは怒って稲作を妨害するのだ。空のピーというのは最も強力なピーだ。だから他の祭場より立派に飾りつけをする。

人間はもちろんだが、全ての生き物は自分のクアンをもっている。家畜や野獣などの動物はもちろん、植物も皆もっている。ただ、これは時々飛び出してしまう。クアンが飛び出した後にピーが入ってくると病気になる。病気になると、どんなピーが体に入り込んだかをシャーマンに見てもらう。そして、そのピーの好物を供え、ピーをおびき出してもらう。水のピーが体に入ると腹痛や下痢が起こる。水のピーの好物はウナギ、ヘビなどだから、これを供える。米のピーが体に入ると、赤い腫物ができる。森のピーの場合は頭痛がする。すると豚やニワトリ、犬などを供える。空のピーが体に入ると、しばしば命を落とす。空のピーに対しては、人間やサルやトラを供える。

この村では、別の日に祭に誘われた。花やご馳走を盛った篭を先頭に十数人の村人が行列を作って、村の上から下まで歩いた。ドラと太鼓を打ち鳴らしながら歩いている。この音を聞いて祖霊をはじめ、いろいろなピーが祭場にやって来るのだという。

祭場は村のはずれの広場だが、中央には四、五メートルの棒が立ててあり、それには水牛の角、木製の魚やセミ、クズで編んだ袋などが吊るしてあった。それを取り囲んで三つの酒壺が置いてあった。その脇には大、中、小、三つのドラが横木に吊るされていた。ドラにはその中央に太陽紋を石灰で描いていた。ドンソン・ドラムの天盤に刻まれている太陽紋と同じものだ。このドラは祭が始まる前から祭の間中もずっとゴーン、ゴーンと鳴らし続けられた。

いよいよ祭が始まるというときに、森に向けて銃が四発撃たれた。悪いピーを追い払ったのだという。それから皆で代わる代わる酒壺の酒を飲んだ。壺にはツブ酒が入っていて、四本の長いストローがさしてある。四人が一組となって、共に酒を飲む。一組が終わると、ひしゃくで水を継ぎ足している。こうして何十人もの人たちが、次から次へと飲んでいく。歌や踊りがずっと続いた。横の台には食べ物やビールなどがふんだんに置かれてあるから、どの人も皆、それをつまんではまた、踊りの輪の中に入っていく。これが一晩中続いた。

私は、『魏書』の東夷伝馬韓の条のことを思い出していた。そこには「群聚歌舞し、飲酒昼夜休無し。其舞、数十人倶に起ち、相随ふ。地を踏み低く昂く、手足相応じ、節奏有り。鐸を以て舞う」とある。馬韓のこの記事は、播種の時に祖霊に加護を願い、収穫に感謝して行ったものである。ほとんど同じ意図をもって、極めてよく似た祭が韓半島とラオス、しかも二〇〇〇年近い時間を挟んで行われている。

次の話も幹線道路沿いに下りてきたカム・ユアンの村バーン・ファナ村でのものである。四〇歳くらいの村長から聞いたものだ。

ナ・レの山地からはカムたちがさみだれ的に転出していたが、一九九六年になると政府の指導があって、大挙して下りてきた。ナ・レの元の村には八〇戸があったが、そこには四〇個のドラムがあった。家の新築の時には水牛を犠牲にして、ゴーン、ゴーン、ゴーンと三拍子で叩き続けた。ドラムは、使わないときには森に置いた。あるとき、盗難にあった。それからは家に置くことにした。しかし、母屋には置かなかった。恐ろしかったからだ。米倉に置いた。

自分たちは村を離れるとき、村のピーに言い聞かせて村を出てきた。「自分たちは遠くに行かねばならなくなった。遠い所だから、一緒に行くことはできない。どうか許してほしい」といって出てきた。

自分は一度、かつての村を見たいと思って出かけたことがある。しかし、途中まで行って逃げて帰ってきた。恐ろしくなったからだ。ピーはきっと怒っているに違いない。あの地に行けば、きっと殺されるに違いない。もうそれからは、そちらの方角には行かないことにしている。大変気にしているのだが。

私はこの話を聞いてゾッとした。守護神を裏切ることがどんなに恐ろしいことかを教えられたからである。

1—c　熱帯林

(i) 熱帯多雨林

熱帯林、特に熱帯多雨林に入ると、これまでの森とはだいぶ様子が違ってくる。まず、樹々が巨大になる。それに、基本的には大変な瘴癘の地で、農業などできない。だから採集活動が中心になる。例えば、スマトラの熱帯多雨林だと、最近までワニ獲りや竜脳採取が行われていた。私が聞いた戦前のワニ獲りの話は、次のようなものであった。

夜、川を丸木舟で漕いで行く。一人は舳先に立ち、片手でカンテラを掲げ、片手に槍を構えている。艫には一人が漕いでいる。突然、水面に二つの光が現れる。カンテラの先に照らし出されたワニの眼だ。すると漕ぎ手はそちらに向けて船を進める。至近距離になったところで、舳先の男はワニの眉間に向けて槍を突き立てる。すると艫の男はすばやく船を急回転させて逃げる。槍は、実際には浮きを付けた銛になっているから、夜が明けてからその浮きを探してワニを捕える。

ここでは竜脳採りの話も聞いた。竜脳採りに関しては面白い話があるので、それを紹介しよう。William Henry Furness, *The Home-life of Borneo Head-hunters*, AMS Press, 1979（初版は1902年、Lippincott Co）に載せられた話である。

竜脳というのは、木の中に溜まる香薬だが、その存否は外からではわからない。だからそれを知るために呪術的な行いをし、またいろいろな禁忌を守るのである。例えば、遠征中は竜脳語しか話すことはできない。もし普通の言葉を話すと、森のカミが邪魔をして竜脳を消してしまう。また、水浴する時間も制限される。シカの類は一切食ってはならない、などである。さらにこの禁忌は遠征隊にだけ課せられるものではない。家に残っている家族にも課せられる。例えば妻は櫛に触れてはならない。そんなことをすると、せっかく見つかった竜脳が櫛の歯の間から抜け出るように消え去ってしまう、というのである。

また、遠征隊は道を歩いていても、いろいろなことに注意を払う。鳥の飛び方やシカの鳴き声でも吉凶を判断する。凶がなくてずっとやってきたとする。しかし最後にもう一つの試練がある。バタン・ソムというヘビに出会う。すると必ずこれを殺さねばならない。万一、取り逃がしたりしてしまうと、必ず良くないことが起こる。だから逃がしたときには即座に遠征を中止して家に帰る。

この報告書の中で特に面白いと思うのは、いよいよ竜脳の入っている木が見つかったときのやり方である。それは倒され玉切りにされるのだが、その際、遠征隊は首狩りの時につける派手な衣装に着替え、槍や山刀で盛装する。そして丸太を開き、竜脳を取り出す。著者は、竜脳採りは首狩りと同じだと言っている。

(ii) スラウェシ島のゴロンタロ

ここは熱帯林だが、東インドネシアにあるからだいぶ乾燥する林である。この島の北部にあるゴロンタロで、長老のムサ・イスマイル氏から聞いた焼畑の話は以下の通りである。詳しくは拙著『コメをどう捉えるのか』（日本放送出版協会、一九九〇年、三三—四一頁）を参照していただきたい。要点だけを列挙すると、次の通りである。

一九一五年までは村自体が移動していたが、それ以降は定着して、焼畑を行っている。毎年の焼畑耕地の選定には、占いを用いる。

畑の中央には一平方メートルくらいの斎囲を作り、そこには母稲を植える。ここにはテロロトトアという棒を建てる。するとオポオポという精霊がこれにとまって、母稲を守ってくれる。母稲がちゃんと生育すると、畑全体が豊作になる。母稲の穂孕み期には村人は皆、静かにしている。大きな音をたてたりすると、母稲が驚いて、その魂が飛び出してしまう。そんなことになると、稲はもう育たない。

無事に稲が実ると、初穂儀礼を行う。母稲を摘み取り、農小屋に運び、床の間に迎えて接待をする。家の主人は毎朝夕、母稲の前で香を焚く。畑の全ての稲の摘み取りが終わるまでの間の約一週間、これを続ける。畑の全ての稲の摘み取りが終わると、稲とともに一家全員で本村へ帰るが、このとき魂を呼び戻す儀礼をする。遊びに一生懸命の子稲たちの魂は、焼畑や森を走り回っていて、下手をすると魂を置き忘れて帰ってしまうようなことになるからだ。そんなことになると大変なので、子稲たちの魂をちゃんと集める儀礼をする。

本村に帰ると、前年の母稲と新しくやってきた母稲の引継ぎ式を行う。そして、新しい稲束を新倉に入れる。

イスマイル翁はオポオポの助けがあって稲作は可能なのだということを強調した。今一つは、母稲には魂があって、よほど大事にしないとその魂が逃げてしまう。するともうコメは取れないのだ、と言うのである。

(iii) スラウェシ島のトバダ

同じスラウェシ島だが、トバダの例を紹介しておこう。このケースでは「死霊」に大変気を使いながら耕作しているのである。Jac. Woensdregt の De Landbouw bij de To Bada in Midden Selebes, *Tijdschrift voor Indishce Taal-, Land- en Volkenkunde*, 68 : 125-255, 1928 という報告があって、これを深見純生氏が翻訳している(東南アジア伝統農業読書会『東南アジア伝統農業資料集成』第四巻、京都大学東南アジア研究センター、一九九一年、一五三―三九〇頁)。そこから引用してみよう。

> 畑を拓くまでに、まず行うことは死霊の意向を聞くことである。一尋くらいの竹竿を立て、そこに卵一個と少しの稲を置く。さらに樹皮布を供える。もし、これがネズミに噛まれなければ、その土地を拓いても死霊は悪さをしない、という占いである。
>
> 焼畑耕地が作られたとき、死者のための畑も作る。これは一、二平方メートルのもので、二か所作る。一つは朝早くに、もう一つは日没前に作る。朝作ったものは米喰い鳥(死者の化身)のため、夕方作ったものはネズミ(死者の化身)のためのものである。死者のための区画は死者を取り扱う特別の人が作り、世話を

しなければならない。普通の人がそれをやると、腹が膨らむ病気になる。死者の耕地の側には死者のための小さい小屋を作る。高さ数十センチメートルのもので、その中には炉の石、一本の鍬、それに樹皮布を入れておく。こうしておかないと死者は生者の畑にやって来て手伝う。これは困る。

畑へ行くときには、必ず灰とパクリティという棘のある木と樹皮布をもっていく。そして四辻に来ると、そこに籾を播き、パクリティと樹皮布を置いて次のように唱える。「帰り給え。死者よ。後をつけるな。貴方は自分の畑に行きなさい。」死者が自分について来るのを恐れて、四辻では死者が来れないように、こうするのである。

この後、伐開と火入れを行う。この時には森の霊や地の霊などに火入れを通告し、立ち退いてもらう。これが終わると村の中央に厄除けの人形を建てる。この後の四日または七日間は、部外者は村に入ることが禁止され、村人は皆静かにしていなければならない。昼間は食事してはならないし、炉の火は灰の中に隠さねばならない。死者の村を装うのである。こうしていると霊たちはここを素通りしてくれる。

自分たちの水牛置き場の後ろに死者のための水牛柵を作る。ミカンの木に木製の足と角をつけて水牛を作り、それを柵の入口に樹皮布で結びつける。こうしておくと死者が水牛を見に来る。稲が熟してくると、夜に死霊との問答が行われる。死霊が男司祭に乗り移る。その司祭に対して女司祭が収穫時期が近付いたが邪魔をしないように頼む。いよいよ収穫になるとトポクバンギ（先頭に立って摘み取りを行う女性）が最初に摘む。まるで死人のようにゆっくりと穂を摘んで行く。生きた人間が穂を摘んでいるのを見ると、死霊はそれを妬んでいろいろな邪魔をするからだ。稲魂を連れ去ってしまったり、摘んでいる人を病気にしたりする。

それで、今摘んでいるのは生きた人間ではない、と死霊を欺くためにこんなことをするのである。このトポクバンギの後に、普通の人たちが摘んで行く。

収穫した稲は母稲と父稲を先頭にして村に運ぶ。稲束には死霊を払う強力な薬草をつけて、二人の男が運ぶ。米倉に稲を入れ終えると、モトブクイを行う。すなわち、その高床の床下に設けた穴に薬草を挿し込む。死霊を近づけないためである。

このようにトバダでは死霊への畏怖は際立って大きなものになっている。

1—d　森に向き合う人間

以上の如く、照葉樹林から熱帯林まで、南の森に住む人たちはいろいろな住み方をしているのであるが、ここには一つの共通したものが見られるように思える。それはおそらくは紀元前後には長江流域あたりで出来上がっていたものではないかと思う。人々は森に対してはこんなイメージをもっていたのではないかと私の考えるところを図に示してみたのが図4である。

ここには①から⑤までの地点が示してある。

① 山：これは森で覆われている。木にはカミが住んでいる。時にその一本を伐って集落に運び、カミの依代にする。そこには祖霊も住んでいる。

② 藪地：二次林で、イモやシダ類など食料になるものも多く生えている。シカ、イノシシ、タヌキな

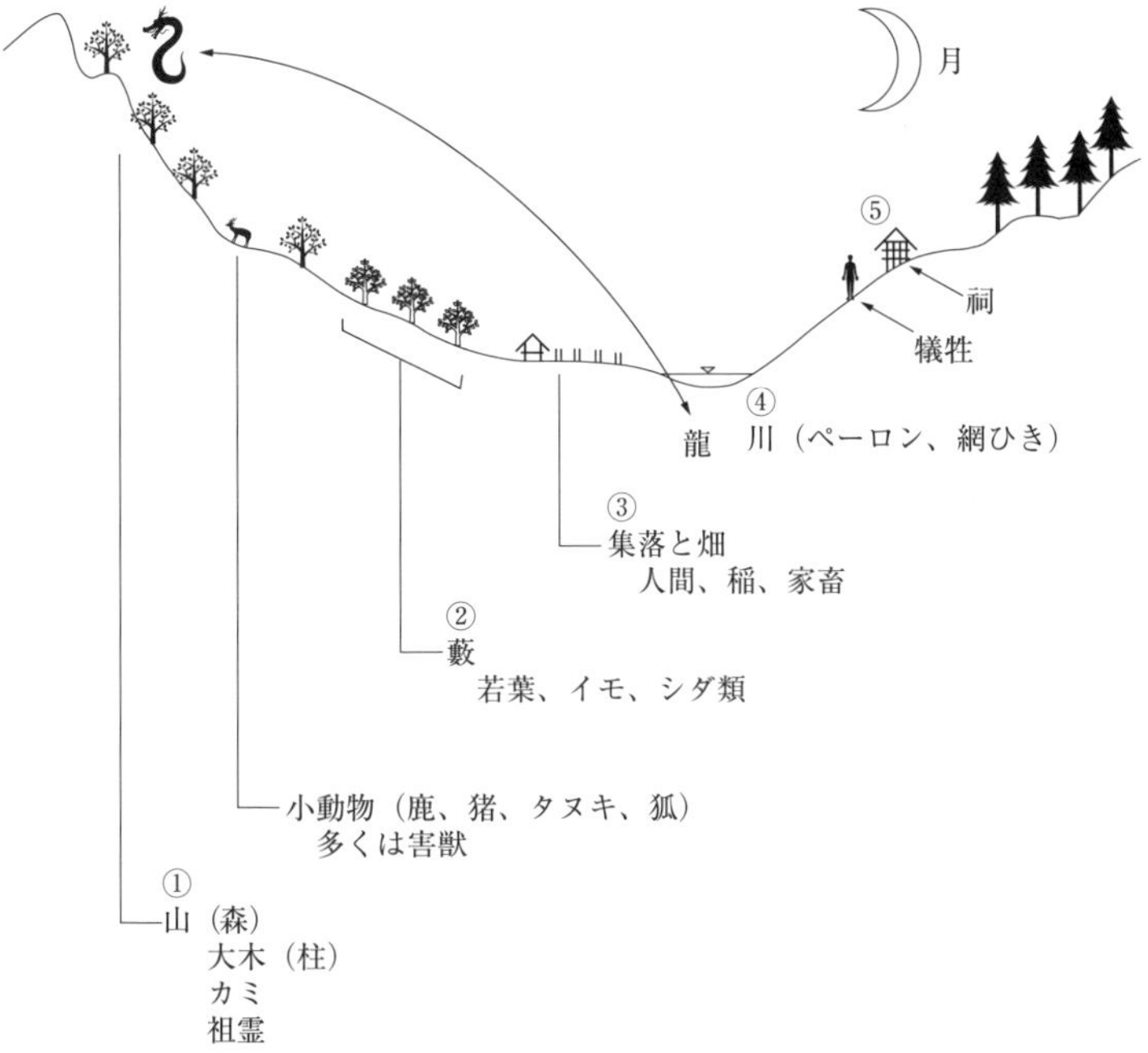

図4●南の森の人達の小宇宙

ど動物もやって来る。それらを獲って食糧にすることもある。時に焼畑を作る。

③集落と畑：人間と稲がいる、明るくて安全な場所。犬、鶏、アヒル、ブタ、水牛、牛などもいる。

④川：漁撈の場である。しかし、同時に龍が棲んでいる。龍は森と空と川を往復している。人々は順調な降雨を願って、競艇をしたりする。

⑤危険な村外：時にここで見知らぬ旅人を捕えてカミへの犠牲に捧げたりもする。

I―2　南の森の川沿い

ところで、南の森でも河川沿いだけは特異である。そこには極めて古い時代から水稲作が現れた。長江流域に出現した水稲耕作は照葉樹林文化の中から生まれてきたのだが、極めて特殊な展開をして巨大な文明に至った。今は、広く日本列島にも東南アジアにも広がっている。稲の出現とその展開の様を見てみたい。

2―a　稲作の出現と展開

イ　稲作の出現

世界で一番古い稲は、湖南省の玉蟾岩遺跡や江西省の仙人洞遺跡、吊桶環遺跡から出るのだという。長江中流域の南岸、南嶺山脈の北であり、遺跡はいずれも洞窟にある。

私は稲を出土したという遺跡そのものは訪れていないのだが、その付近を通過したことがある。景観学的なアプローチでこの地域について考えてみよう。この辺りは世界有数のカルスト地帯である。古生層の石灰岩や砂岩が多く、それが独立峰やカッレン（石灰岩柱）を作っていて、それらの間にはドリーネの沼や湿地がある。テラロッサ（赤土）で覆われた台地をなすところもある。要するに、極めて複雑な地形が広がっているのである。

そこを走りながら私は考えた。これなら採集や半栽培をやる人間にとっては理想の環境に違いない、と。洞窟は格好の隠れ家になる。雨や嵐は入り込まないし、外敵からの防御にも都合がよい。ドリーネの湿地にはサトイモや野生稲が自生している。テラロッサの台地は照葉樹林になっている。ひょっとしたら、沼の野生稲の穂をしごいて、テラロッサの台地に蒔くことだってあったのかもしれない。ここは旧石器人が新石器人に進化していくには絶好の環境と言って良いだろう。

稲は特筆すべき二つの特性をもっていて、この特性が稲の拡散には大きく貢献している。第一は水陸両用の作物だということであり、第二は条件さえ整えば大変な多収が期待できるということである。稲は本来、湿地を好む植物である。しかし、ある種のものは畑地にでも耐える。現に、ネパールの焼畑で見た匍匐する稲はそれだ。この特性を活かして、後には照葉樹林の焼畑の中にも侵入していったのだ。そして、それはやがて南の森地帯の主役にまでのし上がっていく。

□ 河姆渡遺跡

私は一九九〇年に河姆渡遺跡を見学した。今から七〇〇〇年前の水田址である。その時の遺跡の様子を紹介しておこう。

遺跡は姚江という川の北岸にある。姚江は、川幅は三〇〇メートル程度、三メートルほどの潮位変化があり、満潮になると自然に逆水が田に入り込むような場所、要するに、一種の湿田地帯である。周りには孤立丘が散らばっていた。遺構は現地表面より四メートルほど下にあったようである。

住居跡が復元されていた。それはかなり大きな高床建物で、床は元の地表から一メートルほど高い所にある。それを支える杭は直径一〇センチメートルほどのもので、それが無数に打ち込まれていた。それとは別にもう少し太い柱が棟を支えていた。切妻造りで、屋根は草で葺かれていた。建物は長屋造りで、中央には長い廊下があり、その両側が家族単位の小部屋になっていた。火床は床の上にあった。その造りは、今、カリマンタンなどで見るロングハウスと全く同じだった。近くには井戸が掘られていた。直径一〇センチメートルくらいの材を縦横に組んで井戸枠を作っていた。立派な村だな、というのが第一印象だ。

出土品の陳列室には発掘した稲籾があった。真っ黒な塊で、タールのように見えた。しかし、発掘した直後は黄褐色だったと説明されている。籾の層は、厚さ四〇センチメートル、厚いところでは八〇センチメートルの厚さでたまっていたという。耕作具だとして、牛の肩甲骨で作った骨耜と、やはり骨製の鎌も並べられていた。調理具や煮沸用の土器の他に甑が置かれていた。

現地の解説によれば、この付近の丘や山は当時照葉樹で覆われていて、そこからはイノシシなどが獲れた。当時は今より温暖で象もいたという。川や沼では盛んに漁撈をやった。クジラも獲ったらしい。稲作もしていたが、狩猟、漁撈の比率はかなり高かったと説明されていた。

陳列室で驚いたのは、工芸品の数々だった（写真5、6、7）。象牙製品が多かった。二羽の鳥が太陽を囲んでいる様子が描かれた象牙の板があったが、細かい彫刻に目を見張った。フクロウの頭を彫刻したという象牙も素晴らしかった。玉製の玦と璜、赤い漆を塗った土器もあった。黒陶の上に刻まれた稲穂や豚も見事なものだ。これだけのものは日常の生業の合間に誰もが作れるものではないだろう。相当の専門

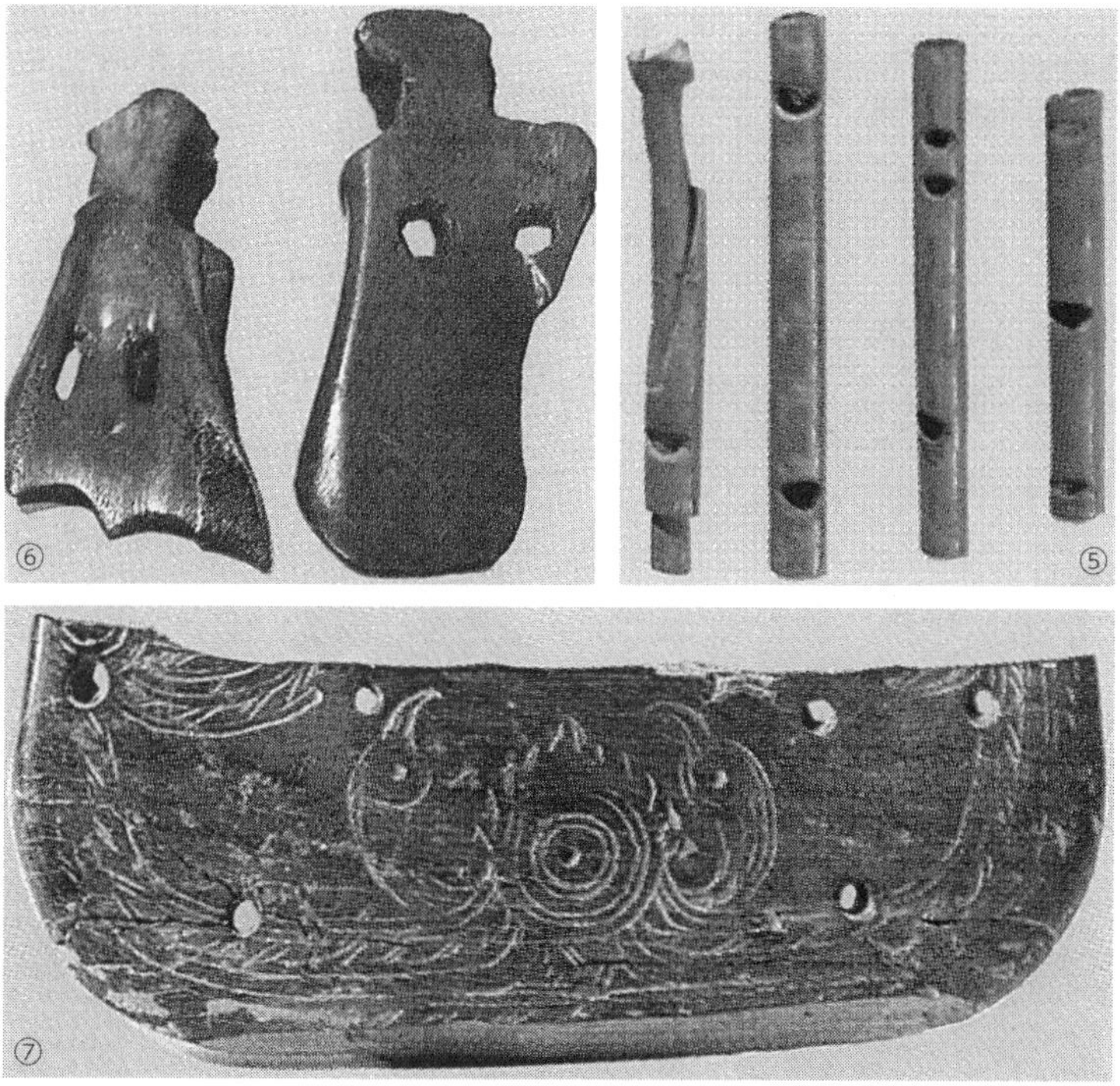

写真5、6、7●河姆渡遺跡の遺物。骨製のフルート、骨耜、象牙製の飾り。（河姆渡遺跡陳列室パンフレットより）。

性が必要だろう。専門の工作者が何か月もかけて作り上げたとすれば、社会はそこそこ高度に進んでいたに違いない。こんな風に、いろいろと考えさせられた。

八　良渚遺跡

河姆渡遺跡は素晴らしい文化を見せてくれた。しかし、これも良渚遺跡のものに比べるとみすぼらしいものにさえ見える。本当に稲作が頂点にまで高まったのは良渚遺跡であると私は考えている。

良渚遺跡は杭州湾の北岸

にある。河姆渡よりは低湿性は少ない。やはり低い孤立丘が点在し、平野が広がっている。ここでは詳しい踏査をすることはできなかったが、博物館での解説によると、遺跡の様子は次のようなものだった。

王都は城壁に囲まれていて、中央に人工の高みが造られ、王宮らしいものがその上にある。展示では二階建てのように再現されていたが、一般の住居らしいものもあった。一部は平土間で、紅焼土が使われているように見えた。城外にはいくつかの集落があり、その周りには水田が広がっていた。平野には大きな川が流れていて、展示模型では何隻かの船が浮かべてあった。出土土器には三足の土器が多いようで、展示室で見ることができる。袋状の三本の足のついた水差し、動物の形をした三足器や樽もあった。細密な文様のある陶製の容器類も多かった。他に絹織物、麻織物、漆器、細かい竹細工などが展示されていた。それらは皆、素晴らしい。

しかし、私が本当に度肝を抜かれたのは、玉の展示室に入ったときである。いろいろな種類の玉器が大量に陳列してある（図5）。例えば琮。これは一種の角柱だが、その軸に沿って円筒形の穴が貫かれている。円筒は天を表し、方形は地を表すものだという。方柱には、多くは神人獣面が極めて細かく彫刻してある。これを持つ人は高貴な人で、天と地をつなぐ特別な力をもつ人と考えられていると説明された。玉鉞も多い。これは、本来はマサカリであるが、玉で作られて、これが権力を象徴していたと考えられている。璧もあった。中央に穴をあけた円盤だが、これで宇宙の根本原理を表しているという。古来、璧には名品といわれるものがあって、王たちはこれを競って取り合ったのだともいうが、とにかく極めて多くの種類の玉製品が、それぞれに宇宙論的意味付けをして作られていたのである。それらは同時にまた身

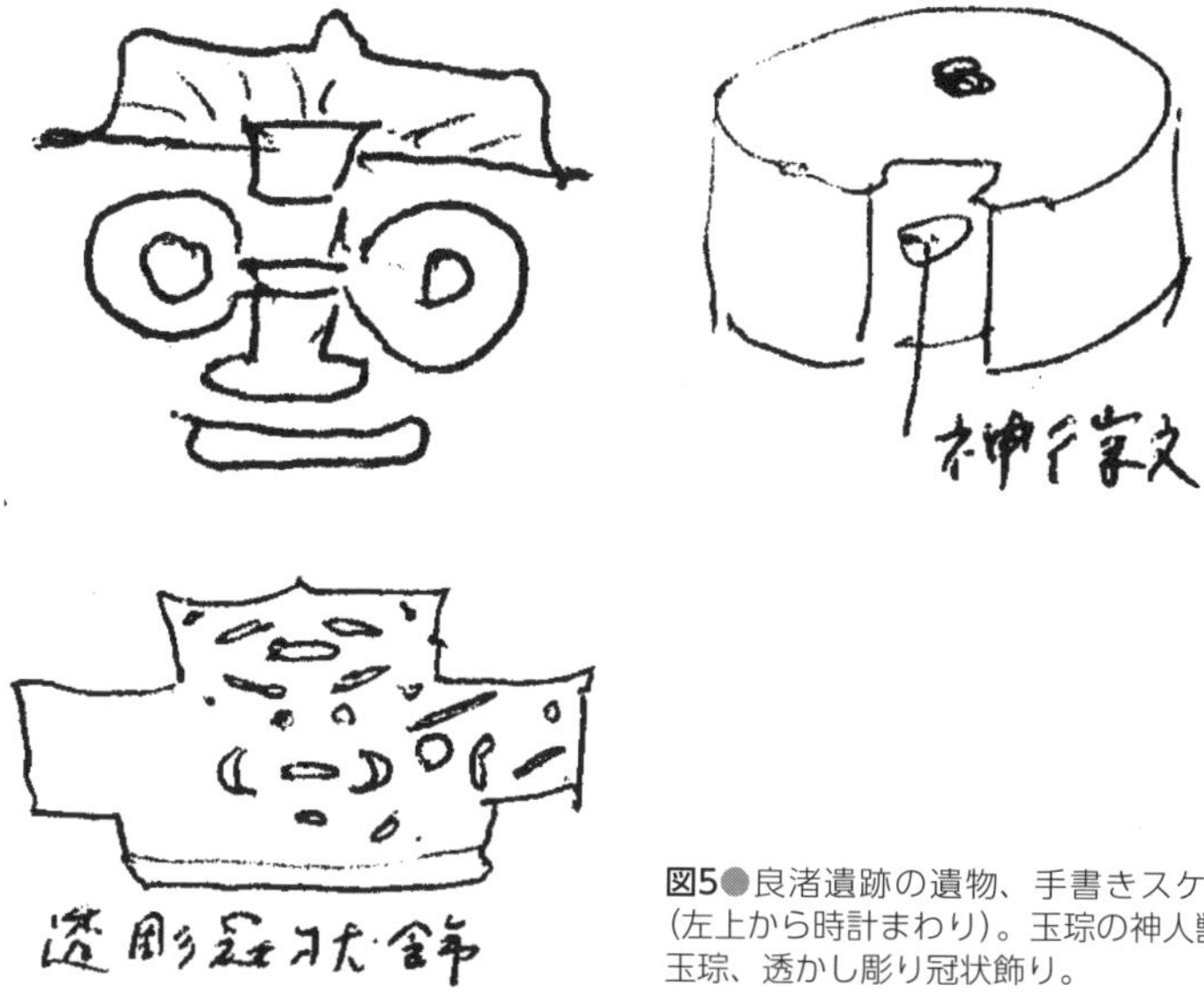

図5●良渚遺跡の遺物、手書きスケッチ（左上から時計まわり）。玉琮の神人獣面、玉琮、透かし彫り冠状飾り。

分を現すための威信財でもあった。エリートたちは自分の階層に定められた玉器をそれぞれに持ったのだとされている。そして、やはり階層に応じた墳墓を作り、多くの玉器はその墳墓に副葬された。驚くべき高度な社会ができていたのである。

良渚遺跡が栄えたのは紀元前三三〇〇年から二二〇〇年頃までである（徐朝龍『長江文明の発見』角川書店、一九九八年、七四頁）。長く中国最古の文明とされていた殷が栄えていたのは、紀元前千数百年までである。良渚はそれより一〇〇〇年以上早い時期である。この早い時期の文明の発見で、中国史は大幅に書き直さねばならないことになったのである。長江流域に現れたこの文明は、長江文明といわれている。良渚文明は紀元前二〇〇〇年頃、大洪水で滅亡して、そこから北に逃れた人たちが夏・殷文明を作ったのだという説もある（徐朝龍、前掲書、七五頁）。

二　長江中流域

長江中流域には、実は下流域の河姆渡遺跡よりもさらに古い稲作遺跡があるらしい。ここには八〇〇〇年―九〇〇〇年前にさかのぼる彭頭山遺跡などがある。洞庭湖周辺は最も早く稲作が確立したところらしい。この洞庭湖周辺で最近、城頭山遺跡というのが日中合同で発掘され、長江文明の内容に関していろいろなことが明らかにされた。梅原猛・安田喜憲『長江文明の探究』(新思索社、二〇〇四年)によれば、その概観は次のようなものである。

この遺跡の立地は河姆渡や良渚の場合とはだいぶ違う。河姆渡などの場合は広い葦原が広がるような低平地に遺跡があり、そこに水田が広がっているのだが、城頭山はチガヤやヨモギの生える黄土台地である。その黄土台地に環濠と城壁に囲まれた集落が作られた。そして台地の崖の下に小さな湿地があり、そこで稲が作られたのだという。

この城壁で囲まれた遺跡の中には人工の盛土がある。それは二〇メートル×一四メートルぐらいの広さで、そこに直径一メートル、深さ一メートルくらいの孔がいくつも掘ってある。そしてその孔から人間やキバノロの骨などが出てくる。盛土のすぐ横には極めて小さい水田がある。こうした配置からこの盛土上では動物供犠を伴う稲作儀礼が行われたのだという(前掲書、八〇―八八頁)。

ここまでは六〇〇〇年前のものだが、五三〇〇年前になると、さらにここに王宮と神殿が加わるらしい。古い遺構の上に焼成煉瓦などを用いて基盤を整えた上に、正殿、前殿、脇殿から成る神殿が造られた。

そして、それに接して一辺一〇メートル近い王宮が造られるようになったという。この時点になると、ここには城壁、水田、祭祀の場、神殿、王宮が出来ている。これを安田喜憲は長江文明の五点セットと呼び、これが長江文明の原型だといっている。稲作と稲作儀礼は六〇〇〇年ほど前にできたが、それが王によって政治と祭祀の場として形を整えられるのは、五三〇〇年前だというのである（前掲書、九〇―九六頁）。

安田は長江文明の性格をはっきりさせるために、次のようにも言っている。王は聖別した籾の配分者だった。稲作儀礼をして、きちんと聖別された稲籾を人々に分け与えていた。だから人々は失敗することなく稲を作り、皆、安泰に生きることができた。王はこういう役目をする人として社会の中心に存在していた。これが長江文明の核心なのだ、というのである。軍備を持ち、敵を倒すことによって自分たちの存在を大きくする、あるいは交易によって金銭を儲けて繁栄する町を作るというような、草原、オアシス型の王ではなく、農業がうまくいくように祈る司祭のような人、それが長江文明の王だと安田はいう。

2―b　水稲耕作の拡散

イ　古代の交易都市

稲作、とりわけ水稲作は交易都市と強く結びついていたのではないかと、私は考えている。都市には稲作を行う起業家が現れ、そこで稲作が盛んに行われると同時に、その周辺にもそれが広がっていく。私はその代表例が雲南の滇王国であり、今ひとつがネパールのカトマンズ盆地ではなかったかと思っている。

(i) 雲南の滇国

前漢の武帝はインドとの交易路を開こうとして張騫を派遣したが、張騫は昆明の近くで原住民によって追い返されている。ここには漢の支配に従わない人たちがいて、滇国という国を作っていたのだという。

この滇国には有名な石寨山遺跡がある(写真8、9)。大量の青銅器が出ていて、そこに塑造されている絵柄から当時の住民の生活、生業が推察されている。住民は濮と呼ばれるモン・クメール系の人がもといて、そこに越系の人が加わって共住していたらしい。髪型や服装からそれが推測される。高床建物に住んで、稲作をやっていたことも分かっている。銅鼓を使った儀礼も盛んに行われていたらしい。日本が銅鐸を用いて稲作儀礼をやっていたのとよく似ている。ただ、ここには殺人儀礼などが多くあったらしいが、この点は日本と少し違うのかもしれない。

青銅器に表れるものにはスキタイ系の動物闘争紋が多く現れるから、黒海辺りから草原やオアシスを伝ってやって来る人たちがいたのだろう。ここは国際交易拠点だったとも推察されている。この同じスキタイ紋は、さらに紅河を伝ってベトナムにも行っているから、結局、中央アジアと南シナ海を結ぶ交易路があって、この滇池の辺りはその重要な中継点になっていたらしいのだ。ちなみに、この滇池から北東に進むと、四川を経て、長安や洛陽に到ることができる。南西進するとインドに到る。アジアにおける最も重要な交易拠点になっていたのである。

もっとも雲南では、この石寨山遺跡だけが交易拠点だったわけではないらしい。洱海の岸にある大理なども交易拠点だったようである。ここにも青銅器をたくさん出す遺跡がある。ただ、こちらの方は石寨山に比べると、はるかに騎馬民族の匂いの強い拠点だったらしい。馬具や剣が多く出るのである。

大理はチベット高原のすぐ下にあるから、中央アジアからやって来た騎馬民は、まずこの大理に拠点を作っていたのであろう。そしてそこから更に約三〇〇キロメートル離れた、より南の森の中にある石寨山に到ったのだろう。そこには大理よりも、より農民的な濮や越の多い拠点があったのである。それが滇池湖畔の石寨山と考えてよいであろう。

写真8、9●石寨山遺跡、遠望と滇池周囲の水田（嶋田奈穂子撮影）。

以上のように俯瞰すると、雲南のこの辺りは地図で見ると大変奥深い山地に見えるけれども、実は中央アジアと南シナ海、インドと中国を結ぶ、まさにアジアの十字路に当たっているのである。こんなところに水稲は早くに拡がった。水稲とは、そんなものなのである。

ついでに、この辺りが二一世紀の今日、どんな様子なのかも報告しておこう。私は一九九〇年、大理から、そう遠くない瑞麗に行ってみた。ここは中国・ビルマの国境の町で、密貿易がなかば公然と行われていた。何台ものトラックがビルマ側から木材を積んで中国側に入って来た。ビルマからは木材と宝石を入れ、中国側からは日用雑貨を出すのだと言っていた。多くのインド人やパキスタン人、タイ人、それにビルマ人が町の安宿に泊まっていて、夕方になると露天の店を出していた。

私が昼食をとったレストランのオーナーはビルマ人だった。もともと福建省で生まれたのだが、ラングーンに行き、そこの女性と結婚したから、ビルマ人なのだと言っていた。その中国系ビルマ人が中国側の瑞麗で大きなレストランを経営しているのである。そこで出会ったパキスタン人は、家族はパキスタンにおいている。一度、ここに来ると二年ばかりいて、金が貯まると家に帰り、またやって来ると言っていた。

雲南を現在の沿岸都市から見ると内陸の僻遠地に見えるだろうが、実は大陸レヴェルでの移動のハブである。この性格は古来変わらずに続いているのだ。

(ii) カトマンズ

カトマンズは本当に味のある町である。ヒマラヤの山麓にあって、景色が素晴らしいというだけではない。都市を感じさせるのである。その都市性というのも、東京あたりで見る、いかにも現代的な都市ではない。こじんまりとしていて、ごちゃごちゃしている。だが、何千年もかけて手作りで作り上げてきた風味があるのである（写真10）。

写真10●ボドナートストゥパ

私は一九七五年に四か月ほどヒマラヤ山麓を歩いた。インドとチベットの文化接触に関わる調査に入れてもらったのである。山を歩き回り、疲れるとカトマンズに戻ってラリグラスという小さなホテルに二、三日泊まって英気を養った。そのラリグラスの二階のベランダからは雪をかぶったランタンヒマラヤがよく見えた。そこでいつも、ヤクのチーズでラム酒を楽しんだ。

ヤクのチーズはキャンジンゴンパ（写真11、図3のLoc.18）で作ったもので、時折カトマンズに小型飛行機で運ばれてくるのである。ラム酒はテライのサトウキビで作ったロキシである。これは地図でいうとビルガンジ・カライヤ（Loc.2）の東方に当たるところである。結局、私はカトマンズ（Loc.8）でヒマラヤ産のチーズとインドの平原産のラム酒を楽しんでいたのだ。

このような楽しみをしていた人は、きっと大昔からいたに違いない。カトマンズは紀元前後には都市が出

写真11●キャンジンゴンパからランタンリルンを望む。

来ていたという（川喜田二郎『ヒマラヤ・チベット・日本』白水社、一九八八年、五二頁）。きっと、チベット・インド交易の最重要拠点になっていたに違いない。ヒマラヤ、チベットからは乳製品や薬草や塩が下りてきた。一方、インドの平原からは布や金属器などが上って行った。

前山地帯の中にあるこの盆地では、古くから稲が作られていた証拠がある。川喜田はカトマンズには二つの重要な祭があるという。一つは、毎年、九月から一〇月ころに催されるダサインである（前掲書、四八頁）。この時にはおびただしい数の羊が殺される。神に捧げるためである。そしてその二週間ほど後に、ティハールというのがある。これは稲の初穂を神に捧げる儀礼である。さらにこのティハールの一週間くらい後にトラシー・プジャという祭がある。これは新米を神に供え、皆で共食するのである。ティハールとトラシー・プジャを合わせて神嘗・新嘗ということができる、と川喜田は述べている（前掲書、五〇頁）。ヒマラヤの前山地帯の盆地に交易拠点をおいた人たちが、ここにチベット系の牧畜とインド系の稲作を合わせた水田・酪農を発達させたことが、こうした祝祭として今にも伝わっているのである。

(ⅲ) 都市作物としての水稲

稲は自給農民の食糧であっただけではなく、それ以上に都市の商品作物として拡散したのではないかと、私は考えている。石寨山もカトマンズも、交易都市であった。交易都市というのがまず作られて、そこの住民を食わせるために起業家が稲を作ったのではないか。だからおそらく、灌漑施設なども整備し、かなり大規模に作った。やがてそれを安定させるために儀礼などでも補強した。そんな状態だったのではないかと私は考えている。

これはメソポタミアの都市国家の場合と比べてみると、理解しやすいと思う。紀元前二二〇〇年のウル第三王朝の都市国家の場合だと、コンパクトな都市のすぐ脇で、チグリスやユーフラテスの水を引いて来て、極めて丁寧にムギが作られた。貴重な水だから、土に十分な肥料を入れ、まるで花壇に花を植えるように一粒ずつ種子を播いて、細心の注意を払って育てた。だから、一粒の種子から七〇粒も八〇粒もの収穫があった。これは産業革命頃のイギリスのムギが、四粒から五粒の収量しかなかったのに比べると、大変な高収である。普段なら農業など不可能なオアシスで、逆に最大限に手をかけることによって、市民の糧を確保していたのである。

石寨山やカトマンズの都市でも同じようなことが起こっていたのだと私は考えている。その辺り一帯は照葉樹林で覆われていて、食糧生産には基本的には不向きなところである。その意味では砂漠と同じである。その緑の砂漠の中に、盆地という水利の好点を見つけて、そこを伐り拓き、集中的に超高密度な食糧生産地にした。これは交易都市の商人たちを食わさなければならなかった町の経営者たちが、知恵と技術の粋を投じてやったことなのであった。

この都市民が作った水稲というのは紀元前後に始まったというより、もっと古くからあったに違いない。紀元前六〇〇〇年頃からあった可能性がある。前述したように、河姆渡遺跡から出る素晴らしい彫刻をほどこした象牙などというものは、その日暮らしの農民が作ったものとは思えない。専門技術者が作ったものに違いない。そんな専門家を支える都市があったに違いない。良渚遺跡などは都市そのものだ。城頭山も神殿や王宮をもつ立派な都市であったに違いない。

憶測を交えていうと、城頭山遺跡は中国の奥地の砂漠地帯からやってきた氐羌系の商人が作った交易都市であったのではないかと私は考えている。この人たちは漢水を下って長江中流域の交易拠点にやって来て、広く交易活動を行ったのではないだろうか。長江をもっと下れば、東シナ海に出ることができる。南下して嶺南山脈を越えれば南シナ海に出ることができる。この洞庭湖周辺は砂漠と海を結ぶ交易拠点として、絶好の土地なのだ。

このように考えると、水稲耕作というのはその最初から国際交易都市に結びついていたと、そんなふうに私は考えるのである。このことは、第二部でも再度考えてみたい。

ロ　一三世紀のタイ族の拡散

上に見たように、交易商人たちが盆地に水稲を作ったことは紀元前後、あるいはもっと昔からあったと思われる。そして、一三世紀後になると、それとは別に、もっと大規模な水稲耕作の拡散が特に東南アジアを中心に起こっている。その例を見てみよう。

(i) ベトナムの黒タイ

中国、ラオス、ベトナムが国境を接する辺りには多くの少数民族がいるが、黒タイはその一つである。その黒タイは『年代記』を持っている。樫永真佐夫はその『年代記』を分析して、黒タイの建国史を明らかにしている。『黒タイ年代記――『タイ・プー・サック』』(東京外国語大学アジア・アフリカ言語文化研究所叢書　知られざるアジアの言語文化V、雄山閣、二〇一一年)に書かれた内容は、次のようなものである。

黒タイは一三世紀頃、雲南方面からダー川上流に入って来て、そこのギアロ盆地を開拓して王国を建てた。ギアロ盆地の歴史地図を簡略化したものが、図6である。そこには黒タイにとって重要な地点がいくつか示されている。

①　シア川。この川は東流して紅河に注ぐ。

② くにの堰。王が作った灌漑用の井堰で、これで盆地の水田を灌漑している。
③ 水田。
④ 昔は「くにの柱」が建っていたところ。王は定住地を決めたときには、そこに柱を建て、土地の神に水牛を供犠して定住の許可を得た。これがないとその国は亡びるという。
⑤ 「くにの大池」。黒タイの母である竜が棲むところ。かつてはここで「くにの祭」が行われ、そのときには水牛供犠が行われた。
⑥ タットの滝。黒タイの人々の魂は死ぬと、この滝から天上に昇っていった。今も黒タイの人々はそこから天に昇るという。
⑦ ドン・クアイ・ハー。故人は天上に昇ると、そこでも現世と同じような生活をする。そのために葬儀に際しては、故人のあの世での生活のために水牛を殺す。その水牛はこの丘から天に昇る。

黒タイはしっかりとした社会階層制をもっていた。王を頂点とした支配階層と、その下の被支配階層がはっきりと分かれていた。被支配階層は「くにの田」を耕作する義務を負う自由農民とその下の半隷属民である。半隷属民は戦争などで捕えられた人である。黒タイ社会は今もこうした社会をしっかりと作っているのだという。そして『年代記』に書かれた歴史は今でも葬儀の時に読み上げられ、こうして黒タイとしてのアイデンティティを強めているのだという。たまたまだが、私もラオスの黒タイ集落で葬式を見る機会があった。『年代記』を読みあげる準備がされていた。それと故人の霊をギアロ経由で天国に送るた

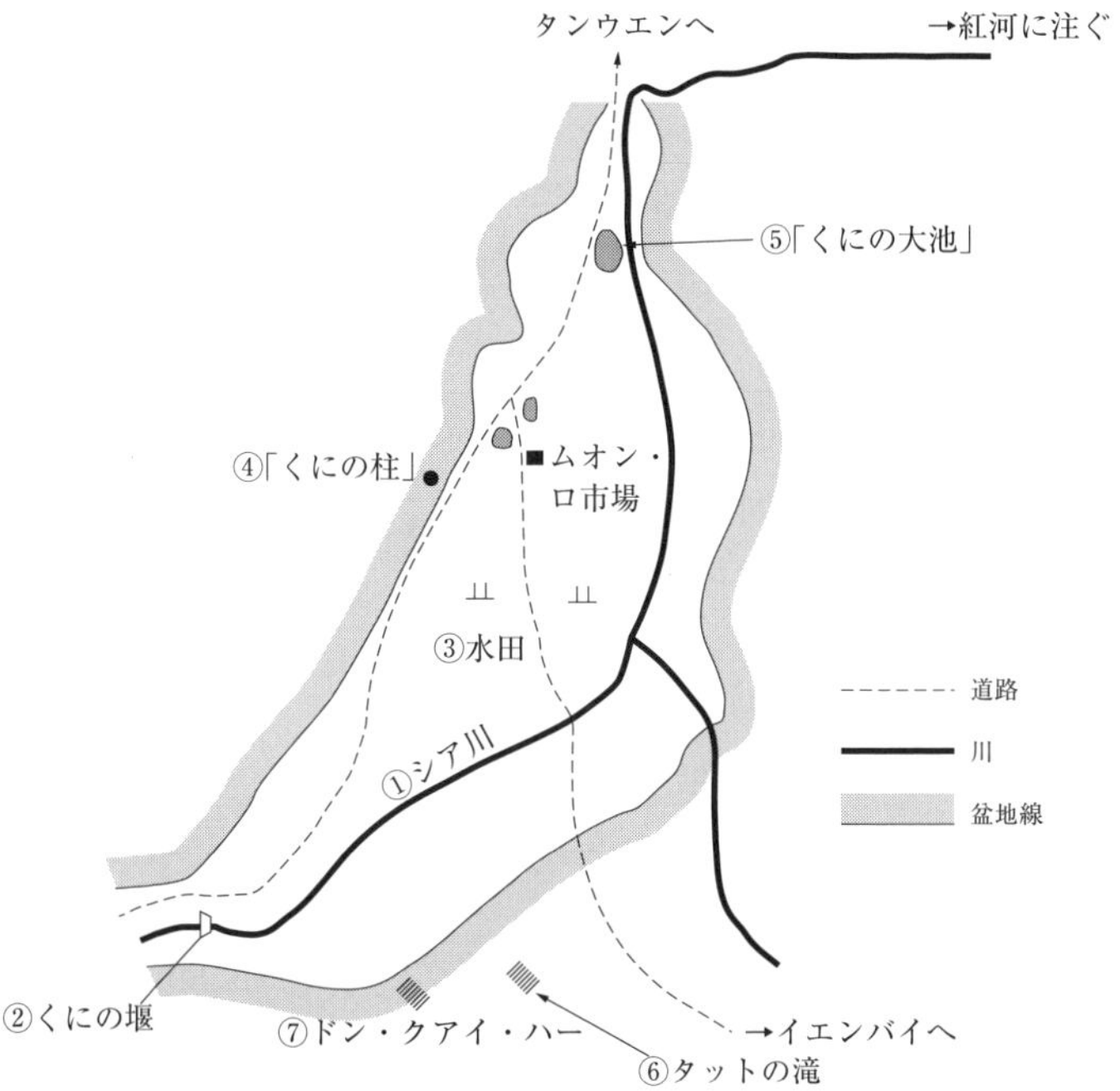

図6●ギアロ盆地の歴史地図（樫永真佐夫『黒タイ年代記』、106頁）

めの馬が用意されているのを見た。

大陸から島嶼部まで多くの少数民族が同じような儀礼、信仰を保っていることは極めて興味深い。

(ii) チェンマイのタイ・ユアン

灌漑稲作が最も見事に発達し立派な国を造ったのは、チェンマイ盆地である。主都のチェンマイは一辺一・五キロメートルの城壁をもつ美しい町である。町の中央には土地の神を祀る柱が建てられている。一三世紀にマンライ王が北からタイ・ユアン族を率いてやってきて、この王都を造ったのである。

タイ・ユアンはこの地に到着す

る前に、その途中ですでに灌漑稲作を軸にして強力な社会を作る術を確立していたようである。マンライ王たちはチェンマイ盆地に到着すると、まわりの山腹にいた人々をかき集めてきて、盆地に水田を拓いた。中央を流れるピン川にいくつもの堰を造り、それから水を引いて灌漑水田を拓いたのである。そして収穫は、一旦は王の倉に入れたが、人々に配分した。要するに強力な指導力を発揮して、この灌漑水田の造成という大プロジェクトを完成し、稲作社会を作り上げたのである。

王は勝れた起業家でもあった。町を造ると、近在の盆地の村々に兵を派遣して職人を集め、金銀細工、織物、皮なめしなどの工房を作った。まわりの山腹に人を派遣して、象牙や犀角や香木、蜜蝋などを集め、焼畑民には綿を植えさせたという。こうしたものは町で加工して製品にすると、遠く中国やインドにも売りに行った。こうしてランナー・タイ王国は造られたのである。

町はすぐさま発展して、中国人やインド人、さらにはピン川下流の大商港だったアユタヤ辺りからも人が集まった。山腹で焼畑をやる人たちも、町に移り住む人が多かったという。こうした人たちも吸収して、国は繁栄したのである。

このように東南アジアの森の谷筋には水稲耕作に基盤を置いた王国がいくつも発達するのである。

(iii)「くにの柱」

タイ系の人たちの間には、「くにの柱」というものがある。そのくにを創建したときに建てた柱である。先に述べた黒タイの場合も「くにの柱」があった。王が定住地を決めたとき、そこに柱を建てて、土地の神に水牛を供犠し、定住の許可を得たところだと言う。

チェンマイの場合にも、町の中心に柱がある。実はこれは先住者のルアが建てていた柱だという。チェンマイ盆地には、最初はモン・クメール系のルアという人たちが住んでいた。一三世紀に入って来たタイ・ユアンは、新入者なのである。新入者のタイ・ユアンは先住者が作っていた「くにの柱」に敬意を表して、自分たちもそれをくにの柱にしたのだという。

このくにの柱（ラック・ムアン）は小さい村にもある。そこでは「村の柱」（ラック・バーン）と呼ばれている。ムアンは王国であり、バーンは村である。王国も村も、そこを定住の地にしようとするときには、この土地の主の許可を得なければならないのだ。

このくにの柱のひとつの極相かと思われる例が、大林太良によって紹介されている（大林太良「王国の樹――タイ系諸族における神話と儀礼」（君島久子編『東アジアの創世神話』弘文堂、一九八九年）。次のような話である。

一六世紀の中頃、ヴィエンチャンに都が開かれたとき、まず最初に行われたのは寺を建てることだった。寺を建てる場所が決まると、そこの柱穴に妊婦が生き埋めにされ、その上に柱を建て、寺が作られた。この柱が「くにの柱」になった、というのである（前掲書、一六頁）。普通の場合は「人柱」ということにまでは結びつかない。

タイ系語族のケースを見てみると、集落に建てる柱には二つの意味があるようである。ひとつは依代である。もともとは近くの森の巨木に村の守護神を祀っていたのだが、その巨木の代わりに村の柱を建て、そこに守護神を迎えるという類のものである（前掲書、一六―一七頁）。今ひとつは先住者の許可を得るための儀礼を行ったところに建てるものらしい。

(iv) 土地の主

東南アジアでは土地の主という考え方があって、これは今でも広く残っている。土地には先住者の霊が今も住み続けている。その霊には最大限の敬意を払わなければならない。粗末に扱うと、祟られる。その代わり、ちゃんと祀れば自分たちを守ってくれる、という考え方である。

例えば、ラオ族にはプー・ターというのがある。プー・ターというのは、お祖父さんといった意味らしい。それを祀る小さな社を、どの集落も近くの森に持っている。例えば、私たちが見た南ラオスのチャムパサック県の場合だと、次のような具合だった。

プー・ターの祭の日には、村人全員が各家庭の状況をここに報告し、加護を願う。人々はヤシ殻椀とマッチの軸のようなものを持参して、プー・ターの社の前で祈る。「夫はおかげ様で元気にやっております。」と言って、そのマッチの軸を椀に一本入れる。「私もおかげ様で元気です。」と言い、また一本。「長男はバンコクに出稼ぎに行っておりますが、守ってやってください。」と、また一本。「次男は高校の最終学年です。」とまた一本。こうして家族全員の近況を報告し、その都度、軸を椀に加えていく。これが終わると、「水牛が二頭おります。健在です。」と言い、今度は二本。「豚が六頭おります。」と、六本。大事な家畜は家族並みにその数を報告し、その数のマッチ軸を入れ、全員の無事を願う。要するに、プー・ターは家畜を含めた家族の守護神なのである。

田植え時期に、ある村ではペーロン競漕をやっていたが、そこには観覧席の中にプー・ターの席というのが作ってあった。その日は霊媒師が森の社までプー・ターを迎えに行って、席に案内し、観戦してもらうのだと言っていた。

あるとき、親子らしい二人の女性が森の中の社の前にいるのを見かけた。何をしているのかを聞くと、お礼に来たのだという。お金が無くなった。どこにいったのか教えてくださいと願をかけると、何日かしてそのお金が出てきた。それでお礼に来たのだという話だった。日常の些細なことの中にも、プー・ターは生きているのである。

このようにプー・ターは守護神なのだが、恐ろしいカミでもある。プー・ターをおろそかにすると、罰が当たる。また不正を行うと罰せられるという。例えば、未婚の女性が子を産むと、ひどく罰せられる。しかも、村人一人の不敬や不正に対しても、プー・ターは村全体を罰する。だから村人は相互監視の目を光らせながら、プー・ターを大事にしているのだという話だった。

大変面白いと思ったのはこのプー・ターというのはどういうカミなのか、と聞いた時のことだった。村によって答えは違ったのだが、最も多かったのは「クメール人だ」という答えだった。この辺りはもともとはモン・クメールが住んでいたところで、土地にはまだ「土地の主」としてクメール人の魂が残っている。プー・ターとはそれだ、というのである。先にプー・ターをペーロン競漕観戦に案内した霊媒師も、プー・ターにはクメール語で話すのだ、と言っていた。

先に紹介したように、モン・クメールは中国で濮といい、戦国時代の漢水・長江流域にいた先住民と考えられている。中国が戦乱で揺れたり、民族間の紛争があると、彼等は東へ、南へと逃げた。大陸から海も越えて逃げたらしい。マレー島嶼部の山地の少数民族は古マレーと言われ、その文化は濮と関係が深いと言われる。

I—3　北の森

中国の北縁には北の森が広がっている。北の森は温帯落葉広葉樹林と亜寒帯常緑針葉樹林からなっている。実は、私自身はこの北の森のことはほとんど知らない。一度通過しただけである。しかし、南と北を対比するために、この北の森についても景観的な印象を簡単に述べておきたい。大筋だけを言うと、温帯落葉広葉樹林には牧畜、狩猟を主にしながらも、早くから農耕が入っていた。一方、亜寒帯常緑針葉樹林はもっぱら狩猟を中心にする世界なのである。

3—a　中国東北部周辺の地域区分

図7は佐々木高明の著書から「東アジアの植生とナラ林文化・照葉樹林文化の領域」という図を引用している。元図は『中国植被』という中国の書籍から引用されたものである。その植生に地形を組み合わせると、中国東北部とその周辺は次の五つの地区に分けられそうである。以下の議論のため、最初にこの区

分図を示しておきたい。

大興安嶺区（Ⅰ）

これはアムール川の上流部に当たるところである。植生区でいうと、大部分は亜寒帯常緑針葉樹で覆われている。この山塊の西と南はモンゴル高原に続く草原と砂漠になっている。

小興安嶺区（Ⅱ）

大興安嶺から派生して南東に延びている。この山脈に遮られて、その北東沿いにはアムール川が流れている。小興安嶺は大興安嶺より標高が低いために、温帯落葉樹林帯が広がっている。

シベリア高原区（Ⅲ）

アムール川の北に広がる広大な針葉樹林地帯である。アムール川に近い所では亜寒帯常緑針葉樹林が広がる。もっと北では寒帯落葉針葉樹林が広がる。

シホテアリン山脈区（Ⅳ）

ロシアの沿海地方に南北に延びる山脈である。アムール川の下流部の東岸に広がっている。亜寒帯常緑針葉樹林で覆われている。

長白山脈区（Ⅴ）

シホテアリン山脈の南の延長のような山脈である。高みには亜寒帯常緑針葉樹が広がるが、標高の低い所では温帯落葉広葉樹林になっている。

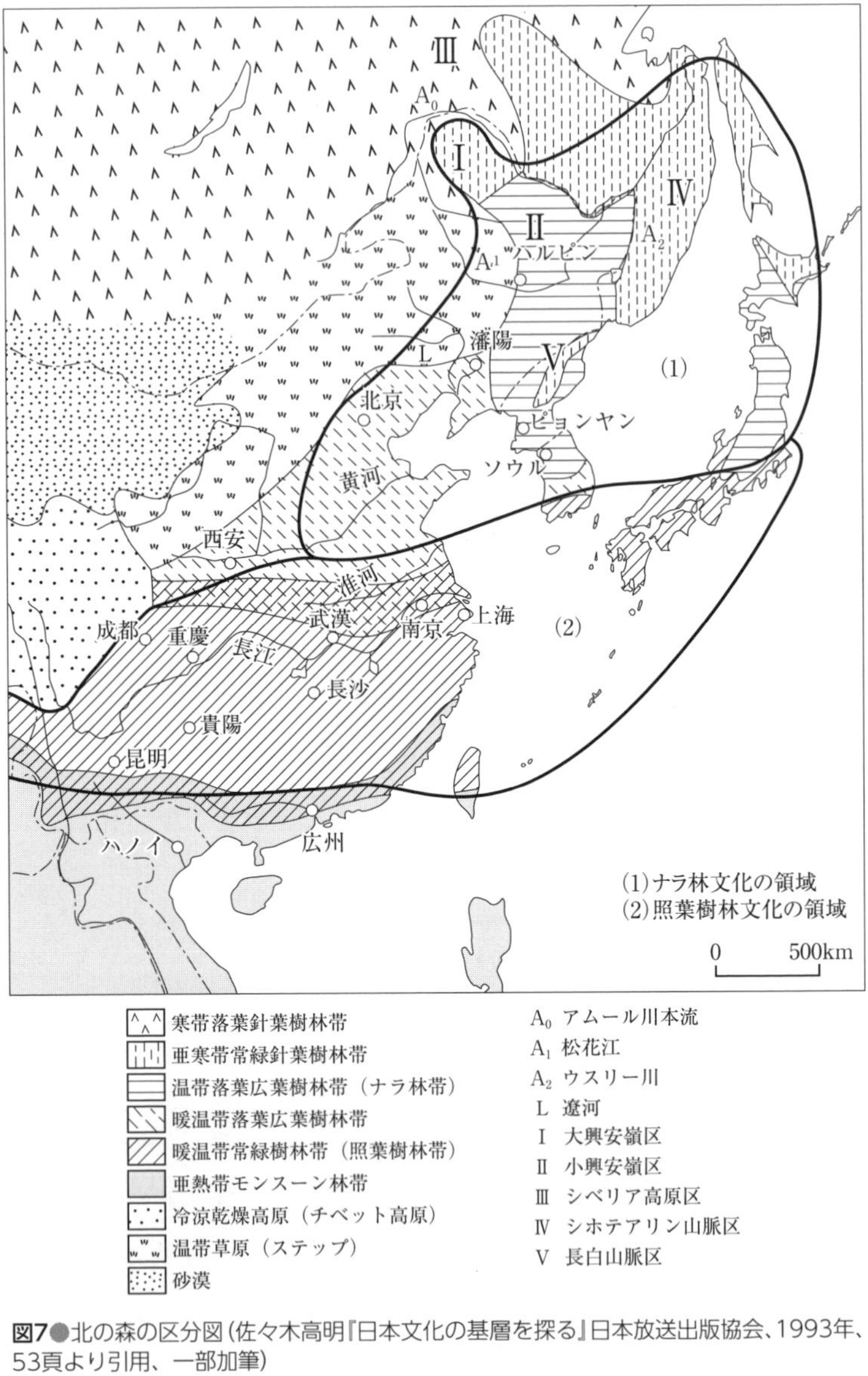

図7●北の森の区分図（佐々木高明『日本文化の基層を探る』日本放送出版協会、1993年、53頁より引用、一部加筆）

こういう五つの山塊に挟まれて、アムール川（A）がある。これはその本流（A０）と二つの大きな支流からなると考えるとよい。支流は松花江（A１）とウスリー川（A２）の二つである。

松花江（A１）は大興安嶺と小興安嶺の間から流れ出し、南流する。チチハルを過ぎた辺りから東に向きを変え、ハルピンに至る。ハルピンからは北東流して合江に至る。

今一つの支流、ウスリー川（A２）はシホテアリン山脈と長白山の継目辺りに発し、北流してハバロフスクに至る。

一方、ハルピンは一つの分水嶺にもなっている。ここを源流の一つにして、ここから遼河（L）が南に流れている。この川はモンゴル高原と東の長白山の間の緩起伏地を流れて、南の渤海に出ている。行政的にはアムール流域が黒竜江省になり、遼河流域が吉林省と遼寧省になっている。

3―b　黒竜江省の景観

イ　ハルピンから東の同江まで

私は中国東北部を二〇〇六年に訪れた。そのとき見た景観を紹介しておこう。このとき、私は瀋陽からハルピンを経由してアムール川沿いの同江まで行った。

瀋陽の郊外ではカエデや松、楡を少し見たが、あとは平たんな畑地にトウモロコシの広がるところが多かった。しかし、黒竜江省に入ると、様子が変わった。少し起伏が大きくなり、低みには湿った黒い土が現れ、そんなところに稲が少し現れた。アワも少しあった。ハルピンには松花江の支流がある。幅五〇〇メートルはある。川岸には楡や柳が多い。梅棹忠夫先生が「日本に来たのは騎馬民ではなく、ツングースの水民だ」と言っておられたのを思い出した。

ハルピンからは松花江の右岸を北東進し、佳木斯に向かった。ゆるい起伏が続き、相変わらずトウモロコシが多い。しかし、大豆、タバコ、ヒマワリも混じっている。所々に低みがあり、そこには水稲が穂を出していた。

ハルピンを出てからは、それまでに比べて集落の数が少なくなったように思う。散村というのはほとんどない。みな、トウモロコシ畑の中に二〇、三〇軒が塊っている。こんなところで二、三軒だけで住んでいたら、強盗にやられるのだろう、などと思った。

小山状のものが現れた。そこには針葉樹を植林している。斜面にはトウモロコシ畑があるが、ドロヤナギが点在している。盆地状のところに来た。底には実った稲がある。周りの斜面にはカエデ、クルミ、カンバ、松、それにカラマツが現れた。また実った稲が現れた。その周りにはシラカバがある。今までに比べると、だいぶ木が多くなったようだ。それに凹地には稲もよく見る。ハルピンでは、佳木斯に水稲研究所があって、アムール川沿いに水田を広げる研究が行われているという話を聞いていた。北緯四五度の高緯度地帯だが、水田面積がどんどん増えているらしい。伝統的な土地利用とは大きく変わりつつある。

山地にかかる。ナラの類がだいぶある。照葉樹林のような暗い森ではなく、明るい。木の実も多そうだ。これなら住むには快適なように見える。幅二〇〇メートルほどの溜め池が現れた。その下方には広く水田が広がっている。周りの斜面には松とカラマツがある。カラマツと水田の組み合わせだが、こんな景観は日本ではほとんど見ない。

方正に来る。この辺りにも広い水田が多い。所々にポプラがある。バス停で小休止する。バス停ではキノコを多く売っている。一八種類あるのだという。他にプチトマト、リンゴ、キュウリを売っている。町を出るとまた丘になり、そこにはナラの類が大変多い。中にシラカバ、針葉樹も混じっている。ミツバチの巣箱が置いてある。疎林で覆われた丘が多い。凹地には稲とトウモロコシがある。牡丹江を過ぎる。幅四〇〇メートルで黄褐色の水を流している。その氾濫原にはトウモロコシ、コウリャン、大豆が多い。すぐ依覧になる。トウモロコシと大豆が多い。高みにはカラマツがある。この景観は北海道に似ている。やがて佳木斯に着いた。

佳木斯からさらに北東進を続け、アムール川沿いの同江まで行く。佳木斯からは平坦地の水田が広い。時にトウモロコシと大豆がある。その中にポプラの並木が続いている。

高みには松やカラマツ、カンバなどが比較的多く残っている。中位にはトウモロコシと大豆が多いが、ヒマワリやタバコもある。その中に、しばしばポプラを列状に植えている。これは建材で、板に挽いて売り出しているのを時々見る。低みは松花江の氾濫原で、水田が多いが、トウモロコシや大豆も少しはある。かつてはおそらく、全面がいわゆる温帯落葉広葉樹林で覆われていたのだが、その後、林が伐られ、農耕地が広がってこんな格好になったのだ。

「北国粮都富錦」という看板がある。周りは水田地帯だ。少し起伏が出る。そこにはトウモロコシ、大豆、タバコ、カボチャがある。もうアムール川の氾濫原らしい。富錦市内に入る。富錦から同江に進んだ。同江にはロシア風の建物が多い。同江からだとロシアの針葉樹の森が見えるかもしれないと思ってきたのだが、森も町も見えない。この辺りのアムール川の氾濫原は広すぎて、そんなものが見えないらしい。湿地の多い氾濫原が広い。それを見ながら、ここは狩猟や漁撈には好適なところであったに違いない、冬になると、この川も全面が凍ったのだろうが、そうなると氷の川を渡ってクマやシカを追いかけて行ったに違いない、などと思った。

□ ハルピンから北の黒河へ

ハルピンからはすぐに松花江を渡った。幅は二キロメートルほどありそうだ。中州らしいものが二つあり、そこには家が建っている。この松花江を渡りきると、台地に来た。台地と川との間には、高さ六メートルほどの崖があった。

台地の上にはトウモロコシが大変多い。所々にポプラの列が続いている。時々、牛と羊の小さな群れを見る。やがて、小さな湿地に来た。白いアヒルが三〇〇羽ほどいる。やがてポプラの多いところにでた。幾条もの列に植えられている。植えたばかりの若いポプラが多いが、巨大に育ったものもある。ロバの曳く車が行く。この風景は、まるで砂漠のオアシスのようだ。

青岡鎮に着いた。ロバと馬が大変多い。ラグビーのボールのような形のスイカが売られている。ポプラを挽いて板にしたものを多く売っている。小さな流れに白いアヒルがいる。町を出ると草地が広がった。

エノコログサ、ヨモギ、アザミ、タデ、アカザなどが見える。またポプラの列が何列も現れた。建材としてのポプラの植林が流行っているらしい。やがて、牛を運ぶトラックに出会った。四、五台が連なって行く。馬を積んだトラックもある。犬を積んだトラックもある。

少し起伏が現れた。すると畑が現れた。大豆が圧倒的に広いが、少しトウモロコシもある。ポプラの並木が現れたかと思うと、拝泉に来た。道沿いの湿地らしい所には柳のようなものが広く植えられている。ヤナギゴウリにでも使うのだろうか？　まさかパオ（包）の骨にするのではあるまい。白い砂のたまった台地がある。土はポドソルのように見える。その周りにも大豆が広く植えられている。小さな町に来た。「奴大豆」の看板が出ている。

大豆がまだ広く続いている。そのうち、針葉樹の並木になった。はじめて見た針葉樹だ。幅五〇メートルくらいの川が何本か現れた。そのそばに、養魚池のようなものが四、五個作ってある。やがて大豆畑と湿地が入り混じるところが広く現れた。大豆の一部は水没している。湿地には牛が五〇頭ほどいる。道に沿って鉄道が走るようになる。それ沿いには針葉樹とポプラの防風林が続いている。

北安。この辺りから平頂な丘がいくつも現れる。その上には大豆が多い。少しコウリャンがある。低みには湿地も少しあり、そんなところには牛がいる。羊の群れがいることもある。

シラカバの林が現れた。その中に畑があるが、そこはムギの刈跡になっている。カラマツも現れた。原植生が今までと変わった。小興安嶺地帯に入ったのだろうか。やがてムギ跡はさらに広大になった。その中にシラカバが点在している。続いて広大なシラカバ林になった。少し高くなるとシラカバの他に松なども混じっている。

シラカバとナラらしいものの混じる林が広くなる。その中に、所々に大豆畑がある。かなりの起伏があるが、低みはほとんどが湿原になっている。やがて孫呉に来た。町の周りだけは大豆が多い。ムギ跡もある。孫呉を越すと、地形が急になり山の感じになった。その斜面にはカンバとナラの類が多い。所々に畑があるが、飼料用のトウモロコシを植えているらしい。大豆、ムギ跡もある。やがてナラの類が広くなる。その中に針葉樹が混じっている。カンバもある。谷筋は湿地になっている。こうした森に覆われた山地がしばらく続く。ここが小興安嶺らしい。

峠を越したらしく、下っていく。まだ林が続くが、やがて大豆が多く現れる。曹集に着く。大豆が多いが飼料用トウモロコシもある。大きな湿地が現れる。柳も少し生えている。大豆とムギ跡の混じるところを行くと、黒河に着いた。たくさんのヤチボウズがある。

黒河は人口一六〇万を超す大きな町だ。ロシアとの国境で、貿易でにぎわっているという。アムール川の川岸に出てみた。川幅は六〇〇～七〇〇メートルぐらいで、岸には砂州が続いている。澄んだ水が静かに流れていて、砂浜に沿って二センチメートルほどの小魚がたくさん泳いでいるのが見えた。対岸のロシアの森は、ここでも見えなかった。私はアムール川まで行けばロシアの亜寒帯常緑針葉樹林が見えるかと思ってこの旅行をしたのだが、結局ダメだった。温帯落葉広葉樹林帯をひたすら走ったことになったのであるが、それだけに、温帯落葉広葉樹林帯が思った以上に北方まで広がっていることを知ったのである。この温帯落葉広葉樹林帯については後で詳しく述べる。

3—c　亜寒帯常緑針葉樹林

さてアジアの亜寒帯常緑針葉樹林には私は全く行ったことがない。アラスカの針葉樹林は見たことがあり、この種の森がどんなものか少しは想像がつくのだが、アジアについて的確なことが分からない。しかし、第二部で日本列島を論じる際にはこの森をどうしても外せない。そこで文献的知識のみで隔靴掻痒の感があるのだが、『大興安嶺探検』（朝日新聞社、一九九一年）などの文献に基づいて考えてみたい。

イ　今西探検隊の見た大興安嶺

『大興安嶺探検』に記された現地調査は、一九四二年、今西錦司、森下正明、吉良竜夫、川喜田二郎、梅棹忠夫ら十数名で行われている。この記録を読んで私が強く感じたことは、亜寒帯常緑針葉樹で覆われた大興安嶺は、ほとんど人のいないところだということである。人の気配がほとんど感じられない。

記録によると、ここの住民はトナカイ・オロチョンだという。トナカイと馬を一〇頭ほど持っていて、それを使ってシカなどの狩猟をしているのだという。探検隊が出会った、約一〇戸のオロチョンの一九四一年度における狩猟獣とその種類が示されているが、それによると、一戸の平均狩猟頭数はハンダハン七頭、これは大型のシカの仲間である。次にアカシカが五頭。この二種類の肉は自家用食糧にし、皮はなめして商品として売っている。他にはリスが約一三〇匹。これは交易品である。クマは一戸当たり〇・五頭。イノシシは一頭である。クマやオオカミはかなりいるのだが、あまり獲らないと言っている。狩猟民とはいうけれども、想像したよりも少ししか獲っていない。収入という面で見ると、その比率はハンダハンの毛皮からは一四％、アカシカの毛皮からが六二％、リスが二三％になっている。こうした資料から著者たちは、大興安嶺のオロチョンたちは、かつてはトナカイ飼育者だったのかもしれないが、今は違うという。今は貧しい狩猟者になっているというのである（前掲書、四一三―四一六頁）。

大興安嶺は、トナカイ飼育の場としては最末端ともいうべき位置にあるらしい。ここのオロチョンたちの所有家畜数は先に述べたように一〇頭ほどである。一方、本場のトナカイの世界に行くと一戸で五〇〇頭のトナカイを持つことは珍しくないという。こういうのに比べると、大興安嶺のオロチョンはまさに周辺的ということになるのである（前掲書、四〇四頁）。

報告書では、大興安嶺地区の低地の一部では近年になって畑作が始められたことも述べている。しかし、この畑作はなかなか容易ではないらしい。永久凍土層の表層が溶けると、五月下旬に表層を耕し、コムギとエンパクを播き、ジャガイモを植える。そして遅くとも九月上旬までには収穫を終えなければならない。このころには初霜が来るからである。栽培可能期間があまりにも短すぎるのである（前掲書、三六七頁）。

大興安嶺は狩猟にも牧畜にも農耕にも周辺に位置していて、土地利用の確立の難しい所のようである。以上が今西錦司編の『大興安嶺探検』から窺い知れたことである。

□　博物館で得た情報

オロチョンのことをもっと知りたいと思って、私はハルピンにある黒竜江省民族博物館を訪れた。そこではオロチョン（鄂倫春）族について次のように説明している。

(i) オロチョン

オロチョンは現在、アムール川中上流域と大興安嶺、小興安嶺に住んでいる。一九九〇年時点では三五八八人がいる。狩猟を中心に漁撈や採集も行う。古い文献では「林中人」や「樹中人」の名前で出てくる。森の中に円錐形のテントを建てて、移動を常態とする生活をするからである。何本かの木を、末広がりの円錐状に組み立て、その外側にカンバの木の皮を張っている。雪中でもこれに住む。カンバの皮で作った曲げ物の桶などを持っている。衣服や帽子、靴や手袋はみな、動物の革で作られている。馬とトナカイを多用して狩猟をする。

オロチョンは、もともとは紀元前後にバイカル湖周辺から広がった人たちで、その主力はシベリア高原の亜寒帯針葉樹林に広がったエヴェンキ（埃文基）人の同類である。エヴェンキはトナカイ飼育をもっぱらとするので、古い文献には「使鹿部」とされている。

エヴェンキやオロチョンは、獲物を「山の神」、「水の神」の賜物だと考えている。だから、狩猟や漁撈の前には必ず儀礼をする。また、乱獲は神の怒りを買うものとして、絶対にしない。

「山の神」というのは森に住む動物を支配するカミである。森には動物たちが作る国があり、そこの主が「山の神」である。海や川には海獣や魚の国があり、そこの主が「水の神」である。例えばクマが猟師に撃たれて死ぬとする。これは「山の神」が「お前は猟師に撃たれて死んでやれ」というからである。だから、猟師はクマを撃ち殺したとき、その場で儀礼をする。それはそのクマを贈ってくれた「山の神」に対する感謝の儀礼なのである。魚を獲ったときも同じである、と説明があった。

(ii) シャーマニズム

亜寒帯常緑針葉樹林の人たちについての文献には、必ずと言ってよいほど、この人たちはシャーマニズム信仰者だと書いてある。シャーマンという霊能者がいて、その人が病気を治したり難問を解決したりするのである。シャーマンの魂は身体から離れ、他界に行って、そこでヴィジョンを得てくる。シャーマンは獣のぬいぐるみのような着物を着ていることが多い。手には大きな太鼓をもって、それを叩き、トランス状態に入る。このとき、助けるのがシャーマンの守護神であるが、多くの場合、獣などの動物だという。

動物の魂と人間の魂が協働する、あるいは融合するというのは大いにあり得ることだと、私は思う。博物館には森の住民の衣服などが展示してあったが、服や靴や手袋や帽子はみな毛皮や革でできている。魚の皮でできた下衣のようなものもあった。私はそれを見ているうちに「これだけのものを四六時中身に付けたら、自分が動物になったような気持ちになるのではないか」と感じて、一瞬ゾっとした。多くの民族誌が報告するように、亜寒帯林のようなところにいて常に獣と接していると、獣と人間の間は相当曖昧になってしまうということが、肌身で感じられたのである。

八　照葉樹林帯との違い

このように見てくると、亜寒帯常緑針葉樹林に住む人たちと照葉樹林に住む人たちとでは、その森林観にかなり大きな差があるように思われてくる。

亜寒帯常緑針葉樹林に住む人たちは、森には動物の主（ヌシ）がいると考えている。その主が獣全体を支配しているのである。しかし、照葉樹林にはそんな大きなカミはいない。木や岩や川にはカミが住んでいる。また獣にもカミがついている。無数のカミがいる。しかし森全体を支配するような大きなカミはいない。二つの森を比べたとき、これがまず大きな違いである。

それから、北の森にはちゃんとした森の王国があるように見える。獣たちの世界にも序列と秩序があるように思えるのだ。クマなどがこの王国のなかでは最高の位を占める大物、その下にもっと低位の獣たちがいる。そしてその全てが森の主の命令で動いている。主はある意味では人間界をも支配しているらしい。そして、獣と人間との交渉をも指示しているようなのである。そういう指示の中で、人間界に送られたクマは、しばらく人間界にとどまった後、人間から土産をもらって、また森の国に帰っていく。一方、南の森にはそうした秩序はない。それぞれの獣たちがただ混住している。そして人間たちはそこを化外だとしか考えていない。ただ化外だけれども、そこには無秩序の秩序とでもいうべきものがある。

それからもうひとつ、家畜のあり方が違う。亜寒帯常緑針葉樹林でトナカイや馬は家畜である。しかし、それはあくまで動物である。人間とははっきりと隔てられたものである。しかし、照葉樹林になると、水牛や牛や豚や犬、ニワトリ、アヒルなどの家畜はすべて家族なのである。人間に極めてよく似た魂をもっていて、日常的に人間と会話している。稲もその中に入っている。こういうしっかりとした連帯感のある家族が集落の中に住んでいて、その一歩外に出ると、暗くて恐ろしい森がある。これが照葉樹林の世界である。

3—d　温帯落葉広葉樹林

さて、亜寒帯常緑針葉樹林に比べると、温帯落葉広葉樹林はずっと明るいところである。林には食べられる木の実も、はるかに多い。それに無霜期間が長いから、農業もできる。こういうところだからであろうか、古くからいろいろな人たちがやって来て、生活をしていた。多民族の混住地である。また、後にこれらの人たちの中から、中原に乗り出していって、中華世界の中心に居座る人たちも出てきた。

イ　住民

中国の東北地区には、今は漢族が圧倒的に多いのだが昔は違った。昔はホジェン、錫伯、満州族が多くいて、それぞれに独自の生活をしていた。ハルピンの博物館ではそうした人々について、有用な情報が得られる。

(i) ホジェン(赫哲)族

ホジェンはナナイともいう。ツングース系で、松花江、ウスリー川、アムール川の合流点付近にいる。一九九〇年の人口は三七四七人。漁撈と狩猟の両方をし、「捕魚以養生、狩猟以交易」とされている。犬を飼い、犬ぞりを曳かせ、それを食糧にもする。だから昔は「使犬部」と呼ばれた。また、魚皮で服や靴を作るので「魚皮部」と呼ばれることもあった。

川や湿地の多いところだったから、船が必需品であった。大河では平底、平首、平尾の船を利用した。これは櫓漕ぎである。また、樹皮製のカヤックを作る。これは一本のオールで漕ぐ。ホジェンの成人男子は必ず船一艘とスキーを持った。二〇世紀の初めころだと、各戸は犬ぞりを持っていた。居住は定着である。『晋書　四夷伝』には「夏則巣居、冬則穴處」とある。昔は、夏は高床系の家に住み、冬は竪穴の家に住んだらしい。先の旅行で同江付近には湿地と沼が多いのを見たが、あんなところがホジェンの本拠らしい。

(ii) 錫伯族

一九九〇年時点だと黒竜江省内に九一八一人いるが、ほとんどが朝鮮との国境に近いところに住んでいる。鮮卑(モンゴル)系である。昔は狩猟、漁撈を中心にし、農業もした。この人たちは一七世紀の初めには満州八旗に編入され、一七六四年には清軍の一部として中国新疆ウイグル自治区の伊犂地区に移動させられた。黒竜江省に残った人たちは朝鮮人によく似た生活をしている。今ではラマ教信者が多いが、シャーマニズムも盛んである。

(iii) 満州族

この人たちは、もともと黒竜江省にはいなかった。その故地は遼河流域である。一九九〇年時点だと、吉林省との境付近に一四万人の人口がある。清朝を建てた人たちで、全国展開をした。

この人たちは春秋時代には粛愼と呼ばれ、紀元前四、三世紀には貊人、濊人と呼ばれた。紀元前二世紀には扶余を建てた。その後、一二世紀には金国を建てたが、一二三四年、モンゴルに潰された。一七世紀にはヌルハチが出て、後金国を建て、それが清国になった。

ロ　古くからあった高度な社会

黒竜江省にはいくつかの考古遺跡があるが、その一つに新開流遺跡というのがある。紀元前五〇〇〇年紀のものである。ウスリー川の上流部にハンカ湖というのがある。その北岸にあり、佐々木高明の『日本文化の基層を探る』(六二頁)によると、ここからはいろいろなものが出土している。平底深鉢型の土器や銛や回転式の銛先の骨角器がたくさん出土し、また貯蔵穴があり、そこからはサケやナマズ、コイなどの骨がたくさん出るという。後のホジェンの生活を思わせるような遺物である。

ここからは墓穴が発見され、三体の遺体が出た。完全な一人の男の遺体と、骨が砕かれた二人の遺体だという。中国の報告書には、二体の方は「随葬された」ものと書いているらしい。これを踏まえて、佐々木は前五〇〇〇年紀の時点で、ここには階級社会があったと言っている。中国東北部は最近になって初めて開けたところではないのである。紀元前五〇〇〇年紀という極めて早い時期に随葬を伴うような高度な社会が出来ていたのだ。

3―e　ニヴフのこと

ここでニヴフのことも付け加えておきたい。ニヴフは中国領内にはあまりいなくて、多くはアムール川の下流から樺太にかけて住んでいる。言語的にはアイヌなどと同じで、孤立語を話す人たちだと言われている。ただ、生活のやり方や生業はホジェンとよく似ている。ただ、ホジェンよりももっと海洋的なようである。海獣などを多く獲っている。夏は河岸や海岸に建てた平屋に住み、ときに高床の家を建てる。冬には少し内陸に入ったところに竪穴式の家を造る。海にも出られる大型の船と川用の丸木舟を持っている。犬ぞりもある。春になると海獣獲りを始め、夏にはサケ、マスなどを川で獲る。魚や獣肉は生食することが多いが、サケ、マスは干魚にして保存食にすることが多いという。このニヴフは亜寒帯常緑針葉樹林帯のメンバーにすべきか、温帯落葉樹林帯のメンバーにすべきか迷うところである。あるいは両者の境界を流れるアムール川沿いに住んで内陸部と樺太、北海道を結ぶ交易ルートに古くからいた人たちと考えた方がよいのかもしれない。

こういうニヴフだが、私がここでこの人たちを取り上げるのは、彼らのもつ熊祭のためである。私は、ニヴフこそは典型的な北の森の民であろうと考えているからである。ニヴフの熊祭に関しては、アブラモヴィチ・クレイノヴィチ（枡本哲訳）『サハリン・アムール民族誌――ニヴフ族の生活と世界観』（法政大学出版局、一九九三年）に見事な記録がある。話は次のようなものである。

幼い息子を亡くした男が山を歩いていると、親子連れの熊に出くわした。途端に男はその子熊は死んだ息子の生まれ変わりだと直感するのである。大声を立てて驚かすと、子熊は木に登った。母熊はその下をめぐる。男は母熊を追い払うと木に登って子熊を降ろし、自分の着物にくるんで家に連れて帰った。それから二年間、男は子熊を思い切り大事に育てた。家族の食べ物がない時にも、子熊には食べ物を与えた。しかし、二年経つと、もう子熊を山の主のもとに返さねばならないと悟る。それが森のルールなのである。子熊を連れて家の周りを歩き、この家のことをしっかり見せた後で、モミの木に縛り付けて殺した。自分ではとうてい殺せないので、知人に頼んで殺してもらった。そして、盛大な儀礼を行って、子熊を山に還したのである。子熊はたくさんのお土産をもらって、主のもとに帰った。そして人間との生活は楽しいものだった、と報告した（前掲書、一三八—一三九頁、一五一頁）。

これがニヴフの熊送りである。基本的にはアイヌの熊送りと同じである。ここにあるのは熊の世界と人間の世界の往還である。先に亜寒帯常緑針葉樹林では獣の世界と人間の世界の間の相互交流が可能であることを述べたが、その考え方はニヴフの熊祭では見事に示されているのである。

亜寒帯常緑針葉樹林帯では、そのほかの地域でも熊を獲ったとき、同質の考えをもって現場で儀礼を行う。しかし、それはニヴフの場合ほど念の入ったものではない。ニヴフの場合はわざわざ子熊を数年間飼っておいて、それから送っている。そしてその子熊は死んだ息子でもあるのだ。これと同じく、飼い熊を送る儀礼がアイヌにもある。ニヴフとアイヌは極めて近い人たちらしい。

第Ⅱ章

海の世界

日本列島をとりまいて、海がある。大きくみると、南には東南アジアの海があり、北にはオホーツク海がある。これらの海のことを見てみたい。日本にくっついて、日本海や東シナ海があるのだが、これは後に第二部で見てみたい。

Ⅱ—1　東南アジアの海

東南アジアの海はスンダ陸棚域、ウォーレシア海域、南シナ海域と分けるとよさそうである（図8）。それぞれを概観しよう。

1—a　スンダ陸棚

ここでスンダ陸棚としているのは、マレー半島、ジャワ島、ボルネオ島に囲まれた部分である。ここには浅い海が広がっている。陸棚というのは大陸の縁辺に棚のように広がった浅い海である。今から二万年ほど前、海の水位が今より二〇〇メートルほども低かったとき、この部分は大陸の一部だった。そしてその後、海水位が上昇してくると、浅い海が広がることになったところである。

こんなところだから、他の海域に比べると、大きな特徴をもっている。まず、極端に浅い。そして泥海である。周りにはマングローブや泥炭湿地林が広がるのである。

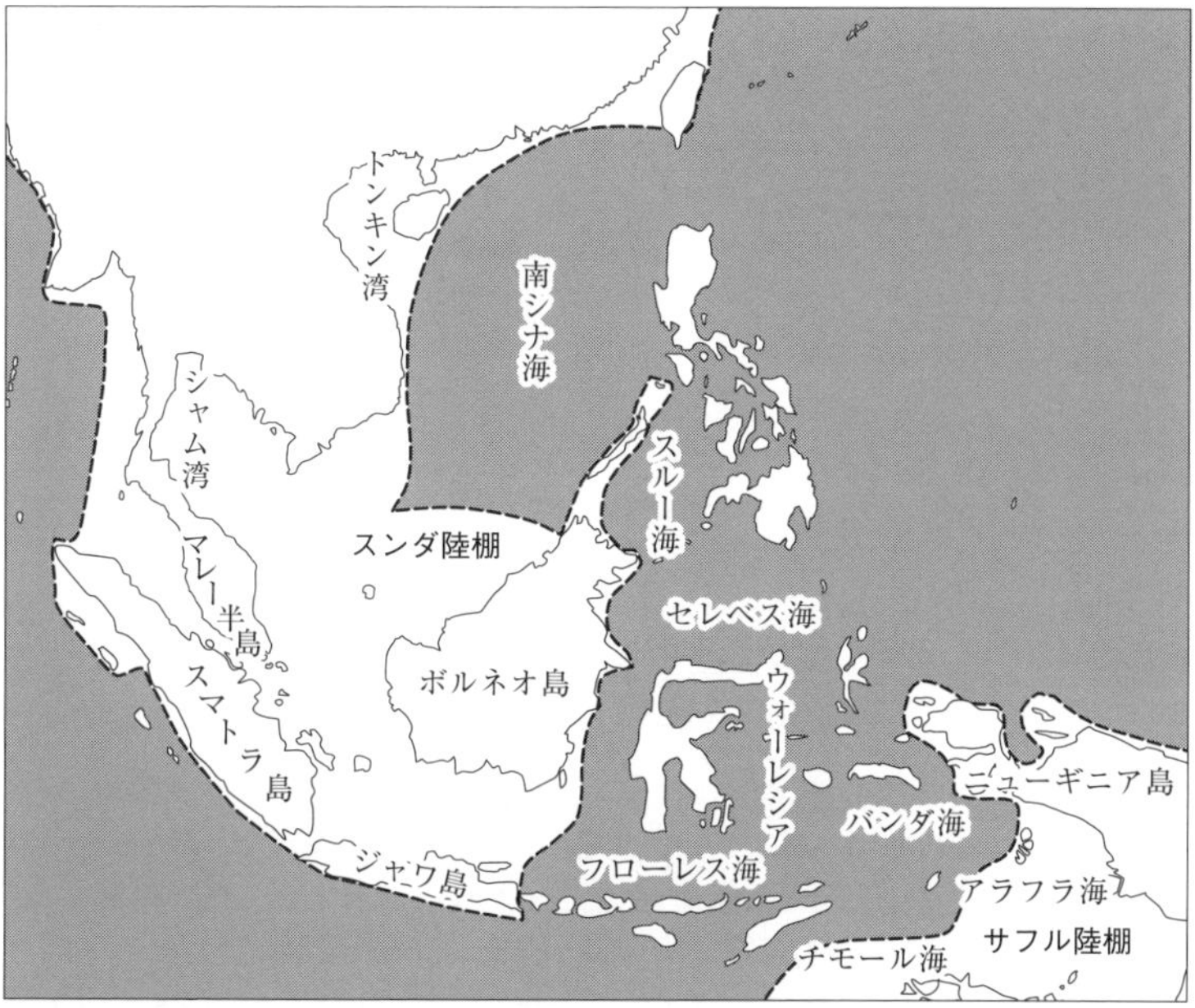

図8●スンダ陸棚、ウォーレシア、南シナ海

イ　マングローブと湿地林

この低湿地の様子を少し詳しく見るために、スマトラ島を東西に横断する断面を示すと、図9のようになる。

マングローブ帯は、普通はそれほど幅は広くはない。せいぜいが数百メートルである。ここはまさに海と陸との漸移地帯で、一日のうちの半分は海水に浸かっていて、半分は干上がっている。スマトラの東海岸だと、潮位差は四メートルほどあるので、満潮時にはかなり深く冠水する。

こんなに潮の干満差のあるところに、軟泥が広がり、そこに木が生えるのだから、その木々はみな特殊な武器を備えている。根の部分にタコ足状に何十本という支柱根を出して、これで泥をしっかりつかまえているものがある。これは *Rhizophora* というグループである（写真12）。また、主幹のまわりに無数の呼吸根を出すものもある。これは泥の中から突き出た、長さ五〇センチメートルくらいの杭のようなものである。これが密に突き出しているものだから、その間の泥は容易に動きだせない。これは *Sonneratia* というグループである（写真13）。マングローブではないが、

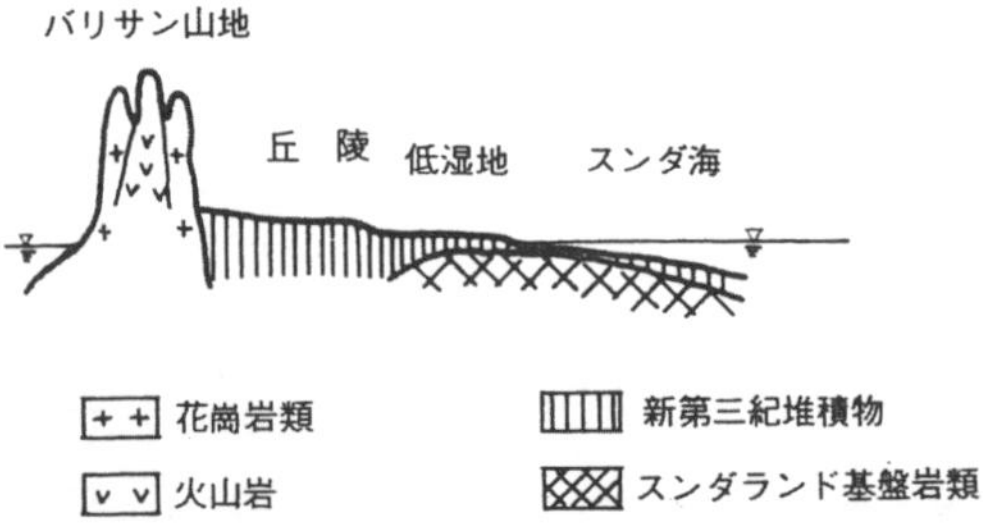

図9●スマトラ断面図（古川久雄『インドネシアの低湿地』勁草書房、1992年、4頁より引用）

写真12●*Rhizophora*（ヤエヤマヒルギの類）（阿部健一撮影）

写真13●*Sonneratia*（ハマザクロの類）（阿部健一撮影）

写真14●ニッパヤシ群落（阿部健一撮影）

写真15●ニッパヤシの根

マングローブ帯にはニッパヤシが生える。その太い根にはビスのように深い溝が作られている（写真14、15）。この根を伸ばして泥を縫い合わせているのである。陸地の最前線には、こんな仕掛けをもった植物があって、それが陸地をどんどん外に広げているのである。このマングローブ帯は、エビの産卵地として大変重要な場になっている。

その背後には泥炭湿地林が広がっている。これはかなり広い。スマトラ東海岸の場合だと、幅が一〇〇キロメートルほどある。この湿地林の最大の特徴は、そこに土がないことである。とにかく平坦なところに一年中雨が降っているのだから、排水が効かない。そこに湿地にでも耐える木が生える。巨木になって、寿命がきて倒れるのだが、湿地だから腐らない。そのうち、またその倒木の上に子供の木が生え、生い茂る。こんなことが繰り返されると、そこは倒木ばかりで構成された泥炭地ができる。これが、過去七〇〇〇年くらいにわたって続いているから、泥炭地の厚さは六メートルほどになっている。泥炭湿地に関しては、『インドネシアの低湿地』(古川久雄、勁草書房、一九九二年)が大変よい資料を提供している。

そして、この泥炭湿地の背後でやっと本来の陸地らしいものが現れ、そこには熱帯林が広がるのである。熱帯林地帯は瘴癘地で人は住めない。人が住めるようになるのは、やっと標高数百メートルになってからである。要するに、スンダ陸棚域は、マングローブ、泥炭湿地林、熱帯林が広がっていて、基本的には人間の居住を拒否し続けているところである。

ロ　シアク王国

スマトラに多くある川港はパンカランという。私はこのパンカランが多く出来始めるのは一五世紀頃からではないかと考えている。このころ、イスラーム商人たちが東南アジアに拡散してきて、パンカランが出来始めるのである。

パンカランの中で、最も巨大で最も繁栄したのはシアク川に作られたシアク・スリ・インドラプラではないかと思われる。そこの様子を記してみよう。シアク・スリ・インドラプラの川港そのものは、今はもう寂れてしまっている。しかし、繁栄していた頃の王宮が残っていて、そこは今、博物館になっている。私は一九八四年にそこを訪れたので、その時聞いたことを紹介しよう。同時に、深見純生が翻訳した『シアク・スリ・インドラプラ王国』（未発表。原典：Nieuwenhuijzen, F.H., "Siak Sri Indrapara" *TBG, VII*, 1858）という資料も紹介したい。

シアク・スリ・インドラプラへはマラッカ海峡から湿地林の中を流れる大きな川を約五〇キロメートル遡航して行く。湿地林から流れ出す水はコーヒーのように黒い。周りの森からは時々、サルの声が聞こえる。しかし、人の住む気配は全くない。やがて、突然、河岸に白亜の殿堂が現れた（写真16）。シアク王国の王宮とモスクである（写真17）。正確に言うと、王宮は木造のものであったが、オランダがここを植民地にしたときにその代償として建てたのがこの白亜の王宮だという。このあたりになって、やっと本当の陸地らしいものが現れるのである。

写真16●シアク・スリ・インドラプラの王宮

写真17●シアク・スリ・インドラプラのモスク

写真18●シアク・スリ・インドラプラのアラビア系王の末裔（古川久雄撮影）

私は、今は博物館になっているその王宮に入って、王家の末裔というアラブ風貌の御姫さん（写真18）から説明を受けた。舞踏会でもできそうな広い部屋があって、その壁には王たちの肖像画が何枚もかけられていた。私がびっくりしたのは、その王たちはアラビア人の顔をしていたことである。それがカイゼル髭を貯えて、サーベルをさげ、悠然と椅子に腰かけていた。このサルしかいないような大湿地林の中に、白亜の殿堂があり、アラビア人の御姫様がいる。このことに、私は強い衝撃を受けた。

シアク王国の建国伝承の中にはアラビア人が王になったという話は出てこない。しかし、他にいくつかある王家の場合は、アラビア人が初代の王になったという話がよく出てくる。それは次のような具合である。森林物産の搬出を計画していたアラビアの商人が、川を遡って来て、土地の首長に出会う。そこで両者は森林物産の共同開発について合意する。すると商人は自分の住む館とモスクと港を造って、搬出基地にする。首長の方は自分の配下を使って森林物産の集荷をする。事業が好転しだすと、しばしば首長は自分の娘を商人にめとらせる。そして子供ができると、その子を初代の王にして、王国を造る、というのである。シアク王国の場合は、このストーリーには当てはまらない。だが、どこかの段階でアラビア人の血が入っているに違いない。だから、このアラビア人そっくりの王の肖像画が飾られているのだ。

深見純生訳の文献には、次のように書いてある。王国が建国されたのは一七二〇年であるが、それが最も栄えていたのは一九世紀である。この時の港には、王とハンバラジャという王の親衛隊のような人とアラビア人がいた。ハンバラジャというのは、この近辺から王が連れてきた人で、一〇〇〇人。アラビア人は商人で一〇〇人。そして、周りには土地の首長に率いられた人たちが一万数千人いた。しかし、実際のシアク王国にはもう一つ、別種のグループがいたようである。それは海軍である。王は土地の海賊と交渉して、自分の海軍を作っていたようである。その長はラクサマナといって、配下が五五〇名いた。この海軍はシアク川の河口を固めていたらしい。

結局、首長、王、ラクサマナが組んで、森林物産の搬出をやっていたようである。三人はそれぞれに、集荷、販売、海賊対策を担当し、利益は三分する、という約束でこのビジネスをやっていたらしい。森林物産には、香木、蜜蝋、竜脳、象牙、籐など様々なものがあった。それに、この頃のスマトラだとコーヒーやコショウや金や錫も出していた。スマトラ側が求めたものは、塩、金属器、武器、綿布などであった。これらは山地にいる人たちに売っていた。

スンダ陸棚地帯には大きな国家などというものはなかった。湿地林を通過して内陸山地に入り込む川筋ごとに、こうした川港が造られ、それがそれぞれに小王国を作っていたのである。

八　二〇世紀の湿地林開発

パンカランを造り、森林物産を搬出するという形の開発は、一九世紀の中頃が最盛期であった。やがて、新しい時代が始まる。それは低湿地そのものを開発し、泥海を漁場として利用するという時代である。これはオランダやイギリスがいよいよ植民地経済を本格的に動かしたことと連動している。このころは、シンガポールが大きくなり、それをハブにしていくつもの港町が出来た。

一九八四年一一月、私はシアク・スリ・インドラプラからそれほど遠くない、スラットパンジャンという町に行った。その時の様子を書いておこう。

スラットパンジャンの町はマラッカ海峡に面していて、マングローブ林を伐りはらってできていた。床下が五、六メートルはある高床の建物が海峡に面して建っていた。というか、海峡の中にずらりと並んでいた。たくさんのスピードボートがその床下に入って来ては出て行った。町の背後はすぐ湿地林である。極めて賑やかな町だったが、住民の四〇%が中国人だという話だった。国としてはインドネシア領だが、半分近い人口を中国人が占め、彼らはシンガポールと極めて密な関係をもっているようだった。

(i)　イブラヒム翁の話

この町で、私はラムリ・イブラヒムという人に出会って、話を聞くことができたので、その内容を紹介しておこう。イブラヒム翁はかつてのシアク王国の高官の末裔だという。整った顔立ちで、青い目をしていた（写真19）。この人にもアラブの血が入っていたのかもしれない。以下は、同氏の話である。

ここは、昔はトゥビング・ティンギといって、シアク王国の重要な港の一つだった。自分の先祖はこの町の首長だった。一八五〇年頃には、シアク王国は多くの部分をオランダに割譲した。その頃から多くの中国人がやって来て、炭焼きや魚とりを行うようになった。

一八九〇年頃になると、それまで小さかったトゥビング・ティンギの町は中国人で膨れ上がり、名前をスラットパンジャンと付け替えることになった。たしか、一八九八年だと思うが、膨張するスラットパンジャンに大火があった。バジャウ（ウォーレシアのスルー海などにいる海民、後出）が攻めてきて、火を放ったという話だった。一九一八年には、スラットパンジャンと、少し内陸のバングラスを結ぶ道がつけられた。この辺りでは初めての道だった。オランダの命令でつけられ、周りにはココヤシのプランテーションが開かれた。この時にも多く

写真19●イブラヒム翁

の中国人が入ってきた。

シアク王国の最後のスルタンは、シェリット・カシムだ。このスルタンがバタビアに勉強に行ったとき、私の父がお供をした。バタビア留学から帰るとき、父は五人のジャワ人の友人を連れて帰り、その五人に二ジャラールずつの土地を贈った。友人たちはジャワに帰るときにゴムを植えて帰った。一九一八年のことだ。このことがあってから、この辺りには何人かのジャワ人が入植することになった。

一九二〇年頃の法律では、入植者は誰でも、申請さえすれば六ジャラールの土地がもらえた。これはジャワ人にも適用された。だから、多くのジャワ人がやってきた。彼らは森を拓き、多くはゴム園を作った。最初の二年は焼畑で稲を作ったが、三年目にはそこにゴムを植えた。

戦前、この辺りで重要な産業といえばサゴ洗いと炭焼きと魚獲りだった。普通の家は五ヘクタールほどのサゴ林をもっていて、そこから成木を伐り出して、サゴ澱粉を採った。これが主食だ。炭焼きは中国人が行った。土地のマレーを使って、マングローブを伐り、それで炭を焼いた。漁業はマラッカ海峡でやった。ペンゲリという定置の吹き流し式の網で小魚を獲った。魚は日干しや魚醤にしてシンガポール経由でジャワに出した。

今のスラットパンジャンは人口四万人だが、一九三〇年だと一〇〇〇人ほどの小さな港町だった。

以上がイブラヒム翁から聞いた話である。

(ii) サゴ洗い

サゴヤシという木は大変ありがたい木である。湿地林にも生える。普通は直径五〇〜六〇センチメートル、高さ一〇メートルほどである。成木になると幹に澱粉を蓄積する。普通のもので、一本から四〇キログラム、大きいものだと六〇キログラムの澱粉が採れる。一ヘクタールの土地から、毎年五〇、六〇本の木が伐れる。面積あたりにすると、非常に高収量ということになる（写真20）。

スラットパンジャンの背後の湿地林にこのサゴ洗いを見に行った。木が伐り倒されて、ドスンという音がすると、すぐに三〇頭ほどのサルが駆けつけてきた。おこぼれを頂戴しようというのである。伐り倒した木は、長さ一メートルくらいの丸太に切り分けて、これを洗い場に運ぶ。時に葉柄で簡単なレールを作り、その上に丸太を転がして運ぶ。洗い場に着くと、丸太は断ち割られ、中の髄が取り出される。昔は鍬状のもので掻き出していたようだが、今は機械で粉砕されている。釘のたくさん出た円盤を高速で回転させて、それに髄を押し付けて粉砕するのである。

粉砕されてオガクズ状になったものが洗われる。浅い篭状のものを乗せた低い棚があり、その下には丸木舟が置いてある。この篭にオガクズを入れ、上から水をかけながら足で踏む。すると繊維と澱粉が分かれ、繊維分は篭に残り、水と溶け出した澱粉は篭の目を通過して下の丸木舟に落ちる。こうして丸木舟の中では澱粉が沈殿する。溜まった澱粉は湿ったまま、サゴヤシの葉で編んだ俵に入れて、家に持ち帰る。

湿った澱粉は、そのまま焼いて種無しパンのようにしたり、お粥にして食べるが、しばしばサゴ・ルンダンに加工される。これはちょうど真珠のような球形で、よく乾燥したものである。これを作るには、澱

写真20●サゴヤシ。伐採、運搬、サゴ洗い（右上から時計まわりに）。

粉をもう一度きれいに洗い、きれいになったサゴを篩でふるう。篩を通ってきたサゴは、球状になっている。布の上に広げて左右に振ると、小珠は磨かれ、すっかり硬くなる。これを浅い鍋に入れて、三時間ほどかけてゆっくり炒る。すると真珠にそっくりのサゴ・ルンダンが出来上がるのである。

種無しパンや粥の方は、魚や野菜をおかずに食う。サゴ・ルンダンの方は、普通はコーヒーとともに朝食に食う。また、保存食や携帯食として重要なものである。

サゴ澱粉は、昔は土地のマレー人の主食であった。しかし、やがて中国人がそのサゴ澱粉を集めて乾燥サゴにした。天日で干して、乾燥サゴ澱粉にし、シンガポールなどに輸出し始めた。一九七〇年代になると、これが拡大した。中国人の中には、粉砕から沈殿、乾燥までを機械で大規模にやる工場を作る者も現れた。こうなると、マレー人たちは今までの小規模なサゴ洗いを止め、もっぱら原木の丸太を中国人の工場に運ぶことに専念するようになった。一九七〇年代には新しいサゴ林の造成なども行われたが、これでも原木不足というような状況が起こってきた。一九八四年だと、スラットパンジャンの近くには一二の工場があった。すべて中国人の経営である。

かつてのパンカランの時代とはずいぶん違う状況が起こってきたのである。

(iii) 炭焼き

炭焼きは昔から中国人がやっている仕事だが、一九七〇年代になって増えたらしい。マングローブ林の中に延びているクリークを遡っていくと、時々、クリーク沿いの幅一〇〇メートルほどのところが伐開されていて、そこには若いマングローブがまばらに生えているところに出くわす。薪炭材を伐り出した跡だ。炭焼き小屋に上がってみた。周りはマングローブで、満潮時には少なくとも三〇センチメートルくらいは冠水するらしい。そこに少し土盛りをして炭焼きの場が作ってある。中央に作業場兼倉庫のようなものがあり、その両側に窯が二基作ってあった（写真21）。前には小さい桟橋があり、二艘の船がつけてあった。その脇には多くのマングローブの丸太が水に浮かべてある。多くは直径二〇〜四〇センチメートルで、長さは三メートルだ。この敷地にはヤギ五匹とニワトリ二〇羽を飼っているのだという。ここで働いていた二人のマレー人女性から聞いた。

この炭焼き小屋は中国人の所有だ。しかし、一人のマレー人のマネージャーがいて、実際にはその人の請け負いで仕事をしている。従業員は八人のマレー人だ。

マレー人従業員がマングローブ林に入って木を伐ってくる。簡単な木馬道を作って、それに沿ってクリークまで出して、それをここに運んでくる。船一杯でいくら、という契約で運んでくる。窯は直径三メートルくらいのドーム型だが、そこには船三〇杯分の材が入る。二週間燃やし続けると炭になる。二週間燃やした後は、二週間窯で休ませる。だから、だいたい一か月に一度焼いていることになる。出来た炭はシンガポールに出す。

ここには「Sumatra Binchotan」と印刷した箱が置いてあった。日本にも輸出しているらしい。

写真21●炭焼き窯

(iv) ゴム栽培

ララン地区にはジャワ人が多く、彼らのほとんどはゴム園を作っている。このララン地区には四五軒のジャワ人の家が幅四メートルの直線道路の両側に並んでいる。その中の平均的と思われるマジェリ氏を紹介しよう。この人は三ヘクタールのゴム園をもっている。

家の間口は約四〇メートルで、奥は少なくとも三〇〇メートルほど続いている。その先は湿地林だ。家の前の道沿いには幅一メートルほどの側溝が掘ってあり、そこを黒い水が勢いよく流れている。私が訪れたときは干潮時間で、湿地林の水が排水されているのだ。道から三〇メートルほど引き込んで、マジェリ氏の家が建てられている。青色に塗った高床の家だ。一九七六年に建てたという。家の周りにはランブータン、カシューナッツ、パパイヤなどがきれいに植えられている。いかにもきれい好きなジャワ人の庭である。庭にはヤギ小屋があった。それと二メートル四方ほどの池があった。これはゴムを浸けておく池だ。

庭の後ろの六〇メートル程はココヤシ園になっている。さらにその後ろの一二〇メートルほどがゴム園になっているが、それは家に近い方から奥に向けて移植後五年生、三年生、一年生のものが帯状に広がっている。そして、その背後は湿地林であるが、その高木はすでに立ち枯れている。ゴム園を増やすために開墾準備をしているのだという。

マジェリ氏は開墾の様子を次のように語ってくれた。

まず、湿地林の木を伐る。二、三年放置しておくと、いろいろな草や灌木が生えてくる。それを山刀で叩き切り、少し干した後に焼く。その直後、網状に張った根を鍬ではぎ取る。それが乾いたところで、二、三メートル置きに塚状に積み上げ、焼く。こうして出来た灰の所に、ゴムの若木を植える。苗木は直径三センチメートル、長さ二メートルくらいのものだ。もし、土が過湿だと塚の周りに溝を掘る。ゴムの若木の周りにはトマト、キュウリ、トウモロコシ、ショウガ、ササゲなどを植える。すでに五年経ったゴムはタッピングしている。それはゴム・ブロックに処理し、屋敷に掘った池に浮かべてある。それが少し貯まると、スラットパンジャンの中国人の店に売りに行く。自分はそんなに裕福というわけではないが、一九八〇年にはメッカに行った。

この時、スラットパンジャンからは六〇人が一緒にメッカに行ったとのことであった。

二　湿地林開発の拡散

一九三〇年頃からは湿地林地帯にはココヤシも広がり出した。これが最も大きく広がったのはジャンビやパレンバンの周辺のようである。私は一九七八年、パレンバンからムシ川を下って行ったので、その時の様子を紹介しよう。

川沿いはマングローブが多かったが、その背後には湿地林が広がっていた。その湿地林がかなり多くの所で伐り拓かれて、焼畑が行われていた。焼畑といっても、山地で行われているようなものではない。なにせ過湿地だから、後に述べるような特殊なものである。

ムシ川は河口に近い所では幅が数百メートルあり、そこから多くのクリークが湿地林に向けて伸びていた。そのクリークの一つに入っていくと、高床の家の群れが現れた。パリットプラジャンという村である。船を停めて、そこの村長に聞いた。以下はその村長の話である。

自分たちはブギスだ。マレーではない。全員がスラウェシ島のボネから来ている。一二年前にここに来た。今は五五戸あり、五年前にモスクも建てた。戦後、スラウェシ島はカハル・ムサッカルの乱というのがあった。内乱が続き、命の危険があった。だから自分は一五人の仲間と一緒にそこを逃れてスマトラ島のインドラギリに行った。三〇トンの船を用意して海を渡った。二七年前のことだ。インドラギリというのは、当時、すでにブギスの間ではよく知られているところだった。多くのブギスがいて、ココヤシと稲を作っていた。私たちはそのブギス社会に合流したのだ。

そのうち、仲間の間でもっと良い湿地林があると言い出す者がいた。それで私たちは偵察に行った。確かに良い湿地林だったから、そこのパッシーラ（首長）に交渉して入植の許可を得た。最初は五人で入植して、湿地林を拓き、その後だんだん仲間が合流した。この村を建てたのが一二年前だ。すでにインドラギリで湿地林の開発方法を学んでいた自分たちは、その方法で開発した。それは故郷のボネでやっている稲作とは全く違う。故郷では立派な水田を犂耕してやっていたが、ここは違う。ここの方法は次の通りだ。

まず、湿地林を伐り拓く。伐開すると、そこに水路をつける。水路はクリークから直交して湿地林に入るもので、幅一メートル、深さ一メートルくらいのものだ。この水路には潮が入るので、すぐ幅は二、三メートルに広がる。するとその水路沿いに家を建て、家の背後を水田にする。水田といっても、畦で整然と区切られたものとは全く違う。凸凹があり、木の根などがいっぱいある。満潮になると水が入ってくる。

こんなところだから、二回移植を行う。家の近くなど、目の届くところに、ちょっとした高みを作り、そこに陸苗代を作る。陸苗代で苗が十数センチメートルに伸びると、それを少しきれいに整地したところに植え直す。第二苗代だ。第二苗代では五〇―六〇センチメートルくらいの苗に育てる。そして、これを他のところに本植えする。長く伸びた苗は深く水の溜まったところにでも植えられる。灌水していない高みでも大丈夫だ。地面はどこもかも湿っているからだ。普通、除草はしない。ただ、水管理には気を配る。満潮時に田に水が入り、干潮時になると田から水が抜けていくように気を配る。こうして湿地林に溜まっていた毒水を洗い出すのだ。
自分たちがここでやっている稲作は、土地のマレーのものとはだいぶ違う。マレーは移動耕作だが、私たちは定着農業だ。開いた稲田は二―三年もすると草が生えだしてくる。すると除草が必要になる。これを嫌って、マレーはたいてい田を放棄する。しかし、私たちは放棄はしない。除草をして稲を作り続ける。そしてそこをココヤシ園に変える。ココヤシ園にするためには、田面にまた幅一―二メートルの溝を掘り、田を溝と畝に作り変える。そしてその畝の部分にココヤシを植える（写真22）。

そういわれると、開かれた田の中には若いココヤシの植えられているところがいくつかあった。彼らがそこで農業を習ってきたというインドラギリでは、もうココヤシ園が広大に広がっているというのでそこを見に行った。確かに広大なココヤシ園が広がり、ココヤシ油を搾る工場が作られていた。そこのブギスたちは誇らしげに話していた。「ここでムラユが森を伐り、バンジャールが育て、ブギスが収穫している」。この湿地林はもともとムラユ（マレー人）のものである。彼らは森を伐って焼畑水田にするが、草が出たといってすぐ放棄する。それをブギスが購入してバンジャール（南カリマンタン出身の人たち）にココヤシを植えさせ、管理させる。頭の良い自分たちブギスはそれを収穫して油を搾っている、というのである。かつては侵入することのできなかった湿地林が一九八〇年代だとこういう形で広く開かれていたのである。

写真22●ココヤシ園（嶋田奈穂子撮影）

ホ　ガフン氏とブカワン

（i）ガフン氏

スンダ陸棚のことを知ってもらおうとすると、マングローブや湿地林のことと同時に泥海のことも描写しなければならない。さらに、そうした海を渡って生きている男たちのことも語っておかねばならない。ここでは私が一九八四年に出会ったアブドラ・マナフ・ガフンの一生を追うことによって、海の利用とそこに生きる男のことを紹介しておこう。

ガフン氏は一九一四年の生まれである。私が出会ったときにはちょうど七〇歳でブカワンという水上集落で悠々自適の生活をしていた（写真23）。生まれは先に触れたムシ川の下流で、パレンバンより少し上流の川港のカユアグンである。

ガフン氏の父はカユアグンを拠点にして行商をしていた。カユアグンというのは、有名な陶器作りの村だった。父はその陶器をシンガポールに運び、そこで日用品などに変え、さらに北上してマレーシアのトレンガヌまで行き、そこで日用品を売り、塩魚を買ってパレンバンに帰っていた。こういうと普通の行商に聞こえるが、実は塩の密輸をしていたらしい。当時、オランダは塩の専売制を敷いていて、人々はオランダ政府の高い塩を売りつけられていた。これに腹を立てていたガフンの父は、塩魚ということにしてマレーシアの塩を密輸していたのである。

しかし、父はやがてこの仕事を止めてエビ獲りを始めた。ムシ川の河口付近にはエビのたくさんいるところがあった。父はそれに目をつけてバガンを作り、トゴでエビ獲りを始めたのである。バガンというのは海上に作られた高床建物である。トゴというのはその下に仕掛けられた吹き流し状の網である。引き潮が始まると、トゴを床下に下げた。すると引き潮の早い流れに流されたエビがたくさん網に流れ込む。これを引き上げてムキエビにしたのである。バガンには大きな釜が用意してある。これでエビを茹でて床

写真23●ガフン氏（左）

に広げ、乾かすのである。干し上がると、これをガニーバッグに入れて、床に置いた丸太に打ち付ける。すると身と殻が簡単にはがれて、ムキエビができる。時々、中国人商人がやって来て、このムキエビをもっていった。

バガンが出来て一年後に、当時二歳だったガフン氏は母とともにカユアグンからこのバガンに移った。バガンでの生活は大変だった。ほんの少しのトウガラシやネギはバガンの上で作ったが、あとは米と魚ばかりを食った。米は中国人商人が持ってきたのである。飲み水は雨水である。しかし、しばしばそれがなくなった。すると丸木舟でマングローブの背後の湿地林に行って、そこの黒い水を持ち帰った。

ガフン自身は一二歳になると、このバガンを離れてシンガポールに出た。最初は中国人の船の飯炊き小僧をやったが、二三歳になると自分の船をもって商売をした。バガンを回ってエビを集め、それをシンガポールに運んだのである。バガンには日用品やトゴを売った。やがてチモール航路の船の副船長になった。しかし、この会社は太平洋戦争でつぶれた。仕方がないので、一九四八年には古鉄を日本に売るビジネスを始めた。しかし、これは失敗し、オーストラリアに夜逃げをして真珠取りダイバーになった。これは金になる仕事だったが、大変危険なものだった。それで、一年でそこを脱出し、シンガポールに舞い戻り、バガンの建材を売る仕事をした。六年ほどそれをやっていたが、今度はスンバワの近くに転出した。そこで漁場を開いて、獲った魚をシンガポールに輸出した。一九六〇年になると、この仕事も止めてブカワンの近くに移り住んだ。そして一五人の仲間を集めてココヤシ園を開いた。一九七一年になると、そのブカワンの村長になり一〇年間務めた。私が出会ったのは一九八四年だったから、もう村長は退いていたのだが、隠然たる力をもっているようだった。

ガフンはその生涯をかけて、シンガポールから東インドネシアを股にかけて動き回ってきたのである。何がこんなことを可能にしたのだろう。もちろん、同氏の体力や知力であろう。しかし、ある意味では、もっと大きなものは、彼が八人もの妻をもち、行く先々で家族や親せきを作ってきたことのようである。ネットワークだ、と言えるのではないだろうか。この海域では、人々は常にネットワークを作り、それを頼りに生きているらしいのである。

(ii) 水上の村 ブカワン

ガフン氏が最後にたどり着いたブカワンという村のことを少し紹介しておこう。これはシンガポールの対岸に当たっている。スマトラ島東海岸のマングローブがマラッカ海峡沿いに続いているが、そのマングローブ帯のさらに外側、すなわちマラッカ海峡の中に作られた水上集落である（写真24）。一九八四年時点でのブカワンの集落を図10に示してある。マングローブから三〇〇メートルほど離れた海中に集落が作られている。マングローブに近いところから、行政区（①）、ムラユ区（②、③）、オランラウト区（④、⑤）の列があり、それに対峙して福建人区（⑥）がある。①の行政区は役場や診療所、小学校などからなる。②、③には一三〇戸ほどあり、ムラユが圧倒的に多いが、ブギスなどもいる。④、⑤は三〇戸くらい、⑥は一五戸ほどである。

さて、このブカワンの集落はガフン氏の子供の頃にはまだなかった。この集落が現れるのは一九三一年

写真24●水上集落ブカワン

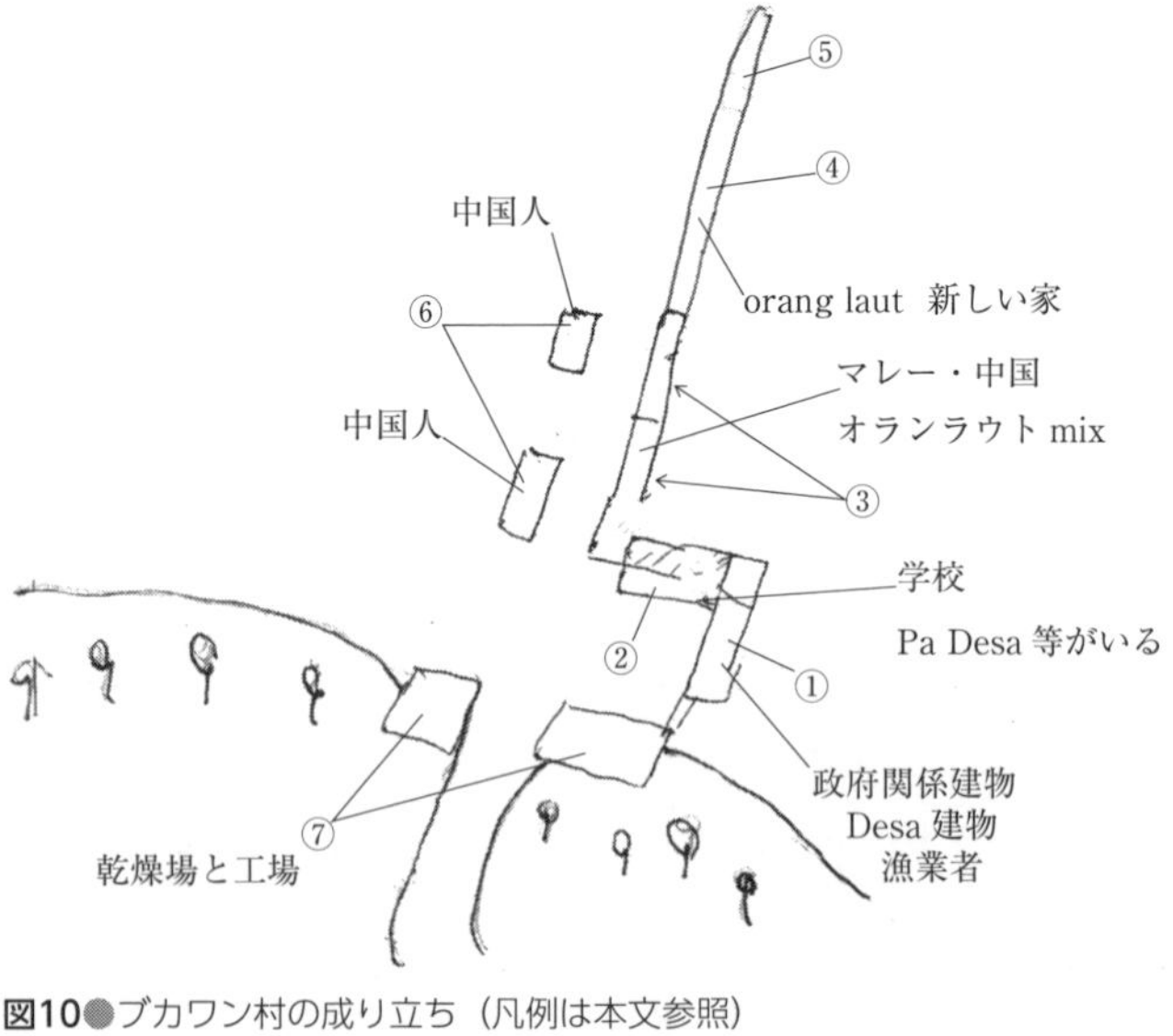

図10●ブカワン村の成り立ち（凡例は本文参照）

写真25●ブカワンの福建人区

であり、途中、第二次大戦中は消滅し、戦後にまた現れている。この集落の発達史を見てみよう。

一九三一年にフックティチューという中国人がやって来て、一軒の家を建てた。今のムラユ区の最北端である。そして、トゴでエビを獲り、砂糖や米や菓子を置いた。するとオランラウトが買いに来るようになった。オランラウトというのは漂海民である。一年中、家船に住む人たちである。このスンダ陸棚やウォーレシア域には、昔はこういう海住みの人たちがかなりいたらしい。

一九三四年になると、このフックティチューの家のすぐ南にオランラウトの首長のジャンタン氏が家を建てた。するとその周りにはオランラウトの船が多く集まるようになった。一九三六年になると、ムラユのムハンマドがやって来て、ジャンタン氏の南に家を建てた。ムハンマドの家が建つと、内陸のサゴ地帯から多くのムラユたちがやってきた。彼らはムハンマド氏のような大きな家を建てたのではない。その近くにバガンを作り、トゴでエビを獲りだしたのである。その様は、ガフンの父がやったと全く同じである。瞬く間にバガンの数は二〇〜三〇になった。この時点では中国人、オランラウト、ムラユの三群の家の塊があり、その周りに多くのバガンが散らばっていたわけである。

やがて第二次世界大戦が始まった。すると、この集落は四散した。戦時中がどういう状態であったかはわからない。ただ、戦後もいつ頃からか、またバガンが散在しだした。この辺りの様子が大きく変わるのは、一九六〇年頃である。この頃になると、動力船が普及しだした。すると、多くのバガンの人たちは家を建て、バガンには船で通って魚を獲るようになった。先のムハンマドの家のあった所から南に向けて桟橋が作られ、それ沿いに家が建てられた。バガンで孤立しているよりも、集住していた方が安心だし、生活も楽だったからである。こうしてムラユ区（②、③）は長く伸びていった。

一九七三年になると、また新しい変化が起こった。スラットパンジャンから福建系の中国人がやって来て、一五戸の福建区（⑥）が出来た。これはムラユ区とは全く違う。まず、家が巨大である。そして、その背後にあるエビの干し場が大変広い。エビを干していないときには、人々がそこでバレーボールなどをしていた。それに家の正面には漢字で書いた額が掲げられていた。何よりも、まずインドネシア語があまりよく出来ない人たちなのである。彼らはゴンバンという巨大な吹き流し型の網をもってきて、それでエビを獲りだした。おかげでムラユたちのエビ漁は完全に消えたという。私が訪れた一九八四年時点では、全てのムラユは中国人のエビ漁の作業員になっていた。

最後に一九八〇年にオランラウト区（④、⑤）が建設された。ムラユ区や福建区と違って、ここだけはペンキの塗られた派手な一角をなしていた。三六軒あるということだが、私が訪れたときにはほとんどが空き家だった。ムラユたちは「家船住まいなどは後進的で恥ずかしいことだから、ということで政府が造った家だが、誰も入らない。役人が来たときだけ入るのだ。」と言っていた。オランラウトにとっては、きっと家船住まいの方が気楽で快適なのに違いない。

さて、こうして見てみると、ブカワンという集落は、我々日本人の感覚からすると、ずいぶん変わった特徴を持っている。それは集落がいかにも手軽に作られていることである。そして、簡単に変容したり消滅したりするようだ。それともう一つは、そこの住民たちはいろいろな出自の人たちが入り混じっていることだ。それにもかかわらず、大きなトラブルもなく、その集落で住み合っている。ルーズだけれどもお互いに賢く共存している。

このことはスンダ陸棚のようなところでは、言ってみれば当然起こり得ることに違いない。ここは人々が住めない湿地林地帯である。だが、その湿地林は広い海に面していて、いろいろな人が到来する可能性は大きい。いわば大きく外に開いたフロンティア空間なのである。そんなフロンティアに来合わせた人たちは、お互いに力を合わせて、とにかく生き続けていかなければならない。

集落だけでなく、個人もまた定着好きの日本人とはだいぶ違う。ガフン氏を見ていると、彼の広範な移動範囲にまず驚かされる。そこを動き回っている間には、ずいぶん危険なこともあったに違いない。荒波や森の危険もあっただろうし、人間関係のトラブルからくる危険もあったに違いない。だが、それらを克服して生き延びてきた。この能力に、私などはまず驚かされるのである。加えて、彼の話を聞いていると、この老人が大変な博識の持ち主なのにも驚かされる。日本やアメリカ経済に関して、ちゃんとした見通しを持っているし、一方では土地のこともくまなく知っている。どの村の次の村長は誰だ、などとローカルな情報にも通じている。さらに、この老人がいかにうまくそれぞれの出先で頼りになる友人を作り、それを武器にして生きてきたか、ということも知らされた。要するに、極めて大きな人間力をもって生きてきた人なのである。

ブカワンの人たちはガフン氏を尊敬していた。「あの人の身体には、クリス（短刀）の刃も立たない。どこかで大変な修行をしてきたのだ。」とも言っていた。人々は氏が神通力を持っている、というふうにも思っているらしい。

私などは日本国旅券を所持していて、それの庇護のもとに旅行をして回っていた。それに比べると、ガフン氏などはそうしたお上の庇護などというものは何もない。自分の人間力だけで生きてきたのだ。フロンティアであるこの海域は、そういう人が求められるところであるように思う。スンダ陸棚の海民の全てがガフン氏のようだとは決していえない。しかし、この類の人たちが何人もいることは、確かである。

最後に一つ、ブカワンでの後日談を付け加えておこう。この集落では、一九七五年に到来した福建漁民のせいで、ムラユたちのエビ漁は壊滅した。ムラユのトゴの何十倍もの威力のあるゴンバンという網をもって、中国人がやってきたからである。私は滞在中、何故ガフン氏がそれを平然と見ているのか、その意味が分からなくて悩んでいた。長老なら福建漁民を追い出して、漁業をムラユに取り戻すべきではないか。そう思い続けていたのである。

ブカワン滞在中は、この疑問が解けなかった。しかし、時間が経つにつれて、これだ、と思い当たることが出た。福建漁民もオランラウトも加えて、ガフン氏は新しいビジネスを行っていたに違いない、それは密輸だ、という確信である。

ガフン氏は本当に強靭な人間力を持っている。インドネシア政府や国際機関が推し進めている〈秩序のある国際経済〉の中では、スンダ陸棚のような、すぐれて土着的な所は、まともなことでは生きていけない。そのままではじり貧である。私は、全く知らぬ振りをしていたあの老人は、きっとウルトラCを演じていたのだと、帰国後考えるようになった。

へ　湿地林の消滅

これまで述べてきたような情報は二〇一六年の今日ではもう時代遅れのようだ。一九八〇年代から、湿地林はそれまで見られなかったような大きな変化を受け始めた。私が見た一九八四年のスマトラでも、すでにその変化は現れていた。先に述べたブカワンの奥の湿地林やマングローブ林では、新しい工場が出来て大々的に木を伐り出していた。一つは一九八一年に設立された伐採会社である。三地区の伐採地があるといっていたが、それぞれに軌道が敷設してあり、それでクリークまで出してくると、あとは筏にして、タッグボートで工場まで曳いていた。私の見た筏は、一〇〇〇本ほどの丸太を組んでいた。伐採現場では五〇〇人ほどが働いていたが、土地の人ではなく、全員、ボルネオ島からやってきた労働者であった。一方、工場には三三〇人が働いていた。この大部分はジャワ人だといった。

この近くには、もう一つ別の会社もあった。こちらはチップを作る会社である。これは一九八四年に設立されて、製紙用原料としてチップを日本に出しているのだと言っていた。このチップ工場では一〇〇人が働いていた。マングローブ林内に八万ヘクタールのコンセッションを持っていて、森には六〇〇人が働いていた。半分は土地のムラユ、半分はジャワ人ということだった。彼らはバカウというマングローブだけを伐っていたが、他の樹種を混ぜると、パルプの品質が落ちるためである。伐った木は、現場で皮をはいでしまう。昔は、皮はタンニンを取る原料としていたのだが、今は捨てる。もったいない話だ。ただ、伐採跡にはまたバカウの苗木を植えるのだという。計画では一五年での更新を考えているのだと言っていた。

とにかく、こんなわけで一九八四年の時点ですでに森は大資本の手によって、しかも多数の域外労働者を投入して拓かれ始めていたのである。その後、この新方式はどんどん広がり、今では多くの湿地林が消えてしまっている。一九八四年の時点でもそうだったが、一部では伐開した跡地にアブラヤシが植えられていた。二〇一六年の時点では、極めて広い面積がアブラヤシ園やパルプ用のアカシア林に変えられてしまっている。

1—b　ウォーレシア

フィリピンとチモール島の間には、いくつかの海が広がっている。この海はウォーレシアと呼ばれている。一九世紀にイギリスの博物学者A・R・ウォーレスが、この辺りを探検していて、ここより西と東では動物相が大きく違うことを発見した。この海域は、動物の移動を妨げる特別なところであることが分かったのである。後に、この海域はウォーレスの名をとって、ウォーレシアと呼ばれることになった。

この海域は南北に長いが、これは三つに分けるとその性質を捉えやすい。第一は、フィリピンに近いスルー海とセレベス海の地区、第二は中央の香料群島のある地区、第三は南の小スンダ列島の近くである。ここにはフローレス海が広がっている。以下、この三地区に分けて見ていきたい（図8参照）。

イ　スルー海・セレベス海地区

(i) バジャウ

ここは、もともとはバジャウと呼ばれる人たちの生活の場だったらしい。一五世紀になってイスラームが入ってくると、この人たちの一部はイスラーム化した。一九世紀になって、キリスト教に転じた人もいるらしい。しかし、この人たちは、もともとは海に住んで海のカミや精霊を信じる、いわゆる自然崇拝に生きる人たちだった。

彼らは家船住みで漁撈と採集を主な生業とした。普通は小さな湾に船をつけ、サンゴ礁を中心に魚を捕った。捕った魚は陸に住む農民に売り、彼らからイモやアワなどを入手して生活した。時には遠征をして、ナマコやフカノヒレ、ツバメの巣、白蝶貝を採った。これらは中国人商人に売った。こうした生活を、移動をしながら行ったのである。冬になると北東の季節風が吹き、東海岸は荒れるので、西海岸で漁撈をした。南西風の吹くときには、東海岸に移って漁撈をした。

彼らの社会は、こじんまりとしたものだった。家船住みだから、基本的には核家族でしかありえない。大家族を収容できるような大きな船はない。また、泊まり場もそんなに大きなものはない。三、四隻、多くても十数隻が離合集散を繰り返す。こうして、結果的には数隻で一つの社会を形成したのだという。しかし、バジャウの生活もこのようなベーシックなものだけではなかったらしい。実際には港町ができると、そこで多様な適応をした。漁獲物の処理や沖仲仕などをする人も多くなった。こういう人は、やがて家船生活をやめて港の近くに高床住居を建てて住むようにもなった。陸に上がったバジャウである。こういう人は、サマ人と呼ばれたりするらしい。こうなるとイスラームに帰依する人もいるらしい。脱バジャウというのかもしれない。こうした推移は、一九世紀に入ると広範に起こったようである。

バジャウの一部は、一九世紀後半から二〇世紀前半にかけて、しばしば集団で海賊を行ったと言われている。スルー王国では、王や貴族は海賊をもった。その目的は物品の強奪もあったが、一つには人さらいであった。繁栄する王国では、なによりも人間を必要とする。捕まえた人間は転売することもあったが、多くは貴族たちの持ち物になった。家の子を持つことがプレステージであったという。また、優秀な奴隷は新たな奴隷を得るための兵士としても使ったのだという。

バジャウの歴史はよく分からない。この人たちは、元々ミンダナオ島の南西海岸を中心に暮らしていたのではないかと言われている。元代にはすでに、中国人がチョウジやニクズクを採りに来ていて、その時に彼らの相手をしていたのがバジャウであったようだ。明代になると、ナマコやフカノヒレ、ツバメの巣など、中華料理で珍重される素材を求めて多くの中国人がやって来た。この頃には、この海域はすっかり賑やかになっていたようである。一五世紀後半には、パレンバン出身のアブー・バクルという人がイスラーム王国を作った。バジャウの一部もこの人たちに加わって、王国の一員になっていたのだろう。

やがて、オランダがやって来た。オランダは一六〇五年にはテルナテを保護国にして、バジャウの締め付けを行い出した。すると、その辺りに広がっていたバジャウたちは一斉に北のマギンダナオ王国に移動したという。こうしたバジャウの移動は一七世紀後半にも起こった。スペインが台頭してブルネイ王国に圧力をかけると、その方面にいたバジャウはスルー諸島に移動した。また、スラウェシ島の南部でオランダがゴア王国を支配すると、バジャウは東岸のボネ王国に向かったという。要するに、一七世紀になってヨーロッパ勢力が進出してくると、バジャウはその圧力を避けて、侵入者の力の及ばないスルー海周辺に移動したようなのである。

こうして多くのバジャウがスルー海に集まってきた。そこにはスルー王国が頑張っていた。周りをヨーロッパ勢力に浸蝕されながらも、一八世紀後半からの約一世紀の間はスルー海の一つの黄金時代であったようだ。スルー王国は繁栄し、それを下支えするような形で、バジャウは生きていた。

(ii) 戦後のバジャウ

二〇世紀前半までは繁栄を極めたスルー王国とバジャウだったが、第二次世界大戦が終わると、その活動を大幅に狭めることになった。国民国家が生まれ、その国境が出来上がったからである。北にはフィリピン共和国が、南にはインドネシア共和国が、そして西にはマレーシアが出来た。これらの国々は互いに国境を接して領土を分け合った。スルー王国とバジャウは入る余地がなくなったのである。

こんな中でスルー王国はまだ存在を主張して戦い続けている。いわゆるモロ戦争である。作られたフィリピン共和国は実際にはキリスト教徒の居住する北部と、イスラーム教徒の居住する南部からなることになった。そして南のイスラーム教徒は、北のキリスト教徒の独善的な合併に反対して戦い続けている。スルー王国はこの問題の中心にいるのである。

一方、バジャウの方はスルー王国とは違って、はるかに弾力的な対処をしてきた。王国と違って集団単位が小さかったからである。長津一史の「海と国境――移動を生きるサマ人の世界」(尾本恵市ら編『海のアジア3』岩波書店、二〇〇一年、一七三―二〇二頁)によると、彼らはもっぱら密輸に生きたようである。長津は次のように言っている。

新しく出来たフィリピン共和国もインドネシア共和国も、厳格な統制経済を敷いた。ただ、北ボルネオだけはまだイギリスの支配下にあって、比較的自由な貿易が行われていた。こういう北ボルネオを利用して、バジャウは思い切り密輸を行ったのである。ちょうど欧米はコプラを必要としていた。一方、インドネシアとフィリピンは大きなコプラ生産地である。この大量に出るコプラを北ボルネオに密輸出し、一方北ボルネオからはイギリス製のタバコや香水などの奢侈品をフィリピンやインドネシアに密輸入したのである。

北ボルネオという穴が開いていたとしても、密輸はそう簡単ではない。特にインドネシアの監視艇がうろうろしていて、そう簡単に北ボルネオには近づけなかった。そんな中を、バジャウはうまくかいくぐって密輸を行った。何故出来たのか。長津は、それはバジャウの持っていた情報ネットワークの力によるものだという。海の民、バジャウは至る所に親戚や知人を持っていた。そういう人たちが監視艇の様子を逐一知らせてくれた。また、必要な時には自分たちの港に一時避難する便宜を図ってくれたからである。また、バジャウ自身が持つ、微地形や微気象に対する知識があったからだ。いつ、どこの湾にはどの方向から風が吹くか。こういうことを熟知していたバジャウたちは、たとえ帆船しか持たない場合でも、アクロバット的に敵をまいて北ボルネオに到着できたのだという。この絶大な能力は、先に紹介したスマトラのガフン氏の能力と全く同質のものである。

北ボルネオから欧米に輸出されたコプラの量は、一九四七、一九四八年頃は大した量ではなかったが、一九四九年には一気に二万トンになり、その後、うなぎ登りに増え続け、一九六〇年には八万トンになっている。その後、この輸出量は急速に減少した。その理由は、北ボルネオがマレーシアに併合され、これに反対したフィリピンとインドネシアがマレーシアと戦争をしたからである。この海域には軍艦が行きかい、北ボルネオの自由市場は消失したのである。

その後もバジャウの密輸は続いたに違いない。しかし、十数年続いた密貿易天下の時代は過ぎ去った。このチャンスに、大きく飛躍したバジャウはたくさんいるという。バジャウというのは、こういう人たちなのだ。国際関係を巧みに利用して、大儲けして生きていく。一方では、また極めてベーシックな家船の生活を続ける人もいる。しかし、大勢としては、結局国家の時代、陸中心の時代になってしまった。海を主舞台に生きるバジャウは縮小せざるをえなくなったのである。

□ 香料群島

ここの香料の中心はチョウジとニクズクである。これらはもともとバンダ諸島からニューギニア西岸にしかなかった。次にビャクダンがある。これはスンバ島とチモールにしかない。ビャクダンはヨーロッパなどではあまり需要がなかったが、インドと中国では大変重宝された。これの奪い合いから、この香料群島はすさまじい歴史を展開したのである。

古くから中国人がこの香料を採りにやって来ていたらしい。一〇世紀になると、アラブがこれを求めてやって来るようになった。アラブ商人を真似て、ジャワ人もこの頃からやって来たという。当時はスマトラのシュリヴィジャヤに運んで、そこからインドやアラブ諸国、中国に輸出されていたという。

一五一一年にマラッカに到着したポルトガル人は、早速この香料貿易に参入しようとした。最初、彼らはインド産の布やビルマ、ジャワの米を持ってきてチョウジと交換した。やがて、彼らは正常な交易でなく、武力を前面に出した。イスラーム商人やジャワ人を排除し、土地の首長たちにも強引な取引を要請した。

この頃、香料群島の中心のテルナテとティドレにはスルタンがいた。テルナテのスルタンはポルトガルの強引な取引に困っていた。一七世紀になると、オランダ東インド会社がこの地に現れた。オランダはテルナテ王からポルトガルの排除を頼まれたことで、ここに介入してきた。以後、香料群島ではポルトガルとオランダが交易権をめぐって厳しく争った。オランダ東インド会社は、一六〇五年にはポルトガルを追い出した。オランダの後を追って、イギリスがやって来た。しかしこのイギリスも、一六二三年のアンボン事件によりオランダに追い出された。この頃からオランダの暴力はエスカレートしていくのである。

強敵が消えると、オランダはジャワ人の貿易を禁止した。さらにセレベス島のマカッサル人を攻撃し、排除した。そしてついに一六二一年にはバンダ島を占領し、住民を奴隷にした。反抗する者は殺し、新しく人を入れてチョウジの木を植えさせた。その一方で、自分たちの支配しうる五島以外のチョウジとニクズクを伐り倒させた。香料の完全な独占を図ったのである。

しかし、一八世紀末になると、結局この香料の独占は崩れた。イギリスが若木を盗み出し、スマトラのベンクーレンに植え、広げたからである。一八三〇年にはアフリカのザンジバルにも広大なチョウジのプランテーションが開かれた。

イスラーム商人の時代には、テルナテとティドレの王がいて、二人はお互いに競争しながらも香料群島は順調に繁栄していた。ここには現地の人に加えて、中国人、ジャワ人、アラブ人、ポルトガル人、それにニューギニア方面からの人も集まっていて、一大混血地帯を作っていたのである。しかし、オランダが入ってくると、オランダとポルトガルはお互いに二人の王を自分に有利なように使い、結局は社会にも香料栽培そのものにも甚大な害を及ぼした。ポルトガルはその後、チモールに退散し、オランダはジャワ島に転じて、ジャワ島をサトウキビ畑にした。もう香料が儲かる商品ではなくなったからである。

ハ　フローレス海

フローレス海の南の小スンダ列島には、博物館にでも入れて保存したいような伝統的な社会がある。しかし、この伝統的社会はスンダ列島のなかでも山地だけなのである。この辺りでは土地の人自身が「ここには二種類の人間がいる」と説明する。オラン・パシシール（海岸の人）とオラン・ダラット（山の人）である。山の人たちは、めったに海岸には降りない。海岸には奴隷狩りが来たからである。先に述べた香料群島の南には、そういう荒けない海岸地帯がつい最近まで広がっていたのである。

一九八五年、フローレス島の北海岸にあるゲリンティンという港町で、老人に聞いた話を紹介しよう。

　自分はブギスだ。自分の四代前がここに入植した。当時、海岸には誰もいなかった。原住民がいたが、彼らは山奥で農業をしていた。海岸には湿地が広がるだけで、何もなかった。そんななかに高床の家を建てて住んだ。しばらくしてから、もう少し陸地らしいところに家を移し、今のような土間の家にし、それがこの町になったのだ。

　ここに集まってきた人たちは、スラウェシやアンボン、スンバワなど、いろいろな所の人だ。だから今でも様々な言葉が入り混じっている。入植者は、ほとんどが商人だった。五、六月になると東風が吹き出す。するとと人びとはシンガポールに向けて船を出した。まっすぐ行くのではない。途中の港で商売をしながら行った。シンガポールでは行商をしたり、人夫として働いたりして、一一月になって西風が吹き出すと帰ってくる。

船が港に近づくと、大砲を打った。すると、皆が集まってきて祭をした。多くの人はここに帰着すると、焼畑をした。しかし、一部の人はさらに東に行って、マルクやニューギニアの近くまで行った。奴隷狩りに行ったのだ。この奴隷はジャワやシンガポールで売った。

ここで老人がブギスと言っているのは、このフローレス島のすぐ北にあるスラウェシ島の人たちである。スラウェシ島はKの字の形をしている。その直立した足の部分にいる人たちである。この半島の西岸に住むマカッサルと、東岸に住むブギスからなるが、マカッサルは海民的で海軍国だったらしい。ブギスは農業も行う人たちだったという。最近では、二つをまとめてブギスということが多いらしい。

さて、このマカッサルとブギス、それにスンバワにあったビマの勢力は、小スンダ列島周辺の制海権をめぐってしばしば争っていたようである。ちょうど、テルナテとティドレが争っていたのと同じようだ。このなかでマカッサルが一番強かったらしい。そんなところにオランダが到来し、ブギスと組んでマカッサルを叩き潰した。一六六七年である。破れたマカッサル人たちはマレー半島やタイに逃れて、そこの王国の傭兵になったという。やがて、オランダと組んだブギス自身もオランダに滅ぼされた。そしてオランダによる例の香料群島での暴挙が始まるのである。

さて、このブギスだが、海を渡って冒険をするという性癖をもっている。私がスラウェシを訪れた一九七八年頃に聞いた話だが、ブギスの男の子は家に自分の寝る場所をもたないのだ、と言っていた。男は外に出かけて自分の実力で自分の居場所を見つけねばならない。だから生家でも部屋を与えないのだという。

彼らは自分の居場所を獲得するために三つの「尖端」を使えと教えられていたのだという。一つはクリス（短刀）。もう一つは舌先である。そしてもう一つが、男根である。「これを使って大国の王女などをものにし、うまくいけばその国を奪うことだ」などと言われていた。

そしてこれを、ある種の美学をもって実行する。それが恐ろしいところである。彼らはシリという美学をもっている。自分や自分の姉妹兄弟たちが侮辱されたら、その相手に死を与える、という美学である。一度、こんなことがあった。私は調査の手助けをしてくれる助手を探していた。何人かの候補があったので、選抜試験をした。ところが、自身は最有力候補と思い込んでいたある学生を、私は選ばなかったのである。その直後に、何人かの友人が真顔で私に忠告した。殺される危険があるから、しばらく遠くに身を隠していたほうが良い、というのである。落選した学生としては、何らかの行動を起こさねば格好がつかないからだ、という。私は本当にこわくなった。こういう処世術と美学をもって荒海を押し渡っていく人たちが、ここにはいる。そんなことを今でも私は信じているのである。

バジャウやブギスがだんだんと影をひそめていくのは残念なことだし、また人類にとっても損失だと私は思う。人間としての矜持と野生が失われてしまうからである。

1—c　南シナ海

ここで南シナ海としているのは、中国とフィリピン、ベトナムに囲まれた大きな海域である。インド洋を渡って東南アジアに入ってきた船は、この海を通って中国に行く。だから、ここは東西交易にとっては大変重要なところである。

イ　曙期の南シナ海

この地域の歴史が少し分かるようになるのは、いわゆるドンソン・ドラムの時代になってからの、紀元前数世紀以降である。

(i) ドンソン文化

ドンソン・ドラムというのは、青銅製の楽器である。平底の深い鍋のような形をしている。その底に当たる部分を叩いて音を出すのである。その機能が日本の銅鐸に似ているし、その出現時期も銅鐸とほぼ同時期だから、両者は兄弟のようなものだと考えられている。ドンソンとは、これが最初に記録された北部ベトナムの地名である。しかし、最初にこの楽器が現れたのは中国雲南の辺りではないかと考えられている。

さて、このドンソン・ドラムはベトナムの紅河デルタから大変多く出土する。その立地からして、多くは交易に関係していたのではないかと考えられている。この時期に、コーロア（古螺）城というのが作られている。ハノイの北にある堂々たる城である。城は全周八キロメートルの円形外城、六・五キロメートルの間城、それに一・六キロメートルの方形の内城で三重の土塁から成っている。ここにはアンズオン（安陽）という王がいて、周りの首長たちを束ねる盟主のような役割を果たしていたといわれている。

この立派な城を構えたアンズオンは、南海物産交易をしていたらしい。紅河デルタはドンソン・ドラムの集中地だが、この紅河を溯って行くと、この楽器の起源地である雲南の滇池に着く。この滇池には当時、滇王国が栄えていた。ここに南海物産を送っていたのだといわれている。このことはすでに述べた。滇・コーロア間には交易パイプが出来ていて、ドンソン・ドラムはそれを伝って動いていたのである。ドンソン・ドラムを持った交易者は、実際にはもっと広域に動いていた。図11は東南アジアで出土したドンソン・ドラムの分布を示している。この図を見ると、ドンソン・ドラムを携えた航海者はニューギニアにまで到っていた可能性を感じさせる。

(ii) サーフィン文化

ドンソン・ドラムと同じ時期に、もう一つの文化が現在の中部ベトナム辺りで栄えていた。サーフィン文化といって、海洋的な文化であった。この遺跡は砂丘の上の墓地である。ここを訪れたとき、最初に思ったことは、ここは種子島の廣田遺跡に似ている、ということだった。多くの遺体が砂丘に埋葬されている様がそっくりだ。ここからは、宝石やガラス製のビーズがたくさん出土している。これはインドの系列のものだといわれている。巨大な埋葬用の甕や細かい刺突文のある黒陶のツボも出土していた。ツボの方はラピタ土器に極めてよく似ていると思った。

このサーフィン文化からは双獣頭と呼ばれる耳飾が出土している。一つの胴体の両側に二つの頭を付けた、特異なものである。どうやらこれは、ここだけではなく、南シナ海とその周辺海岸にはあちこちから出土しているらしい。カンボジアの海岸、フィリピンのパラワン島、さらに台湾南東部の蘭嶼からも出る。

図11●ドンソン・ドラムの出土地（坂井隆・西村正雄・新田栄治『東南アジアの考古学』同成社、1998年、101頁）。

こういうことから、このサーフィン文化の人たちは、南シナ海をホームグラウンドにした海民で、インドなどの影響も受けていたのだとされている。私自身は、先に紅河デルタに多く出たドンソン・ドラムなどもこの人たちの手によって、広く東インドネシアにまで広げられていたのではないかと想像している。

(ⅲ) 南越文化

ドンソン、サーフィンの両文化とほぼ同時代のものとして、南越漢墓がある。南越は秦の地方官であった趙佗が秦末の混乱期に独立して作った国である。今の広東である。当時、ここにはドンソン・ドラムを持った港があったのだろう。そして、それを秦の始皇帝が乗っ取った。しかし、その将軍が独立し、南越を建国したのだ。その二代目の王の趙眜の墓が、この南越漢墓である。この墓は実に素晴らしい副葬品を大量に出した。この南越国は、先に述べたコーロア城を攻め滅ぼした。しかし、この南越国も紀元前一一一年には漢の武帝に滅ぼされる。こうして見ると、紀元前三〜二世紀のこの地域は極めて活発に動いていたようである。皆、南海物産の交易を中心に動いていた。

ところで、この南越地区、すなわち広州市周辺は紅河デルタとはやはりだいぶ違う。ずっと華南的である。例えば南越漢墓からは本当のドンソン・ドラムも出るが、それとは別に陶製の貯貝器が出る。しかも、これらのドラムや貯貝器には貝殻を用いた細かい文様が刻んである。その文様はラピタのものに似ているようにも見える。銅が不足していたのか、陶器で銅器の代用をしているのである。

陶製品の他に、木製品が多い。これも、この地域の特徴ではないかと思う。私は現場を訪れてはいないのだが、博物館の展示物ではこんなものを見た。柳園崗という所から出た木製の壁である。玉の代わりに木を使っているのである。形は璧と全く同じである。他に断髪文身の木像があった。木製の鎮墓獣もあった。越は「木の文化」の地だと、そんな印象を受けたのである。

江南とは違うし、紅河デルタとも違う。その間に挟まれて南シナ海に開いた陶器と木器の世界がある。それが越の世界だ。そんなことを私は考えているのである。

いささか冗長になるが、この広州のことについてもう少し書き足しておこう。広州は中国の広東省の中の大きな都市だが、これも無条件で中国の一部と考えてしまうことは、この辺りの地理を誤って理解することになるらしい。むしろ、ここは南シナ海に流れ込む大河珠江の河口にできた国際港と考えた方がよいらしい。港の周りにいる原住民は越族である。決して漢族の土地ではない。八世紀にはアラビア人がたくさん来ている。

北宋時代には中国の貿易の九〇%がここを通じて行われていたという。しかし、これも北宋人がやっていたわけではない。越族の経営する港市国家が大変繁栄していて、北宋の貿易の九〇%をこの港市がとりしきっていたというに過ぎない。そして、一五五三年にはポルトガルが現れると、彼らはマカオを中国交易の拠点とし、広州の貿易を独占した。

南シナ海に面した港市というのは、こうして勝れて脱国家的、国際的な港なのである。このことは南越の時代から今に到るまで続いている。

(ⅳ) オケオ遺跡

紀元後二世紀になると、オケオ遺跡が現れる。これはメコン・デルタの南西端に当たるところにある。小さな丘があり、遺跡はその周りにある。第二次世界大戦中にフランスの考古学者たちが、ここから五重の盛土と四重の凹みを持った、長さ三キロメートル、幅一・五キロメートルの大遺跡を発掘した。域内には濠があって、それに沿ってレンガ造りの建物と木造の高床建物があったという。インド系の人たちと東南アジア系の人たちが混住していたのだろうか。

この遺跡からはいろいろなものが発掘された。後漢鏡、仏像、ヒンドゥーの神像、サンスクリット系の文字を書いた護符、二世紀のローマの金貨、イランの銀貨等々である。明らかに東と西のものが共存している。ここは間違いなく、東西交易を行う港だったのだ。海のシルクロードのはしりだろう。この遺跡は二世紀から六、七世紀にかけて続いたものだといわれている。

三世紀中ごろには、中国の呉が朱応と康泰という二人をこの地方に派遣して様子を調べさせている。二人の報告によると、ここには巨大な川があって、その河口には裸の蛮人の国がある。柳葉という女王が統治していたが、あるとき、混塡というインド人がやってきて、その女王と結婚し、扶南という国を建国した、と伝えている。

この扶南はすぐに大変な強国に成長したらしい。混塡には七人の子がいたが、混塡はこれを七邑に住まわせ、貿易を行わせた。彼らは長さ一二尋（二一〜二四メートル）、幅六尺の、一〇〇人で漕ぐ舟を持っていて、これで商船隊を作り、南シナ海からベンガル湾に交易をして回ったという。扶南はマレー半島の西に広がるベンガル湾にも交易網を広げていたが、南や東にも広く展開していた。南では諸簿（ジャワ島）、東では馬五洲（モルッカ諸島）、巨延（ボルネオ島、フィリピン諸島）に交易網を広げていた。香料群島を含め、今日の東南アジア全域に広がる交易網である。

考古資料も中国資料も、こうして紀元後二、三世紀にはすでにここは東西交易の通路になっていたことを示しているのである。

ロ　インド化の時代

(i)チャンパ

細長く続く中部ベトナムの海岸は、二つの部分から成っている。境はハイヴァン峠である。これより北は水田が多く、それは紅河デルタまで続いていく。これより南では白い砂丘が多く、水田はあまり見られない。それに、海に迫った丘の上には石造やレンガ造りのインド風の塔や寺院跡がよく見られる。このハイヴァン峠より北がドンソン・ドラム文化の地域であり、南がサーフィン文化の地域であるらしい。前者は内陸的、後者は海洋的、といってもいいらしい。

実は、両者は民族も異なる。前者はタイ・中国系の言語を話すが、後者はマレー語系の言語を話す。いわゆるチャムと呼ばれる人たちである。このマレー系、サーフィン系の地域が、いつのころからかインドの文化を受け入れ、インド風の小国連合を作っていたらしい。中国人たちはこうした国を、林邑や占城と呼んだ。林邑という国は中国資料によると、二世紀から現れるという。扶南とほぼ同時期ということになる。

チャム人の遺跡は今もいくつかある。彼らが一九世紀になって、ベトナム人に追い出されてからは、多くは見捨てられ、あるいは破壊されてしまった。しかし、ニャチャンには九世紀に建てられたポー・ナガルの塔というのがニャチャン川の北岸の花崗岩の上に建っている。三つ四つのレンガ造りの建物が残っているが、それはシバのリンガを祭った建物やガルーダの彫刻のある建物である。中央の塔にはシバの奥さんのポー・ナガルの像があった。この丘に登ってみて、私はつくづく感じた。チャムの遺跡というのは、港の砦であり、同時に灯台だ。前面にはさえぎるものがない海が見えている。それに城下の川を伝えば内陸に入り込むこともできる。

チャムの国の構造がもっとはっきり分かったのは、ミーソンやチャーキュウを見に行ったときだった。そのときの様子を少し書いておこう。ミーソンはホイアンの町の西南西四五キロメートルのところにある。ホイアンからトゥーボン川の南岸を西に入っていく。川に沿った台地のようなところを行くが、森が多い。そこにはマンゴーとジャックフルーツが混じっている。所々に小さい谷が入り込み、そこには稲や若いトウモロコシがある。ホイアンから二〇キロメートルほど来た所にチャーキュウがある。やがて登りにかかり、山の突端らしいところに来た。ここがミーソンだ。

ミーソンの遺跡を歩いた。タイのスコータイ遺跡に似ている。特にその立地が似ている。ただ、スコータイの場合に比べると、残っているレンガ造りの建物などは、みな小さい。説明によると、ここは四世紀に始まるという。時のバトラバルマンがシバのリンガを祀り、木造の建物を建てたのだという。これは焼失したが、七世紀にはレンガと石で再建され、以降チャム王家の聖地になったのだ。その後、一時、大乗仏教が入ったりしたが、またヒンドゥー教の聖地になった。ここが最も繁栄したのは、一一世紀末のハリバルマン王のときだったという。背後にきれいな三角形をしたマハーヴァルヴァタの山々が見えた。

私はこの小旅行でチャムの人たちの世界を見たような気がした。河口のホイアンは海外交易に生きるチャム人の集住地である。と同時に、ここには多くの異人たちも住んでいたに違いない。チャムの王宮は海岸から二〇キロメートルほど入った所にある。チャーキュウである。さらに二〇キロメートルほど行く

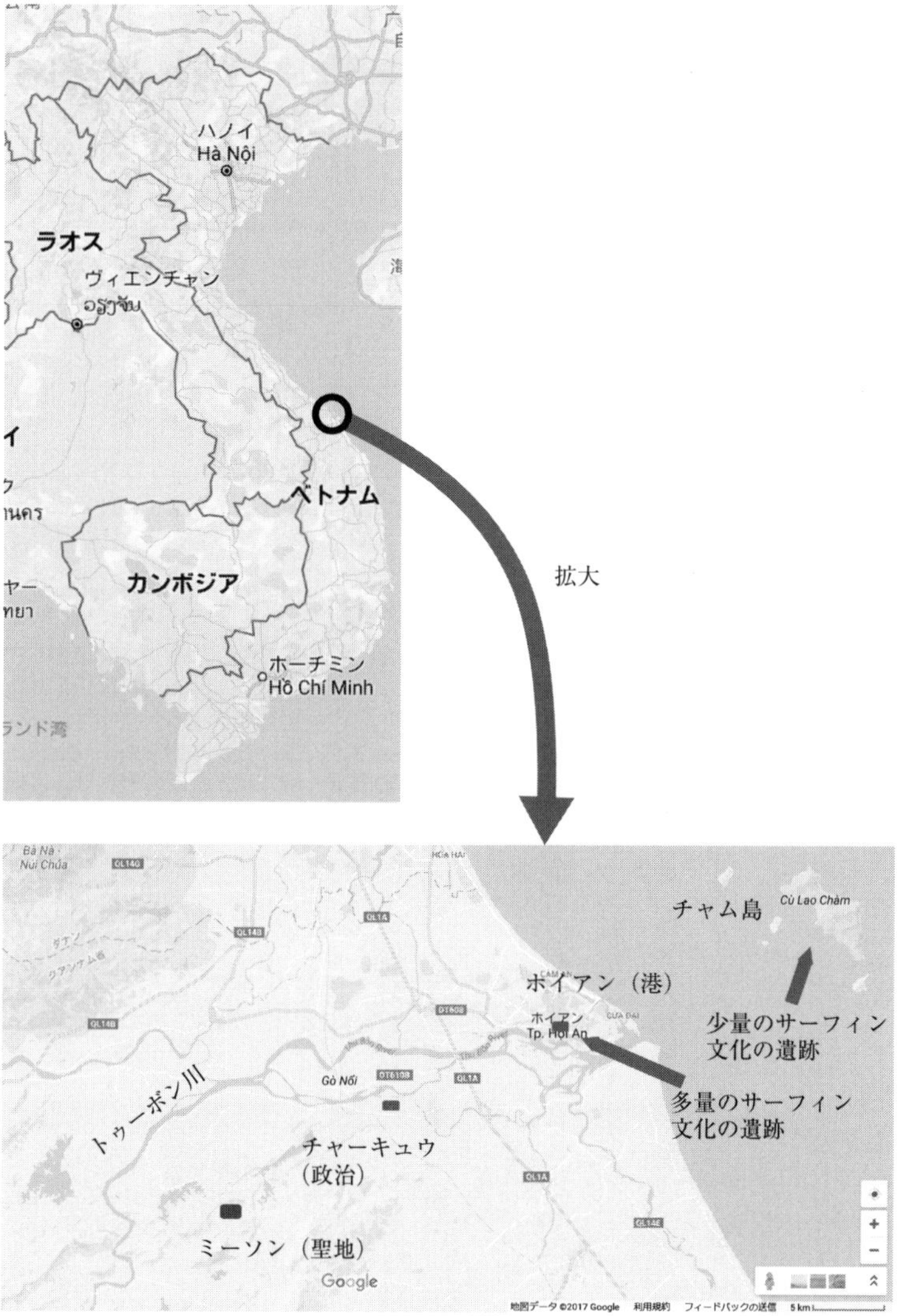

図12●チャム国の港・王宮・聖地

と、聖地ミーソンである。ここは確かに聖地なのだが、私には拝殿に見えた。正面にあるマハーヴァルヴァタ山が神奈備山で、王はそれを拝んでいた。と同時にこの神奈備山は世界最高品質の沈香木の生育地でもある。王は沈香の山を拝みながら、同時にその香木を輸出していた。ホイアンから外国に向けて船が出ていたのだ。そしてホイアンの沖にはこの海洋国チャムを守る海の神がいる。チャム島である。そんなことを私は感じていたのである。

(ii) シュリヴィジャヤ

東西交易の幹線航路は、実はスンダ陸棚をも通っていた。マラッカ海峡を抜けると、スンダ陸棚の北縁を通って南シナ海に入るからである。マラッカ海峡を押さえていたのが、シュリヴィジャヤという海民の国である。

歴史学者によると、シュリヴィジャヤはスマトラ南部のパレンバン付近を中心にして、七世紀後半から八世紀後半にかけて相当な勢力を張ったという。しかし、遺跡や遺物はほとんど出ない。ただ、数点の碑文が出ていて、それは南インドのパッラバ文字で書かれているという。そしてその碑文からすると、シュリヴィジャヤは大乗仏教を奉じ、戦争になると二万の兵を集めることができたという。(深見純生「古代の栄光」池端雪浦編『東南アジア史Ⅱ 島嶼部』山川出版社、一九九九年、一二八―一三二頁)。マラッカ海峡という絶好の戦略拠点を押さえ、大陸棚や南シナ海に散らばるいくつもの港群でネットワークを形成していたのではないだろうか。いざというときには兵を集められる仕組みを作っていたのだろう。そしてそのネットワークそのものをシュリヴィジャヤといっていたのではないだろうか。

中国の求法僧の義浄によると、シュリヴィジャヤの都では大乗仏教が大変盛んで、一〇〇〇人の仏僧がいたという。ちなみに義浄は六七一年から六九四年にかけてインドとシュリヴィジャヤに留学した僧である。ちょっと想像しがたいが、当時は今のパレンバン辺りにそんな学都があったというのである。内陸国家のセンスからすると考えにくいことだが、海域にはこんなこともあったのかも知れない。

このシュリヴィジャヤは八世紀後半から九世紀後半にかけては、ジャワ島の北岸に栄えていたシャイレンドラ王国に吸収されていたという。ところで、これも大変面白いことだが、このシャイレンドラ王国というのは、シュリヴィジャヤ出身の男がジャワに渡って作った王国だという。熱帯の海域ではすでに見たように、こうしたことは常に起こりうる。海を舞台に活躍していた海民が、ある日、突然陸に上がって、新しい仕事を始める。こんなことはザラなのである。ブギスは海民で、遠くへ冒険の旅に出て、そこで出世する。できればその地の貴族や王になるというのが理想の生き方であった。あの種のことが八世紀後半にここで起こっていた可能性がある。また一説ではこの時期のシュリヴィジャヤはチャンパに侵攻しているともいう。シュリヴィジャヤ、シャイレンドラ連合軍が、繁栄を極めていたチャーキュウ辺りに攻め入っていた可能性がある。

一〇世紀から一一世紀になると、再び漢籍にはパレンバンにあった勢力のことが現れる。これは三仏斎という名で現れている。やはり南シナ海からアンダマン海の辺りにまで勢力を広げていた。『嶺外代答』には三仏斎は産物はあまり持たないが、海軍が強く、もっぱら通行税を取っていると書いてある。従わないと皆殺しにする、とも書いてある。この国は、しかし、南インドのチョーラ国に潰されてしまった（前掲書、三四―三八頁）。その実態はもう一つはっきりしないのだが、インド文化をもった海民たちが東西航路と香料貿易路を牛耳るために強力なネットワークを広げていたようなのである。

ハ　イスラーム時代

インド文化が広がり、インド系の国々がいくつも出来た後に、それを覆いつくすように広がるのがイスラームのネットワークである。

（i）初期の航海者

まだイスラームが現れる前、早くも五、六世紀に西方から航海者たちがアラビア海を渡ってマレー半島西岸に来ていたという。彼らはユダヤ教徒やキリスト教徒で、ここで沈香やビャクダン、チョウジ、樟脳などの香薬やマレーの錫、中国産の絹、チベット産のジャコウなどを手に入れて西方に帰っていたという。八世紀になると、この人たちはマラッカ海峡を越えて南シナ海に入り、広州にまで来るようになった。一部は杭州辺りにまで到った。彼らは勝れた航海者で、ダウという三角帆の船を持っていて、それでインド洋を横断していたのである。広州は当時、香薬の集散地になっていたから、ここでそれを入手し、バグダッドに持ち帰っていた。当時、バグダッドはアッバス朝の首都として発展し始めていた。いよいよイスラーム商人が世界に向けて展開しだすのである。しかし、このイスラーム商人の展開は順調には進まなかった。九世紀末には中国で黄巣の乱が起き、黄巣軍に占領された広州は甚大な被害を受けた。当時、すでに一〇万人がいたという広州のイスラーム商人達は、ここから退散したのである。

黄巣の乱の後、程なくして唐帝国は崩壊した。アラビアの方でも政変が起こっていた。一〇世紀中ごろにアッバス朝が崩れると、中心はエジプトに移った。イスラーム世界の中心でも混乱が起こり、一〇世紀から一一世紀はイスラーム商人の東南アジアでの展開もかなり後退した。この頃から中国のジャンクが現れ出す。イスラーム商人たちはチャンパやスマトラに拠点を移すことになる。そしてジャンクを利用して商売をするのである。先のチャンパには二基のイスラームの墓がある。これはこの頃のものである。

(ii) 世界循環路の出現

イスラーム商人たちが本当に全面展開するのは、一三世紀になってからである。この頃から世界の情勢は商人の活動に極めて都合のよいものとなった。

モンゴル高原にはチンギス・カンが現れて、モンゴル世界帝国を建設した。一二〇六年である。一方、アラブ世界では強力な商業国家マムルーク朝が一二五〇年に誕生した。この組み合わせは実に絶妙であった。チンギス・カンとその後継者たちが基本的な政策としたのは、次の二つであった。第一は、自分達は軍備の傘を広げて、治安を保つようにする。第二は、経済はその道の専門家であるマムルークにまかせる、というものであった。この組み合わせで世界循環交易網が創出された。それまでは様々な勢力が分立していて、危険極まりなかった砂漠の交易路はモンゴルの警察力のおかげで安全なものになった。モンゴル世界帝国を継いだ元（一二七一〜一三六八年）もこの政策を続けた。モンゴル人の天下の下で、イスラームたちは色目人として経済はもちろん、経済以外のいろいろな分野でも活躍することになった。

（iii）戦略的拠点マラッカ

マラッカ海峡はこの辺りの海域では最も重要なところである。なぜならば、ここはインド洋と南シナ海を結ぶ狭い通路になっていて、ここを押さえられると誰も交易活動ができなかったからである。それにここはモンスーン利用者にとっては、どうしても風待ちをしなければならないところでもあった。一四世紀になると、このマラッカ海域にマラッカ王国が現れた。その出現の様子を見てみよう。

先に述べた三仏斎の海民の中から、パラメスワラという人が仲間の三〇名を引き連れて今のシンガポールの周辺に移動してきた。彼らはそこからさらに北上して、今のマラッカの辺りに来て、海賊活動を続けたのである。しかし、同時に定着して港の建設も行った。先にも述べたように、ここはモンスーンの都合で風待ちが必要なところなのである。ここに港を作り、宿泊施設を作ったのである。合わせて海軍を作り、通行税を取ることにした。こうして、航行の安全をも保障したのである。パラメスワラがこの港を作り出したのが一四〇〇年頃だが、すぐにそこには一〇〇〇人の人が住みだしたという。

安全な港は誰もが求めていたから、この港町は瞬く間に大きくなった。人口が増えると、彼は王になった。その子のイスカンダール・シャーが王位を継いだ時には、港の人口は六〇〇〇人に膨れ上がっていた。イスカンダールは海運事業をより効率的に進めるために、当時スマトラの最北端にあって繁栄した港であったパセーの王の協力を求めた。するとパセーの王は「イスラームになるなら協力しよう」と言ってきた。パセーの王は当時、東南アジアでは唯一のイスラームの王だったのである。イスカンダールはパセー王の誘いを受け、イスラームに改宗し、パセー王の娘を嫁に迎えた。一四二〇年頃である。イスカンダールがイスラームになると、彼の周りの人たちも多くがイスラームになった。

王自身がイスラームであり、その配下もイスラームだというイスラームの港は、こうして一五世紀の始めにはインド洋からマラッカ海峡に広がってきたのである。

次にマラッカ王国が最も繁栄していた頃の王国の構成を見てみよう。王のもとに四人の閣僚がいて、その人たちで取り仕切っていたようである。最高司令官、大蔵大臣、侍大将、市警察長官である。その他にシャーバンダールというのがいた。これは港務長官兼領事といった人で、港に来ている外国人を統御していた。当時は西はエジプト、東は琉球に到るあらゆるところから人が集まっていて、港では八〇の言語が話されていたという。こういう人たちを取り仕切っていたのがシャーバンダールだったらしい。閣僚達は決して純血のマレー人ではない。マラッカ王国が最強を誇っていたマンスール・シャーの時には大蔵大臣はコロマンデル海岸から来たインド人、シャーバンダールはグジャラートの出身者であったという。極めて混交的国際的な構成で王国は経営されていたのである。

以上の情報はトメ・ピレス（生田滋・池上岑夫・加藤栄一・長岡新治郎訳）『東方諸国記』（岩波書店、一九六六年、第六部　マラッカ　一歴史、三政治、四貿易）と、鶴見良行『マラッカ物語』（時事通信社、一九八一年）に多く頼っている。

(ⅳ) マレー・イスラーム圏の誕生

このマラッカ王国は一五一一年にはポルトガル人によって破壊されてしまった。ポルトガル人は香料貿易に参入しようとやって来たのだが、自分達のやり方が通らないとなると、人々の作り上げた交易のルールを全く無視して、大砲で港を攻撃した。もともと大砲のような強力な武器を持たない王たちは、港から引き上げた。イスラームの時代にも、もちろん戦いはあったが、それは一時的な戦いだった。多くの場合、敵は物品の強奪や奴隷の獲得が終わると引き上げていった。しかし、ポルトガルの場合は違った。彼らはここを破壊すると、自分たちの要塞をここに作った。ここを拠点にしてアジアの海に乗り出していこうというのである。

マラッカ王国の人たちはしばらくは様子をみていたが、帰還が不可能と分かると、マレー半島の南端に移ってジョホール王国を築いた。マラッカの陥落は東南アジアのイスラームたちに大きな衝撃を与えた。今までに経験したことのないような暴虐な敵が出現したのである。しかし、これを契機にイスラーム商人たちは結果的には賢明な対応をした。マラッカ王国は消滅した。しかし、その方式を引き継ぐイスラームの港市国家を各地に作り上げたのである。ジョホールがそうだが、アチェが強くなった。ジャワ島にはバンテンが出来た。デマックも出来た。ブルネイも出てきた。そしてこれらのイスラーム王国はそれぞれにマラッカの伝統を引き継ぐという形で横にネットワークを広げていった。

マラッカの方式というのは、こういうことである。港町としては、まず王宮とモスクと市場がある。行政としては王がいて、閣僚がいる。王はイスラームの護持者で、聖なる力を持ち、社会の中心になっている。閣僚は出自にこだわらない。交易のエキスパートで港の繁栄に努める。一般市民も出自にはこだわらない。ただ、社会全体を通じての約束事はマレー語を話し、イスラームを信じる、ということである。こういうイスラーム型の港町がいくつも現れ、それがお互いネットワークを作るようになった。いわゆるマレー・イスラーム圏の出現である。

ポルトガルの到来がアジアの海を大きく変えたことを、船のサイズを目安にして見ておこう。アジアの船はそれまでは巨大だった。それが皆、小さくなっていくのである。私は鄭和が一五世紀のはじめに大遠征に使った船と一五世紀末にポルトガルがアジアにやって来た時の船が比較してあるのを見て、驚いた。鄭和の方は八〇〇〇トン級である。ポルトガルの方は四〇〇トン程度である。中国の船は二〇倍ほどの大きさがある。

一四世紀頃だと、南シナ海や東南アジアの海には一〇〇〇トンクラスのジャンクが多く動いていたらしい。それが急速に小さくなるのである。アジアの海にやって来たポルトガルの軍艦は次々にこうしたジャンクを捕えて積荷を略奪した。図体が大きくてほとんど防備力を持たないジャンクは簡単に餌食になったのである。マラッカの奪回に行ったジャワの艦隊は五〇〇トン級三五隻からなっていたが、大半がポルトガル船に焼かれて沈んだという。こういう苦い経験があって、アジアの船はその後どんどん小さくなっていったのである。

もともとアジアの海は平和で、大型船が無防備に交易活動を行っていた。そこにもっぱら攻撃を考えた駿足の軍艦が侵入してきて、思うがままに暴れまわった。それが一五世紀末から一六世紀にかけての様子だった（A・P・ラピアン「船」、古川久雄・海田能宏・山田勇・高谷好一編『事典東南アジア――風土・生態・環境』弘文堂、一九九七年、二九二―二九三頁）。

(v) スンダクラパとシンガポール

ポルトガルのもくろみは、結局はうまくいかなかった。やがてオランダ東インド会社が現れ、それ以降の東南アジア海域はオランダ東インド会社とイギリス東インド会社を中心に動くのである。

オランダ東インド会社は一六〇二年に設立された世界最初の株式会社だという。株式会社だが、国から絶大な権力を与えられていた。条約締結、自衛戦争、要塞構築、貨幣鋳造の権利を与えられていた。独立国とほとんど変わらない強大な勢力である。当時、会社は世界最大の艦船を保有していたから、世界最大の海軍国家といってよい存在だった。

東インド会社が狙ったものは、香料貿易の独占だった。このためには基地が必要である。会社はジャワ島西端のバンテン王国に目をつけた。これを占領すると、スンダクラパに要塞を築いた。この要塞が後にジャカルタになった。

スンダクラパの要塞を作ると、オランダ東インド会社はただちに東進し、一六二一年にはバンダ諸島を征服している。その後は香料群島における暴走が始まるのである。これについてはすでに述べた。その後、会社は香料貿易からジャワ島の領有という方向に向かったのである。一七五五年にはマタラム王国は分断され、ジャワ島の大半は会社の手に渡った。しかし、これもうまくいかず、一七九九年には会社は解散されることになった。これ以降はオランダ政府がジャワ島だけでなく、周辺の島々の植民地化を行うのである。

イギリスも東インド会社を作っている。実は、これはオランダよりも早く、一六〇〇年に設立されている。しかし、その規模はオランダの一〇分の一ほどのものだった。イギリスは後進国であった。オランダを手本にして伸びてきた国である。造船技術も大したものではなく、艦船も多くはオランダから購入していた。イギリス青年の多くは、オランダで教育を受けて一人前になる、という状況だった。そういう中で香料貿易に参入を試みたのである。しかし、前に見たようなアンボン事件に会い、この海域から追放されたのである。

だが、このことが結果的には彼らに幸いした。逃げ帰る途中、彼らはインドで綿布を発見した。それを持ち帰ると飛ぶように売れた。当時、ヨーロッパでは綿布はまだ知られていなかった。簡単に洗濯のできる綿は、それまで毛織物しか知らなかった人たちの間で絶大な人気をはくした。綿布は儲かる輸入品になった。イギリス東インド会社は香料から綿布に切り替え、綿布輸入に勢力を注いだ。やがて製品を輸入するよりも原綿を輸入し、それを織って綿布にして売る方がもっと儲かるということで、マンチェスターが急遽建設され、綿工業が大発展した。いわゆる産業革命である。

イギリスは自国で生産した綿布を世界中に売りまくった。その後、いろいろなことが起こるが、最終的にはアジア方面の拠点として一八一九年にはシンガポールを建設した。シンガポールはかつてのマラッカに代わるものとして作られたのである。マラッカ海峡地域は相変わらず最重要拠点として重視され続けたのである。

Ⅱ—2　北の海

私自身は北の海のことは全く知らない。しかし、冷たい海流が流れていて、海獣が獲られていることだけは確かである。

私は網走のモヨロ貝塚を訪れたことがある。この貝塚はオホーツク海に面した砂丘の上にある。住居址と墓があった。そこの資料室には海獣の牙で作ったシャチの彫像があった。こんなものは本州では見たことがなかった。説明には「モヨロ人が作ったものです。モヨロ人は今から一三〇〇年ほど前にここに現れて、五〇〇年ほど住んでいましたが、その後、どこかへ去っていきました。謎の民族です。」と書いてあった。ここには北の海の文化が到達していたのだなと感心した。

紋別では友人の家に泊まったのだが、その友人がそろそろトドがあがっているだろうから、トドの刺身でも食いに行くか、と誘ってくれた。トドの刺身など、それまで聞いたことがなかった。オホーツク海沿いの旅は本当に驚きの連続だった。南の海とは全く違う。

北海道や東北地方の太平洋岸にはオホーツク海の海獣狩猟文化が縄文時代から入っていたらしい。渡辺誠『縄文時代の漁業』（雄山閣、一九七三年）はこのことをはっきり示してくれる。同書に示された回転式離頭銛の分布は大変面白い（図13）。一王寺型と呼ばれる回転式離頭銛は北海道では縄文前期から出土している。回転式離頭銛というのはアシカやオットセイ、トド、アザラシなどの海獣を獲る銛である。縄

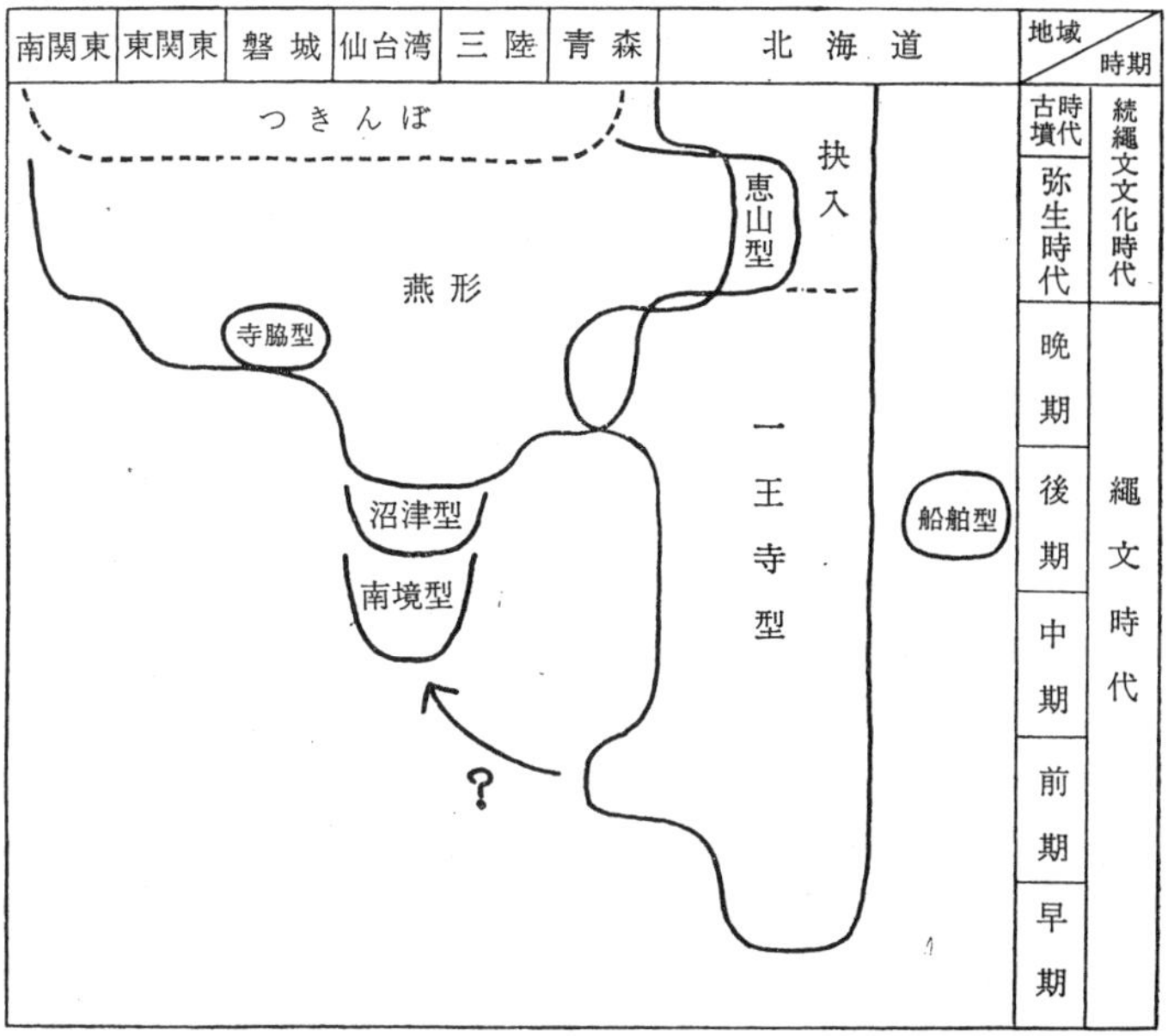

図13●回転式離頭銛の分布（渡辺誠『縄文時代の漁業』雄山閣、1984年（初版1973年）、189頁から引用）

文晩期になると、この銛が青森の太平洋岸から関東にまで広く広がっている。

もっと南に下ってくると、海獣はいなくなるから、この銛でもっぱらマグロを獲っていたらしい。対象がマグロになったとしても、オホーツク海系の漁法であることは間違いないのだろう。こうして北の海にはオホーツクの文化が広がってきていたのである。

第III章

草原、砂漠、中華世界

草原、砂漠、中華世界はいわば一体である。少なくとも、お互いに極めて密に関係している。この三者で協力して中華世界を作っているようなところもある。この三者は、森とは全く違うところである。

Ⅲ―1　草原

1―a　草原の生態と生活

亜寒帯常緑針葉樹林帯の南には草原が広がっている。西はウクライナから東はモンゴル高原まで、この草原は極めて広大に広がるのだが、所々にアルタイ山脈のような高みがあり、そんなところだけは針葉樹林がある。

草原は、基本的には農業の不可能なところである。私はそうした草原に開かれた畑を見たことがあるが、草の取りはらわれた地表からは一斉に土が吹き飛ばされ、それがすぐ風下に砂丘となって堆積していた。これでは農耕は無理だということが直感できる。草原は草に覆われていてはじめて安定しているのである。だから昔からここは遊牧の場として使われ続けてきたのである。

遊牧の基本は、良い草を求めて移動することである。一箇所にじっとしていたのでは、草はすぐに食い尽くされてしまう。だから広範に動くのである。春には日当たりの良い低みの草が芽を出す。するとそこに家畜を放す。やがて新しい草はどんどん高みに広がっていく。それを追うようにして家畜を高みに移動させる。そして秋から冬になると、また低みに移っていく。人はテントを持っていて、家畜とともに動く。これが遊牧の基本型である。

五畜という概念がある。牛、馬、羊、山羊、ラクダのことだが、遊牧民にとって牛は食糧である。春から秋までは草が多いから、牛は乳をたくさん出す。だから人はその乳を利用する。普通はヨーグルトやチーズ、バターなどにして食す。馬はもっぱら騎乗用である。広大な草原だから、ちょっと出かけるといっても徒歩というわけにはいかない。また、放牧した家畜群を見張るのにも馬は必要である。羊と山羊は食用にもするが、毛を利用する。これは布やフェルトにする。ラクダはトラックのようなものである。テント地を移す場合、テントや家財道具はラクダに運ばせる。遊牧生活をしていく上で、これら五畜が必要になる、ということである。

五畜はそれぞれの草場が違う。馬や牛は良い草地がないと生きられない。ラクダは砂漠に近く粗悪な草しかないところでも生きていける。山羊もかなり粗悪な草でも大丈夫だ。動物ごとに草場が違うから、普通は数家族で組んで遊牧をする。一家族はもっぱら馬と牛を引き連れて行く。別の家族はラクダを見る、という分業である。モンゴルでは、この組をホタアイルと呼んでいる。

遊牧は良い草を求めて移動するのだが、どこでも自由に、というわけにはいかない。それぞれのホタアイルの遊牧範囲は決まっている。また、ホタアイルがいくつか集まって出来る部族の利用範囲も決まっている。遊牧社会では、こういう基本的な取り決めがきっちりとあって、社会が成り立っているのである。

草原地帯のもう一つの特徴は、その高みにある森との関わりである。森は、基本的には狩猟の場である。シカやウサギなどを獲る場なのである。また、薪を集める場でもある。昔は部族間の争いなどで、放牧地を失う場合があった。そんなときは森に入って、狩猟で生き延びるようなこともあったらしい。森は草原におけるアジール（聖域）の役目を果たしてきたようである。

1―b　騎馬民

遊牧生活では、自給というのは極めて難しい。穀物も野菜もないのだから交換が前提になる。交換というのは、しかし、略奪と隣り合わせになることが多い。食糧がなくなると、騎馬を走らせて農耕地や町を襲うということは食糧確保の手っ取り早い方法である。こういう技術を身につけた連中が騎馬民である。

イ　スキタイと匈奴

騎馬民の最も古いものはスキタイだといわれている。彼らは紀元前八世紀頃には黒海の北辺りにいたらしい。ヘロドトスの『歴史』巻四第四六節（松平千秋訳『歴史・中』岩波書店、一九七二年、三二頁）には次のように書いてある。彼らは農業をしないで、家畜だけで生活している。家は獣に曳かせた車の上に作っている。いくつもの部族があったが、いざ戦争になるとそれらが連合し、時には強大なペルシャとも戦ったと。人種的にはイラン人に近いアーリア系である。

騎馬民の文化と次々と現れた諸部族の活躍について、山田信夫の『草原とオアシス』（講談社、一九八五年）

の記述を以下に要約してみよう。ドニエプル川の下流部には紀元前五世紀の古墳がある。円墳で、高さ二〇メートル、周長三五〇メートルもある大きなものだという。ペルシャ製やギリシア製の金細工が副葬してある。一一頭の馬が陪葬されたものもある。スキタイの王か貴族の墓だろうとされている。このスキタイは、紀元前三世紀頃には衰退した（前掲書、三二頁）。

騎馬民はもっと東の方にもいた。カスピ海の東のシルダリア沿いには紀元前七世紀の古墳がある。そこからはスキタイと同じような動物闘争紋のある金製品や馬具が出る。これはサカ族のものだといわれている。このサカ族地帯の東北のエニセイ川やオビ川の上流地帯にも何百という古墳があり、これも紀元前八世紀のものといわれている。このうちの一つは高さ四メートル、直径一二〇メートル、中からは一五人の殉葬者と一六〇頭の馬が埋められていた（前掲書、四七頁）。これも基本はスキタイのものと同質の騎馬民のものと考えてよい。こうして見ると、紀元前八世紀という早い段階で草原には極めて均質な騎馬民文化が南ロシアの平原からシベリア南部にかけて広がっていたことになる。それは細石器を持った狩猟民たちの間に金属器が導入され、同時に騎乗という技術が発明され、急速に広がった文化らしい。

モンゴル高原はその後、騎馬民の中心の一つになる。モンゴル高原は、西はアルタイ山脈で、東は大興安嶺山脈で画されている。このモンゴル草原に匈奴が紀元前四世紀頃に現れた。紀元前三世紀には冒頓単于が出て強勢になった。

匈奴は部族連合体で部族の長が年三回、会合を開いて祭事を行い、政策を決めたという。集権的ではないが、中核的部族間で緊密な連携を保ち、弾力的な国家的組織を作っていたらしい。しかし、この匈奴も周辺の他民族や漢帝国に攻められて分裂した（前掲書、三九―四二頁）。分裂した匈奴の一部は西走してフン族になったという。このフン族の西進がゲルマンの大移動を引き起こし、これが結果的には西ローマ帝国の滅亡を導いたのだという（前掲書、五二頁）。草原世界では騎馬民が駆け巡るという事実のために、文化が広範に拡散するという一衣帯水的な性格をも持っているようである。

ロ　次々に現れた騎馬民たち

草原にはいろいろな部族が次々と現れ、めまぐるしく交代劇を繰り広げた。匈奴の後には鮮卑が現れた。これはトルコ系だといわれている。やはり部族連合国家を作った。後漢がつぶれて五胡十六国の時代になると、この鮮卑から燕、秦、涼などが出てきた。そして鮮卑の一つである拓跋氏が北魏を作り、これが華北全体を統一した（前掲書、五八―五九頁）。

北魏が華北を統一し、山西に移ると、その故地にはかつて鮮卑に仕えていたモンゴル系の柔然が勢力を伸ばすことになった。柔然は五世紀には強くなったが、六世紀頃には配下だったトルコ系の高車の反乱で弱くなった。そして、自分たちの奴隷であった突厥にも背かれた。突厥は五五二年、柔然を滅ぼして独立する。その後、突厥は相当な実力を蓄え、李淵、李世民父子を援助するまでになっている。しかし、太宗（李世民）は唐朝を確立すると、突厥を倒している。ここで一度崩壊した突厥は、七世紀後半には再度息を吹き返し、突厥第二帝国を作った。そして、これは一時大きな力をもち、六九一年にはオルドスを襲い、多くの漢人を奪った。そして則天武后を脅して、様々な要求を受け入れさせている。武后は突厥の要求に激怒したが、従わざるを得ないほど強力だった。しかし、第二突厥帝国は、短命だった。配下の諸部族が離反し、七四五年には崩壊した（前掲書、七一―七七頁）。離反した諸部族をまとめて七四四年に新しい可汗となったのは、ウイグルのヤグラカル氏であった。ウイグルは安史の乱のとき、唐を助けて乱を鎮圧してから力を持ち、絹、馬貿易で裕福になった。ウイグルが勢力を張り、広大な地域を支配したのは七四四年から八三九年までの約一〇〇年間である。このウイグルには八四〇年に天災があり、さらにキルギス人の襲撃を受けて崩壊し、人々は四散した。

写真26●アルタイの草原（上）、ハミの草原（下）

　四散したが、その主力は南下して天山山脈を越え、タリム盆地のオアシス地帯に入った。そしてここで新しい展開をした。現地の人たちと混住し、東西交易に加わり、農耕も始めた。さらにもともとのマニ教の他に、キリスト教や仏教を受け入れ、すっかり国際的な集団になった。一二世紀前半には西遼に服属するが、一三世紀にはチンギス・カンが現れると、いち早くこれに近づき、独自の道を歩んだ（前掲書、八九—九二頁）。その後、一五世紀以降はイスラーム化し、その後は中国の新疆ウイグル自治区の住民になっていく。ウイグルはモンゴル草原に生まれ、はじめは遊牧騎馬民の道を行くのだが、後にオアシスの民へと展開していったのである。

草原は本当にめまぐるしく、いろいろな民族が現れては消えていったのである。

1—c　絶頂期のモンゴル高原

イ　チンギス・カンの出現

モンゴル高原は一三世紀から一四世紀にかけて、文字通り世界の中心として燦然と輝いた。チンギス・カンが現れ、世界帝国を作ったからである。その様子を見てみよう。

モンゴル族は七世紀中頃に小さな部族としてモンゴル高原の北東端に現れたらしい。そこは大興安嶺の西麓で、アムール川の最上流に当たる。『元朝秘史』には、その冒頭に族祖神話が記されている。「蒼い狼」と「淡紅色の牝鹿」が出会うのはこの辺りらしい（佐藤正衛『チンギス・カンの源流』明石書店、二〇〇六年、六八—七〇頁）。その辺りは草原とはいえ、針葉樹の森も多いところである。モンゴル族の最初は狩猟にも多くを頼る人たちだったのだろう。この部族はその後、西方に移動し、一二世紀の中ごろにはモンゴル高原の中央よりやや東のヘンテイ山脈の辺りに移ってきている。

ヘンテイ山脈周辺に移ってきたモンゴル族の一氏族の族長の息子として、チンギス・カンは一一六二年に生まれた。最初の名はテムジン。父が早く死んで、テムジンは大変な苦労をする。しかし、一一八八年に氏族の長になり、その後、次々に競争相手を倒し、一二〇四年には最後の強敵であったトルコ系のナイマン部を破って、全モンゴル高原を支配下においた。そして一二〇六年にはオノン川にクリルタイ（大集会）を開いて、チンギス・カンの称号を得、統一国家の長になった（山田信夫『草原とオアシス』前掲書、一六七―一六八頁）。

チンギス・カンはこの後も範図の拡大を続け、中国の全域から西はヨーロッパとの境に至るまで、その支配地を広めた。どんな施策があって、こんな巨大な事業が可能になったのだろう。以前はチンギス・カンの軍隊が猛烈に強くて残忍だったからこんな制覇を可能にした、という解釈になっていた。しかし、最近の歴史学者たちは、これとはだいぶ違った見方をしている。杉山正明（例えば『遊牧民から見た世界史』日本経済新聞社、一九九七年）や森安孝夫、佐藤正衛が指摘するところによると、その強さの秘密は次のような点にあるらしい。

第一は武力による直接対決よりも、政治的な駆け引きで相手を味方に引き入れることが多かったらしい。戦勝のあかつきには、人間や分取り品を山分けにするという約束で、戦わずして味方を増やしていく方法を多くとったようである。それに、この方法を効率よく行うために、商人を多く使ったという。そもそも草原地帯は騎馬民族だけがいたわけではない。商人たちもずいぶん動いていたようである。チンギス・カンはこの商人ネットワークを十分に利用していたようである（杉山正明、前掲書、三〇〇―三一一頁）。

第二には、シャーマンの力が彼に味方したらしい。当時の草原社会では、シャーマンの託宣は大きな力があった。天神はテムジンが皇帝になることを望んでおられる、とシャーマンが言いふらすと、多くの人たちがそれを信じ、テムジン側につく（佐藤正衛『チンギス・カンの源流』前掲書、三二三―三二四頁）。こうしたことが実際にあったらしい。これはテムジンの作為ではなかったろうが、彼の人格が自然とそうさせてしまったようである。力のあるシャーマンの目から見ても、テムジンは魅力的な人間だったらしい。天を味方にしうる人物だったに違いない。

もう一つ付け加えると、チンギス・カンは社会の仕組みを変える天才でもあった。千戸制の創設がそれを示している。それまでは部族や氏族が社会の単位であった。チンギス・カンはそれを解体して、一〇〇〇戸からなる集団に組み替えた。これは行政単位であると同時に軍隊の単位でもあった。出征のときには、これを単位として出動した（佐藤正衛、前掲書、二六五頁）。この集団の組み換えで、人びとはそれまでの部族への帰属心よりも国への帰属心をより強く持つようになった。チンギス・カンは自分のもとに国という枠を作り、それを通じて他部族の人間をも自分のものにしたのである。

ロ　モンゴル世界帝国

チンギス・カンはユーラシアにまたがる超広大な範囲に支配を広げたのだが、彼はこの範囲を三つに分けて治めた。中央にあるモンゴル高原は自分自身が治めた。東部は左翼と名づけて、自分の弟や従兄弟に分封している。アルタイ山脈より西は右翼と名づけ、自分の子どもに治めさせている。長子のジュチには

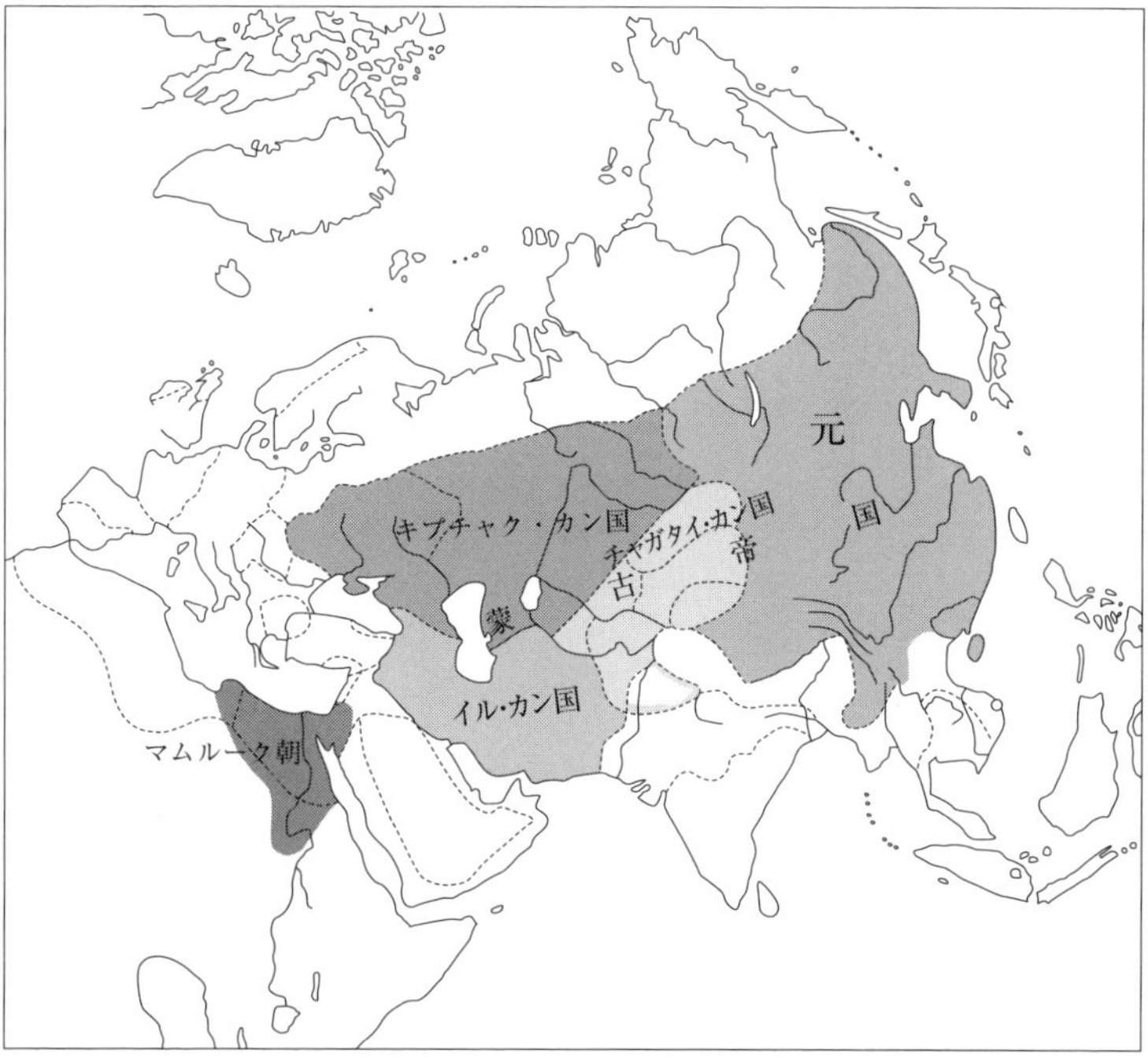

図14●マムルーク・イル汗国・元。『アジア歴史事典　別巻アジア歴史地図（新装版）』（平凡社、1985年）26頁をもとに作成

今のカザフスタン、次子のチャガタイにはトルキスタン、三子のオゴタイにはジュンガリアを治めさせた。末子がチンギス・カンの許にとどまった。チンギス・カンの没後にもモンゴルの支配域はさらに広がり、いわゆるモンゴルの世界帝国が出来たのである。

子どもたちの時代になるとモンゴル高原の中央と左翼は元になった。西方ではペルシャ高原からチグリス・ユーフラテス川流域、アナトリアに広がるイル・カン国が出来た。この広大な範囲を見ていると、これこそまさに、文字通りの世界帝国だと思わざるを得ない。

クビライ・カンの元というのは、

実に面白い国だと思う。チンギス・カンのモンゴル帝国とはずいぶん違う。まず、その首都が内陸のカラコルムと違って、大農地が広がり、海にも近い大都（北京）に作られている。明らかに農民と海民を意識している。

もう一つ面白いのは、イル・カン国である。独自のカン国を建設したのだが、ここはその地政学的位置からして、世界史的な足跡を残すことになった。フラグはバグダッドのカリフを倒した。これは結局は、イスラーム世界のリシャッフルを行ったことになった。バグダッドに代わってカイロのマムルーク朝が伸びてくることになり、モンゴル世界帝国は、後にはこのマムルーク朝と手を組んで世界交易路を作ることになる。イル・カン国が主府としたタブリーズは、ペルシャ世界からアナトリアや黒海方面へ抜ける幹線路沿いにある。これがまた絶妙のキーポイントなのである。これまでなら、イスラーム勢力にブロックされて東に出ることの出来なかったキリスト教徒たちが、タブリーズを通ってインドや中国へ動くようになった。ここは東西の文化の行き交う大拠点になったわけである。

こうしてイル・カン国の出現は非常に大きな効果があった。モンゴル高原を中心とした草原には騎馬とシャーマニズムの主軸がしっかりと通っているモンゴル人の本拠があった。そして、その東には元国があり、ここは超巨大な人口集中域である。伝統的には儒教を柱にした独自の文明に支えられた世界である。同時に東シナ海から南シナ海にも通じている。一方、西のイル・カン国はイスラームを中心とする大経済国である。加えてここは地中海、ヨーロッパにも影響を与える位置にある。モンゴル草原、元、イル・カン国という大きな三つの塊が、バラバラではなく一つの世界帝国としてつながる時代になったのである。

人びとがはじめてユーラシアというものを実感するようになったに違いない。

1―d　天孫の思想

草原の騎馬民の間には、天孫降臨の話がある。モンゴル草原でも「天から降ったゲセル王」の話が広く知られている。これは、もともとチベットの話らしいが、早くにチベットから草原世界に広がっていったようだ。野中恵子の『ゲセル王物語――モンゴルの英雄譚』(彩流社、二〇一二年、二九―四八頁)によると、話の内容は次の通りである。

天上天下を統るコルマツダ神が、地上に息子を降ろした。地上では悪がはびこるから、それを正すためである。その子は地上では極めて醜い子どもに生まれた。このジョルは長ずると力の強い若者になった。そして、周りにはびこる悪者や魔物を倒した。ちょうどこの頃、チベットの隣のセンゲスル王国で皇女の婿探しが始まった。王は強い若者を選び出すために、競馬、騎射、相撲の試合を行い、その優勝者を婿にすると公示した。ジョルはこれに応募し、優勝したので王女の婿候補になった。しかし、ジョルを見た王女は驚き大変悲しんだ。あまりにも醜かったからである。センゲスル王はここで勝負のやり直しを命じた。最初は荒野にいる大イノシシを退治して、その尾を持ってくることであった。ジョルはそれに成功した。次はガルーダの羽を盗み取ってくることであった。他の競争者は皆失敗したが、ジョルだけは成功し、優勝した。この時、天から声があった。「神が勝った。悪は打ち負かされた!」そして素晴らしい馬にまたがった偉丈夫が現れた。ジョルだった。この時、ジョルはもう昔のジョルではなく、高貴なゲセルだった。王女は喜びに泣き崩れ、二人は結婚した。そして王国は栄えた。天から下された神の子が、始めは醜く苦労を繰り返すのだが、最後は悪を退治し、自らが王になって国を導くという話である。これは今でもモンゴルで広く語られる話だという。

一方、『元朝秘史』には別の始祖神話が語られている。すでに述べたように、天から遣わされた蒼き狼と土地の淡紅色のシカが夫婦になって、そこから生まれたのがモンゴル族の始祖だというのである。この『元朝秘史』にはもう一つの話も述べられている。それは蒼き狼の後、何代かしてドブン・メルゲンが現れ、彼はアラン・コアという綺麗な乙女と結婚した。その後彼は死ぬのだが、その後でアラン・コアは夫がいないのに三人の子を生んだ。毎夜、黄色く光る人がテントから差し込む光とともに入ってきて、彼女の腹をさすった。そして出て行くときは月の光の中を黄色い犬のように這って出て行った。こうして三人の子どもが生まれた。三人のうちの末弟がボドンチャルといい、これがチンギス・カンの先祖になる、というのである。天からの光が差し込んで、土地の女性が懐妊したという、いわゆる「感精神話」である（村上正二訳注『モンゴル秘史1』平凡社、一九七〇年、二九—三〇頁）。

モンゴル草原の遊牧騎馬民の間には、天から降りてきた狼や日光感精というのが大変多い。例えば次のようである。鮮卑の始祖は天女と男の間から生まれている。柔然の場合も始祖は天からの狼である。突厥の場合も狼が深く関係している。突厥は隣国に滅ぼされて一〇歳くらいの子どもが一人だけ生き残った。それを一頭の狼が助け、世話をした。そして夫婦になるのだが、また敵がやって来た。男は殺された。しかし、妊娠していた狼は逃げ延びて、一〇人の子どもを産んだ。そのうちの一人が突厥だという（山田信夫『草原とオアシス』前掲書、六九頁)。ウイグルの場合は少し毛色が違う。小さな丘に天から光が降り注ぎ、その丘は日毎に大きくなった。そこから生まれたのがウイグルだというのである(佐藤正衛、前掲書、一二七頁)。

自分たちの部族はもともと天から出てきたのだ。天から土地を治める運命をもって遣わされた特別な部族なのだということは、部族連合社会の中ではとりわけ必要であったに違いない。横並びでは統率がとれない。他より断然屹立した存在でなければ、リーダーシップは確立できない。指導者になりうる正当性を示すために天孫降臨の思想は、この草原世界では不可欠なものとして求められていたようである。

最初の騎馬遊牧民といわれるスキタイも天孫の神話を持っている。ヘロドトスの『歴史』巻四第五節(前掲書、九頁)によると、天空神のゼウスとボリュステネス川の娘が結婚して、タルギタオスが生まれた。その子孫からスキタイの王族が出てきた、というのである。

ところで、この天孫思想は王権を支えるために出てきたというよりも、実際にはもっと深いところに起源があるらしい。それは森と草原の狭間で生きた人たちが、ずっと早い時期に生み出した知恵だったようである。シャーマンがそれである。シャーマンという特別な能力が求められる人物は、単に個人の努力だけでなれるものではない。天からの指名があってはじめてなれるのである。佐藤正衛『チンギス・カンの源流』(前掲書、一二八—一二九頁)は次のように言っている。

祖霊からシャーマンになるように指名された者の魂は天神の使いであるカラス、ワシ、白鳥などによってシャーマン木（これは天界と地上を結ぶ交通路）に運ばれ、木の上の巣の中で育てられる。あらかじめ定められた試練の期間が過ぎると、魂は地上に降ろされる。そのとき、再び鳥神によって運ばれ、女の体内に宿らされ、やがて誕生する。

森林草原の世界では、もともとはこうして選ばれた特別な人がいたのだろう。そして、その人が天の声や動物の声を聞いてメッセージを知り、それを仲間に伝えていたのだろう。それは病気を治すシャーマンであったり、戦を指導する王であったりしたに違いない。

1―e　尚武の民

草原の遊牧民は、また尚武の民でもある。私は一九九一年八月、中国新疆ウイグル自治区のカザフ人のテント地を訪れた。そして彼らの生き方に強い感銘を受けた。そのときの様子を記しておこう。

私が訪れたのはアルタイ山脈の西斜面だったから、狭義のモンゴル高原ではない。しかし、典型的な遊牧地であり、遊牧生活がある。標高は一八〇〇メートル。カラマツの林の下方には広い草原が広がっていて、そこには十数張りのゲルがあった。ゲルにはほとんど人がいなくて、老人が一人だけいた。白いイスラーム帽を被っていたから、イスラーム教徒である。遊牧の話を聞きたいと思って、近づいて自己紹介すると、老人は、自分はアハマディ・ジャンだと言って歓迎してくれた。

すると高みから二頭の馬が駆け下りてきた。テント地に着いた馬を見ると、まだ小学生低学年と思われる二人の少年だ。ジャン翁が何か指示すると、二人はマンドリンの演奏を披露してくれた。いつの間にか周りには数人の子ども達が集まり、演奏に合わせて踊を見せてくれた。突然訪れた外国人にも全く物怖じした様子はなく、玄人はだしの素晴らしい踊りと歌を見せてくれた。この歓迎が終わると、私たちは老人のゲルに招き入れられた。

ゲルの中はきちんと整理がしてあり、中央には机が一つあって、そこにバター、揚げ団子、コッペパン、干したチーズが置いてあった。不意の来客にも対応できる態勢だ。「家族は皆、夏のテント地に行っているので、ご馳走ができなくて残念です」と言ってお茶を出してくれた。堂に入ったもてなしである。その立ち居振舞いに私は圧倒された。

ジャン翁は次のような説明をしてくれた。

　自分たちは三つの牧場を持っている。冬の牧場、夏の牧場、それに春と秋の牧場だ。ここは春と秋の牧場である。自分の家には羊五〇〇頭、牛二〇数頭、馬八頭、ラクダ四頭がいる。そのうちの約半分は、今は高みの夏の牧場に行っている。家族もほとんどがそこに行っている。夏の牧場は、ここからは馬で三日かかるところだ。冬の牧場は二週間の行程のところにある。そこには木と泥で作った家があって、少し畑もある。夏の間に草を刈って貯えておく小屋もある。冬は家畜をそこに降ろして、干草を飼料にする。それでも冬を越すには飼料が不足するので、秋には多くを売る。五〇〇頭の羊のうち、一五〇頭は売る。

しばらく話を聞いていると、若い男が入ってきた。ジャン翁は中国共産党の幹部だと紹介した。私はチンギス・カンの話を聞きたいと言った。すると幹部は、「チンギス・カンなんて知らない。自分たちの英雄はバートル・ホンタイジだ」という。通訳のカザフの青年もジャン翁も、幹部に同意した。

バートル・ホンタイジというのは、オイラートの英雄である。カザフたちは一三世紀の初めにチンギス・カンに敗れて、その後はモンゴル帝国の支配下にあった。そして元朝が明に破れて北帰してくると、今度はこのモンゴルと戦った。それから後がオイラートの全盛時代になるのである。オイラートはその後、一時衰退したが一七世紀の初めにはバートル・ホンタイジが現れてジュンガル部をまとめ、再び強勢になった。このバートルが英雄だといい、その頃のカザフがいかに勇敢だったかを語るのであった。

私はこのバートル・ホンタイジの話を聞き、子どもたちの素晴らしい歌や踊りを見、ジャン翁の茶道にも似たもてなしの姿を見て、強く思うのだった。ここでは、うわべだけの言動など何も役に立たない。少年達は馬にまたがって駆け回り、羊や馬の群れを追っている。盗賊や狼を追い払い、相撲で相手を倒すことが強さの証しである。ここには塾もなければまともな学校さえない。しかし子どもたちは生きた知識を持ち、人を歓迎する歌や踊りを見事にやってのけることが出来る。思い切りのびのびと、はつらつと生きている子どもたちを見て、つい日本の子どもの置かれている状況を比較してしまうのだった。

ここには大自然の中で人びとが尚武を一つの柱にして、まっすぐに生きている。

Ⅲ―2　砂漠とオアシス

砂漠とオアシスの世界は草原とは全く違う。見渡す限りの砂漠が広がり、その中にときどきオアシスがあり、そこには城壁でしっかりと囲まれた町がある。町は異文化に満ちていて、きらびやかである。

2―a　天山山脈とタリム盆地

天山山脈の南に広がるタリム盆地は砂漠の典型である。その中にはオアシスの鎖がつながり、それが紀元前後から、いわゆるシルクロードとして使われてきた。

仮に西安から出発してペルシャに向かうとしよう。西に行くと甘粛の河西回廊に入る。ここは山に挟まれた半砂漠地だ。ここの最終点が嘉峪関だ。ここから一気に谷が開け、その前面に大砂漠が開ける。ここからがタリム盆地である。さらに西進を続けたいが、広大なタリム盆地の中央を突き進むことはできない。全く水がないからである。それで砂漠の北縁、すなわち天山山脈の南麓沿いに西進する。天山山脈は五〇〇〇メートルを越す高い峰もある大きな山脈だ。広大な砂漠の広がりを左に見て西進すると、時にこの天山山脈の高みに雪渓が残っているのが見える。すると一気に胸が高鳴る。「あの雪渓の下にはオアシスの町がある」。涼しい木陰があり、賑やかなバザールがあり、水タバコを前にしてくつろぐ人びとの姿などを思い浮かべて、それがまるで天国のように思われるからである。

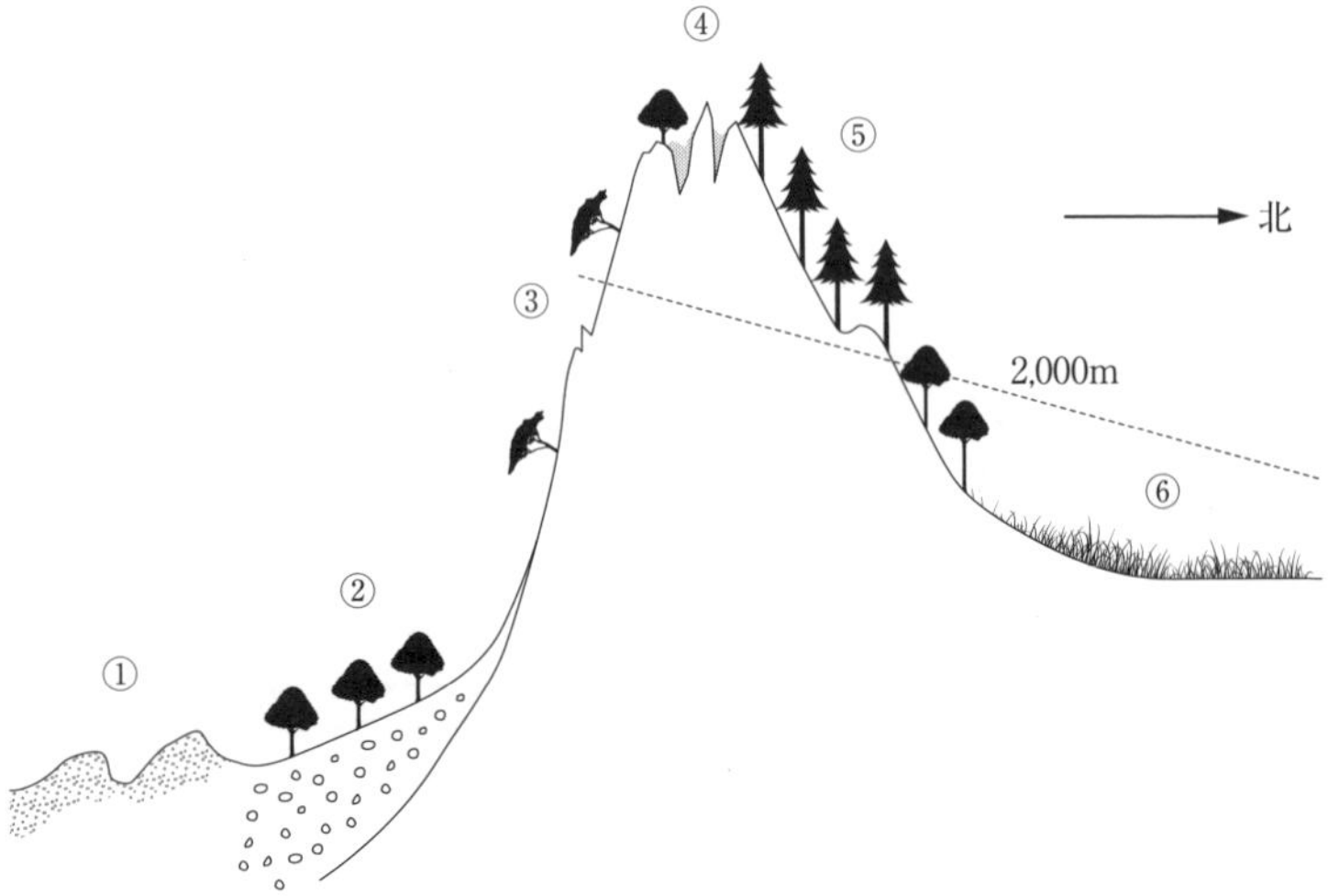

図15●天山山脈南北断面図

天山山脈のように東西に延びる大きな山脈は、アジアの大陸を横断していくつかある。そして、それらはいつも草原と砂漠を分ける衛壁の働きをしている。図15は、天山山脈を南北に断ち割ったときの断面であり、数字を振った地域はそれぞれ次のようになっている。

① タリム盆地。標高は0メートルという所もある低地。砂漠。
② 天山山脈の麓に作られたオアシス。
③ 半砂漠の南面
④ 天山山脈の稜線。所々に雪渓が残る。
⑤ モミなどの針葉樹林帯。標高二〇〇〇メートルくらいより上に多い。北に行くとずっと低くに現れる。
⑥ 草原。標高は一〇〇〇メートル前後。

要するに天山山脈の南面はほぼ全面砂漠で、山麓にはオアシスがある。一方北面には木が多い。特に標高二〇〇〇メートルくらいから上は、立派な針葉樹林で覆われている。そして、標高一〇〇〇メートルくらいの高原部に下りると、そこには草原が広がっている。巨大山脈はいつもこんなふうに南が砂漠、北が草原になるのである。

2―b　工学的空間

草原は自然そのものだが、オアシスは人工物に満ちている。城壁もそうだが、もっと典型的なものはカナートである。カレーズとも言う。カナートの仕組みを見て、オアシスの人たちがいかに深く自然に手を加えているのかを見てみよう。

オアシスは自然の川や湧水に作られることもあるが、そんな幸運に恵まれないところではカナートを建設し、人工的なオアシスを作っている。山麓にはしばしば伏流水がある。その伏流水の水脈に向けて、地下水道を掘り進め、そうして得た水を何キロメートルも、時には何十キロメートルも導いてきて地上に出し、水源とするものである。

一九九一年、トルファンでカナート掘りの職人から聞いた話は次のようなものである。

ゴビ（砂礫砂漠）に生えているわずかな草の種類から、伏流水のある場所を探る。そしてそこに親井戸を掘り、これを水源にする。親井戸の深さは、ときに四〇メートルに達する。その親井戸の水を何キロメートルか離れたところに地下水路で導いてきてオアシスを作るのだ。自分の掘ったカナートで最長のものは三五キロメートルだ。最も短いのは一キロメートルだ。

こんな長い地下水路を一続きで掘ることはできないので、途中で何本もの竪坑を作り、それをズリ出し用の穴にする。竪坑の底から前後に水路を掘り進めて、お互いにつなぐのだ。竪坑は二〇〜三〇メートル間隔で掘る。地下水路の幅は〇・四メートルくらいだ。天井の高さは一定していない。図のように下流では一・五メートルくらいで、上流は三メートルくらいだ。こうしておくと換気がスムーズにできる（図16）。こうして掘りつないだ地下水路を、最後に親井戸につなぎ、送水する。送水すると末端では地表に水が出る。これがカナートだ。

ここではこうしたカナート掘りは農民が行う。経験のある人をリーダーにして、普通五人が一組になり、四人が地下で一人が地上で働く。今、この村には三本のカナートがあって、一四〇〇〇人の住民が利用している。一九六八年までは一一本あったが、最近、激減した。トルファン県には五八二本のカナートがある。しかし、今、機能しているのはそのうちの三分の一だ。大躍進（一九五〇年代の末から毛沢東の提唱で行われた経済建設運動。自然・社会の現実から遊離して失敗した）時に池や溝を掘りまくったので、カナートが枯れてしまったのだ。

カナートというのは素晴らしいものである。何キロメートルも先の山麓から地下水路で水を曳いて来て、砂漠のど真ん中に水の出る村や町を作っている。その水を飲用や家事用水にし、果樹園を作り、さらに

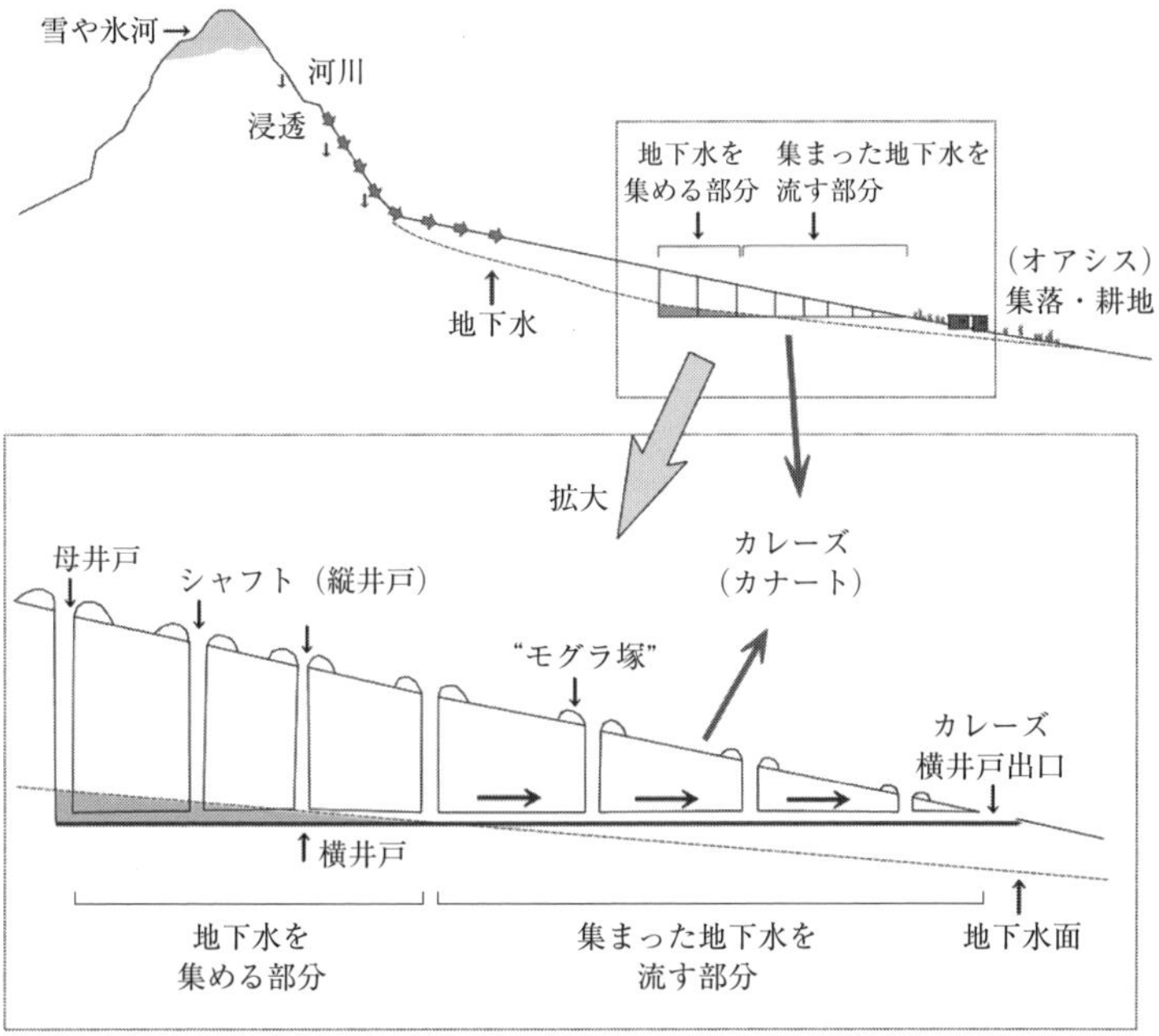

図16●カナートのトンネルと竪坑構造（渡邊三津子作図）

余分があるとムギ畑なども作っている。夏季に砂漠からオアシスの町に入ると、ひんやりして、まるで冷房の効いた部屋に入ったような感じを受ける。明らかにそこだけ涼しい空気に満ちているのである。

商人たちが住む城壁都市があり、それはカナートで支えられている。さらにその周辺にはこうした灌漑農耕をする村が点在している。これが砂漠の世界である。

草原の騎馬民はいかにも草原という特殊環境に生きる、いわば専門職である。一方、砂漠にもカナートという技術をもった専門職的な集団がある。これらは互いに専門職集団として、独自の伝統を守り続けて今日に到ったのだろうか。この辺りのことを、トルファンを事例に見てみよう。

2―c　トルファン

イ　漢代から五胡十六国までの頃

トルファン周辺の歴史が分かるようになるのは、前一世紀頃かららしい。この頃、漢王朝はこの辺りに屯田兵を出し、カラホショ（高昌壁）という拠点を作ったという。この頃はまだ匈奴が力を持っていた。漢と匈奴が取り合う地帯になっていたのである。それより少し前には張騫がこの辺りを通って、西にいた月氏に密偵を行っている。月氏と組んで匈奴を破るためである。

その後、漢が崩壊してしまった。そして四世紀にはいわゆる五胡十六国の時代に入った。こうなると、この辺りには涼系の国々が立った。最初は前涼が現れた。続いて後涼、次に北涼が出た。そして五世紀の中ごろには高昌王国が現れた。漢代から五胡十六国までの間の五〇〇～六〇〇年間は戦乱が打ち続き、そうしたなかで極めて多くの、しかも多種類の人たちがここに逃げ込んできた。この地域は多人種混住の地域となったのである。そして、この混住するオアシス都市に、柔然や鉄勒や突厥という草原の騎馬民がときどき攻めてくる、という状況だったらしい。

ロ　ソグド人

この交雑するオアシス都市に入ってきて、ひときわ目立った動きをしたのがソグド人だろう。ソグド人はソグディアナの人たちである。ソグディアナというのはタリム盆地から西にパミール高原を越えるとシルダリア、アムダリアの二つの川の流れる大きなオアシス地帯があるが、そこのことである。この二つの川のおかげでここには紀元前五〜六世紀から灌漑農業が発達し、豊かなところだった。加えてここは中央アジアの中央にあり、交易にとっては絶好の拠点だった。東に行けば中国、南東に行けばインド、南西に行けばペルシャ、西に行けば地中海、北に行けばロシアという、まさにアジア大陸における十字路に当たっていたのである。このソグディアナに古くからいたのが、ソグド人である。人種的にはペルシャ人に近いアーリア系の人たちだという。このソグド人が早くからタリム盆地にも入っていた。五胡十六国時代には、彼らは河西回廊の涼州（今の武威）にも拠点を作り、単なる交易だけではなく、極めて政治的な活動もしたらしい。外面は絹、馬貿易なのだが、実際には軍備をもち、争いにも加わったらしい（江上波夫編『中央アジア史』山川出版社、一九八七年、四七、八八、九一、九六―九七頁。山田信夫『草原とオアシス』前掲書、一〇〇―一〇四頁）。

当時を大きく見ると、草原の騎馬系と農地の漢勢力との争いだった。どちらに加担した方が有利かを賢明に見定め、強いと見た方に加担するのが普通だったらしい。ソグド人たちはこうした国際環境の中から隋や唐の出現を見定め、うまく立ち回って成功した人たちだ。オアシスの鎖の中で、商人として生きるということは、こうしてなかなか難しいことであったようだ。その商人の代表格がソグドで、彼らがトルファンを一大拠点にして活躍していたのである。

ハ　ウイグル人

現時点で見ると、トルファンだけでなく、タリム盆地全体はウイグル人が主体を占めるところだと言ってよい。このウイグルの歴史を見てみると、草原の民とは一体何なのかということを考えさせられる。ウイグルは突厥が衰えると、その後を襲って、草原の覇者となった。八世紀の中ごろである。それから約一世紀、ウイグルは典型的な騎馬民族国家を作った。しかし、八四〇年頃にはキルギス人の急襲を受け、崩壊した。そして天山山脈の北麓のビシュパリクに新しい国を建てた。そしてこの頃から天山山脈を越えて南麓のオアシス地帯にも広がり出している。そしてここで全く新しい生き方を始めた。オアシス農耕と交易を始めたのである。

タリム盆地に来てからのウイグルのやり方はソグドと同じで相当多角的なものであったらしい。一三世紀の始めにチンギス・カンが現れると、それの交易部門を担当し、またモンゴル政府の官僚にもなっている。そしてこの複合的な生き方が成功し、後にはタリム盆地全体に勢力を張ることになったのである（江上波夫編『中央アジア史』前掲書、九九―一〇六頁）。

こうなると、草原の民とは一体何なのか、ということになる。柔然は草原の民だった。突厥も草原の民だった。しかし、ウイグルはそう言いきれない。九世紀までのウイグルは草原の民だった。だが、一〇世紀以降のウイグルはオアシスの民というべきである。草原に適した民族、オアシスに適した民族といった民族的特性というのは、必ずしもないものらしい。一部の民族は草原であろうがオアシスであろうが、そこを渡り歩いて生きていくもののようだ。

2―d　砂漠・オアシス史

砂漠・オアシス全体の歴史は、上に見たトルファンの歴史よりははるかに長い。メソポタミアやエジプトの時代からの歴史がある。不明なことが極めて多いのだが、その全体を一応考えてみよう。

メソポタミアではチグリスとユーフラテスの二つの川沿いに多くの都市国家が作られていた。各国は川の近くに城壁都市を作り、その中央にそれぞれの都市の守護神を祀る神殿を作り、その周りに市民の住居がコンパクトに作られた。飲料や家事用水は城内に掘られた井戸から得ている。その井戸は、しばしば深さ二〇メートル以上になり、さらに斜坑を伸ばして川の下の地下水脈に到っているものもある。町は当時の土木工学の粋を集めて作られている。

城外ではムギ類が川の水を引いて作られている。しかし、それは普通に我々が農業といっているものではない。一滴の水も無駄にしないように、極めて丁寧に作られている。ちょうど植木鉢に花を植えるのと同じような手の入れようである。施肥管理も行っている。だから、ムギでも一粒から六〇〜七〇粒、ときに一〇〇粒を得るような高収量である。中世ヨーロッパのムギ収量が五粒程度であったのに比べると、メソポタミアのムギ作がいかに高収なのかがわかる。砂漠を流れる二つの川とその地下水を極限状態にまで利用して生きていたのがメソポタミアの人たちである。

ナイルの人たちのやり方はメソポタミアのものとは全く違う。ナイル川は雨期になると巨大な洪水を起こす。この川は上流部が赤道アフリカの多雨地帯にあって、そこから超大量の水が流れ下ってくるからである。砂漠のナイルデルタはこの時には一気に洪水に覆われる。そして、洪水が退くと、人びとはその土の上にムギをばら撒いた。そして羊の群れを入れて踏ませた。こうして粒を土に埋め込む。この後は、もう何もしない。耐乾性のあるムギは、灌水などをしなくても実る。これがナイルデルタの氾濫灌漑といわれるものである。これも紀元前三〇〇〇年頃の話である。

ナイルデルタではメソポタミアのような緻密な作業は行われなかった。ただ、彼らは彼らなりの努力をした。それは、川から遠く離れたところにまで何本もの水路を掘った。せっかくの洪水がより遠くまで行き渡るようにしたのである。こうして氾濫灌漑の可能な面積を広げた。

インダス川流域ではメソポタミア型の土地利用がされていたらしい。ヒマラヤ山脈の西部から流れ出したインダス川はその中下流部ではチグリス・ユーフラテス川に似た流れを作っていた。それをメソポタミアの場合と似た使い方をして、いわゆるインダス文明を築いたのである。

黄河文明がどういう水利文化の上に立ったのか、私はよく知らない。先に述べたソグド人の故地、ソグディアナの水利はほぼメソポタミア型のものであろうと私は想像している。ここにはシルダリア・アムダリアの二つの川がヒンズークシ山脈から流れ出している。この川沿いに今のコーカンドやタシュケント、サマルカンドやボハラ、ウルゲンチといった都市群を作ったのである。

さて、砂漠・オアシス史全体に話を戻すと、古代文明の栄えた紀元前四〇〇〇年紀から二〇〇〇年紀まではオアシスの都市群はあまり外敵に攻められることもなく、いわば平穏だった。しかし、前一〇〇〇年頃になると、草原からの騎馬民の襲撃を受けるようになったらしい。ちょうどスキタイが強力になってくる頃である。襲撃という形の交渉を通じて、オアシス都市そのものが変質していったのだろう。ソグディアナの都市群も、紀元前後にはもうそういう形の鍛えられ方をしたところではなかろうか。そして、ずっと時代は下るが、一〇世紀前後になると、タリム盆地のオアシスにもとは草原の民、ウイグルが到来し、彼らを主体とするオアシス都市ができるのである。

この一〇世紀頃から、いわば砂漠・オアシス史は第三の段階に入るのではないかと私は考えている。それは、草原とオアシスの連携が極めて密になり、時には融合するような段階である。ウイグルはもともとは草原の騎馬民なのだが、オアシス都市を作り、その主人公になった。そしてチンギス・カンの配下に入って、モンゴル世界帝国の建設に貢献した。

この草原勢力とオアシスの都市の連携が最も大規模かつ組織的に行われたのが、モンゴル世界帝国のときではなかろうか。この時にはナイルデルタを拠点に持つマムルーク王朝がモンゴルと手を組んだ。彼らはモンゴル世界帝国と手を組み、世界的な交易システムを作り上げたのである。軍備の傘はモンゴルが広げ、治安を確保する。一方、交易ネットワークはイスラーム商人たちが広げた。これでアジア大陸を中心にしてヨーロッパやアフリカをも包み込む仕組みを作ったのである。

2—e　絢爛たるオアシス文化

サマルカンドを訪れたときのことだ。目の前には巨大な青色のドームがあった。モスクだ。その周りにはレンガ造りの家々がコンパクトにかたまっていた。周りを緑の果樹園が取り囲み、その先には砂漠が広がっていた。人間の集住する場というのはこんなにきれいなのかと、深く思った。博物館の大きな建物の入り口は、全面が花模様のタイルで被われていた。派手な花模様の衣をまとった娘さんがその前に立っていた。思わず私は近づいて、写真を撮らせてもらった。できたらここに住んでいたい、私は本気でそう思った。オアシスの町というのは、人を惑わす魔力をもっている。

オアシスの最大の特徴は、人を魅了する仕掛けに満ちみちていることだ。市街そのものが煌びやかに作られているし、特に歓楽街などはそれが一段と濃厚に作られている。歌や踊りがあって、芸人たちが世界中から集められている。豪華な食事がある。こういう歓楽街は草原のテント地では全く考えられない。草原にはこんなものを常備する建物自体がない。

こうした歓楽街の芸などを支えていたのは、昔は多くが奴隷だったという。草原の騎馬民世界では、戦いがひっきりなしにあって、そのたびに負けた人たちは男も女も奴隷になった。こうした人たちが、オアシスの町に連れてこられて、雑役に使われた。同時に綺麗な女性たちは踊り手などになったらしい。しかも、長年その芸を磨いて舞台に上がった。オアシスと言うのは単に男たちが交易をしているだけの所ではない。町を魅惑的にするために、こうした仕組みが至る所に作られていた。

草原とオアシスの連携というのは、このように極めて幅広い分野に及んだ。単に経済的な連携だけが行われていたのではない。もっと広く、歓楽ビジネスのような分野にも及んでいた。そしてそれが、さらには西安など中華世界の都にも売り込まれる、そんな風に私は想像している。オアシスは草原の騎馬民の武力のおかげで世界の舞台芸術のレベルを引き上げたのである。

奴隷に落ちた男たちにも、チャンスはあった。有能であれば、再びかつての敵のもとで位を上げてゆき、将官になることもあった。事務能力のある人たちは、町で働いた。新しく出来上がったこの草原・オアシス連携のいろいろな仕事の中で、それぞれに働き場を与えられていた。オアシス都市を中心に、ユーラシア全体が一つの連動帯になっていたようである。絢爛たる文化を共有した、一つの文明圏を作ったところ、それが砂漠・オアシス圏らしい。

Ⅲ—3　中華世界

一方、中華世界は、今までに見てきた森や草原や砂漠といった生態を基盤にした世界ではない。中華思想というイデオロギーでまとめられた世界である。これはそのはじめは生態の境界に作られたいわば貿易会社のようなものであったと私は思っている。おそらく最初はペルシャかどこかのオアシス出身の商人が砂漠帯の東端に貿易会社をひらいた。有望な会社だったのだろう、すぐに草原出身の騎馬民も加わって共同経営を始めた。この会社経営にはのちには農民や森の民も加わった可能性もある。こうして貿易会社中華商会を育てていった。多民族の加わった会社だから、社是を決め、社内語も決めた。これが儒教と漢語である。この社是は、極めて巧妙にできていたものだから、会社は二〇〇〇年以上に渡って生き続けた。中華世界は社是で纏められた範囲だから、生態区のように安定した広がりを持つわけではない。会社が強力になったときには広がり、弱くなると縮む。しかも、本店と支店のような分節もしばしば起こる。現在の中華人民共和国は、本来の中華世界よりもかなり広い範囲を強権で抱え込んでいると見てよい。

3―a　多様な生態・文化圏を持つ今の中国

イ　生態と生業

今の中華人民共和国の中には、四つの異質な生態区がある。図17はそれを模式的に示したものである。

① 草原の卓越するところ。今の内蒙古がこれに当たっている。ここは最近まで遊牧が中心だった。

② 砂漠の卓越するところ。新疆ウイグル自治区にこれが広い。オリエントから伸びてくるオアシスの鎖の東端に当たり、いわゆるシルクロードの一部を成している。

③ 森林帯。長江より南に広がっている。

④ 農業地帯。黄河中下流と長江中下流を中心に広がっている。黄河流域ではムギ畑が広く、長江流域では稲が多い。

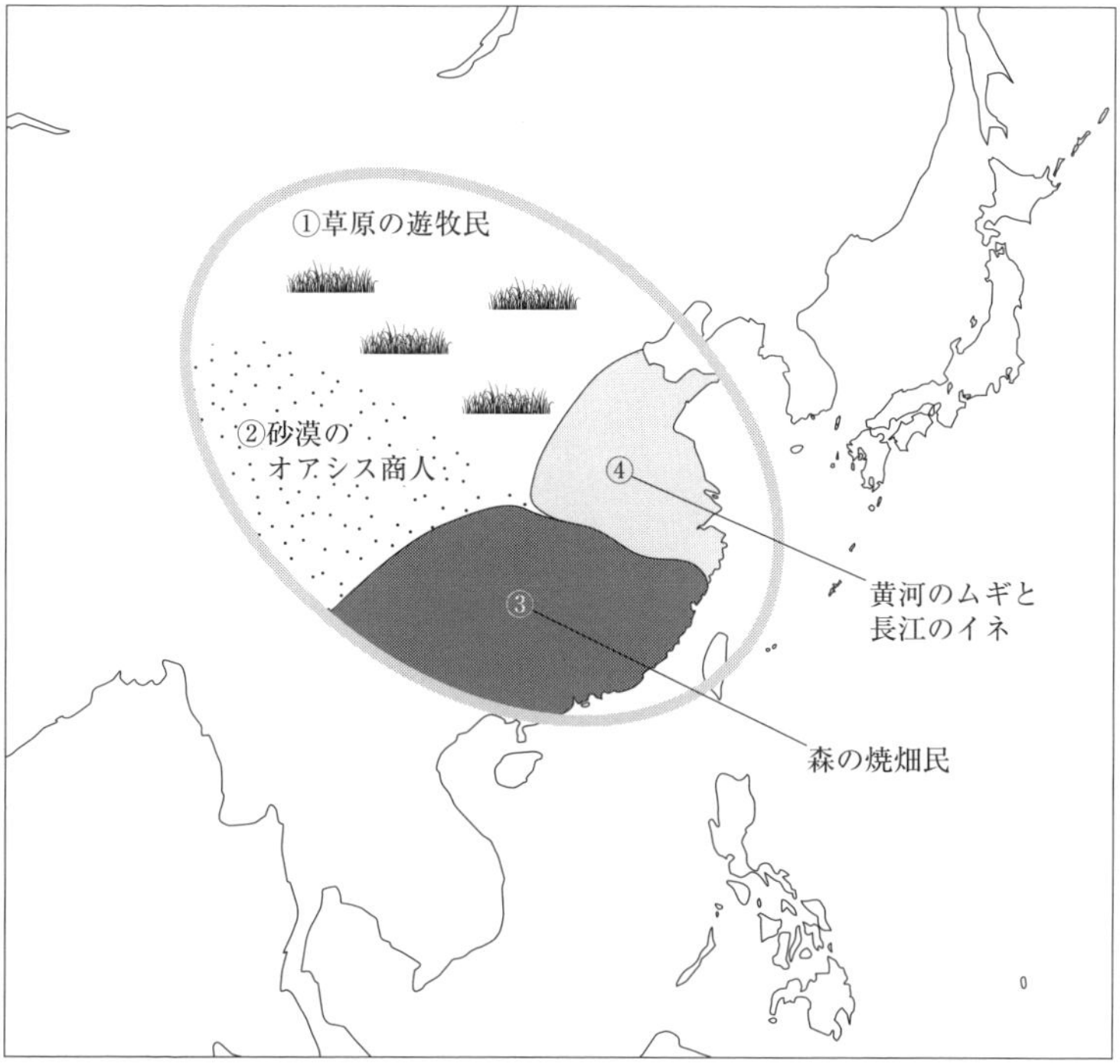

図17●中国の生態・生業区

□　前三〇〇〇年紀の文化圏

蘇秉琦（張明聲訳）『新探中国文明の起源』（言叢社、二〇〇四年）は紀元前三〇〇〇年紀の中国を六つの大区系に区分している（三四―三五頁、一〇七頁）。それらを私なりに五つの文化圏にくくると、次のようになる。

遼西紅山文化圏

騎馬術に勝れ、採集・狩猟を生業とする人たちがいた。雑穀栽培も少し行われていた。積石塚が見られる。

中原龍山文化圏

オアシスに集住し、キビとアワを作る人たちがいた。羊飼いも行われていた。戦争がよく起こり、卜骨が盛んだった。

山東龍山文化圏

雑穀栽培を中心とし、少し稲も作った。ブタが大事な家畜だったらしく、墓にはブタの下顎骨が副葬されているものがある。

良渚文化圏

もともとは海民的な人たちらしいが、稲作も多くした。入れ墨、抜歯がみられる。早くから都市が作られていた。貴族の墓には玉琮、玉璧などの玉器が多量に副葬されている。

石家河文化圏

水稲耕作が中心で、養魚なども盛んだった。良渚に似ているが、より農民的でより平等な社会を作っていたらしい。

上のような地域文化が並列的に栄えていたのだが、前二〇〇〇年紀になると、中原龍山文化圏の中に二里頭文化が現れ、これが栄え、全国的に影響を広めるようになったという。

八　初期農耕から見た中国

甲元眞之の二つの論文(「長江と黄河——中国初期農耕文化の比較研究」『国立歴史民俗博物館研究報告』第四〇集、一九九二年、「東北アジアの初期農耕文化」『横山浩一先生退官記念論文集II』一九九一年所収)をまとめると、中国は次のような三地区に区分できる。

長江流域：稲作が主として行われ、漁撈・狩猟もある。

黄河流域：アワ栽培が圧倒的に重要だが、その他の雑穀を作っている。家畜飼育が盛んで、ほかに狩猟も行っている。

東北地区：狩猟、漁撈、採集が中心だが、雑穀栽培と家畜飼育も行っている。

上の甲元の地域区分は厳文明が示した中国新石器文化の三系統とよく符合している。厳は初期の煮炊き用土器の分布から、先史時代の中国を図18のように区分している。ここで東南系統とされたものは丸底である。この丸底は、日本列島の弥生土器に通ずる。一方、華北系統とされているものは黄河流域に広がっている。これは平底の罐が多い。そこには縄目文が施されている。また、東北系統とされたものは中国東北地区に多い。これも平底で、筒形罐が多いが、文様はヘラ描きである。

甲元と厳の区分を考え合わせてみると、結局のところ、中国は大きくは二つの区域からなると考えてよい。長江を中心とした部分、黄河流域ならびにその北に広がる東北地区である。ただ、黄河筋がすでに十分に開けた畑作地帯であったのに対して、東北地区は最後まで森林や草原が残り、したがって狩猟や騎馬の風習が色濃く残ったらしい。

以上、中国の地域差について、今までに現れたいくつかの説を見てみた。そこから見えることは、中国は文化的にみて決して一つではない、ということである。

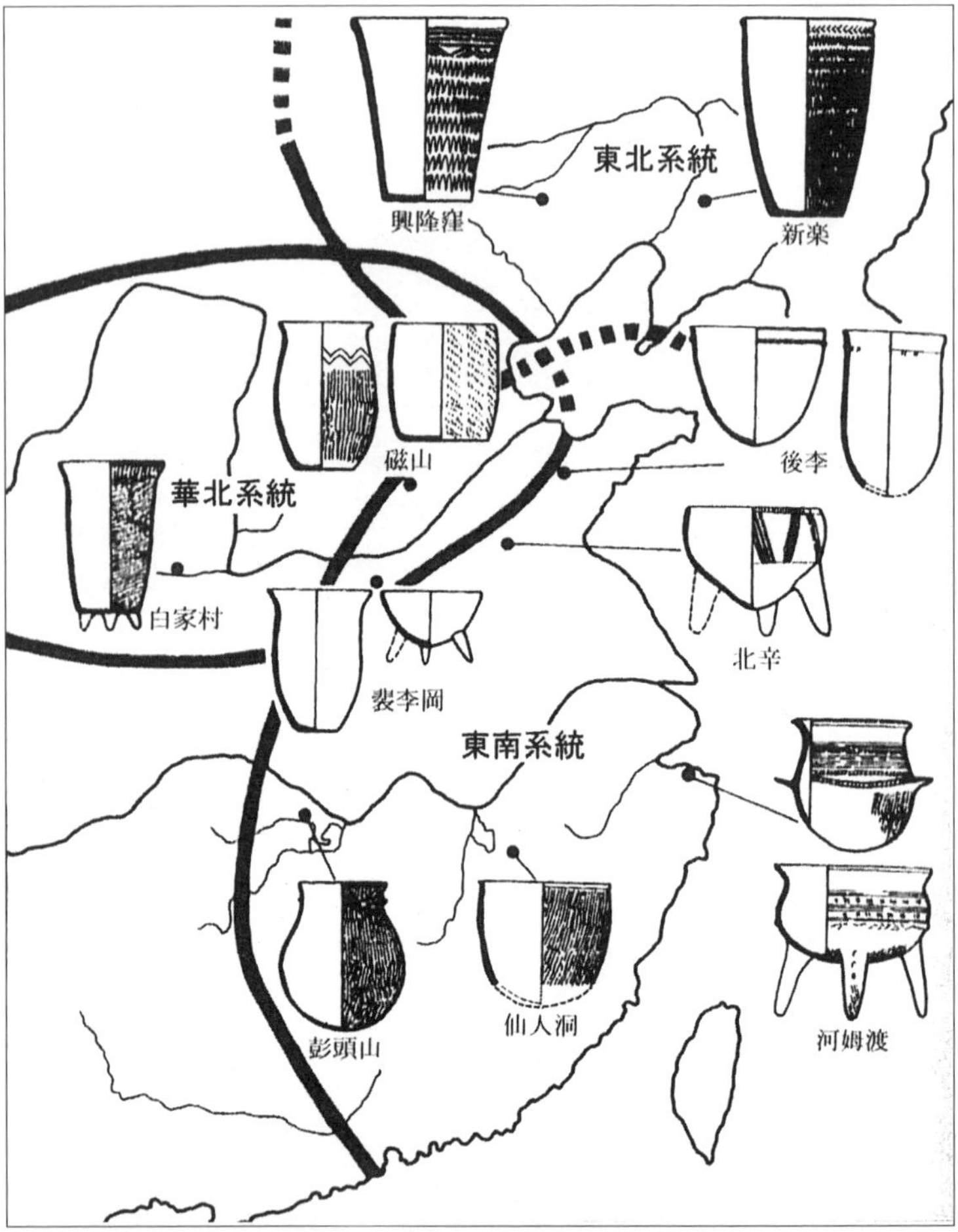

図18●中国新石器文化の三系統（厳文明「中国古代文化三系統説」1994年の図を岡村秀典『中国文明　農業と礼制の考古学』京都大学学術出版会、2008年、17頁より引用）。

3―b　中国史概観

新石器時代にすでに、後の中国になる部分は、上にみたように、少なくとも二つの地域からなっていた。黄河流域を中心にして、それより北の部分と長江流域を中心にした部分の二地区である。以下にしばらく黄河流域の中国史を中心に見てみよう。この地域の中国史は草原の騎馬民、オアシスの商人と、極めて密接な連繫のもとに展開してきたと考えざるを得ない。

イ　秦・漢時代

春秋・戦国時代を勝ち抜いて、中国を初めて統一したのは秦の始皇帝である。始皇帝を称したのは前二二一年だとされている。秦国そのものはもっと早く、周の時代からあった。周王家が犬戎に圧迫されて、東の洛陽に逃げると、その故地を守るべく封ぜられたのが秦だと言われている。始皇帝はこの秦国王としては第三一代に当たることになっている。秦は長らく中国の西端にいて、十分に草原の騎馬民やオアシスの商人の文化を吸収していたに違いない。あるいは秦の王家自体が犬戎と同じように、夷狄の一つであったのかも知れない。たぶんそうだったのだろう。

秦の後を受けて、統一中国の天子になったのが、漢の高祖劉邦（在位前二〇六～前一九五年）である。漢はこの後、約四〇〇年間続いた。高祖のやり方は秦の急進的なやり方が国を潰したことの反省から、より民生の安定に意を用いたらしい。漢代には孔子の儒教の思想が国の中心の思想として取り入れられ、これがこの後の二〇〇〇年間、ずっと中国の核となるものとして存続し続けてきた。中国とは何か、中華世界とは何かを論ずるとき、この儒教をはずして考えることはできない。この意味では中国は漢代に始まるといってもよい。

ロ　五胡十六国

漢は二二〇年には崩壊して、魏、蜀、呉の三国が並立する三国時代（二二〇〜二八〇年）になった。そしてこれはそのまま五胡十六国の時代に移っていった。匈奴、羯、鮮卑、氐、羌などの騎馬民族が中国の北半分を占拠したのである。匈奴はトルコ系らしい。今の山西省を中心にしていた。羯はツングース系で河北が中心、鮮卑はこれもトルコ系、今のモンゴル共和国から内モンゴル、遼寧省あたりに広がっていた。氐と羌はチベット系でチベットの東部から甘粛にいた。一方、かつて漢帝国を作っていた漢族は長江の南に移って東晋を作ったのである。

ハ　拓跋王朝

こうした五胡の群立する中から、鮮卑のなかの拓跋族が他を抑えて、北魏（三八六〜五三四年）を建てた。北魏は伝統的な部族制を解散して、全ての住民を天子の直属にし、同時に多くの漢人を登用した。要するに中華風の国を作ったのである。この北魏は後に東魏、西魏に分裂し、さらにそれは北斉、北周に変わっていった。この頃の国は皆、中華風のものだった。しかし、国の上層部はまだその半分くらいは騎馬民系の人たちで構成されていたという。そして北周の武将の一人が隋（五八一～六一八年）を作った。隋はだから騎馬民の出である。それを継いだ唐（六一八～九〇七年）も騎馬民優勢の中から出てきている。唐を開いた李淵・李世民父子が六一七年、太原で旗揚げしたとき、突厥は一〇〇〇頭の馬と二〇〇〇人の騎兵を与えて二人を援助したという。

こうした状態であったから、五胡十六国の時代はもちろん、唐朝までは中国全体は騎馬民が極めて大きな力を持っていたと言わねばならない。最近の中国史家は北魏も隋も唐も拓跋系の王朝だと言っている。三〇〇年近く続いた唐王朝は歴代の王朝の中でも最も華やかな王朝だった。草原やオアシスからいろいろの文物が入り、インターナショナルで、世界の都といった位置にあった。日本列島も、唐からいろいろのものを導入した。しかし、やがて爛熟の中からほころびが出てきた。面白いのは、このほころびの元はやはり草原・オアシス系の人たちによって作られたものであったことである。安史の乱を抑えたのはやはり騎馬民である。ウイグルがこの安史の乱を抑え、その功績で唐に対して大きな影響力を持つようになったという。

中国史を代表する唐もまた、こうしてみると、中華帝国という言葉が与える響きとはうらはらに、草原、オアシスの影響をもろに受けた国だったのである。

二　五代から金まで

唐が崩壊すると、その後には五代十国が現れた。これは混乱の時代であった。そして九六〇年には宋が全国を統一した。宋はそれまでの混乱を正すという意図で文治政治をモットーとしたという。しかし、所詮は軍隊の弱い国は永続することが難しい。北には遼（契丹族、蒙古系）、西夏（タングート族）、金（ツングース系）、蒙古族がいた。宋はそれらに半ば服属するような形で生きていた。しかし、一一二七年には金が侵入してきて、宋（北宋）は開封を捨てざるを得なくなった。そして、江南の杭州に都を移した。南宋である。

金は、もともとはアムール川下流から松花江のあたりにいたツングース系の民族である。牧畜の他に狩猟・漁撈も多くやる温帯落葉広葉樹林の民である。それが宋を追い出し、黄河下流部に支配を広げた征服王朝である。金は征服王朝ではあったが、宋の文化には敬意を払い、それを全面的に受け入れたという。漢字にならって女真文字を作り、経書の翻訳などもしたという。しかし、この金は南宋とモンゴル勢の挟み撃ちにあって、一二三四年、滅亡した。

ホ　元

元は一二二一年から一三六八年まで中国に存在したモンゴル系の王朝である。元というのは中華王朝史の観点に立った呼び名で、正式の国名は「大元大モンゴル国」である。これは、この国を建てたクビライの考えを正しく表した国名だという。

杉山正明（『遊牧民から見た世界史』前掲書）によるとモンゴル人の帝国は次の三つの時代に分けると理解しやすい（二八五―二八六頁）。

第一の段階はチンギス・カンが統一した時代である。トルコ系、蒙古系の騎馬遊牧民が混在していた高原を統一し、部族を解体して「大モンゴル国」を作った時代である。これは一二〇六年にできている。第二の段階はチンギス・カンの子や孫がチンギス・カンの路線に従って、その支配域を広げた時代である。第二代汗のオゴタイから第四代のモンケまでの三〇年間（一二二八―一二五九年）がこれに当たる。

第四代モンケ・カンのときに「大モンゴル国」は分裂した。これ以降が第三段階である。このとき、クビライは「大元大モンゴル国」を創設した。クビライの版図としたところは、「大モンゴル国」の東部だった。すなわち今の中国本体の他にモンゴル高原、満州、チベットを含む範囲だった。大元大モンゴル国はそれまでのどの中国よりも大きな範囲に広がった。

この超広大な範囲の中で、支配者のモンゴル人は圧倒的なマイノリティだった。クビライはオアシスの民との共同でこの難点を処理した。ペルシャ系の人材を色目人として、大いに活用したのである。「大元大モンゴル国」の指導者たちの柔軟さは、色目人の利用だけにとどまらなかった。儒教をも思いっきり用いて、人心の掌握を図ったのだといわれている。第三代皇帝のハイシャン（一三〇七―一三一一年）の時にははっきりとこれが現れているという。孔子廟、廟学、書院のセットが至る所に作られたといわれる。

儒教はもともとのモンゴル人たちとは全く関係のないものである。しかし、これは漢代以降、中華世界をまとめる唯一で最大の思想である。これを見事に取り入れて、巨大な人口を抱えた「元」を安定させていたのである。モンゴル人というのは、西欧の人たちが言うような、戦争に強いだけの単細胞人間では決してない。ゆとりをもって、統治の実をちゃんとあげている。

色目人と協働することによって、経済もその規模は飛躍的に拡大した。陸のシルクロードは古くから開けていたものであったが、南宋を手中に収めると、海のシルクロードも機能するようになった。陸路と海路は繋がれて、いわゆるアジア循環路が出来たのである。はじめて経済が世界規模に広がった。

へ　明

元も末期には政治が乱れ、反乱が起きた。長江下流から出てきた朱元璋が元を北に追い払って明を建てた。一三六八年のことである。明は元と違って内政重視の国だった。海禁政策で国を閉じた。ある意味では極めて求心的な中華世界を作った。しかし、必ずしも常に安泰というわけではなかった。北からの騎馬民の脅威は相変わらず続いたし、海民たちの活動も活発だったからである。一度、宋〜元の時代に開かれた海域活動は、それを抑えようとしてもなかなか抑えられない状況になっていったようである。

ト　清

清は満族の建てた国である。満族は後金として建国したが、後には満、蒙、漢の三民族を含むものにし、大清として北京に都を建てた。以降、漢族の力を多く利用して強大になった。乾隆帝（在位一七三五―一七九五年）の時には隆盛を極め、その範囲は元朝に次ぐ巨大なものになった。しかし、その後は降下線をたどった。一八三〇年代にはイギリスとアヘン戦争を戦い、一八四二年には南京条約を結んでいる。その後混乱が続き、一九一二年には辛亥革命が起き、その後は中華人民共和国になった。

3—c　中華世界

上に見てきたように、中国は秦・漢帝国のとき以来、結合と分裂を繰り返してきた。一時は分裂をしても、またしばらくすると結合し、中国を作ってきた。この歴史に、住民は大きな誇りをもっている。自分たちの住む世界は蛮族の住む世界とは違って、巨大な文明圏なのだ、という誇りを持っている。いわゆる華夷思想である。その誇りの基盤になっているものが儒教である。儒教は早くも漢代には国の柱として採用され、それ以降、この柱がずっと中国を中国たらしめている。

儒教とは何か？　それはまず修身のための教えである。尊卑、長幼の序を守れと教えている。礼儀や作法、年中行事のあり方も教える。同時に治国、平天下の道を講じた政治学でもある。儒教はいわゆる宗教とは全く違う。シャーマンが脱魂して異界に旅をして異界からのメッセージを聞いてくる、などというものとは全く違う。極めて理性的なのである。

中華世界というのは、この儒教を中軸にして、まことに合理的、かつ強靭に作られた世界だと私は思う。そして、それを民衆に強制するための仕組みが実に巧妙に作られている。そのことはいわゆる征服王朝までもがこの儒教を利用していることからみても、よく分かる。内心はどうであろうとも、少なくとも統治の手法としては、これを用いるのである。

中華世界の仕組みは民族の差を超えて万人に受け入れられるシステムであった。人智をしぼって作り出された、世界でも例を見ない仕組みである。儒教を論理の核にして、律と令で縛っている。

話は少し変わるが、昔、私は言語学者の橋本万太郎さんから、中国語の起源について聞かされたことがある。「中国語というのは、新しく出来た人造語だ。北の草原のアルタイ系と南の森のタイ系の言葉を母体にしてつくり出されたマーケットランゲージだ。」生態の境に作られた市場で話された人造語、それが中国語だというのである。

この話は大変示唆的である。中華文明そのものがこれと同じで、マーケットに出来た文明ではないかと、その時以来私は思うようになった。草原の民の持ってくる毛革や乳製品、琥珀、南の森から出てくる香菜、農地から来る食糧、それにオアシスを伝ってやってくる宝石やガラス製品などの奢侈品。それらがここで交易されるのはもちろんだが、それだけではない。いろいろな情報がここで交錯し、たぶんは企みが生まれる。たとえば、草原の騎馬民がオアシスの商人と組んで、裕富な都市を襲おうではないか、といった企みも生まれてくる。あるいは農地の首長にオアシスの商人が話をつけて、首長の地域の水利開発をし、そこから得られた作物を加工して、広範に売ろうといった計画も出てくる。こうしたことを含めて、私はマーケットと言っているのである。

ただ、こうした複合的な企画を、出自の違う人たちで争いなく行おうとすると、どうしてもしっかりとした規約が必要になってくる。関係者が合意して、よし、ではこれからはこの規約に従って事を進めよう、という基本的な約束が必要になる。律令とは、マーケットの規約だと私は考えている。

そしてこのマーケットに参画した商人や騎馬民の中で最も賢明で全体をうまくリードしたのが秦の始皇帝ではなかったか。マーケットは関中に出現し、その後その支配域、すなわちマーケット型の規約を奉ずる地域は全中国に広がっていった。そして、漢代にはそれが律令制という形でまとめられた。そんなふうに私は考えているのである。

3―d　中華世界の南と北

この中華世界というのは、実にやっかいなものである。いざ地図の上に線引きしようとすると、すぐにとまどってしまう。なにせ、儒教と律令制というイデオロギーでまとめられた範囲だから、そのイデオロギーが強力なときにはかなり広い範囲がそこに入る。しかし、強制力が弱まった時には、離脱者が多く出て、たちまち小さくなってしまう。たとえば、漢代には中央の力が強かったから、いわゆる漢帝国の範囲が中華世界だった。しかし、三国時代になると、もう中華世界の範囲はぐっと小さくなる。魏の範囲だけが中華世界で、蜀や呉はもう中華世界ではないと考えてもよいのだろう。

中華世界は、だから儒教と律令制で国をまとめるのだと決めた為政者の支配した範囲で、すぐれて政治的な範囲なのである。生態や民の生き方などを重視したときに浮かび上がってくる風土などというものとは全く違う。風土は永遠である。だが、中華世界には伸縮があり、断続がある。しかし、中国のようないろいろな人が混住する巨大人口地帯では、この政治的まとまりが、やはり極めて大事なものなのである。それはここを外から見て、その歴史を語ろうとする観察者にも、また内にいて、そこに住んでいる当事者にとっても、この中華世界という考え方は大変重要で、やはりこれこそこの地域の最大の特質としなければならない。私はこう考えるのである。

このように、中華世界という概念は極めて大事である。しかし、その基底には頑として風土というものがある。だからここは二重構造になっている。

風土としての中国といったときにも、いろいろな区分が可能である。先に蘇秉琦の区分を紹介した。しかし、最も簡潔なものは南船北馬の言葉に表される二分法である。先に述べた甲元や厳の区分と同質である。具体的にいうと、船を使う南と馬で行く北である。あるいは米を食う南とムギを食う北といってもよいかもしれない。

中国は中華世界としてひとまとめにできると、一旦言ってしまったが、この南北差は極めて重要なものであり、これを見落とすと中国の本当の姿はつかめないことになる。だから、以下にはこのことを少し見てみたい。これは日本との関連を考えようとするとき、特に重要なことである。日本列島は風土的に考えるとき、南の中国と特に強く関係しているのである。

イ　物質文化に見る南

物質文化の面で見てみると、南は次のようなものが目につく。

(i)　稲作と魚食

南では雨がたくさん降るので稲作ができる。また、川が多いので魚を獲り、それを食う。北は違う。北ではコムギで作ったウドンやマントウを食う。羊や牛を多く食う。いわゆる肉食の人たちだ。南の米と魚の文化はずいぶん高度に発展している。米はいろいろな儀礼に直結していて、精神世界に深く入り込んでいる。魚は生食だけでなく、ナレズシなどというものにまで高められている。

（ⅱ）船

南では一般の民衆も王たちも船に大きく頼っていた。民衆の間ではいろいろの船が使われている。筏に帆をかけて動いているものもある。つい最近まで家船も見られた。年中船に住む水上民である。

船は大昔から軍備の中心でもあった。紀元前六二一年には呉王夫差は楼船を造って、それで長江河口から山東半島まで遠征した。北の王たちが騎馬兵を軍隊の中心にしていたのに対して、江南の王は海軍をもっぱらにしたのである。

（ⅲ）高床建物

長江流域は、もともとは高床式の建物の地域である。これは北の壁立ち、土間式の建物とは基本的に違うものである。土間式だと靴は脱がないで、土足のまま建物に入るが、高床式だと入り口で足を洗って、こざっぱりした気持ちで家に上がる。この違いは生活のやり方のいろいろな面に関連していて、大変重要なものになっている。高床建物では米は天井裏に、人は一階の床の上に、水牛などの家畜は床下に住むという空間の意味付けが作られている。

(ⅳ) 漆器、絹、竹笛

これらはいずれも南の森から出てくるものである。柔らかくて洗練された芸術品に作り上げられている。漆器のしっとりした肌触りとそこに描かれた模様の細やかさは、北が出すどんな産物も真似することはできない。

同じ柔らかな手触りと艶は、絹に最もよく示されている。笛の音がまた何ともいえず柔らかくて澄んでいて、心が洗われる。これは金属製の楽器の出す、かたくて響き渡るものとは全く違う。似たような柔らかさと透明さは、玉と青磁にも認められる。青銅器のいかつさに比べると、ほっとした安らぎを覚えさせられる。

□ 精神文化に見る南

福永光司『〈馬〉の文化と〈船〉の文化』(人文書院、一九九六年)はまさに南船北馬を論じたものだが、そこでは南は道教の世界だとして、その道教を儒教と比べて次のように説明している。

処世態度

曲線的生き方がよい。『老子』には「曲なれば則ち全し」といい、『荘子』では「吾が行(あゆ)み、郤(あとずさり)し、曲(とおまわり)すれば、吾が足を傷つくること無し」といい、「直」の処世よりも「曲」の処世の方が安全無事であり、最終的には勝利すると言っている(七〇—七一頁)。

『老子』には「天下に水より柔弱なるは莫し。而して堅強(剛毅)を攻むるもの、之に能く勝るもの莫し」といっている。また、「上善は水の若(ごと)し。水は道に幾(ちか)し」という。水は万物の命の源泉である。根源的真理の「道」そのものである、と言っている(七二頁)。

『老子』には「明道は昧(くら)きが若し」と言っている。「真に偉大な有徳の賢者は一見して愚者に見え、真の意味で明白な根源の真理は、却って俗人の目に曇って見える」としている(七三頁)。

『老子』には「牝は常に静かなるを以て牡に勝つ」。宇宙と人生の根源的な眞理は母である。そのシンボルが日輪(お天道さん)である(七六頁)。

「馬の文化」では良いものは天上にあるとするが、「船の文化」では、不死の薬など、良いものや生命の原郷は水平線上の海原や極遠の地平にあると考える(七七頁)。

八　考古資料に見る南

徐朝龍『長江文明の発見』(前掲書)は長江流域は黄河流域とは殷周時代の昔から全く別な文化をもっていたという。青銅器が山頂、山麓、水辺にちゃんと埋納されて発見される。多くは鏡だという。これはきっと、稲作民が行っていた祭祀と関係しているのだろう。そして、これは春秋時代に現れる楚にも受け継がれるのだという。同書は次のように言っている(一五四—一五五頁)。

山中に棲むさまざまな自然神霊を崇め、それらを祭り、そして、それらをめぐる複雑な神話を編み出すということは、まさに楚文化のイデオロギーにおける最大の特徴である。神話色彩の濃い老子、荘子の思想が楚地で発祥し、楚の文学を代表する偉大な詩人として知られる屈原による『楚辞』にも極めて濃厚な自然神霊崇拝の傾向が認められる。これらのことは、洞庭湖地方を中心とした地域における楚民族形成以前の伝統とおそらく無関係ではありえないものであり（後略）。

洞庭湖周辺からは私たちの列島は浦島伝説をはじめ、いろいろの文化要素を受け入れている。日本列島は長江流域と同じ文化圏に属しているのである。これは元をたどっていけば、照葉樹林文化に至るものである。

漢代以降、中華世界に組み入れられていく長江流域も、風土としてはやはり森と水中心の本性を消し去ることはできないのである。

Ⅲ—4　韓半島など

中国東北部と韓半島には広く温帯落葉広葉樹林が広がっている。これは草原や砂漠とは全く違うし、後に中華世界が広がることになる暖温帯落葉広葉樹林とも違う。ここには独自の文化圏が発達した。その様子を概観したい。

4―a　定着ツングースの世界

草原はトルコ系やモンゴル系の人たちが活躍した場であった。オアシスは古くはソグド人などイラン系の人たちが、そして後にはウイグルなどトルコ系の人たちが活躍した。中華世界はいろいろな人たちが混住して、いわゆる漢族の世界を作った。それに対して、この温帯落葉広葉樹林帯は定着ツングース系の人たちの世界である。

ツングース系の人たちはシベリアの針葉樹林帯にも広く分布する。韓半島や中国東北部にいる人たちはこのツングースと同類らしい。しかし、彼らと違って早くから定着し、農耕をも行っていた。シベリアのツングースが移動生活の狩猟民であるのに比べると、これは大きな特徴である。

五世紀頃の松花江流域にいた勿吉の場合だと『魏書』には次のように書いてある。「在高句麗北、旧粛慎国也、……其地下湿、築城穴居、屋根似塚、開口於上、以梯出入。其国無牛、有車馬、……有粟及麥穄、……多猪無羊」（二十四史中華書局版『魏書』列伝八十八、二二一九頁）。「家の形は塚に似ており、入口を上に開き、梯で出入りする」というのは、竪穴式で、しかも壁がないから、屋根から出入りする格好になるわけである。これは日本の縄文時代の住居にもよく見られるものである。雑穀を作って豚を飼っている。狩猟が重要な生業であったらしいこともうかがえる。シベリアの針葉樹林帯に住む本来の狩猟民と中華世界の農耕民の中間のような生活をしていたようである。農耕ツングースと呼んでもよいのかもしれない。

4―b　韓半島南部

植生図をよく見ると、韓半島北部は中国東北部の続きだが、南部はこれとは違うことがわかる。ここには暖温帯落葉広葉樹林帯があり、その南は照葉樹林帯になっている。小さな部分だが、このことは大きな意味を持ってくる。後に日本のことを考えようとするとき、大変重要な事項になるので留意しておきたい。土器に関して中国東北部が平底の筒型罐の分布域なのに対して、この南部には丸底が分布している（図18参照）。これも重要である。

韓半島の南部がそれ以外のところと違うということは、稲作の面からもいえる。例えば、南部では普通、水稲を作るが、北部では最近までほとんど稲作はなかった。たとえあったとしても、その稲の作り方は南のそれとは全く違った。韓国には『農事直説』という一五世紀に書かれた農書があるが、それによると洛東江周辺では水稲が普通に作られているが、北に行くと稲が畑作物として作られている、と書いてある。南は江南に続く水稲作地域なのだが、北は雑穀圏なのである。

家の形も違ったらしい。金海の博物館で見たのだが、統一新羅時代の蔚山の港町にはたくさんの高床家屋が並んでいた。韓半島といえば、ふつうは壁立ちの土間の家である。それがここは違う。まるで東南アジアの港町を思わせる絵が示されていたのである。とにかく南だけは別らしい。

4―c　古代史と始祖神話

イ　古代概史

韓半島の古代概史を田中俊明編『朝鮮の歴史』（昭和堂、二〇〇八年、四六―一一八頁）から要約すると、次のようなものである。最初、古朝鮮というのがあったが、漢代になるとその半分を漢に取られてしまった。しかし、五世紀になると、それを取り返し、高句麗、百済、新羅からなる三国を作った。そして一四世紀末以降は李朝朝鮮として統一を保った。これが粗筋だが、今少し詳しく見てみよう。

韓半島には最初、いくつもの部族が散在していたが、紀元前八〇〇年頃、檀君が現れ、それらを結合して古朝鮮を作った。檀君の作った古朝鮮は遼河から平壌あたりまでのかなり広い範囲に広がっていたという。

この古朝鮮は紀元前一〇八年に漢の武帝によって滅ぼされた。そして漢は韓半島の北部に四郡を置くと、これを拠点にして韓半島を支配した。この漢四郡は紀元四二三年まで続いた。

鴨緑江流域にはツングース系の人たちが住んでいた。前三七年にこれを高朱蒙が統合して高句麗を建てた。そしてその後、高句麗はどんどん力をつけ、四二三年ころには漢四郡を滅亡させたのである。

漢四郡があったころ、その南には後に百済を作る人たちがいた。ここでは前一八年に温祚が諸部族を統一して国を建てた。温祚は朱蒙と同じで扶余系の人だという。この国は、最初は十済といったが、だんだんと大きくなり、四世紀には百済と名を変えた。この百済は六六〇年まで続いた。この年、新羅と唐の連合軍に攻められて滅亡したのである。

新羅は前五七年に建国した。もともと村落国家であったが、その六つの村が朴赫居世を推挙して新羅を建国したという。これが前五七年である。これはその後、強国になり、高句麗と組んで漢四郡を攻め落とした。この新羅は六世紀になると、半島南端にあった伽耶の国々を攻め落とし、大きな国になった。新羅は七世紀になると、唐と組んで百済、高句麗と戦った。まず、百済を滅ぼし、六六八年には高句麗も滅ぼした。韓半島には新羅だけが残ったわけである。六六八年以降を統一新羅の時代といっている。

統一新羅は一〇世紀には高麗に引き継がれている。一二三一年には元の侵攻があり、それがもとで高麗は滅びた。一三九二年には李成桂が朝鮮王朝を建てる。これはそれまでと違って儒教を柱にして、以後長く続いた。しかし、一九一〇年に日韓併合が起きた。第二次大戦で日本が退くと、一九四八年には韓半島は南北に分断され、現在に至っている。ところで、私が特に見てみたいと思うのは、この地域の始祖神話である。次にそれを見てみよう。

ロ　始祖神話

(i)　古朝鮮の檀君

大昔、白頭山に桓雄が天下ってきて熊と結婚して檀君を生んだ。この檀君が建国を宣言し、ここから古朝鮮が始まった（田中俊明編『日本・中国・朝鮮　東アジア三国史』日本実業出版社、二〇一〇年、三六頁)。この話はツングース系の神話と考えてよさそうである。

一般にツングース系の始祖神話には天神が天下ってきて、地上の動物と交わって子を産ませることが多い。あるいは天の霊気が女性の体内に入ってきて、子供が生まれる。そして、その子が王になるという話が多い。檀君神話はまさにこれに当たるのである。

(ii) 高句麗の朱蒙

川の神の娘が扶余の王に捕えられて幽閉された。すると日の光が差し込んで、娘は妊娠し、卵を生んだ。やがてその卵から男の子が生まれた。この子は弓をよくし、駿馬を見分けた。王は恐れてこの子を殺そうとした。それで母はこの子を逃がした。子は南に逃れ、大きな川を渡って建国した。これが高句麗であり、初代の王、朱蒙である(前掲書、四九頁)。

(iii) 百済の朱蒙

百済は高句麗と同じで扶余族の建てた国で、高句麗と同じく朱蒙神話を始祖神話としている。

(iv) 新羅の赫居世

人々が自分たちの王を迎えたいと相談していると、天上から白馬が大きな卵を持ってきた。そして、その卵から童子が現れた。その童子は光り輝いていたので、朴赫居世と名付けて王とした(依田千百子「神々の競争──朝鮮の創世神話とその構造」君島久子編『東アジアの創世神話』前掲書、一五七頁)。

(v) 伽耶の金首露

伽耶というのは韓半島南端にあって、遅くまで部族連合をなしていたが、最後には新羅に合併されたところである。ここではこんな建国神話がある。異様な声に呼び寄せられて、人々が亀旨峰に行ってみると、天から櫃が下りてきた。そして中から六個の金の卵が出てきて、そこから六人の男子が生まれた。それが金官と五つの伽耶国の始祖になった(依田千百子「神々の競争」君島久子編『東アジアの創世神話』、前掲書、一五七頁)。

上の五つの始祖神話を並べてみると、面白い傾向が見えてくる。それは、半ば伝説の時代に入る古朝鮮の神話は扶余から中国東北の人たちの神話とほとんど同じである。天から降りてきた神や霊気が人や動物と交わって最初の王を作っている。これはモンゴル高原などにも続いていく神話である。

しかし、四世紀以降の三国時代になると、この天孫降臨系の話に加えて卵という要素が関わっている。白馬が卵をもって降りてきたなどという話である。これは次のように考えると説明がつくのではなかろうか。もともと韓半島、特にその南部には卵生系の神話が広がっていた。そこに北から天孫系神話を持った人たちが侵入してきて、神話の混合が起こった。卵生神話は中国南部から東南アジアにかけて広く分布している。例えば三世紀の呉で作られた『三五歴記』には盤古は混沌の宇宙に生まれた最初の人間だが、この人は卵から生まれたと書いてあるという(田中俊明編『日本・中国・朝鮮　東アジア三国史』前掲書、三七頁)。

韓半島はその大部分がモンゴル・ツングース系の文化で覆われている。しかし、その南端部には江南系、海洋系の文化が入っている。韓半島は全く異なる二つの文化圏から成るのである。

第一部のまとめ

第一部で議論したアジアの構成を模式図に示してみると、図19のようになる。ここには日本列島を含めて一〇個の地域が示してある。これらについて簡単に振り返って見ておこう。

①日本列島　これについては第二部で議論する。

②南の森　照葉樹林、亜熱帯林、熱帯林に分けられる。いずれも常緑の広葉樹が主体を成している。この中では照葉樹林帯がいわゆる照葉樹林文化を発展させ、これは日本列島の西半分にも広がっていた。日本に見られる酒や豆腐や湯葉などの食材は、この文化そのものだとされている。この照葉樹林帯は、首狩りの盛行など、おどろおどろしい精神世界を生んだところでもある。これは暗い森という生態に直結しているように見える。首狩りの文化は亜熱帯林地帯にも広がっているように見える。

この南の森の中でも、川沿いにだけは水稲を作る文化が広がった。川沿いは水が多いということから水稲が広がったことは当然理解できる。しかし、それだけではないらしい。川筋を伝って古代から

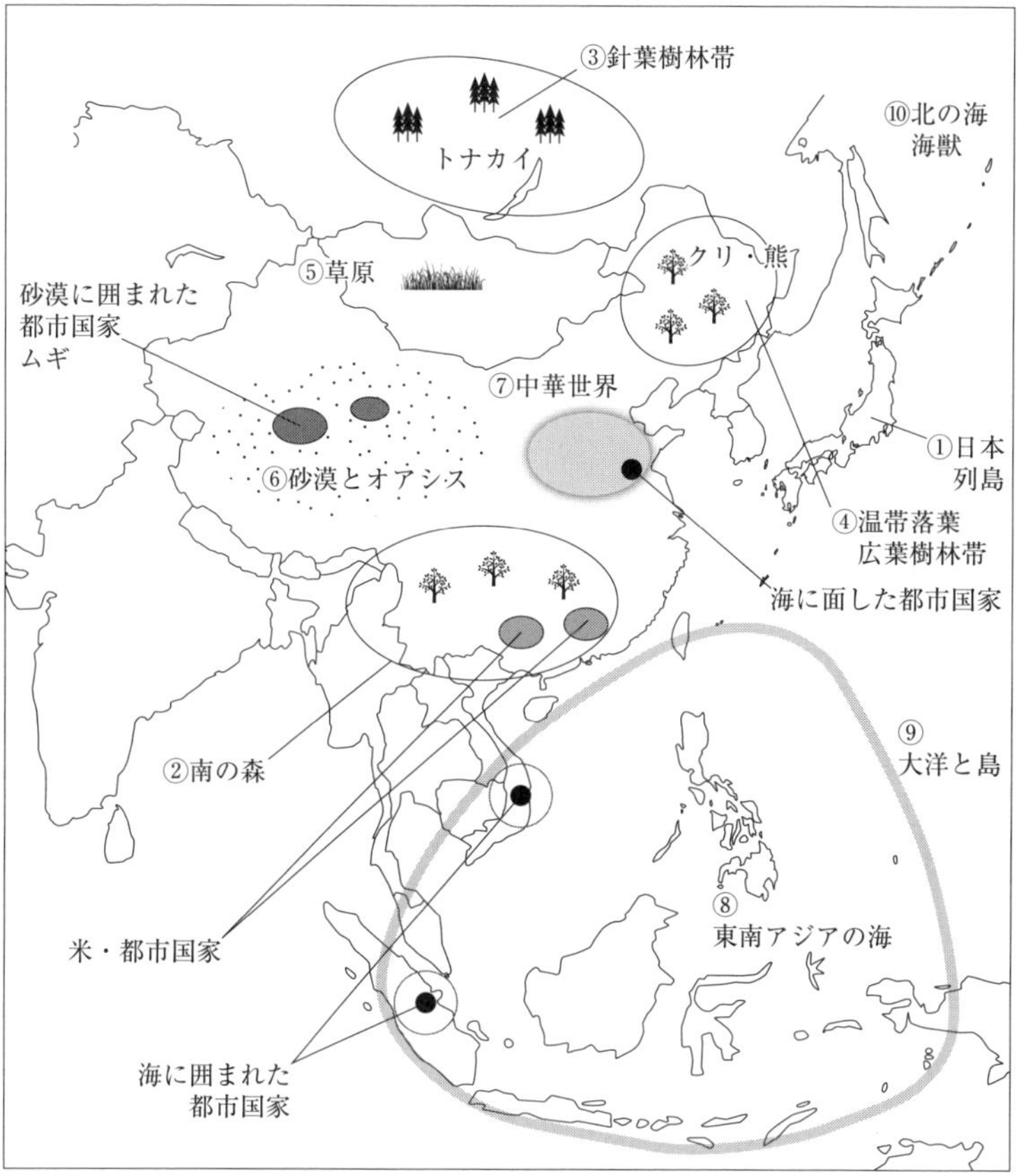

図19●アジアの構成概念図

交易者が往来し、川の合流部などには交易のための町を作った。水稲はこういう交易者によって町の人たちを支えるために作られたものらしい。水稲はその最初から都市民のための作物として拡散したということに注意しておきたい。

③針葉樹林帯　カラマツのような落葉針葉樹とモミのような常緑針葉樹からなる。いずれも毛皮獣の狩

猟の場として使われてきた。伐り倒した木を用いて、それを円錐状に建て、それに樹皮などを覆いかぶせた一種のテントでの移動生活が常態らしい。後にはトナカイ放牧などもするようになった。

④温帯落葉広葉樹林帯　これは上の針葉樹林帯とおなじように北の森を構成するもうひとつのタイプの森である。同じ北の森に入っているが、その性質は針葉樹林とは全く違う。落葉林にはクリなどの堅果類が多い。また、やろうとすれば農業も可能である。だから、古くから定着生活が行われることになった。竪穴式の住居が作られ、堅果類の半栽培を行い、初期的な農耕を行い、シカなどを対象にした狩猟も行った。一部のところ、例えばウスリー川とアムール川の合流点のような川や沼の多いところでは漁撈も重要な生業であった。こうしてこの森林帯では生業の多様な展開が可能であったから、社会も発達し、満州族のような強力な民族も現れた。満州族は一七世紀になると清国を建てた。

⑤草原　モンゴル高原が典型である。これは西にずっと伸びていって、黒海の北にまで続いている。紀元前八世紀頃からは騎馬民族が現れたところである。草原の生活はふだんは遊牧である。牛や馬や羊、山羊、ラクダなどと共に草を求めて移り住む生活である。

農業はしない。しかし、いざ戦争となると騎馬と弓矢で強力な軍団を作って敵を蹂躙する。この人たちの特徴の一つは部族国家を作ることである。強力な戦闘集団を作るために突出したリーダーを戴く。そしてそのリーダーの始祖は天から降りて来た天孫だと考えられている。天孫だから一般民を従えるのは当然だ、と考えるのである。この騎馬民たちが大陸で猛威を振るったのは五胡十六国の時期である。すなわち四世紀のはじめから五世紀の中頃までである。匈奴、羯、鮮卑、氐、羌などという民族が活躍した。この時期に日本列島に天孫降臨の思想が入った可能性が大きい。一三世紀にはチンギス・カンが現れ、モンゴル世界帝国を作った。

⑥砂漠とオアシス　草原に接して、その南に地中海から中国の西部にまで帯状に広がっている。ここにはオアシスが点在していて、そのオアシスには古くから都市国家が作られていた。四大古代文明などといわれるものも、その一部である。この都市国家を渡り歩いて交易が行われた。砂漠とオアシス帯は、だから基本的には商人の場である。商人たちは動き回るのだから、都市は当然国際的交流の場であり、混血の生まれる場である。同時に華やかな文化の栄える場になる。草原の騎馬民が武力でもって世界制覇をするとすれば、ここの商人たちは経済力で世界制覇を成し得る人たちである。一七世紀になって、西欧に火器を中心とする軍事力が現れるまでは草原の騎馬民と砂漠を渡り歩いていたイスラーム商人たちはお互いに協力して、事実上、世界を牛耳っていたと考えても間違いではない。

⑦中華世界　これは黄河中下流域と長江中下流域の広大な農業地帯に当たっている。中華世界というのは複雑である。それは決して農業地帯などという生業・生態区ではない。もっと人為的に作られた人工的世界なのである。ここは草原と砂漠（オアシス）と、農地と南の森の交わるところであり、そこに作られた市場なのである。交易のために人々の集まる交易拠点。それが大膨張したのが中華世界である。

この市場を最初に作ったのは砂漠の商人であったに違いない。商人たちはイラン高原からオアシスをつたってタジキスタンに入り、パミール高原を抜けてタリム盆地に入り、さらに東にのびて河西回廊から今の西安に到った。そして、この東のターミナルに一大拠点を作った。市場は成長し出すと自己運動を開始して膨張する。最初はオアシスの商人が中心だった市場に、後にはいろいろの人たちが参入してくる。こうして脱生態的、脱民族的な空間を拡大していく。それが中華世界である。中華世界は秩序を保つために律令制を発明した。早くも漢代には律令制のはしりが生まれた。

しかし、実際には少し違った側面もある。それは新来の中華世界が広がってくる前にすでに在地の文化がしっかりと確立していて、それがその後も基層として色濃く残っているという事実もあるからである。その典型が稲作の広がる長江流域である。大きく見ると黄河流域が典型的な中華世界、長江流域は在地的なものを色濃く残した中華世界と考えてよい。黄河流域では儒教が文字通り中心をなしているが、長江流域に入ると道教の方が大きな力を持っている。

⑧東南アジアの海　東南アジアの海は基本的には内海である。島に囲まれていて、海に乗り出してもどこにいても島が見える。しかも、その島は森に覆われている。だから、ここは森の多い多島海である。

この東南アジアの海はまた、三地区に細分した方が、その性格をよりはっきりとつかまえられる。スンダ陸棚域とウォーレシアと南シナ海である。

スンダ陸棚域というのは、マレーシア、スマトラ、ボルネオなどの島々に囲まれた浅い海域で、至る所でマングローブが見られる。極端な言い方をすると、森なのか海なのか分からないようなところで、そんなところで人々は森林物産を採取したり炭を焼いたりエビを獲ったりしているのである。いかにも昔風のマレー人の生活が窺えるというところである。

ウォーレシアは少し違う。海がもっと広く、深い。これが大昔、どんな様子であったのか、あまりよく分からない。ただ、一部の所では、チョウジやニクズクのような香料が八世紀頃から集められていたらしい。一三世紀頃になると、中国人商人がやって来るようになった。それからは、土地の海民たちはナマコやフカヒレやツバメの巣などの南海物産を多く集めるようになった。一六世紀になると香料を求めてポルトガル人やオランダ人が現れて、地域の生態も商業ルールもひどく乱れることになった。ここはまた、ニューギニアにも近く、そのあたりも含めて奴隷狩りがよく行われたところだという。

南シナ海は三つの海域の中では最も早くから開けた。ここはインドやペルシャ地域と中国を結ぶ交易路として重要であった。前三世紀には今の広東には南越国というのが出来ていて、すでに東西交易をやっていたらしい。紀元前後のメコンデルタにはオケオなどという立派な港が出来ている。インド風の石の家とマレー風の高床の家の混在する港が発掘されていて、そこからはローマのコインや漢の鏡が発掘されている。イスラーム時代に入ってもこの海域の交易路としての重要性は変わっていない。

こうして東南アジアの海には多様なものが混在しながら極めて活発に動いていた。この動きが東シナ海の海民にも影響し、それは日本にも伝わっていたのである。その様は第二部で見たい。

⑨太洋と島　これは太平洋を中心に広がる海の世界である。南の海として、東南アジアの海とひとくくりにしたりもするが、その内容は全く違う。東南アジアの海民はどちらかというと陸地を本拠にしていた人たちである。陸に母屋を持ち、航海に出るときもいつも陸地を見ながら動く。一方、太洋の人

たちは陸の陰など全く見えない太洋をまるで自分の庭のように動き回る。太洋の海民の航海法は内海の海民の航海法とは全く違うという。星や月を見て自分のいる場所を計測するのは当然だが、それ以外に風の吹き方、海の色、漂流物の種類、船への波の当たり方、島の匂いなど、あらゆるものを克明に観察して進んで行くという。彼らは生まれたときから海で育っているのだから、身体の中にそういうものを観察しうる細胞が多く出来ているのである。つまり正真正銘の海民がいるのがこの海域だと私は考えている。

⑩北の海　オホーツク海と北太平洋の寒流が北海道までは下りてきている。ここは南の海のようにカツオやトビウオを追って、それを獲る漁撈の世界とは全く違う。流氷とともにやって来るアザラシやトドなどの海獣をとる狩猟の世界である。この海域の背後にあるのは亜寒帯や寒帯の針葉樹林帯で、ここはまたクマやトナカイを対象とする狩猟の世界である。

以上が日本列島をとりまく、生態、生業と文明の大きな枠組みである。

第二部　日本の形成――内世界と外文明

日本列島は森に覆われた島々から成っていたから、日本の形成には森という生態が極めて大きく関係している。また、この島々には、海を渡ってさまざまな文化や文明が入ってきた。第一部で「アジア概観」として日本列島を取り巻く周辺地域のことに触れているのはそのためである。続く第二部では、列島の生態と外文明の到来という二本の柱を建てて、日本の形成をあとづけようと思う。具体的には、先史時代から近現代までを八つの時期に分け、それぞれの時期にこの列島がどんな変化発展を遂げて現代に至ったのか、日本形成の全体像を考えてみたい。

第Ⅳ章

列島の森と野と海——縄文文化の生態史

コメを食べて床のある家に住むという日本人の生活の原型は、弥生時代に出来たものであると言って良い。しかし、もっと深いところにあるもの、たとえば自然観や生命観といった精神世界の原型は、縄文時代に作られていると私は思う。森のカミガミを畏れ、「まれびと」を受け入れる体質は一万年以上もの昔から長い間をかけて、この森と海の生態の中で作られたものに違いない。そんな列島の生態的な基盤はどんなものであったのかを見てみよう。

Ⅳ—1　列島の森

1—a　北の森と南の森

日本列島はその全面が森で覆われている。この森は北と南の二つの森に分けるのが普通である。私が網走のモヨロ貝塚や紋別を訪れたことはすでに述べた。海岸沿いには針葉樹林があった。しかし、北海道でも内陸にはいると落葉広葉樹が多かった。この落葉広葉樹は本州の東北地方にも続いている。針葉樹林帯に比べると、ナラやブナが優占する落葉広葉樹林帯ははるかに住みやすそうだ。クリやクルミやイモの仲間が多い。シカや熊のような動物もかなりいる。要するに食べ物は豊富にある。こんなところで人々は竪穴の家を作って住み、狩猟・漁撈、それに採集をして生きてきたに違いない。ここはそんなに悪い生活の場だとは思えない。この針葉樹林と落葉樹林の合わせたものを、ここでは北の森と呼ぶ。

一方、列島の南に発達するのは、照葉樹林である。この森は落葉広葉樹林に比べると、はるかに住みにくい。第一、常緑の葉が厚い樹冠を作っていて、太陽の光が差し込まないから林の中は一年中暗い。それにジメジメしている。蚊やヒルがたくさんいる。以前ネパールを歩いた時、案内をしてくれたシェルパが言っていた。「人間も家畜も、こんな森には入れません。腹に水がたまって死んでしまいます。」照葉樹林というのは、林の周辺はよい。また、樹冠を高みから見下ろしている分には大変魅力的だ。時期によっては、いろいろな花が咲くし、昆虫や鳥もいっぱいいる。しかし、ひとたび林内に入ると、もう暗闇の世界なのだ。住みたくない。

おそらく、この住みやすさ、というのが効いているのだろう。昔から北の森には多くの人が住んでいた。縄文時代の人口密度を推計した小山修三は、温帯落葉広葉樹林帯（ナラ林帯）は照葉樹林帯の数十倍の人口密度を持っているといっている（小山修三『縄文時代――コンピュータ考古学による復元』中央公論社、一九八四年、三一頁）。図20はそのデータを佐々木高明が森林分布と重ねたものである。この北の森と南の森は第一部で見た大陸の北の森と南の森が平行移動してきたものと考えてもよい。その周辺部との関連に触れながら、日本列島に人が住みはじめた縄文時代の北の森から見てみよう。

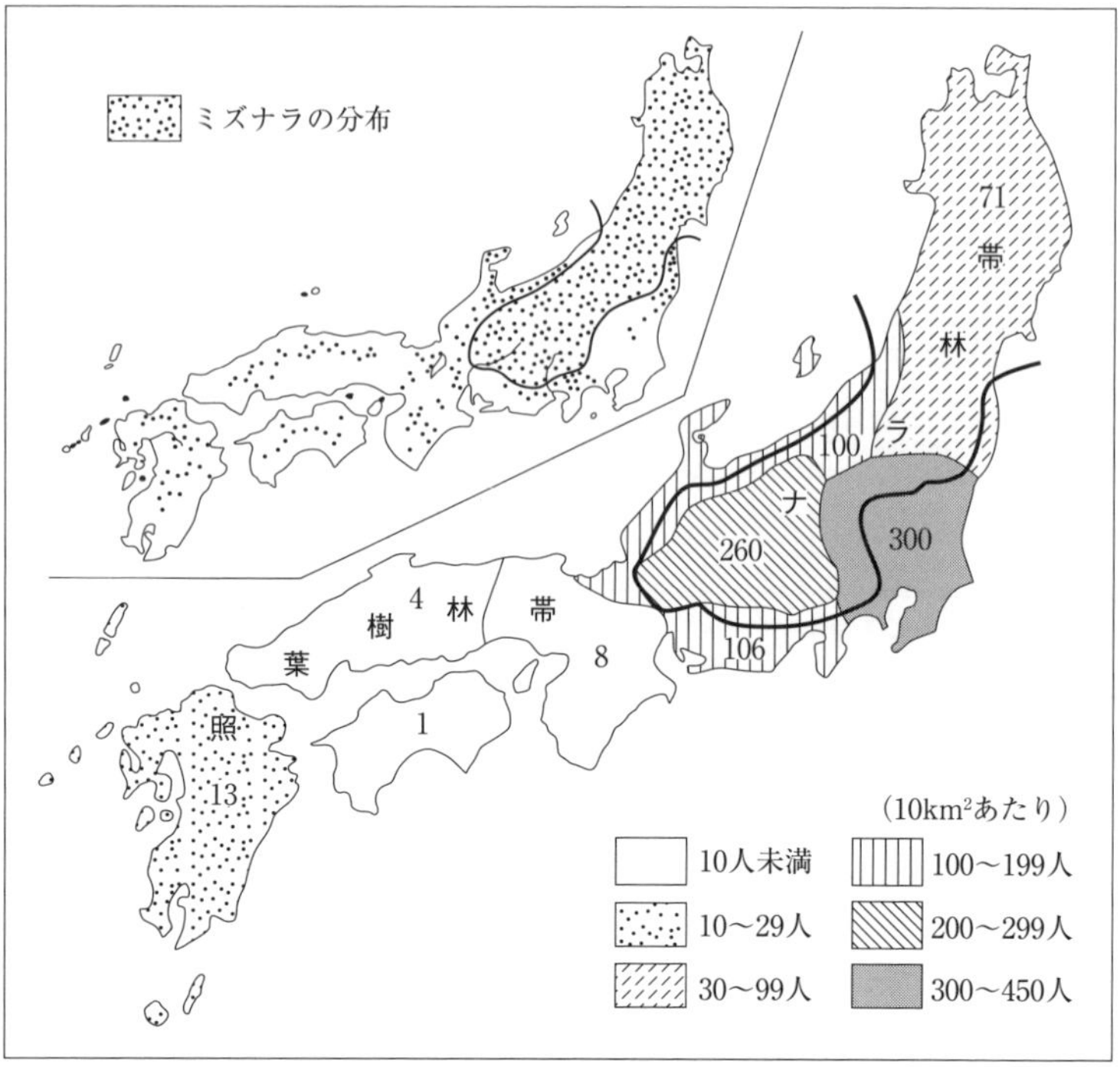

図20●縄文時代の人口分布と森林分布（佐々木高明『日本文化の基層を探る』日本放送出版協会、1993年、64頁より引用）。

1—b　縄文人の世界

イ　北の森の世界

(ⅰ)三内丸山遺跡

青森県には大変有名な三内丸山遺跡というのがある。縄文時代前期から中期にかけて栄えた遺跡である。そこで人々がどんな生活をしていたのかを見てみたい。その前に少し広く、この遺跡の周辺も見ておこう。

実は東北の北半分から北海道の南部は海峡を挟んで縄文時代前期から古墳時代の終わり頃まで、津軽海峡圏とでも呼んでよいような比較的均質な地域をなしていたようなのである。ここは縄文時代だと円筒土器といわれるものが指標になる地域である。即ち秋田、盛岡、宮古を結んだ線より北、札幌より南の範囲である（図21）。

この津軽海峡圏は古くから中国大陸ともかなりの交渉があったらしい。中国の東北地区の温帯落葉広葉樹林帯には八〇〇〇年〜七〇〇〇年前の興隆窪遺跡というのがある（図18参照）。採集、狩猟、漁撈と初期農業をした遺跡であるが、ここの土器が平底円筒形で、津軽海峡圏の円筒土器にかなりよく似ているのである。縄文時代の前期からこの二つの地域には似たような文化が広がっていたと考えてよいのではないかと言われている。

さて問題の三内丸山遺跡であるが、ここの博物館には立派な展示がある。遺跡の概略をまず紹介しておこう。

集落は海の見える丘にあって、五〇〇人ほどの人が住んでいた。集落の中央には長さ三〇メートル以上もある巨大な建物が作られていた。その近くには高さ一五メートルに達するやぐらのようなものが建てられていた。こうしたものはクリの巨木で作られていた。大型建物を取り巻いて、竪穴住居や高床の倉庫らしいものがあった。

まわりには広大なクリ林が広がっていた。これはブナ林に手を入れて作った一種の里山である。大量のクリが収穫でき、五〇〇人くらいの人を食わせるのには何の問題もなかった。一部ではウルシ林にもなっていたらしい。

集落の周辺にはヒョウタン、マメ、ゴボウ、アサ、アカザなどが作られていた。イノシシとニワトリが

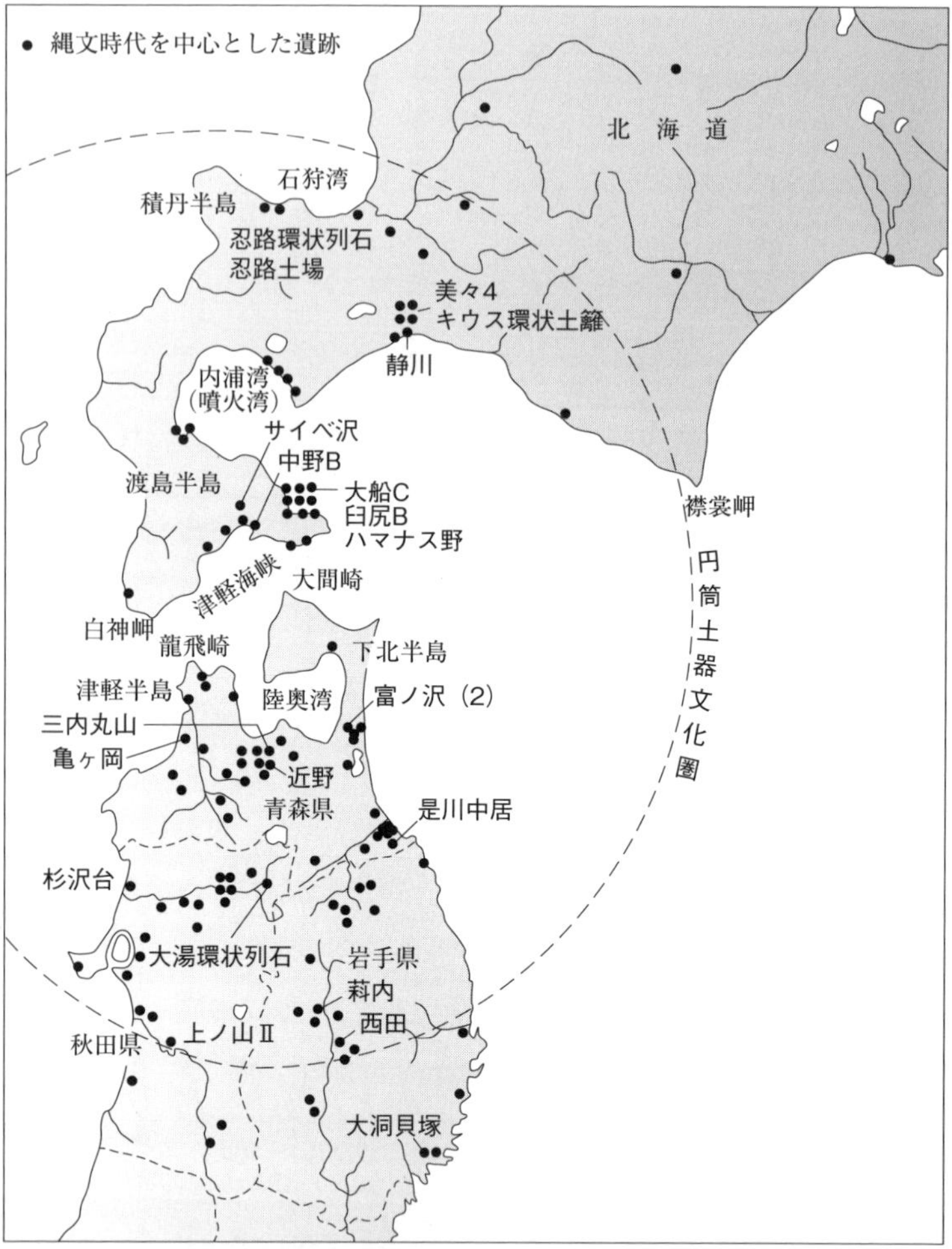

図21●縄文期の津軽海峡圏(網野善彦・森浩一『この国のすがたを歴史に読む』大巧社、2000年、159頁より引用)。

飼われ、遺跡からはサメやブリの骨がたくさん出る。海岸には漁民がいて、遺跡の人たちはクリをその漁民たちの魚と交換していたらしい。

人々はアサやカラムシで衣服を作っていた。玉や石の装身具をたくさん持っていた。墓の大きさなどから考えると、どうやらすでに階級差のようなものがあったらしい。「送りの場」というのが作られていて、この世での役目を果たしてくれたものは神の世界に還ってもらい、またこの世に戻ってもらう、という思想があったらしい。貝塚などでもイルカやイノシシ、熊の頭がきちんと並べられている。また頭のないカメやオジロワシが配列されていることもある。生き物だけでなく、宝石や土器も送られた。

この送りの思想は、北の森に特有のものであると考えてよい。

上の描写は縄文中期の様子だが、同じような状況は縄文前期から中期にかけての一五〇〇年間続いていたという。狩猟、採集民というが、ここには高度に発達した社会があった。しかも、物質面だけでなく「送り」などという宗教儀礼も行っていたのである。

(ii) アイヌの精神世界

三内丸山遺跡は今から四二〇〇年ほど前になると急速に衰退したという。いわゆる縄文中期の小寒冷期がやってきたからである。こうなると、山の高みから亜寒帯針葉樹が降りてきて、クリを中心とした里山はそれに覆われていった。食糧確保が難しくなったのである。多くの人たちは南へ移動していった。

しかし、二一世紀の現在でも、三内丸山的世界、特にその精神世界はまだ見られるのではないかと私は思う。それは、アイヌに引き継がれているように思える。厳密な意味ではアイヌの人たちは三内丸山人の後裔と言えないのだろうが、同じ北の森の人である。北の森のことを理解するためには大変重要なことだと思うので、とりあえず、アイヌの人たちのことを見てみよう。

山崎幸治「アイヌの霊魂観」(加藤隆浩企画『古代世界の霊魂観』勉誠出版、二〇〇九年、一二四―一三五頁)に書かれているものを抜粋して纏めると、次のようになる。

アイヌは霊魂は不滅だと考えている。その霊魂はあの世とこの世を往復している。万物は霊魂をもっている。またほとんどのアイヌは祖先神をもっている。ヒグマ、オオカミ、キツネ等々。これらのカミが人間の女と交わって子孫を作った。各家系は祖先神を極秘にしながらも持っている。

カムイモシリ(カミの住むところ)から時にカミは人間の住むところに遊びにやってくる。熊の胆嚢や毛皮、肉を土産に持ってくるのだが、それに対して人間はイナウを作り、酒やごちそうでもてなし、土産をつけて送り返す。カムイとアイヌはこうした付き合いをしている。その典型が熊祭りである。熊や大型動物だけでなく、鍋でも籾糠でもみな魂をもっている。だからそれらに対してもちゃんとした送りをしなければならない。使い古した鍋でも脱穀済みの籾でもイナウを立てて送る。

こうして見てみると、三内丸山人が行っていた「送り」の儀礼は、そのまま同じ形で今のアイヌに引き継がれている。そして、それは第一部で見たアムール川下流部のニヴフにもつながっていく。時代を超えて、北の森にはこのアイヌ―三内丸山人―ニヴフと同じような世界が広がっていると見るのがよさそうである。

ロ　照葉樹林帯の人たち

(i)縄文早期の大川遺跡

南の森である照葉樹林帯にも極めて早い時期から人々が住んでいたらしい。しかし、その人口密度はとても低く、しかもその稀薄な人口は、小さい集団に分かれて住んでいたらしい。ここでは松田眞一『大川遺跡――奈良大和高原の縄文文化』(新泉社、二〇一四年、三九―五七頁)に示された縄文早期の大川遺跡の様子を紹介しておこう。

この遺跡は奈良県と三重県の県境を流れる名張川沿いの小さな段丘面の上にある。段丘面は半径二〇〇メートルほどの半円形のところが舌状をなして川に向けて張り出している。川からの比高は数メートルである。そこに竪穴住居二基、集石遺構一〇基、土坑一二基、焼土坑三基が発掘されている。他に極めて多くの石鏃が出ている。押型文土器、それに少しの磨石も発掘されている。

この報告書の著者は次のようなことを言っている。

> 集石遺構からはコナラ、ケヤキ、クリらしいものが出ている。たぶん、当時の植生は落葉広葉樹林が広かったのだろう。その中に照葉樹も混じっていた。
> 磨石があるから、堅果類を利用していた。

大量の石鏃が出る。出土した石器の圧倒的大部分は狩猟具の類だから、狩猟が大変重要なものであったらしい。たぶん、イノシシやシカを多く獲っていたのだろう。人々は竪穴住居に住む定着者だが、集落の単位は二、三軒の小さなものだった。

以上のことから、当時の人々は二、三軒の小規模集団で、イノシシやシカなどの狩りを中心に堅果類の採集などをしながら、こじんまりと生活していたことがわかる。移動することもなく、そこに比較的安定した生活をしていたのだろう、と書かれている。

私は現場を訪れたが、正直言って「アレッ?」と思った。いわゆる照葉樹林とはずいぶん異質なものを感じたからである。現場を案内して下さった山添村観光ボランティアの会の方は、こんなことを言われた。「ここは同じ奈良でも、平地と違って寒いのです。滋賀県なら信楽、和歌山県なら高野山に似ています。総じて東北地方に似ている、といえるでしょう。桜と梅と桃が一緒に開花するのです。」先の報告書にも、落葉広葉樹が多かったように書いてある。照葉樹林地帯だけれども、実際にはその周辺部、大川遺跡の場合それより少し高いところに人々は住んだのではないか。そして近くの照葉樹林に少しずつ手を加え落葉の広葉樹の二次林に変えていったのではないか。

さらに言えば遺跡は川に突き出した舌状の段丘である。こんな地形だと、周りとは違った植生であったに違いない。ひょっとしたら、ここだけ草地か藪になっていたのかもしれない。そんな特別なところを選んで生活をしていたのではないだろうか。

(ii) 縄文晩期の橿原遺跡

縄文時代の南の森について、私は橿原考古学研究所附属博物館の展示を見て、大変驚くと同時にいろいろのことを考えさせられた。驚いたのは、この博物館の近くの橿原遺跡からは多量の土偶が出ていることだった。顔だけのもの、胴体だけのもの、裸体のもの、衣服を付けたもの、内臓らしいもの、性器らしいもの、いろいろなものがあった。遮光器土偶にそっくりなものもあった。東北地方で出土する土偶や石器の類と極めてよく似ているのである。しかも、これらが大量に出ている。縄文時代も晩期になると、東北地方の文化はどっとここにも押し寄せてきていたらしい。

遠隔地との交流がかなりあったことがうかがえる。東北系・関東系、それに瀬戸内系の土器が出る。また、ヒスイの玉が出る。クジラやスズキ、エイの骨が出る。橿原遺跡は決して孤立したものではなく、外との交流の多いところであったらしい。

また、生産という点では、豊かな狩猟採集民であったらしい。極めて多くのカヤやトチの実が出土している。オニグルミやクリも多い。それを調整するための石皿や磨石もある。ユリ根やヤマノイモの根も多く利用していたらしい。これらを掘り起こすための石鍬も出ている。イノシシなども多く獲ったらしい。弓や石鏃が出ている。こうした出土品からすると、照葉樹林帯の二次林部に定着し、村の周りには里山的な植生を作り、ひょっとすると初期的な農耕もしていたのかもしれない。

橿原遺跡のパネルを見て、私は思った。ここでは北の縄文文化と南の照葉樹林文化が接している。それに瀬戸内から海の文化も入ってきている。ここは三つの文化の接点で、交換の拠点でもあったらしい。そんなところにいろいろな土器が集まり、またあの膨大な土偶が残された。そしてこの拠点を作り出したもう一つの要因は、二上山のサヌカイトだったに違いない。サヌカイトは石器の材料として縄文の生活には欠かせない。縄文晩期になると、北の森の人たちの南下が著しくなって、こんな状況が出現していた、とそんな風に私は推論したのである。

1―c　日本に見る二つの景観

北の森と南の森は、日本列島に東日本の景観と西日本の景観とでもいうべき二つの景観を生んだ。

東日本の景観には断裂がない。集落のまわりには里山があり、それは奥山に移っていくが、里山と奥山の間にはほとんど目立った違いがない。それは三内丸山遺跡の場合にも見た。集落を取り巻くクリ林というのは、もともとはクリも混じっている落葉広葉樹林である。そこのクリだけを残して、他の木を伐ってしまったものなのである。だから連続しているのは当たり前である。クリ林になったところも、その外側にある落葉広葉樹林も同じように明るい林である。春には一斉に若葉をつけ、それが夏になると色濃くなり、秋には落葉してしまう。林内に入ると獣も奥山と里山では基本的には同じようなものなのである。アイヌのひとたちにみるようにカミと人の交流も多かった。

この景観は縄文時代も今もそんなに変わるものではない。二一世紀の今日でも、人々は落葉広葉樹林の中に気持ちよさそうに住んでいる。

しかし、照葉樹林の場合は違う。まず縄文時代を見てみよう。先の大川遺跡の場合でも、山腹の深い森と段丘の木の少ないところでは大きな差があった。南中国や東南アジアの焼畑地帯でもこの種の断絶は極めてはっきりと見られる。彼らは集落にする地点を定めると、その地点の森だけは伐ってしまう。そして明るい空間を作る。先にも言ったように、常緑の森は居住に耐えない。だから、こうして新しく、明るいスポットを作るのである。こうすると、ここにははっきりとした二つの空間ができる。切り開いたところは明るくて人が住んでいる。周りの元の常緑林は暗くて、何が潜んでいるかわからない。人々は基本的にはこの暗くて恐ろしい森には入らない。こういう断絶が照葉樹林や熱帯の常緑林地帯には見られるのである。

この違いは弥生時代になると、もっとはっきりした。稲は照葉樹林の谷筋に入ってきた。焼畑民の多くは谷筋に移動してきて、そこに水田を開き、集落を作った。水田地帯は木のない世界である。先に見た明るいスポットという性格は、もっと強調されることになった。周りの森で覆われた山腹は、カミガミや魔物のいる場ということはもっと固定的になった。

こうして、東日本の連続した森の世界と、西日本の森と水田が完全に分離した世界ができた。西日本では水田の析出とともに、カミガミと人間の分離も顕著になった。

東日本人と西日本人は縄文時代からすでにかなり違った世界に生きている、そしてその心のあり様もだいぶ違う。私はそんなふうに見ているのである。

Ⅳ―2　列島をとりまく海

森の方から縄文時代を見てみたが、海はどうだったろう。ひとことでいえば、縄文時代から人と海の関係が深まり、海が生き生きとし始めるのである。海は外文明がはいってきた「道」であり、その点でもいくつかの海域に区分しておいたほうが良い。

2―a　安定した海水位

縄文時代前期（七〇〇〇年～五〇〇〇年前）から中期（五〇〇〇年～四〇〇〇年前）にかけては、海水位が高水位で安定した時期である。この時に、いわゆる縄文時代の環境が整い、沿岸での活動が持続的に行えるようになった。それまでは、海水位は急激に変化していた。例えば、縄文早期（一一〇〇〇年～七〇〇〇年前）の間に海水位は五〇メートルも急上昇した。これでは海岸地帯には大変住みにくい。

海水位が安定すると、海流の位置も定まる。今、私たちが知っている黒潮、親潮、対馬暖流などというのもこの海水位が安定してからできたものである。早い話、海水位が低かったときには対馬暖流は存在しなかった。本州と韓半島の間が閉じられていて、海水が日本海に侵入してくることはなかったからである。

海水位が決まると海流は毎年同じ海岸を洗うことになる。すると、そこに遠浅の海岸や砂丘が出来たり、その背後に潟湖が出来たりする。すると、この遠浅、砂丘、潟湖などという環境をいち早く人間は利用することになる。そこで潟湖利用の漁業が始まり、技術がつくとそこから外洋漁業へと発展していく。縄文時代の沿岸利用や漁業はこういう発展の跡として理解することができよう。

2―b　丸木船から見た文化領域

船を中心にみると、日本の近海はいくつかに区分できる。出口晶子は図22のように三つの海域を示している。サハリン、北海道周辺の北方域（I）と日本海南部、東シナ海周辺の中央域（II）、それに黒潮圏に面した南方域（III）である（出口晶子『丸木舟』法政大学出版局、二〇〇一年、五七―六四頁）。図について少し説明を加えておこう。

出口は、領域Iの特徴を「単材刳舟」「樹皮舟」「タナ発達の刳舟」「縫合技術」「車櫂」だとしている。「単材刳舟」というのはいわゆる丸木舟である。次の「樹皮舟」だが、これは細木を組んで舟形の枠を作り、それに樺の樹皮を張り付けた船である。樺の皮は極めて強いので船底や舷側に使っても耐えられる。「タナ発達の刳舟」というのは、舷側の板を継ぎ足して船内のスペースを大きくしたものである。「縫合技術」というのは舷側に板を継ぎ足すときに、丸木船と板を縫い合わせる技術である。両方に孔を開けて、強い木の根や動物の腱などを紐として縫い合わせる。「車櫂」というのはオールを用いて推進する方法である。アムール流域、さらにはサハリンや北海道周辺の海では人々はこういう船を用いて川での魚とりや海での海獣狩りをしていた、というのである。

領域IIは、「単材刳舟」、「浮き」、「筏舟」、「シキ発達の刳舟」、「ウルシ・木釘接合」、「櫓」を特徴としている。

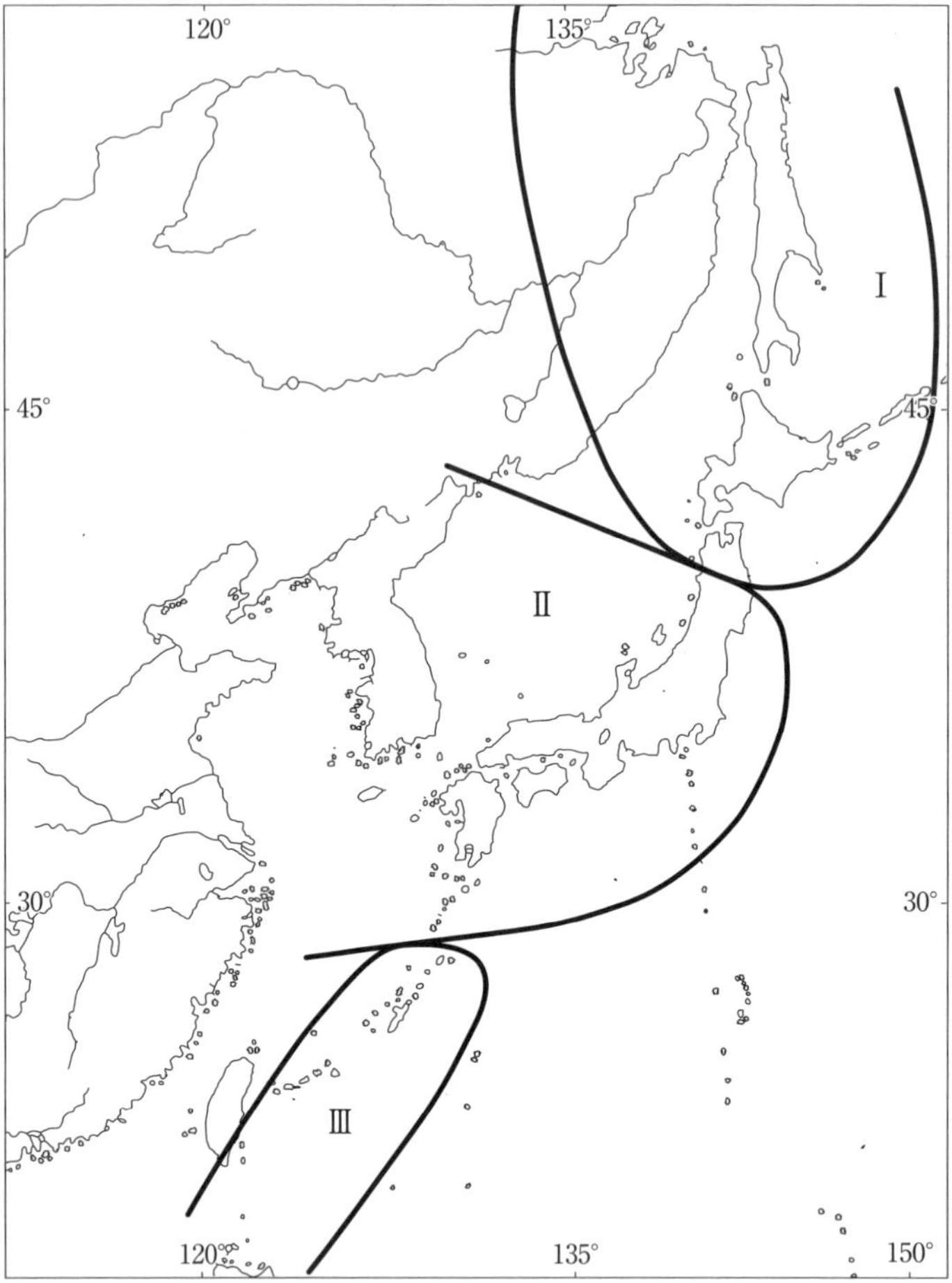

丸木舟から見た日本の諸領域

領域Ⅰ　樹皮舟、単材刳舟、タナ発達の刳舟、縫合技術、肋材、車櫂

領竣Ⅱ　浮き、筏舟、単材刳舟、前後継ぎの刳舟、シキ発達の刳舟、チキリ・タタラ・漆接合、櫓

領域Ⅲ　単材刳舟、タナ発達の刳舟、縫合技術、肋材、安定浮材

図22●丸木舟から見た日本の諸領域（出口晶子『丸木舟』法政大学出版局、2001年、58頁より引用）

どで筏を作り、それに帆をかけたりして船のかわりに用いるものである。「シキ発達の刳舟」というのは丸木船を縦に二つ割にしてその間に別の厚板を挟み込み、船の幅を広げた刳船のことである。こうすると平底の船になる。「ウルシ・木釘接合」というのは「縫合技術」に対するものである。木口を合わせて接合するが、その際、木釘やかすがい状のものを用いて接合する。しかも、普通はその接合面に漆を塗って接着する。「櫓」は「櫂」とは全く違う。船尾に先がヘラ状になった長い棒を突出し、それを左右に動かして推力を得るものである。

なかでも領域IIの最大の特徴は「筏舟」と「シキ発達の刳舟」だと思われるが、これが結局、この海域での「家船」の存在につながっているのだろう。いわゆる漂海民といわれる人たちは、こうした拡幅した船を利用して水上生活をするのである。

領域IIIの特徴の中には、「安定浮材」というものが示されている。これはIIの地域の「浮き」と基本的には同じ働きをするものである。私自身は、この領域IIIは出口が示しているのよりもっと南にまで拡がるものだと考えている。この海域の船で一番特徴的なものはいわゆるアウトリッガーである。丸木舟から腕を伸ばしてその先に船に平行に細長い浮材をつけた船である。これらのアウトリッガーは帆をかけ、海上を飛ぶように走っていく。ただ、この船は普通の船と比べると、あまり船らしいものではない。

初めてこの船を見たとき、私はこれはミズスマシのようなものだな、と思った。水面上を極めて軽快に飛ぶように進んでいったからである。実際、自分でそれに乗ってみて、これは船ではないぞ、と思った。

特に海が荒れたときはそうである。波頭をモノともせずに突き切っていく。しかし思い切り波をかぶるし、下手をすると客は波にさらわれてしまう。アウトリッガーというのはたしかに転覆しないし沈まない。けれども、家船などとは全く違う。ずぶ濡れは覚悟しなければならない。

いずれにしても、日本近海は上に出口が示したような三つの海域に分けるとよいのではないか、と私も思う。

2―c　南の海の世界

イ　南の海を区分する

南の海だけにしぼってみてみると、出口晶子の船による海の区分とは少し違った区分が可能になる。私は日本周辺の南の海は東シナ海域、黒潮帯、伊豆・小笠原諸島域と分けるとよいのではないかと考えている。図23は、日本列島への人の移動を示した基図にこれら三地域の分布を書き込んで、海域を考えようというものである。

(i)　東シナ海域

この海域の人たちは多様な生き方をしている。狩猟、漁撈、採集も行うが、稲作をすることもある。それらを組み合わせて多様なのである。南の森・照葉樹林文化の技術を持ちながら、海に乗り出してきた人

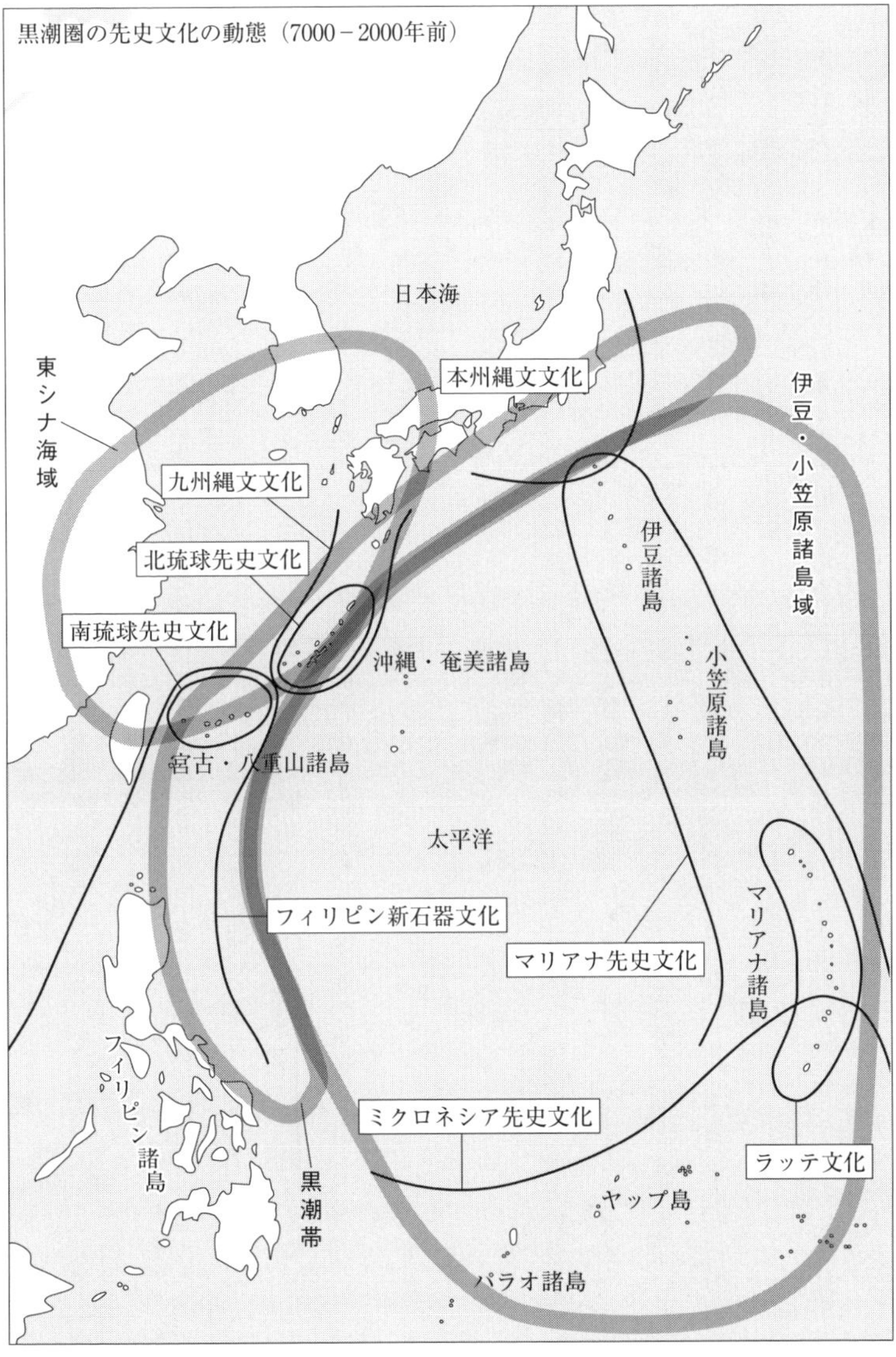

図23●南の海の区分（基図は『日本人　はるかな旅』2巻、日本放送出版協会、2001年、142頁より引用加筆）

たちなのである。だから、水陸両用の人たちである。漢籍には「水を行き、山に処る」蛮族、鯨面、文身の徒などと記されている。ここの住民は、ある場合には森の採集民、狩猟民にも見え、別の場合には家船に住む漂海民に見える。幅広い生業と生活があったのである。

ここはまた交易の場でもあった。福岡・志賀島に拠点を置き、奴国を作った安曇氏は、たぶんこのグループの人たちで、移民の仲介などをした人たちであった。またここは軍隊の動く場でもあっただろう。例えば、三国の呉はさかんに戦争に出た。主として奴隷狩りの戦争である。実際には移民斡旋も交易も奴隷狩りも区別なく行われていたのだろう。それが縄文時代の平行期の東シナ海の実情であったに違いない、と私は考えている。

(ii) 黒潮帯

台湾の東には黒潮が流れている。これは北上して宮古、八重山諸島を洗い、沖縄、奄美諸島を経て本州の南岸を東進している。ここには東シナ海とは全く異質な生活圏がある。沖を周遊するカツオやトビウオが獲られ、サンゴ礁の上ではタコや貝やエビが集められる。小さな島々なので、稲作はできない。だからイモが作られる。女はイモ作り、男は漁業、という単純な生活が見られる。これは東シナ海の複雑にして多様な活動の空間とはだいぶ違う。

ここは丸ノミ型石斧の分布した地域である。しかし、約七三〇〇年前の鬼界カルデラの大爆発があってから後はこの文化は消え、代わって北から九州縄文人が南下してきた空間である。九州縄文人たちはここでサンゴ礁という新しい環境に出会い、そこに豊富に存在する大型の貝類を見つけた。縄文晩期になると、この貝類が九州以北に商品として運ばれる。ゴホウラガイなどの産地として脚光を浴びるようなところである。

ところで、面白いと思うのは種子島のことである。ここは黒潮域と東シナ海域の交点になっている。この種子島のことを少し見てみよう。

種子島は生業という面から見ると、陸ではサツマイモを多く作り、海ではトビウオを多く獲っている。これは黒潮系の生業である。それともうひとつ、ここには水田もあるが、そこではホイトウというのをやっている。これは蹄耕である。田植えをするとき、犂や鍬で耕すのではなく、多くの馬を田に追い込んでその蹄で草を踏み蹂らせ、土を柔らかくする方法である。実はこれは極めて広い分布をもつ田拵えの方法なのである。ここからティモール島にいたる東南アジア島嶼部全体に広がり、さらにインド洋を渡ってスリランカやマダガスカルに伸びている。蹄耕はオーストロネシア語系の言葉を話す海民の農法だとされている(写真27)。いずれにしても、サツマイモ、トビウオ、ホイトウで特徴づけられる種子島は黒潮系の文化を持っているわけである。

しかし、この島は東シナ海域の文化も持っている。それは宝満神社の縁起に示されている。宝満神社というのは種子島の南端の茎永にある。古代米の赤米を持っていることで有名な神社である。その赤米にまつわる縁起では次のようなことが言われている。

イザナギ、イザナミノミコトがこの島に五穀の種子を蒔かれた。この種が弱ってきたのでタマヨリヒメ

写真27●マダガスカルの蹄耕

がこれを国上の浦田に移して元気にされた。浦田は種子島の北端にある。その後、タマヨリヒメは日向の鵜戸の社に渡られ、そこで神武天皇を生んだ。

この話は日向神話の話である。その後、日向神話は天孫降臨へと展開するが、この段階での神話はたぶん、東シナ海域の話だろう。そうだとすると、ここ種子島では黒潮文化と東シナ海文化が混じっているのである。

海域世界というのは厄介なものである。一応の境界は引けるのであるが、それを越えていくらでも文化は拡散し、交流している。これが海の世界の特徴である。

(iii) 伊豆、小笠原諸島域

太平洋の中にある火山島からなっている。大きく見ると、オセアニアの北端をなすものである。オセアニアは先に見た黒潮帯よりももっと大洋的なところである。もう全く太平洋といったところである。島が散在しているが、その島密度は極めて低い。こんなところだから、陸の文化というものはほとんど存在しない。その代り、大洋に現れた文化というのがたくさんある。小笠原諸島の親元とでもいうべきカロリン諸島を事例にして、この大洋の文化を見てみよう。

カロリン諸島の文化の第一は航海術である。なにしろ周りはすべて海だから、航海術なしでは全く生きていくことはできない。島影が見えていないから、大海原に乗り出せないと言っていたのでは、食糧確保もできない。だから、私たち陸人間が想像もできないような航海術を発達させている。基本は星を基準にした航法である。高度に発達した星のコンパスを持っていて、月や太陽も参照する。しかし、それだけではない。あらゆるものをしっかりと観察して、自分のいる位置を知るのである。例えば、水の色、漂流物の種類、陸地の香り、そんなものすべてが描きこんである海図が頭の中にある。我々が陸上を旅するのと同じようにその海図を持って旅をする。このことはすでに述べた。

地域社会の形成などという面でも特別な仕組みを持っている。例えば、「ヤップ帝国」。島々はみな小さくて単独では生活していくことができない。特にサンゴ礁しかない小島はそうである。だから、島連合を作るのである。カロリン諸島の中ではヤップ島は少し大きく、しかも火山島である。生産においても人材においても母体が大きい。だから、これを盟主にして一種の朝貢交易体系を作るのである。サンゴ礁の離島の人たちはこれに従って、定期的に盟主のヤップ島まで出向いて必要なものを得てくる。長年行われてきた制度だから、ヤップ島の人は主人であり、離島の人は下人であるというような格差が出来てしまっているが、生存のためのこの制度は維持されている。容量の小さい離島が作り出した文化である。

ここではまた、巨大な建造物などは作られない代わりに、石貨や貝貨がそれに代わる歴史遺産になっている。個々の石貨や貝貨にはその謂れが人々によって記憶されている。だから立派な石貨や貝貨を保持することは財産家であると同時に社会的なステータスも高いわけである。こういう遺産があるからこそ地域の歴史が生きており、社会的威信も明示されているのである。

要するに大洋中に浮かぶ小島という場所には、陸社会では想像もできないような技術や文化、世界観があるのである。

八丈島にはその最南に丹娜婆の墓というのがある。昔、大津波が襲ってきて、人は皆死んだ。ただ、妊婦一人だけが船の艫につかまって助かった。その後、女は産み落とした男の子と母子交合をして子孫が増えた。それが八丈島の人間だという始祖伝説である。母子交合から子孫が増えたという話は、オセアニアにはところどころにある。黒潮帯でも沖永良部にある。私自身はこの話自体が、オセアニアのような限界的な環境に生きる人たちの文化だと考えている。

ところで、三浦半島から東京湾周辺の遺跡からはオオツタノハガイ製の貝輪というものがたくさん出る。縄文早期から出る。これは東北地方の東海岸を伝って津軽半島にまで点在するものである。このオオツタノハガイは八丈島あたりからもたらされたものだといわれている。

一方、八丈島の倉輪遺跡からは「のの字型装飾」という極めて特徴的な石製装飾品が出ている。ペンダントにでもしていたのだろうか。縄文前期末頃のものだといわれている。これは列島の北陸あたりにも出るが、遼寧省阜新市の査海遺跡（先述の興隆窪文化と同時期）からも出ている（網野善彦・森浩一『この国のすがたを歴史に読む』前掲書、八八頁）。伊豆、小笠原諸島の文化は、黒潮文化とリンクして日本海や黄海にもつながっていたらしい。

すでに述べたように、海には海区があると同時に一衣帯水性という性格があり、どこまでも文化要素は広がっていく。ちなみに八丈島には徐福伝説があり、徐福が絹を伝えたという話もある。これも黒潮にのってやってきたものである。

□ 早くから開けた南の海

森は北の方から開けたが、海はずっと南の方から開けてきたのではないかという気がする。海水面が下がった氷期の間、スンダ陸棚は大陸の一部だった。サバンナが広がっていたのだろうといわれている。やがて氷期が終わってそれが沈水し出すと、そこから海に乗り出した人たちが出てきたのではなかろうか。彼らは筏と丸木舟を創り、海という新しい世界に乗り出した。これが縄文草創期の南の海の様子ではなかろうか、と想像するのである。

鹿児島県南さつま市加世田の栫ノ原《かこいのはら》遺跡で、栫ノ原型丸ノミ形石斧というものが出土している。円筒形の身の先を磨いて、片刃の石斧にしたものである。丸木舟を作った工具で、一万二〇〇〇年ほど前のものだという。この丸ノミ形石斧は南九州ではいくつかの地点で出土し、さらに種子島や奄美大島、沖縄本島、もっと南の台湾やフィリピンなどにも出土している。さらにもっと南に続くものだろうとも考えられている。

今から一万年くらい前になると、南の海にはたくさんの人たちが現れ、内容豊かな生活を展開したという。この時期に上野原遺跡というのが現れている。上野原遺跡は鹿児島県霧島市国分にある大きな遺跡である。ここからは竪穴住居址五二、集石遺構三九、連穴土坑一六、貯蔵穴数百以上が出ている。竪穴住居の中には桜島起源の火山灰P13というのが出ているから、九五〇〇年前頃のものであろうとされている（新東晃一「貝文土器の時代」『日本人はるかな旅　2巻　巨大噴火に消えた黒潮の民』日本放送出版協会、二〇〇一年、一四五頁）。

集石遺構は南方でムウムウといわれる調理用の穴である。連穴土坑といわれているものは燻製施設だといわれている。煙を通す穴がいくつもの土坑を結んでいて、そこで魚などの燻製ができるような施設である。相当手の込んだものといわねばならない。ほかに貝殻文土器が多く、石皿や磨石も出ている。上野原遺跡は、北の三内丸山遺跡に匹敵するような高い文化をもっていたようである。そして、この文化は愛媛や鳥取、岡山、兵庫にも拡散していたという。しかし、七三〇〇年前、鬼界カルデラの超巨大噴火によって、これまで続いてきた海の文化は崩壊することになった。特に九州南部では、文化は一度中断したのだといわれている（前掲書、一五八―一六〇頁）。

2―d　北の海――環日本海

北の海にはオホーツク海と日本海があるのだが、オホーツク海についてはすでに第一部のII―2で触れたので、ここでは環日本海について簡単に書いておこう。特に三内丸山遺跡が日本海を通じて大陸との交流を持っていたらしいことについて考えたい。東奥日報社『三内丸山遺跡』（二〇〇六年、一八―一九頁、五四頁）には、その交流の証拠として次のようなものが挙げられている。

イノシシ形土製品　これは中国東北地方では初期青銅器文化に多い。日本では十腰内遺跡から出る。

箱式石棺　吉林省に多い。青森では縄文後期に現れる。

ヒスイ製品　亀ヶ岡遺跡などからも出る。糸魚川産が大半とされるが、ロシアの沿海州からの到来品の可能性もあるらしい。

三足土器　縄文晩期になると三足器が多く出るが、これは中国の鬲を真似たものらしい。

ほかによく言われることは、日本の縄文時代の建物と中国の日本海沿岸地帯の建物の間には共通の尺度が用いられていた可能性が高い、ということである。三五センチメートルというのが一つの単位（縄文尺）として用いられていたと考えてもよいようである（藤田富士夫『縄文再発見――日本海文化の原像』大巧社、一九九八年、一九―三四頁）。このように、東北地方と中国大陸との間には日本海や間宮海峡を通じての連絡が密にあったと考えられている。

Ⅳ―3　日本語を生んだ日本列島

縄文時代の章をしめるにあたって、最後に日本人とは何か？　いつ生まれたか？　という問題を考えておきたい。少なくとも前近代までにおいて、日本人とは日本語を話す人である、と定義して大きな問題はないだろう。日本列島では北海道から沖縄までみなが日本語を話している。この日本語は言語学者の間で問題になり続けてきた。中国語とも違うし朝鮮語とも違う。周辺の言葉との系統関係が不明で、長く孤立語といわれていた。言うなれば言語的には日本は大陸とは全く関係のないところだと考えられてきたわけだが、私はこのこと自体が大変重要なことだと思うのである。

一九九〇年代に入って崎山理が日本語の起源に関して大変面白いことを言い出した。崎山は『日本語の形成』（三省堂、一九九〇年）で次のように言っている。

縄文語はツングース語を話す人たちと、オーストロネシア語を話す人たちが出会ったときに生まれた混合語だ。ツングース語の文法の上に極めて多くのオーストロネシア語の語彙が加わってできたものだ。ツングース語の文法というのは主語、目的語、動詞の順番に並ぶもので、これは今の日本語の語順と同じである、というのである。

ツングース語を話す人たちというのはすでに見てきたオロチョンのような人たちで、もとは亜寒帯針葉樹林に住み、狩猟をした人たちである。しかし一部は温帯落葉広葉樹林にいて、そこでは狩猟が中心だが少し農耕もした。この北方狩猟民系の人たちである。海では海獣狩猟をした。

一方、オーストロネシア語を話す人たちは南の海民で、今では極めて広い分布をしている。東南アジアを中心に東はイースター島、西はマダガスカルにまで分布している。この人たちはもともとは雲南省のあたりにいたらしいのだが、今から六〇〇〇年ほど前に移動を開始し、海岸に出ると一気に極めて広く広がったらしい。中心部はスンダ陸棚やウォーレシアや南シナ海である。

崎山はこの二つのグループ、すなわち北の森の狩猟中心の人たちと南の海民が出会って、日本語の礎、縄文語ができたというのである。今から五〇〇〇年ほど前だと、北の森の人たちは三内丸山のような集団を作って森を中心に、少しは海にも出ていた。一方、広域に動き回るオーストロネシア語系の人たちは海をつたって、列島の東北の近くまで来ていた。そしてその両者は、最初はおずおずと、しかしやがて大胆に接触し、混血もできるような状態になった。そして混合語ができた。文法は北の森の人たちのもの、しかし極めて多くの単語が南の海の人たちから入ってきて、縄文語ができたというのである。

私はこれは非常に面白いことだと考えている。全く別なルーツを持つ人たちが混ざりあって、もうその原型がわからないような一つの集団を作っている。原型は分からないほど融合しているが、もとの心はちゃんともっている。魂を送るという心と「まれびと」を喜んで迎えるという心はともに生きている。そういう新しい集団が日本列島で生まれたのである。それが日本人だ、と私は考える。

北の森の民と南の海の民の接触は五〇〇〇年前の昔に起こって、それで終わったわけではない。オーストロネシア系の人は極めてよく動く人たちである。先にスンダ陸棚の海民の一人として例に挙げたガフン氏はシンガポールを起点にして東インドネシアにまで動いていた。この距離は、日本列島の近辺で言えば台湾からロシアの沿海州に至る距離である。こんな距離をいくつもの家庭を作りながら動いていくのである。こういうことがいわば恒常的に行われていたに違いない。そんなことを考えあわせると、崎山のいう縄文語の形成という過程は十分にありうる、と私は思うのである。

第V章

米と銅・鉄——弥生文化

弥生文化の最大の特徴は長江流域から日本列島に稲作が到来し、また銅や鉄と言った金属の生産と加工が西日本全域に広がり、生産性が高く多くの人を養えた社会を作ったことである。それが具体的にどんなふうに行われたのかを見てみたい。

V—1　稲作文化

1—a　稲作文化の基本要素

日本列島に到来した稲作文化の基本要素は稲、竹、鵜飼いと高床建物ではないかと思う。それらについて簡単に見てみたい。稲のほかに、竹と鵜飼いを取り上げたのは、それが稲作文化の原風景と思うからだ。

イ　稲、竹、鵜飼い

竹の筏に鵜を乗せて鵜飼いをする風景は、珠江沿いの桂林などにいくと今でもよく見られるものだが、稲作圏の極めて象徴的な風景の一つである。竹と鵜は、稲に強く結びついたものと考えてよい。

本来、竹は日本列島にはなかった。一方、大陸の照葉樹林帯には多い。照葉樹林の斜面脚部には広大に竹藪が広がることが多い。そして、その竹は大陸では極めて広範に利用されている。まず、家が竹で建てられている。柱も床も壁もすべて竹で作られている。川にかけるヤナも竹で作る。篭や帽子なども竹で作る。タケノコは生食もするし、保存食にもする。三内丸山などではナラ林がクリ林という二次林に作り変えられて、それで生活の主要な部分を支えていた。それと同じような意味で、照葉樹林帯では竹の二次林が作られ、それで生活がずいぶん楽になっているのである。

この竹が、稲と対をなして列島に導入されたのである。おそらくは、竹の筏船に竹の根と鵜を乗せて運んできたのだろう。それは隼人によって、まずは江南から鹿児島辺りに運ばれ、そこから列島全域に広げられたに違いない。奈良時代には隼人は宮中に出仕して竹細工を行っている。隼人は竹の導入者であると同時に竹工芸のエキスパートでもあったのだろう。隼人は紀ノ川に進出してそこで鵜飼いもやっている。竹文化は鹿児島辺りでは特によく発達しているが、これは東南アジア、特にラオスあたりと関連があるのではないかという議論もされている（川野和昭「竹の文化誌」『日向、薩摩、大隅の原像』大阪府立弥生文化博物館、二〇〇七年、一四六—一五三頁）。

□ 高床建物

高床建物というのは床が地面から数十センチメートルから一・五メートルくらい持ち上げられた建物である。これは土間造りに対する概念で、もともとは長江より南に分布する建物である。河姆渡遺跡の高床建物は床面が地面から一メートルほどのところにある。

この建物が稲作とともに列島にも導入されたと考えられる。しかし、初めは米倉として導入されたらしい。弥生集落の発掘例から見ると住居の多くは縄文時代以来の竪穴住居だが倉庫のみが高床建物である、という例が多い。例えば、早く発掘された登呂遺跡などもその例で、登呂の博物館には、その集落と水田の配置が次のように示されている。

まず、集落は安倍川の自然堤防の上に作られている。この集落の上流で自然堤防を横切るような形で水路が作られていて、そこから来た水はいったん溜池らしいものに溜められている。そして、この溜池から幹線水路が後背湿地に向けて伸びていて、そのまわりに水田が広がっている。水田は大畔で大きく囲まれ、その中が小畦で細かく区切られている。溜池と集落の間には祭殿だと考えられている大型の高床建物がある。これには独立棟持柱が付いている。独立棟持柱というのは棟を支える柱だが、屋外にあるから外からよく見える。今の伊勢神宮の神殿にもこれがある。ここでは収穫感謝祭と同時に水口祭なども行っていたのではないだろうか。

その神殿に接するような位置に集落があるが、それは住居と米倉が入り混じっている。住居は竪穴式で、米倉は高床建物である。初期の稲作集落はこういう形で作られたらしい。

1―b　稲作の優等生、日本列島

先に、稲作は長江中下流域に起源し、それが一つは山腹を焼畑稲として拡散し、もう一つは谷筋を水稲として拡散したと述べた。その水稲が日本列島に到来し、列島の稲作の主流になったのだが、それは必ずしも単純なかたちで進んだのではないようだ。

どうやら列島には三つの系列の稲作が到来している。第一は焼畑稲の系統である。東シナ海に漕ぎだした海民の中のいくつかのグループは、照葉樹林山腹で行われていた焼畑稲を持ってきた可能性がある。こうした人たちは平野だけでなく、小島などにも到来して焼畑稲を作ったらしい。私の知るだけでも、例えば雲仙岳や阿蘇山の山麓、紀伊半島の潮岬の崖下、伊豆諸島の新島の山腹などにある。いずれも縄文晩期かと思われるものである。もっと古くに、こうした焼畑系の稲が列島に到来していた可能性は大きい。プラントオパールの検出から、それがいえるのである。しかし、この系統の稲は、結局は列島の稲作の主流にはならなかった。

列島の稲作の主流になるものは、やはり水稲である。今のところ、最も早い水稲の栽培は唐津の近くの菜畑遺跡のものだろうということになっている。ここでは丘に食い込んだ極めて小さい谷筋に、一筆十数平方メートルといった小さい圃場がいくつも作られている。そこには谷の水が入るように水路が作られているから、明らかに灌漑稲作である。これも縄文晩期のものだと言われている。この種の水稲が縄文晩期から弥生前期になると広がるのである。

ところで、私が優等生と言いたいのは、この時期の水稲のことではない。灌漑稲作は江戸時代になると、人糞利用と水利システムの発達により、面積当たりの収量が飛躍的に増大する。この極限にまで高められた稲作をもつようになった列島を、優等生といっているのである。こんな高度に発達した稲作は第二次大戦前だと世界の農業に類を見ないものであった。

日本列島にはあまり導入されなかったかと思われるが、三つ目の系統の稲作についても触れておきたい。

これは畑作型水稲とでもいうべき稲作である。長江流域から北上して黄河筋の近くにまで到来した稲作は、ここでオリエント起源のオアシス系畑作に遭遇した。そしてオアシス系灌漑技術や乾燥農法を取り入れた直播稲作を作り上げた。これは華北から韓半島の北半部にまで広がった。しかし、韓半島南端には達しなかったようである。洛東江周辺は日本列島と同じ移植水稲地帯であった。

こうして大きく見ると三系列に分けられる稲作のうち、灌漑移植水稲というのが列島に入り、それが極めてスムースに広がり、稲作国日本を作ることになったのである。

V―2 大陸から押し出された稲作

稲は結局、大きく見ると長江河口周辺から列島に押し出されてきたのである。そして、それは大陸の春秋・戦国時代以降の動乱に深く関わっている、と私は考えている。列島の周りの「外文明」の影響が、この時期の日本の成り立ちに大きく関わっている。

2―a 春秋・戦国時代

春秋・戦国時代の長江下流には呉があった。呉は太湖周辺にあったが、ここはかつて良渚文明が栄えたところである。この呉は春秋時代には五覇に数えられる強国であった。しかし、紀元前四七三年には南にあった越に滅ぼされた。

彼らは水田稲作、金属器生産、養蚕、機織、造船、陶器製造など、いろいろな技術をもつ人たちだった。この人たちは日本では安曇族と呼ばれる人たちに当たるという説もある。先に述べた東シナ海文化の担い手である。彼らは志賀島に入って来て、奴国をつくることになった。例の「漢委奴国王」の金印をもらった人たちである、というのである。安曇族はこうしてみると、江南からやってきて、稲作を伝え、日本の最初の国を作った人たちということになる。ちなみに安曇族の末裔は今も志賀島に多い。

呉を滅ぼした越は漢族ではない。ベトナムに続く南蛮だと考えられている。その南蛮の建てた越国は強く、特にその第二代王勾践は強かった。この王が呉を滅ぼしたのであるが、この越も前三三四年には楚に滅ぼされてしまった。おそらく、この時も多くの人びとが列島にやってきたに違いない。このようにして春秋から戦国にかけて、大陸は大いに乱れており、難を避けて多くの人たちが列島にやって来た。この人たちが弥生時代を拓いたと考えても間違いはないと私は思う。

この時代には、長江下流域からだけでなく、いろいろなところから日本列島に向けて人が渡っていたことが考えられる。そのうちの一人が徐福である。秦代に数千人をひきつれ、穀物の種子などももって山東から海上に出たのだという。列島には徐福の到来地といわれているところが何十か所もある。単なる作り話とは思えない。かなり大きなグループの到来があったのではないかと思われる。もし、山東からムギやアワと一緒にもってきた稲があるとすると、それは華北系の直播稲の可能性がある。

安曇族や徐福のグループのような組織された大きな集団だけでなく、もっと小さな集団として日本列島に渡ってきていた人たちも多くいたに違いない。こういう人たちも弥生文化を伝えたのであろう。

V―3　西日本に見る三つの文化圏

西日本に広がった稲作は、弥生時代後期になると三つの文化圏とでもいえるものを作り出すことになった。矛の文化圏と剣の文化圏、それに鐸の文化圏である。ここに到るにはたぶんいろいろな変動もあったに違いない。しかし、弥生時代後期になるとその地域分化はかなりはっきりしたものになったように見える。図24は上の三つの文化圏を示している。そして次のように説明してある（松木武彦『日本列島の戦争と初期国家形成』東京大学出版会、二〇〇七年、一一三頁、一二〇頁より引用）。

出雲と吉備は、もともとは銅剣の文化圏だった。しかし弥生時代後期になるといち早く銅剣を放棄して大きな墓を作るようになった。一方、他の地域はその銅矛や銅鐸をますます巨大化させていった。

こういう説明を見ると出雲、吉備というのはいち早く脱弥生化を始めた先進地域だったのだなという気がしてくる。それにしても、こうした三つの地域が生まれてくるというのは大変面白いことだと思う。以下、何故、こんな三地域が出てきたのかを考えてみたい。結論から言えば、これも列島をとりまく海の文化の影響を受けているのである。海を通して、外文明とつながっているのだ。

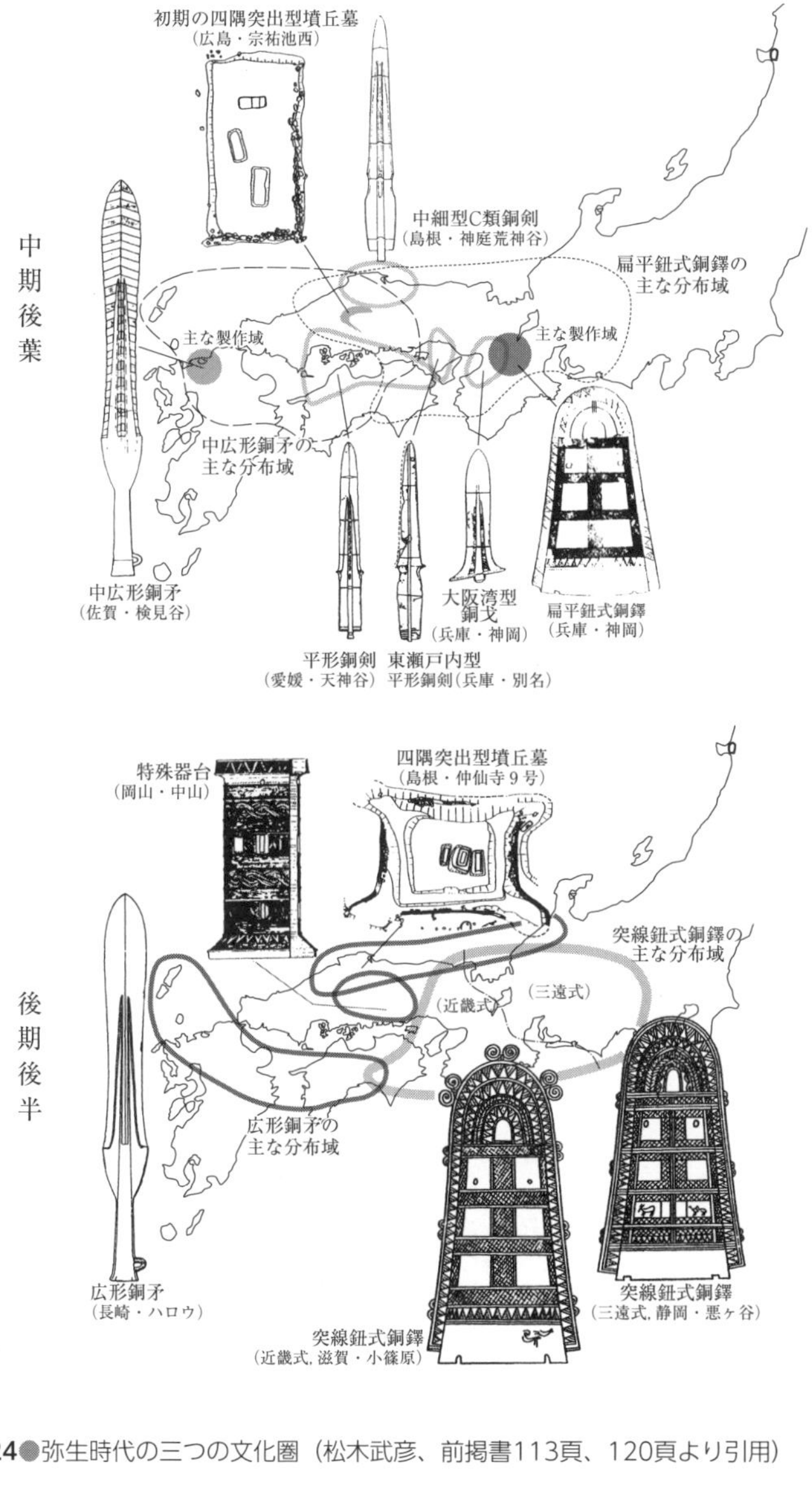

図24●弥生時代の三つの文化圏（松木武彦、前掲書113頁、120頁より引用）

3—a 銅剣文化圏

地質学的な観点からすると、この出雲、吉備地区というのは共通する大きな特徴をもっている。それは磁鉄鉱系花崗岩が分布することである。吉備といっても津山周辺より北の山地帯である。出雲から吉備北部にかけては山陰系花崗岩というのが分布していて、それには磁鉄鉱が多く含まれている。だから山砂鉄が多くとれるのである。この山砂鉄を利用して鉄生産が始まるのが弥生後期なのであろう。そして、この時代からこの一帯は急に先進地になっていく。

この磁鉄鉱系花崗岩地帯は、おそらく、もう少し早くから半島の人たちによって目を付けられていたのだろう。だからここには早くから半島系の人たちが入って来て、独自の文化圏を作っていた。その文化の特徴が一つは剣であり、今ひとつは馬であると考えてよいのではないだろうか。ちなみに出雲に関してはこんな話もある。もともとここはオオクニヌシたちがいて、稲作を中心にやっていた。そこにスサノオが韓半島からやってきて製鉄をはじめ、もとの出雲は大いに乱れた、というのである。洛東江流域は砂鉄を出すところで、早くから製鉄技術が栄えていたので、ここから技術者が出雲に来たのである。

この中国山地は有名な馬の産地でもある。この馬がいつ頃からいるのか分からないが、私はかなり古くからいるのではないかと思っている。私が想像しているのは、中国山地はその磁鉄鉱系花崗岩地帯の特性を活かして、古くから鉄と剣と馬の産地ではなかったかということである。

鉄と剣と馬というと、どうしても大陸の草原地帯を連想してしまう。出雲、吉備のこの剣文化圏の系譜は、大陸の草原に連なるのではないか、と私は考えている。

3―b　銅矛文化圏

銅矛は航海祭祀と境界祭祀に用いられたと言われている。銅矛の分布は対馬から玄海灘、周防灘、豊後水道を経て土佐海岸に到っている。また、剣文化圏に含まれている出雲にも、実際にはかなりの銅矛が出ている。日本海岸にも分布していたわけである。この分布から考えて私はこれは海民に関わるものだと思うのである。鋳型の多くは北九州から出ると言うから、北九州で製造して、ここを中心に広く航路沿いに分布したのだろう。銅矛が最も多く出土するのは対馬だという。ここでは一四〇本以上が出ている。しかし、永留久恵は、これは異常な現象だという。対馬の海民ももちろん航海祭祀に用いていたのだが、後には集落の出入口を固める「賽ノ神」的な使い方をするようになって、多量に集めたのだという。弥生後期にもなると、韓半島などではもう銅時代は終わって鉄時代に入っていた。不要になった銅器を安価に集めてきて、もっぱら対馬用の広幅矛を作った可能性がある、といっている（永留久恵『対馬国志』第一巻、二〇〇九年、一四四―一五一頁）。

対馬では一四〇本以上もある銅矛が、隣の壱岐では三本しか出ていない。私は、その三本の出土地の天ケ原セジョウガミ遺跡を訪れてみた。島の最北端に名鳥島という小島があって、そこには博多瀬戸というのがある。その南に小さい砂州があって、三本の矛はそこに埋められていたという。名鳥島の西には勝本の岬が伸びていて、その間には静かな内湾が広がっている。港としては絶好の場所のように見えた。対馬や韓半島、あるいは中国への船はここから出て行ったのだろう。その時、矛を用いて祭祀を行ったのに違いない、と私は思った。まわりには集落らしいものは全くなかった。

こんなところが銅矛祭祀の場所に違いない。こういうものが日本海の南部から南には東シナ海にまで続き、さらには黒潮圏にも接していたのではないか、とそんなふうに思うのである。

3―c　銅鐸文化圏

この文化圏は淡路島を中心としてそれを取り囲む播磨灘、大阪湾、紀伊水道の周りと伊勢湾ならびに遠州灘の周辺に広がっている。これは稲作が最も充実して広がったところである。稲作祭祀のために祭器として銅鐸が広がったに違いない。

より正確にいうと、銅鐸は早くはこの近畿、中部よりももっと広く存在していたらしい。古い銅鐸はかなりある。だが最終的には弥生後期の段階ではこの範囲に収斂した。この地域は生態的にいうと、列島内では外に比べるものがない稲作適地である。それはここが花崗岩の山に囲まれた盆地が多いということに直結している。近江盆地の南部や奈良盆地はその典型である。この地域の花崗岩は領家帯の花崗岩といい、先の山陰の花崗岩とは違って、鉄分は多くない。それでも多量の眞砂を出す。雨風に叩かれると簡単に風化して砂になったものが山麓にたまり、さらに下方に広がって扇状地や三角州を作る。盆地にはこの種の扇状地や三角州が無数にできる。そして、そこには山から流れ出た中、小の川が充分な水を運んでくる。この適度な傾斜をもった面と、豊富な水が稲を育てるには理想の条件なのである。だから、ひとたび灌漑水稲技術が導入されると、ここには一気に水田が広がった。銅鐸が水稲耕作と結びついたものであったことは、次の節でもあらためて見てみたい。

以上の三つの地域は、いわば金属加工が卓越した地域と、海上交易に中心をおく地域、それに稲作を中心にする地域に分かれた、と私は考えている。そしてそれは系譜をたどれば、銅剣文化圏は大陸の草原地帯に、銅矛文化圏は東シナ海や南シナ海に、そして銅鐸文化圏は江南に深く関係している。

V—4　弥生社会の展開

西日本の弥生社会には、先にみたように三つの類型がありそうだが、そのうちの一つ、銅鐸圏における社会の展開をみてみよう。稲作の中心地域であり、日本の原型を考えるうえで欠かせないところである。

実は私の住む滋賀県野洲川デルタは、この型の社会の展開を見るには最も適したところである。ここには弥生前期から終末期にかけての遺跡がたくさんあって、弥生通史が一通り描けそうなところである(図25)。『守山市誌　考古編』(二〇〇五年)に書かれた情報をかいつまんで以下に紹介し、その通史を見てみたい。稲作集落から「くに」が出現し、「原倭国」が誕生する時代までの通史である。

4—a　稲作のはじまり

野洲川デルタの先端、すなわち琵琶湖に近いところに服部遺跡というのがある。弥生前期の遺跡である。

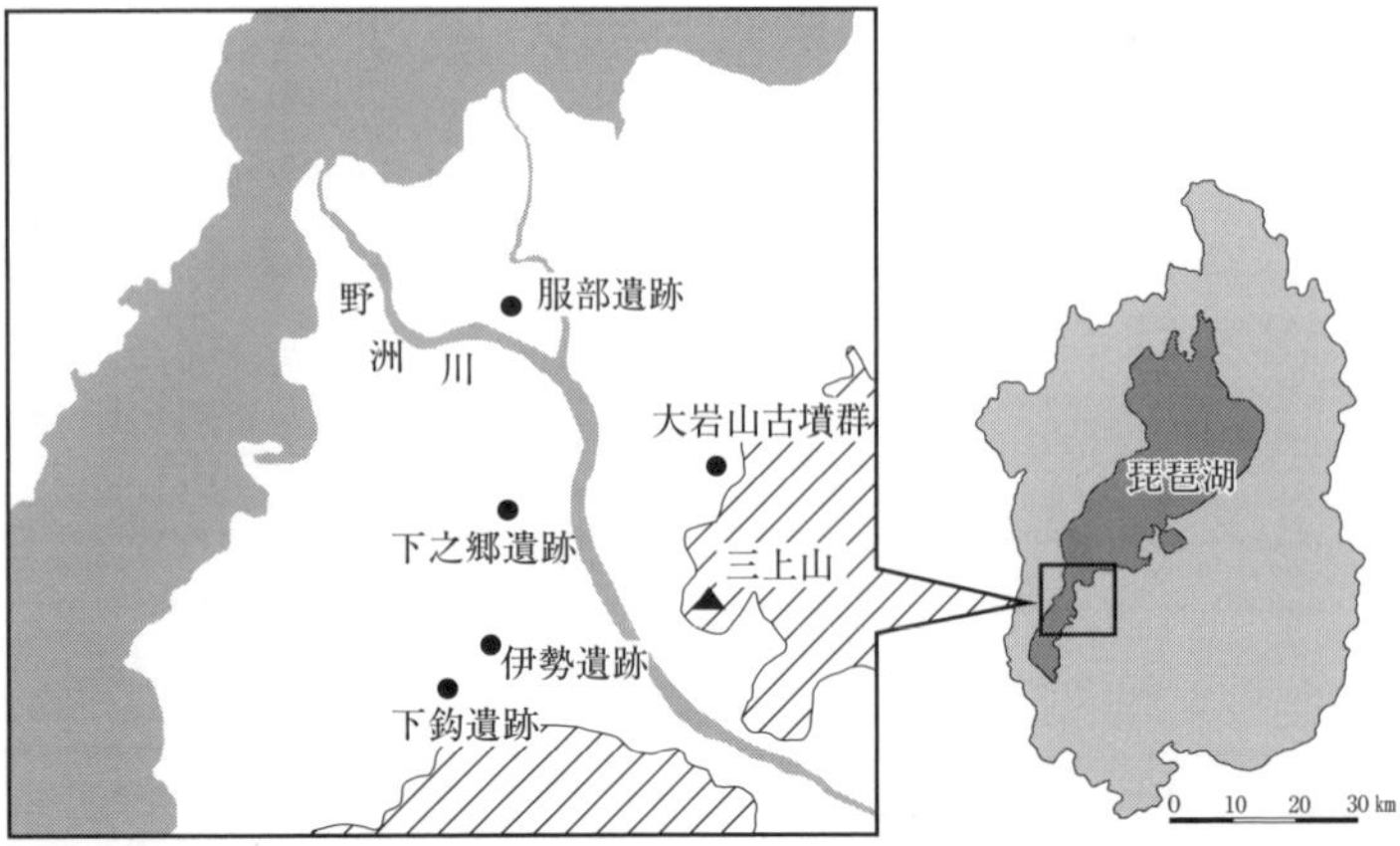

図25●野洲川デルタの主な弥生遺跡

ここからは、広大な水田址が検出されている。ほとんどは小区画水田である。これは一〇〇年続いた後、野洲川の洪水で潰されている。

ここからは前期の標式土器だとされている遠賀川式土器が出る。しかし、同時に条痕文系の土器も混じっている。縄文系の人たちと混住していたことが考えられる（前掲書、四二—四三頁、九二—九三頁）。このことは、日本人の成り立ちを考えるうえで大切だと思う。

4—b　拠点集落の出現

弥生中期になると、遺跡は湖畔を離れ、内陸の扇状地に広がる。そして遺跡数が増える。そのうちの拠点的なものが下之郷遺跡である。

下之郷遺跡は三重の濠をもつ環濠遺跡である。一番内側の濠の短径は二〇〇メートル余りである。紀元前二〇〇年から紀元前六〇年の間に存在していたとされている。環濠に囲まれた集落の中にはいくつかの高床式の建物と壁立式の建物がある。しかし、竪穴式の住居はない。濠からは稲籾や動植物遺体、木器などが大量に出土している。当時の環濠や生活を知る上で極めて重要だ、ということで国指定史跡になっている（前掲書、三二一—三三頁、五四—六五頁）。

この下之郷遺跡は一四〇年の短命で、すぐ隣の播磨田東遺跡に移った。これも短命だった。そしてすぐ隣にある二ノ畦・横枕遺跡に移った。両遺跡とも環濠遺跡である。しかし、下之郷遺跡と違って環濠内の建物はすべて竪穴住居である。

下之郷遺跡は単なる拠点集落というだけではなく、国際的なネットワークの中にあった拠点集落で、ここには異人が住み、米プランテーションを行っていたのではないかと私は考えている。このことについては、後にもう少し詳しく述べたい。

4—c 「くに」の出現

後期になると下之郷遺跡より少し上流の、やはり扇状地上に伊勢遺跡というのが現れた。この遺跡は全国でも例を見ない特異なものである。直径二二〇メートルほどの所が斎域のように囲われている。その内部からは生活の痕跡が全く見られない。住居跡はないし、土器の破片のようなものも全く見られない。ただ、独立棟持柱付高床建物が遺跡を取り囲んで等間隔に並んでいて、それが円周を作っているのである。現在は七棟しか検出されていないが、もし全周を取り囲むとすると三〇棟ほどが並ぶのだという。

この円形の土地のほぼ中央には柵で囲まれたところがあり、そこにはいくつかの大型の高床建物がある。

王がまつりごとを行ったところだろうとされている。そして、そのすぐ脇に楼観とされている建物がある。円周上に並ぶ高床建物のすぐ横には一棟だけ大型竪穴建物がある。これは実に奇妙な建物である。床は焼いた粘土で固められている。叩きしめた粘土の上に火を放って焼いたものらしい。壁の部分には塼が用いられている。塼は焼きレンガだが、それには板壁が取り付けてある。全国でも全く例をみない珍しい建物である（前掲書、一一四―一二三頁）。

これ以外には何も見られず、ただ導水施設だけが見られる。水を使う祭祀をしていたらしい。この聖域風のものがどのような性格のものだったのかに関しては、まだ結論は出ていないが、しかし、今考えられることは次のようなことである。すなわち、当時この辺りにはすでに国家連合のようなものが出来ていて、ここはその連合の本部のようなところだった。円周上に並ぶ高床建物群はその本部に各国の首長が持っていた館である。中央の主殿が連合の会議が行われたところであり、その横には望楼があった。焼粘土床を持つ大型の竪穴建物は国のシャーマンのような人が住んでいたのではないか、ということである。シャーマンは同時に王であったのかもしれない。

この伊勢遺跡からは一・三キロメートル離れたところに下鈎遺跡というのがある。伊勢遺跡と同じ時期で同じような独立棟持柱付きの高床建物をもっている。ここからは銅鏃や銅剣などの青銅製品が多く出る。他に銅の湯玉や銅の塊が出土する。このことから、ここは一種の工業区ではなかったかと言われている。祭政の場・伊勢遺跡と工業の場・下鈎遺跡がペアとなって国を作っていたのではないか、と言われているのである。

こうして並べてみると、弥生時代の守山はひとつの歴史展開を示しているように見える。前期の農業的拡充、中期の環濠を持つ拠点集落の時代、それと後期の国家連合の時代とでもいうべき展開の様子が見えてくる。

4―d 「原倭国」

森岡秀人は、「原倭国」について主張している。それは、次のようなものである。

伊勢遺跡は一世紀末に、何もない所にいきなり巨大祭祀空間が造られる。各地に存在した大型農耕集落とは異なる遺跡の造営は、何らかの目的があったと考えられる。また、二世紀末、突如廃絶される。伊勢遺跡の祭殿群は災害で破壊されたのではなく、衰退したのでもなく、意図的に廃絶される。跡地に大型竪穴住居が多数建てられることから考えても、祭殿群は役目を終えたものと考えられる。

さらに森岡は、大和に「倭国」が成立する前段階に、「原倭国」が近江南部にあったと推測している。近江型土器の（当時の）全国拡散や銅鐸の変遷から考えて、それだけの巨大な権力を有する地域政権が近江にあり、連合国家の盟主である近江政権（森岡のいう原倭国）が、卑弥呼擁立を主導したという説である。

そして卑弥呼をマツリゴトの中心に据えることに成功した原倭国の首脳部集団は、大和盆地へ移動し本格的な倭国建設を始めたというのだ（森岡秀人「倭国成立過程における「原倭国」の形成――近江の果たした役割とヤマトへの収斂」『纒向学研究』第三号、二〇一五年、三九―五五頁）。伊勢遺跡で擁立された卑弥呼は倭女王の位につき、近江を離れ邪馬台国の王都で政治的な活動を行うことになったと考えられるのである。

V―5　弥生社会をどうみるか

私は考古学者ではない。しかし、自分の故郷の過去には興味をもっている。その故郷はどうも倭国の建設にまでつながる地域だったかもしれない。今、考えていることを書いておきたい。

5―a　環濠と異人

下之郷の環濠集落は異人つまり海の向こうからの来訪者が作ったと、私は考えている。下之郷遺跡の環濠の内側には竪穴住居は一軒もない。あるのはすべて列島の外の世界のものである。高床建物は華南や東南アジアのものだし、大壁建ての平地住居は韓半島のものである。一方の環濠の外の竪穴住居は在地のものである。結局、環濠の内側には華南や東南アジアや韓半島の人たちが住んでいて、環濠の外には土地の人間が住んでいたと考える方が理屈が合う。韓半島からの移住者集落は珍しくない。福岡県粕屋町の江辻の環濠集落は弥生早期のものだが、ここには大型の特殊建物一棟と掘立柱建物六棟、それに松菊里型住居一一棟が建てられているという（大阪府立弥生博物館『弥生都市は語る』二〇〇一年）。韓半島からの渡来者が作った集落とされている。

また和歌山県御坊市の堅田遺跡は中期中頃の環濠集落だが、濠内の一七棟の竪穴住居の中で四棟は松菊里型で、ここでは銅を溶かす溶炉遺構と青銅製のヤリガンナの鋳型が見つかっている（前掲書）。どうやら最先端の技術をもった渡来者が特別なコロニーとして環濠集落を作っていたようである。すべての環濠集落が異人たちによって作られたなどという気はない。しかし、その一部には異人の臭いが強くするのである。

異人は韓半島からだけやってきたのではない。下之郷遺跡からはココヤシ殻製の容器のようなものも出土している。これなどは東南アジアからの客人がもってきたものではなかろうか？

5―b　米プランテーション

私は、下之郷遺跡は米プランテーションのために開かれたのではないかと想像している。三重の環濠で固め、防御施設を整え、その中には異人だけが住んでいる。極めて異様な風景である。私はここの異人たちは周辺の農民に米を作らせたプランテーションの経営者ではなかったかと考えている。

下之郷遺跡の位置する扇状地末端のこの地点は、もっとも勝れた稲作適地なのである。野洲川からしみ出てくる水が多くの湧水池をつくるところで、そこを水源として水路を掘削すれば安定した高収の得られる水田を広く拓くことができる。服部遺跡のような洪水の常襲地帯ではない。

私はこの地を開発したプランテーション・オーナーたちは、ここだけではなく、いろいろなところで似たようなことをやっていたと思う。そして広いネットワークをもっていて、交易を展開していたと想像している。私は稲作はもともと戦国時代の呉や越からの渡来者によってもたらされたと考えている。その人たちは決して貧しいボートピープルばかりではなかった。戦火を避け組織的に来訪した人たちもいたに違いない。そんな人たちが、例えば安曇族ネットワークのようなものを作って、東シナ海から日本の海岸地帯に展開していった。彼らはそこから主要河川や琵琶湖に入り、広範に水田開発を行い、その米を販売していた。そんなことを私は想像している。商品としてのコメが早い時代から栽培されたと考えるのである。

5―c　銅鐸文化圏について

この弥生のプランテーション農業地域は、銅鐸文化圏であったことは先に述べた。銅鐸については、二つのことを書いておきたい。一つは、銅鐸は銅鼓に極めてよく似ている。両者は兄弟で、その祖型は長江中下流域のどこかにあるのではないか、ということである。

もう一つは、この銅鐸はいろいろな展開をしたが、最後は野洲川デルタで劇的な消滅をしたらしい、ということである。

第一の点だが、銅鐸と銅鼓はその外形に共通するものが多い。また、文様もよく似たものが多い。さらに稲作祭器として使われた点も同じである。きっと二つは兄弟の青銅器なのだ。

雲南には弥生平行期のものとして石寨山遺跡がある。極めて多くの青銅器を出す遺跡である。このことに関してはすでに述べた。ここの銅鼓や貯貝器に造りだされた装飾などから、いろいろなことが分かる。例えば、祭りの様子は次のような具合である。

村の広場に高床の祭殿らしきものがあって、そこでは人々が銅鼓を打ち鳴らしている。柱があり、そこには蛇のようなものが巻き付いている。カミサマなのだろう。前の広場には犠牲になる人間らしいものが縛られている。

中国の専門家によると、これは稲作儀礼で、祭をやっているのは越系の人たちだという。服装や髪形から分かるのだそうだ。彼らは長江を遡ってきて、雲南の盆地に入って来た。そこで先住の濮系の人たちと混じった。その濮の影響を受けた越族が行っている祭だという。

上の例は弥生平行期の雲南のものだが、現代の雲南に見る民俗例でも日本との関連を想わせるものは多い。第一部で鳥越憲三郎・若林弘子の調査した佤族の集落建設の事例を示した。環濠集落を造って最後に村の門を造って、村民は皆そこから入るのであるが、その門に飾り付けられた品々は、下之郷遺跡で示されているものと驚くほどよく似ている。『守山市誌　考古編』（前掲書、八一頁）には次のように紹介されている。「下之郷遺跡の集落内では銅鐸や盾、鳥形、木偶などを使った祭礼が行われていたものと思われます。春に豊作を願い、秋には収穫を祝い、また祖先の霊を偲んだり、天変地異の折など様々な機会に祭礼が行われたのではないでしょうか。」

佤というのは濮系の民族である。その後裔が中国では佤といわれている。この人たちは東南アジアにも広がっている。もともとは焼畑で稲を作る人たちだったのだが、今では水稲も作る。

稲作は南中国と大陸部東南アジアのほとんどの川筋に拡がっていった。水稲民が中心だが、焼畑民も巻き込んで広がっていった。そこでは人々は龍蛇をカミと崇め、稲作の時には青銅製の楽器を打ち鳴らして祖霊を呼んで加護を願い、また母稲を元気づけている。そういう稲、龍蛇、青銅楽器という複合体が広く広がっていったに違いない。

漢族から見れば、こういう地域は一続きのもので、みな同種に見えたらしい。だから漢は奴国と滇国（雲南）には蛇鈕の金印を、南越（広東）には龍鈕の金印を与えたのだった。要するに、ここは龍蛇を祀る稲作圏なのである。そして、ここでは音を出す青銅器が祭に用いられたのだ。長江中下流域のどこかに銅鐸と銅鼓の共通の祖型があるのではないかと思うのだが、今のところ、私は見つけていない。

さて、この青銅の楽器だが、日本列島にやって来ると銅鐸として形を整えていった。そして、かなり広く稲作民の間に広がっていった。最初は大阪湾周辺や出雲に広がったらしい。しかし、弥生後期になるとそれが統合されていく。小さな首長国が統合されて大きな首長国となり、さらには「くに」と呼ばれるものに統合されていくと同じように、銅鐸の形式も統合されていった。やがてそれは近畿式と三遠式に統合され、最終的には近畿式に統合された、ということらしい。これは難波洋三の研究結果である（難波洋三「近年の銅鐸研究の動向」銅鐸博物館編『銅鐸と邪馬台国』サンライズ出版、一九九九年、一九―八一頁所収）。最終段階では、この銅鐸は高さが一メートルを超す巨大なものになり、もう楽器という機能を失って、見るだけのものになった。農民や祖霊が音を聞きつけて祭に集まるといった風景はもう失われて、どこか特別な場所に祀られる、農民離れした祭器になっていったのかもしれない。

ともあれ、こういう極相にまで進化した、あるいはインボリューションを起こした銅鐸が野洲川デルタには出現したのである。そしてそれは、燈明の最後の輝きであった。このすぐ後、その全てが三上山近くの大岩山古墳群に埋められてしまった。一気に鏡の時代になったのである。

5—d　稲作先進地帯野洲川デルタ

弥生時代後半には、野洲川デルタは列島第一の繁栄を極めたところだったと私は考えている。コメがたくさん穫れる上に、列島外からの商人も多く、国際的な雰囲気をもつところでもあったと思う。そのころ北九州には商港群があった。銅矛を大切にしていた人たちである。出雲、吉備にはいわば工業立国を目指す地区があった。銅剣の人々である。そして野洲川デルタには銅鐸を祭器とした稲作中心的な「くに」が出来ていたのだと私は思っている。

この「くに」が「原倭国」に発展することを先に纏めたが、繰り返して述べておこう。

野洲川デルタが繁栄したのは、第一に何よりも稲作を行う生態的条件に恵まれていたからである。ここはまず稲作適地だった。次に交通の要衝だった。稲作適地であることは、ここが花崗岩山地に囲まれた盆地であったからである。このことはすでに述べた。扇状地や三角州には土砂と水が供給され、そこが水稲耕作にとっては最高の条件を提供した。この条件のおかげで近江国は古来ずっと大国の位置を占め続けた。

第二にここが交通の要衝ということである。琵琶湖の存在が決定的である。琵琶湖は瀬戸内海と日本海を結ぶ大幹線であるからだ。道路交通がほぼ皆無だった弥生時代においては、海路は極めて大事である。野洲川デルタはさらにまたもう一つ重要な幹線をもっている。それは伊勢湾に通ずるルートを扼しているということだ。野洲川をさかのぼっていくと、鈴鹿山脈を越えて伊勢湾に出られる。野洲川デルタは東国に文化や情報を運ぶ起点になっているのである。

琵琶湖があり、野洲川があるという立地のために、ここには多くの交易者が入ってきた。私は安曇族のような国際ネットワークをもった人たちも入って来ていたに違いないと思っている。だから、下之郷遺跡のような異国風の環濠集落が作られ、ココヤシ殻のような南洋産のものが出土するのである。

この食糧生産基盤をもった国際交易拠点というのは、鬼に金棒である。こんなところにはいろいろな人が集まってきて、いろいろなビジネスを始めた。

弥生中期から弥生後期、さらには終盤にかけては野洲川デルタでは本当にいろいろなことが起こっている。手焙型土器の出現とその全国への波及も、その一つである（『守山市誌考古編』前掲書、一〇〇─一〇三頁）。これは弥生後期に野洲川デルタと大和、伊賀に発生したのだが、いよいよ本当に展開し出すと野洲川デルタのものが大展開をし、西は九州の福岡から東は関東の千葉にまで拡がっていった。私はこれも国際交易網を握っていた人たちによって仕掛けられ展開されたものではないかと考えている。手焙型土器というのはたぶん焚香用の器具であった。焚香という全く新しい文化を、おそらく南方から導入し、それを野洲川デルタで形を整え、全国に広めたのである。

そして、このちょうど同じ時期に、例の巨大銅鐸が現れ、これも広く広がっていった。

野洲川デルタはこのように、弥生後期にはまさに日本列島の中心の位置を占めていたのである。これが先に「原倭国」とされたものの内容であると私は考えている。

第VI章

国連合から王国へ——天孫思想の到来

ここで論じたいのは、いわゆる古墳時代と飛鳥時代である。三世紀の終わり頃になると、高塚の墳墓が多く作られるようになった。四世紀から五世紀にかけては巨大な前方後円墳が造られている。そうしたものを造りうる大王が現れたのである。六世紀中頃になると天皇が現れ、日本国ができ始めた。この頃になると、古墳に変わって仏教寺院が造られるようになった。

Ⅵ—1 古墳の出現と盛衰

1—a 墳丘墓の出現

弥生時代後期は激動の時代だった。墓制にもいろいろ新しいことが起こっていた。墳丘墓の出現である。墳丘墓は、新しい時代の到来を示すものだ。

イ 西谷墳墓群

島根の荒神谷遺跡を訪れたとき、私はあらためて一つの時代が終わったのだと実感した。そこには三〇〇本を越す銅剣が埋められていた。近くの加茂岩倉遺跡でも似たものを感じた。ここには三九個の銅鐸が埋められていたという。そして、その直後に西谷墳墓群が造られたのである。二〇基を越す墳墓が丘陵に造られていた。圧巻は巨大な四隅突出型の墓である。突出部を含むと、その一辺は五〇メートルはある。展示室には三号墳の様子が示されていた。二つの棺があったが、その一つには鉄製の剣があった。今一つにはガラス玉と多くのアクセサリーのようなものがあった。前者は男王の棺、後者は女王の棺だと説明されていた。銅の時代が終わって鉄の時代に入り、新しい王たちが現れて、それまでに例を見ないような四隅突出型墳墓というものが造られたのである。

□ 楯築遺跡

似たような感慨を覚えたのは、岡山県倉敷市の楯築遺跡を訪れたときである。弥生後期の墳丘墓があるというので見に行った。古墳の原初形だと聞いていたが、実際に見て驚いた。その立地は、普通の古墳とは全く違う。高さ五〇メートルはあろうかと思われる孤立丘の頂上にあった。墓の形ははっきりとは分からなかったが、中円双方墳と説明されていた。直径四〇メートルほどの円墳の前後に方形の突出部を設けたものである。円墳部には木槨と木棺があり、木棺には三〇キログラムの水銀朱が詰められていて、鉄剣と玉類が副葬してあったという。

この楯築遺跡には南西の突出部に列石があった。高さ二メートルを超す花崗岩の巨大立石が一五メートルほどにわたって並べてあった。こんな古墳はそれまで見たことがなかった。私は、これは巨石文化ではないか、と思った。私は孤立丘の上から周りを見渡した。鉄剣をもった異人が瀬戸内海に入り込んできて、この見晴らしのきく孤立丘の上に墓を作ったのだなと思い、弥生時代が変わっていく様を想像した。

同じ川筋を少し登っていくと、似たような孤立丘があった。孤立丘というよりも大きな孤立岩体だ。高さは三〇メートルほどのものである。これは何かあると思い、登ってみた。宗像神社古墳という標識があった。そして四世紀後半の古墳だと説明してあった。面白いなと思ったのは、そこで土地の人から聞いた話である。この石棺の直下には弥生時代の墳丘墓があるのだ、という話である、本当かどうかはわからないが、面白い。前の時代の墓のうえに、次の時代の有力者が墓をつくる。時代の転換を如実に示していると思ったのである。

八　前方後方墳

もう一つ、近江から発して尾張、北陸方面に広がるものとして前方後方墳がある。これに関しては植田文雄の『前方後方墳の謎』(学生社、二〇〇七年)の中で、図26のようなものが示されていて、次のような説明が加えられている(一四二―一四六頁)。

近江や越後、加賀はもともと方形周溝墓の地であった。そこに北近畿の台形墓が入って来た。その結果、この二つが合体して前方後方墳が生まれた。この結合が生まれるのは二〇〇年から二二〇年頃である。その後、前方後方墳は三五〇年頃まで続く。この間、前方後方墳は北関東から北陸に広がった。墳長五〇メートルを越す巨大なものをいくつも作っている。北近畿の台形墓は大陸と独自の交流を持っていて、鉄器、ガラス玉、玉などを大量に持っている。だから前方後方墳もこうしたものをもつものが多い。

(1)

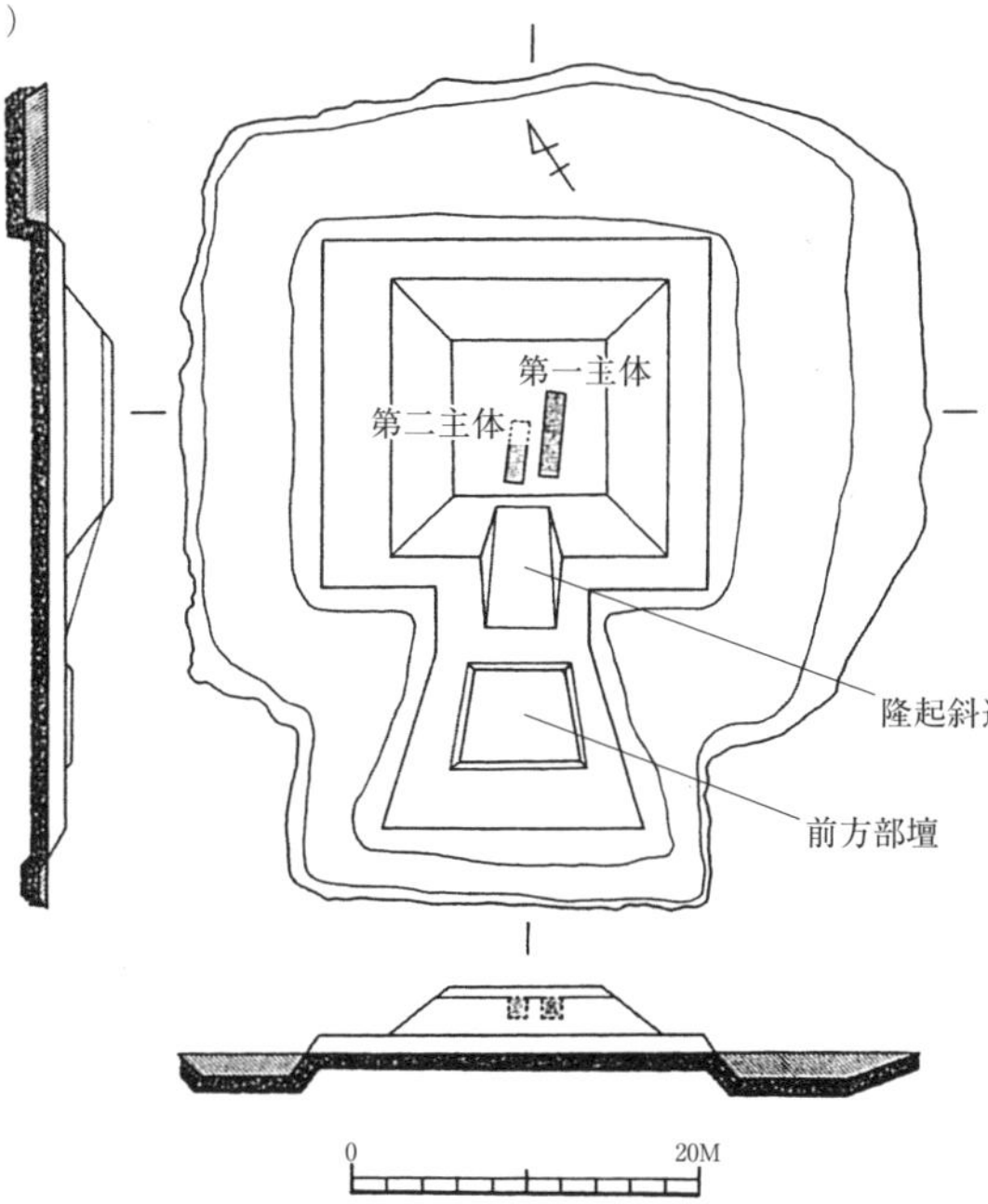

(2)

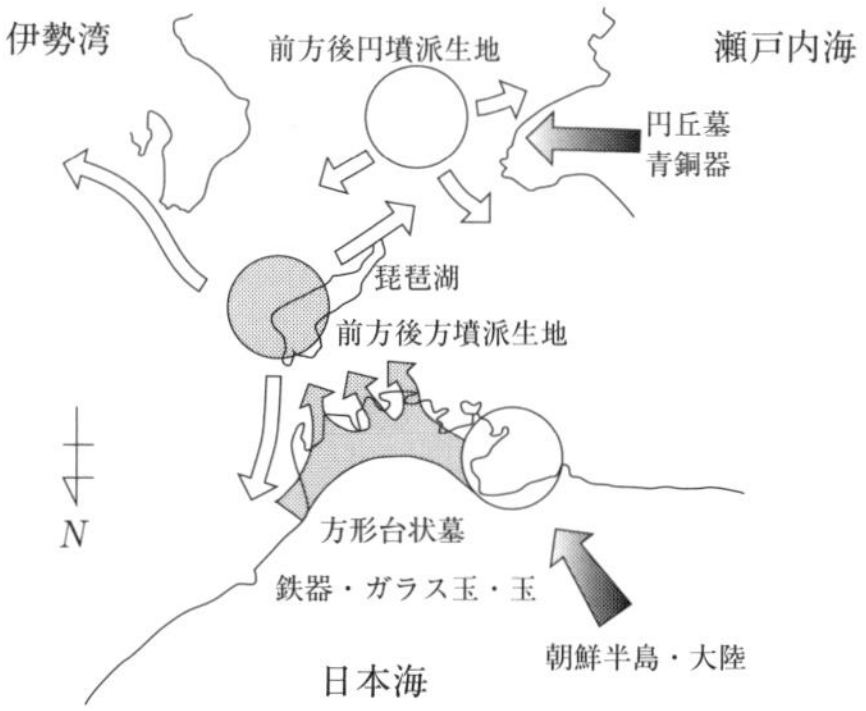

図26●前方後方墳の誕生と伝播。(1) 神郷亀塚古墳の復元図　(2) 伝播（植田文雄『前方後方墳の謎』学生社、2007年、74頁図25と146頁図51より引用）

植田自らが発掘した滋賀県の旧能登川町の神郷亀塚古墳は出現期の前方後方墳であるが、それは次のようなものである（前掲書、五六―七七頁）。

山に近い平地部に造られている。墳長は四〇メートル足らずである。周溝を入れると五〇メートル足らずである。盛土部は周溝から掘り上げた土だけで出来ている。後方の主体部には木槨が築かれ、そこには二個の木棺が納められていた。木棺には朱などの痕跡はない。前方後方墳の分布の南限は湖盆の南端、大津あたりである。その南の信楽の山地を越すと大和の盆地に入り、そこには前方後方墳はない。

植田は前方後方墳は卑弥呼と対立していた狗奴国の墓制ではなかったかとしている（前掲書、一八六頁）。

1―b　前方後円墳の展開

古墳は先にも見たようにいろいろな形のものがある。しかし、日本を代表する古墳は大和王権が作り出した前方後円墳といってよいだろう。これがどのように広がっていったのかを見ると日本ができてゆく過程が理解しやすい。前期、中期、後期と分ける。

イ　前期古墳

これは三世紀後半から四世紀後半までと考えてよいらしい。近畿と瀬戸内海沿いに分布する円墳、方墳、前方後方墳などに混ざって、前方後円墳が現れている。

前方後円墳はそもそも楯築の墳丘墓を手本にして作られた。寺澤薫はその出現について次のようにいっている。二世紀末には楯築墳丘墓があるが、それを手本にして三世紀後半には纒向型前方後円墳が作られた。そして、これが各地に広がった。纒向型前方後円墳が楯築墳丘墓から学んだのは、円墳と方墳の組み合わせだけではない。そこに置かれている特殊器台や特殊壺といったものまで受け入れているという。それに「孤帯文」という文様も導入している（寺沢薫『王権誕生』講談社、二〇〇八年、二四四頁、二六二頁）。

要するに葬送儀礼の全体を吉備から受け入れて、結局は前方後円墳を作った、と考えるのが妥当なようである。本体部には遺体が葬られたが、そこには銅鏡や玉、剣、農具などが副葬されている。これらの副葬品から見ると、被葬者は呪術に長けた司祭者のような人物であった可能性が大きいのだという。

□　中期古墳

中期古墳は四世紀後半から五世紀末にかけてのものである。古墳のサイズが極めて大きくなる。前期のものはせいぜいが墳長一〇〇メートルくらいのものだが、中期になると、三〇〇メートルを超すものも多くなる。応神天皇陵や仁徳天皇陵は四〇〇メートルを越している。こうなると、当然、建造に要した労働力も巨大になったと考えねばならない。一説によると、仁徳天皇陵の建造には延べ六八〇万人の労働力が必要だったという。弥生時代の墳墓などとは全く比べものにならない巨大なものが作られたわけである。

中期には、副葬品の性格が変わってくる。鉄製の武器や武具、それに馬具が多くなる。前期のものが司祭を葬っていたのに対して、この時期になると武人が多く葬られるようになったらしい。

中期にはまた、巨大な前方後円墳が畿内だけでなく全国に広がるようになる。吉備には造山古墳（三五〇メートル、全国第四位）や作山古墳（二八六メートル）が作られている。東では群馬県太田市に太田天神山古墳が作られている。もっと東では茨城県の沿岸にも作られている。西では宮崎県の西都原に男挟穂塚古墳、女挟穂塚古墳が作られている。ヤマト王権はほぼ全国にその勢力を伸ばしたと考えてよい。

八　後期古墳

六世紀以降になると、前方後円墳は全体に規模が小さくなり、数も少なくなる。それに代わって群集墳などが増えてくる。その多くは円墳である。あるいは横穴墳である。副葬品は土師器や須恵器、日用品、装身具などになる。前方後円墳によって顕示されていた国家的威容は消えて、より個人的なものが強くなる。

この時期の特徴は九州や茨城県などにみる色鮮やかな装飾古墳である。九州と茨城県のものはお互いに遠く離れているにもかかわらず、驚くほどよく似ている。海民たちの活発な交流を思わせるものである。

奈良盆地でも様子が変わってくる。高松塚古墳や藤ノ木古墳などの壁画のあるものが現れる。これは大陸からの生々しい直輸入を思わせる。

橿原の南西にある新沢千塚古墳も別の意味で新しい時代が来たということを強く感じさせる。ここには六〇〇基からなる円墳が文字通り丘陵を覆い尽くしているが、その副葬品には極めて異国風なものがある。私が見たものは、一二六号墳のものだったが、その被葬者は金製品で覆われていた。ペルシャ製のガラスの器もあった。こんなものがごくごく普通にあるような時代になっていたのだと強く感じさせられた。

こうして見てみると、狭義の古墳時代は四、五世紀にひとつの山を作った格好になっている。はじめはそれほど大きなものがなかったが、四、五世紀になると軍事力をもった大王が巨大な墳墓を作り、六世紀になるとまた平準化していく。同時にこの時には国際的、多文化的なものになっていく。

こんな国際化の中から、次の飛鳥時代が生まれてきたらしい。

Ⅵ—2　ヤマトの抬頭

それまでは北九州や出雲、吉備が強力だったが、古墳時代になると大和が急速に抬頭してくる。その様子をみてみよう。

2—a　纒向遺跡の出現

奈良盆地の東南端に近いところに二世紀末から三世紀初頭に突然巨大な遺跡が現れた。纒向遺跡である（寺沢薫『王権誕生』前掲書、二五〇—二六五頁）。東西二キロメートル、南北一・五キロメートルほどのもので、それは今までの日本では例を見ない都市的なものだという。すぐ北隣の近江盆地にはほぼ同時期に伊勢遺跡が出来ている。このことはすでに述べた。この伊勢遺跡と較べて纒向遺跡がどんな特徴をもっているのかをみてみよう。

まず最初に二つの遺跡の似た点を書いておこう。両方とも東方に秀峰を仰ぎ見ることのできる扇状地に位置している。纒向遺跡の場合は、東南方三、四キロメートルのところに三輪山がある。伊勢遺跡の場合は東北東の三、四キロメートルのところに三上山がある。両方とも、秀峰を強く意識して作られたのではないかと思われる。

さて、差異点であるが、次のようなことが挙げられる。

イ　都市的な纒向

纒向では王宮らしいものがあり、その周りにかなりの人たちが住んでいて、都市の様相を呈していたらしい。出土品も圧倒的多数が土木工事用の鋤で、農業用の鍬はほとんど出ていないという。盛んに市街地の建造をしていたようである。また、この都市的な空間は関東から九州に至るいろいろな地方からの人たちが混住する空間であった。出土土器の一五～三〇パーセントが他地域から運び込まれたものだという。伊勢遺跡の場合は全く違う。遺跡の中心をなすものは円形の空地である。それを取り巻いて高床建物がきれいな円周を描いて建てられている。伊勢遺跡の場合、この円形の聖地風の空間の周りは農地だけである。

ロ　王宮をもつ纒向

纒向では三つの建物が正確に東西に並んで建っている。一番西のものは物見櫓ではないかとされている。中のものは独立棟持柱をもつ高床の建物である。東端のものは総柱で東西一二メートル、南北一七メートルの大きなものである。これは王の居館と考えられている。こんなに軸線がそろい、方位もきっちりとしたものは、今のところ、日本のどこにもない。

伊勢遺跡の場合だと、中核部は円形の空地である。ただ、その中央に数棟の高床建物が、かなり整然と作られているが、纒向の場合のように軸線が強調されたものではない。

このように見てくると、時代はほとんど変わらないとはいえ、伊勢遺跡と纒向遺跡の間には極めて大きな差があるとしなければならない。伊勢遺跡の場合は、まだ基本は従来の弥生社会の延長である。だが、纒向遺跡の場合は都市的であり、その中心には王都の建設がされている。古墳時代というのは、こうした王都のはっきり意識され始めたとき、ということができるのだろうか。寺沢薫は纒向遺跡をヤマト王権の最初の王都と考えている（寺沢薫『王権誕生』前掲書、二五〇頁）。

2—b　卑弥呼

先に森岡秀人氏の原倭国近江説にふれたが、私の住む守山市では、卑弥呼は伊勢遺跡にいたと考えている人もいる。若い頃には伊勢遺跡にいたが、倭国の女王に共立されてからは纒向に移った、と考えるのである。私もその可能性はある、と思っている。

もし、そういうことだとすると卑弥呼像はどのように描けるのだろうか。

イ　伊勢遺跡の卑弥呼

もし、伊勢遺跡にいたとすると、卑弥呼は大型竪穴建物に住んでいたのではないかと思う。この建物は円周の外側だが、円周に極めて近い。すでに述べたように、その構造は極めて特殊である。竪穴建物の床は粘土張りだが、それは火をかけて焼いたものである。壁には塼が使われている。火をかけて焼く、というやり方は、長江筋に見られる木骨泥墻の技法を想わせるものである。いずれにしても日本のものではない。極めて異国風のものである。

ところで、私はこの守山周辺のデルタ地帯は弥生中期からすでにいろいろの外来文化を受け入れて、すぐれて国際的なところであったと考えている。プランテーション稲作の中心地であったこともすでに述べた。こんな国際的なところで生まれたのが卑弥呼ではなかったかと私は考えているのである。卑弥呼は外国に関する知識も充分にもっていた。異文化に対する恐れや忌避もほとんどなかった。だから普通の日本人なら住めないような奇抜な大型竪穴建物に住んでも、何とも思わなかったのである。むしろ、このハイカラな建物を好んでいたに違いない。

ロ　卓越した政治感覚

卑弥呼は極めて勝れた政治感覚をもっていたに違いないと私は考えている。銅鐸が消えて、銅鏡の時代になったのは卑弥呼の決断に関わる部分が多いのではないか、と思うのである。

すでにみたように弥生後期は銅から鉄へ変わるときであった。この時代の移り変わりを敏感に感じていたのが卑弥呼であったに違いない。出雲ではすでに大量の銅器が地下に埋められてしまった。鉄の時代が始まっていたのである。やがて、その波は全国に到来する、と卑弥呼は知っていた。だから先手を打って鏡の時代の推進者であることを周りの首長たちにも宣伝したのではないだろうか。

そして、彼女は国際政治の中でもこの自分の態度を鮮明にした節がある。銅鐸という、いわば近畿の農民社会の極めてローカルな祭器に代えて、銅鏡という、優れて国際的で普遍性の高いものをシンボルに選んだ。さらに、それは魏の皇帝から賜ったものだ、というようなストーリーを作り上げた。これは魏を喜ばすことであり、したがって魏のサポートを得るには最適な手段であった。こうして卑弥呼は魏を中心とする当時の東アジア国際世界の中で安定した位置を獲得したのである。東アジア世界の中で安定したポジションを占めた卑弥呼だったからこそ、その周りには彼女に追随する首長たちが多く現れたに違いない。

以上は周辺状況から見た私の推測であるが、難波洋三も「考古学から邪馬台国に迫る」(『邪馬台国を旅する』洋泉社、二〇一四年、三二—三四頁)で似たようなことを述べている。

2—c　ヤマト王権の盛衰

仮に、卑弥呼が上に述べたような人だったとすると、纏向に作られた大和王権の性格は、相当国際的で先進的なものだったということになる。おそらくは国際派の豪族たちが卑弥呼を共立して、纏向に新都を作ったのであろう。そこには楯築遺跡を作ったような鉄をもつ海民王のような人が参画していたに違いない。

卑弥呼自身もそうだったのかもしれないが、楯築の王などもひょっとすると中国の都城のことを知っていたのかもしれない。だから、纏向のような軸線の揃う王の居館を造ったのかもしれない。そして真新しい前方後円墳を王族たちのシンボルにした。こうして前方後円墳はすぐに箸墓古墳のような巨大なものが造られることになった。銅鐸に頼る農業中心の社会から、一気に鏡をもつ都市中心の時代へ進んでいったのである。少なくとも、為政者たちはそういう方向に進んで行った。

纏向遺跡が生きていた時代に、崇神天皇がハックニシラススメラミコトとして現れたのではなかろうか。そして、あの四道将軍が北陸、東海、西道、丹波に派遣されたのではないだろうか。

古墳のサイズからすると、王権の伸張は応神、仁徳天皇の頃に最大になったように見える。この天皇に始まり雄略天皇まで続く、いわゆる倭の五王のころが最盛期ということになるのだろうか。この頃には中国はもう南北に分かれていて、安定した王朝は南朝だった。倭の五王の名はこの南朝の『宋書』などに見える。五王は四二一年から四七八年にかけて一〇回の遣使を送っている。これは南下してくる高句麗に対抗するためのものだったといわれている。そのためには、日本も朝鮮半島南部に勢力を広げておかねばならない。それに対する宋の承認を得ることが遣使の主目的だったのだという。武（雄略）は「使持節都督倭新羅任那加羅秦韓慕韓六国諸軍事安東大将軍倭王」に叙せられている。このころになると、列島の統一は完了して、半島から攻めてくる勢力への対抗を考えるようなのである。

しかし、この倭王権は武烈天皇の後は血統が途絶えて、混乱に陥った。混乱の中で、やっと六世紀のはじめに継体天皇が擁立された。混乱はこの強力な天皇の出現で一時治まったが、天皇が死去すると対外関係や皇位継承問題で、また混乱が起こったといわれている。そして欽明天皇の出現で、やっと天皇家は落ち着いた。天皇は奈良盆地の東の磯城嶋に宮居をおいている。やがて推古天皇が現れ、ここからいわゆる飛鳥時代に入るのである。

2—d　何故、奈良なのか?

古墳時代の出現という極めて大きな画期が、何故、奈良盆地で起こったのか。これに対する答えは、もちろん簡単には出ない。しかし、私は次の点がかなり強く関わっているのではないかと考えている。

イ　縄文期からの交易点

奈良盆地は東の落葉広葉樹林系の縄文文化と西の照葉樹林系の海文化との接点に当たっている。だから、ここには交易の場が出来ていて、それがそもそもの奈良盆地の発展の糸口になったのだと考えている。これを極めて強烈に感じたのは、橿原考古学研究所附属博物館で、膨大な量の縄文土偶を見たときだった。ここは大和川を通じて海民が入り込んでくるところである。東の縄文人と西の海民、この二種類の民が交易拠点をこの橿原の地に築いていたのだと思ったのである。このことはすでに述べた。

□ 唐古・鍵遺跡

奈良盆地に拠点的な集落があったことは弥生時代になってもいい得る。唐古・鍵遺跡がそれである。ここは当時の初瀬川の川港として栄えていたのではなかろうか。大和川を遡ってきた初期の渡来人たちはここに川港を造って、青銅製品の生産拠点としたらしい。加えて、周辺には多くの稲田が開かれた。こうして人を集め得る強力な拠点が出来たのである。

唐古・鍵遺跡には直径六〇センチメートルに達する巨大な柱を用いた建物があるという。この遺跡を発掘した藤田三郎が、これは縄文の伝統をひくものではないか、と発言していると、森浩一が紹介している（網野善彦・森浩一『この国のすがたを歴史に読む』前掲書、一七頁）。奈良盆地には、きっと縄文時代以来の伝統が続いているのだ。

唐古・鍵遺跡のすぐ西には二座の鏡作神社がある。その辺りは古くから鏡作りの集団がいたのだといわれている。この鏡作神社には、鏡作りの集団の祖である石凝姥命を祀っているのだが、それと同時に、主神は火明命となっている。ニニギノミコトよりも早く、天から降臨したといわれるニギハヤヒのことである。天皇家よりも古く、ここに降臨されたとするカミを祀っているのである。面白いことだなと思っている。

ともあれ、奈良盆地の中央部に鍛冶を一つの柱とする大拠点が出来たのは、ここに大和川が流れていたということと深く関わっているように私には見える。ここは瀬戸内にたくさんいる渡来人や海民の港群の東の終点にも当たるところなのである。これが大きな意味をもっているように見える。

八　奈良の総合性

弥生後期の時点で、次の時代へ飛躍する可能性のあるところがいくつかあった。しかし、結果的には奈良盆地が他を圧して古墳時代を切り開く舞台になった。何故か。明快な答は見えてこない。しかし、列島の地図を開けてみると、結局はここが総合点で第一位になるなという気がするのである。以下に、その点について簡単に見てみたい。

①北部九州

これは港市国家としては優秀な位置を占めている。しかし、基本的には農地がなく、巨大な領域国家に成長する素地が少ないように思う。

②出雲

最大の資源は中国山地の砂鉄である。工業立国への可能性はある。しかし、ここも農業基盤は弱い。鉄鋼業と日本海交易には極めて適しているが、大きな領域国家にはなりにくい。

③吉備

出雲と同じような性格をもっている。鉄生産と瀬戸内航路を支配し得る好条件をもっている。しかし、もともとは農業基盤が弱い。穴海と呼ばれた児島平野が干拓されるまでは、水田は少なかった。

④近江

農業基盤という点では列島第一の強さをもっている。特に、湖南平野は広大な稲作地で、人口支持力は大きい。領域国家を作る生態基盤は充分にある。ただ、内陸にあって、どちらかというと情報の入りにくい点が、上の三地区に比べると大きなハンディになっている。弥生型の農耕社会としては、極相にまで登りつめる素地を持っているが、逆にいえばそれに安住してしまい、権力の中枢を作るなどという発想や情報自体が入ってきにくい。

⑤奈良盆地

奈良盆地自体がかなり大きな農業生産力をもっている。加えて、ここは一見内陸に位置して見えるが、大阪湾へ大きく開けたところである。大和川がその主要通路になる。峠を越えて大阪湾に出ることも、それほど困難ではない。つまり、ここは瀬戸内海域世界の東端のような位置を占めている。さらにここは、淀川河口部、特に河内湾周辺に出現した諸地域とは地域連合を成し得るような利点をもっている。奈良盆地は外見が与える内陸という印象とは違って、優れて海域的であり、情報を受け入れやすい位置にあるのである。

⑥尾張

大きな農業生産力があり、さらに伊勢湾があり、潜在力は小さくない。しかし、いかんせん鈴鹿山脈の背後にあり、瀬戸内海や日本海を通じて入ってくる情報、特に国際情報などは入りにくい。

以上のことを考えると、奈良盆地はやはり陸と海の両方の要素を備えた点で、立地としての総合点は極めて高いものを与えねばならない。大陸と連動して国際情勢が動き出すとき、ここ奈良盆地が列島の中心になり得る可能性は充分にあるのである。

卑弥呼はいち早くこのことを理解して、伊勢遺跡から纒向遺跡に移ったのだろう。

Ⅵ―3 天孫思想の到来

古墳時代になると、世の中は急速に変わった。大王が現れ、巨大古墳が造られた。こうしたことが起こった背景には、天孫の思想の到来があったのではないかと私は考えている。草原の騎馬民の持つ天孫思想が日本に到来したのである。

3―a 騎馬民族到来説

古墳時代の出現に関しては、江上波夫の騎馬民族到来説がある。騎馬民族が草原から到来して征服王朝を築いた、というのである。各地の古墳、特に中期のものからはたくさんの馬具などが出土するという事実から、こうした説が唱えられた。

それに対して佐原眞は『騎馬民族は来なかった』(日本放送出版協会、一九九三年)を出版して反論している。古墳から出る馬具などは、ただファッションとして土地の首長たちが受け入れただけのもので、王など来ていないというのである。梅棹忠夫は騎馬民族ではなく、ツングースの水民が来ていた可能性がある、といっている。

私も基本的には佐原説に賛成である。ただ、私は馬具などというハードなものに加えて、天孫思想が入って来たのではないか、そしてそれが大きな意味があったのではないか、と考えている。この優秀な思想のおかげで、雑多な人たちを束ねて列島をまとめ上げることができたのではないかと考えている。

草原の騎馬民族たちは、スキタイの時代、すなわち紀元前八世紀頃から天孫降臨神話をもっていて、それがチンギス・カンの時代にもずっと続いていたことは、すでに第一部で述べた。その天孫降臨の思想が古墳時代に日本列島に入って来て、この時代の世界観を形つくったと私は考えるのである。

3―a 五胡十六国の頃の中国

騎馬民の天孫降臨思想は大陸から四世紀を中心に日本に入って来た。そのことを中国史の中で見てみよう。大陸アジアの大構造は第一部で見たように草原の騎馬民の集団と中原を中心とした農耕民の集団とのせめぎ合いであった。前者は天孫のリーダーをもつ尚武の世界である。ここにはいくつもの騎馬民の部族が盛衰を繰り返した。一方、中原の農耕地帯には律令制をもつ漢族を中心とする世界が広がっていた。そして、ときに騎馬民の集団が大膨張すると、律令系社会は本拠の中原を放棄して長江流域に移動してしまう。それが中国史のあらすじである。

さて、五胡十六国の頃を瞥見すると図27のようになる。だいたい紀元三〇〇年頃までは黄河流域を中心に、長江流域も広く含んで律令系集団が広がっていた。漢や魏や西晋である。日本列島からは、この魏に

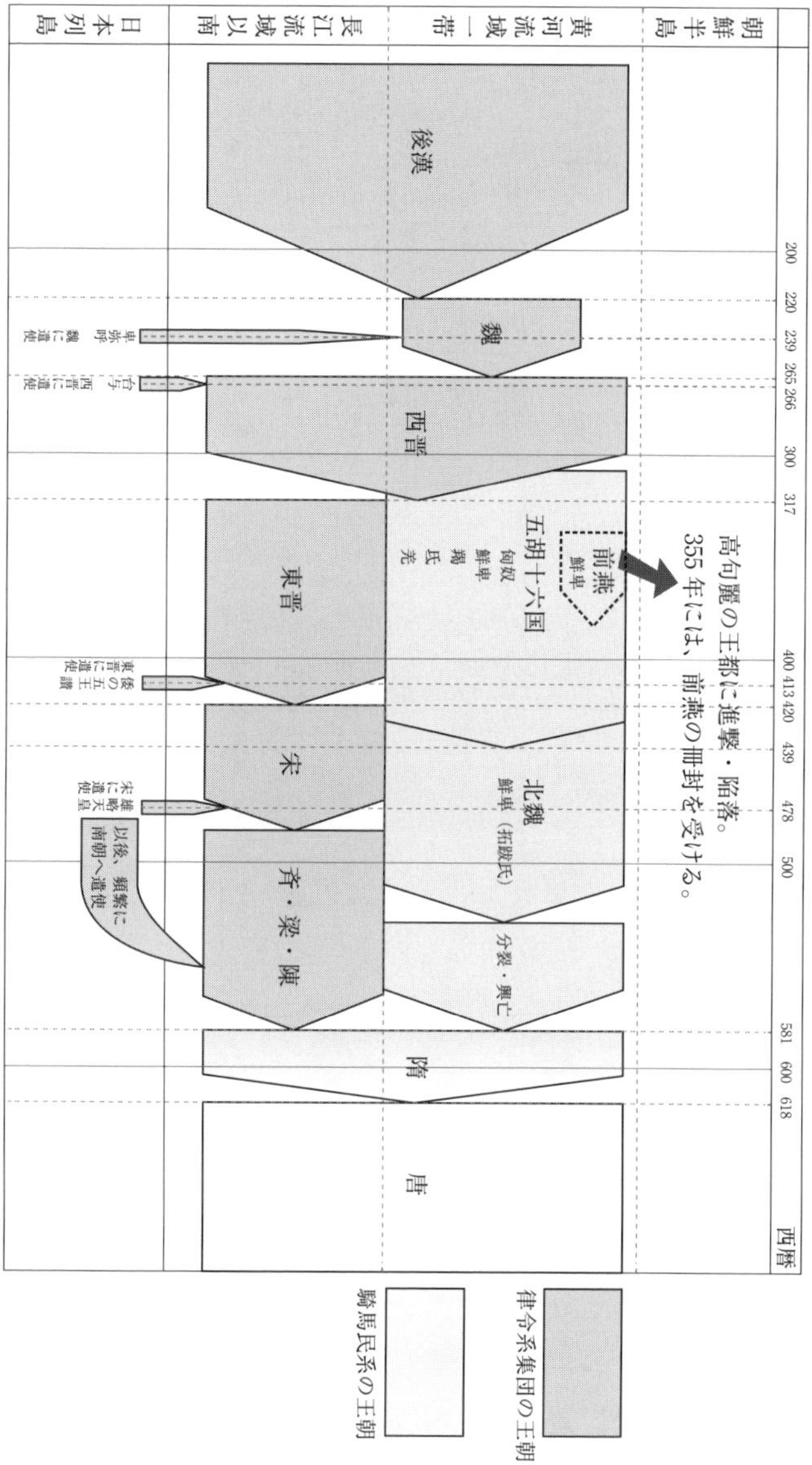

図27●大陸と列島の初期交渉

卑弥呼が遺使している。二三九年である。二六六年には台与が西晋に遺使している。

しかし、紀元三〇〇年頃から二百数十年は、それまでとは様相が全く変わる。草原にいた騎馬民が南に広がって来て黄河流域を騎馬民系の世界にしてしまっている。この間にはいろいろの部族国家が分立している。そして四四〇年頃からは北魏が統一を取り戻す。この間、律令系の社会は長江流域に避難して、いわゆる南朝系の国を作っている。南朝ははじめは東晋があるが、やがてそれは宋、斉、梁、陳などの短命の国に変わっていった。

日本列島からは倭の五王の讃が末期の東晋に遺使している。四一三年である。これは仁徳天皇ではないかといわれている。四七八年には武、すなわち雄略天皇が宋に遺使している。以後、南朝への遺使がかなり頻繁に行われている。北の騎馬系の国々への遺使は、全くない。そして五八九年に隋が現れた。これは律令系社会で、再び黄河流域まで範囲を広げ、唐もこれに続いている。

こうしてみると、日本列島の王権は律令国家が大変好きらしい。律令国家が南に押し込められて弱くなったときにも、その南朝に遺使している。特に倭の五王の時代はそういう時期に当たっている。

しかし、私はこういう王権間の公式なチャネルとは別に、非公式なチャネルで北の文化が滔々と日本列島に入っていたに違いないと考えている。この観点からすると、重要なのは燕という国であろう。

西晋が三一六年に亡び、晋が南遷して東晋になると、その跡には鮮卑系の人たちが入って来て、前燕という国を建てた。三五二年である。鮮卑系というのは、元を正せばトルコ系の騎馬民だといわれている。前燕国は三七〇年には亡びるのだが、それまでに朝鮮半島に入って来て、この地域に大きな影響を与えた。前燕が入って来て、三四三年には鮮卑族の慕容氏が高句麗の王都を攻め落とし、両者の攻防が激化した。さらにその影響で三四六年には百済国が興り、三五六年には新羅国が興った。そして三六七年には百済の使者が日本に来ている。前燕国が東に勢力を伸ばしてきたために韓半島は激動し、その影響が日本にもきたのである。私は、この頃に倭国にも天孫の思想が到来したのではないかと考えるのである。

第一部でみたように高句麗の始祖は天帝の子と水神の娘の間に産まれた卵から生まれている。百済の支配層はもともと高句麗から来た人だから、その初代王の神話は高句麗と同じである。新羅の王は天から降りてきた卵から生まれている。

倭国のエリートたちはたぶん、韓国の始祖神話も前燕国の始祖神話も両方を知っていたに違いない。しかし、前燕国の方、すなわちより原型に近い天孫降臨神話の方を好んで、そちらの方を採用した。そして、こうして到来した天孫思想が日本統一の大きな力になったのだと考えるのである。

Ⅵ―4 渡来人たち

古墳時代は、列島は渡来人で賑わった。日本列島が体力をつけたのは、彼らに負うところが大変大きいと考えられる。それは先に述べた稲作生産だけでなく、その他の諸産業の普及においてもいえることである。

4―a　河内、奈良への到来

渡来人の到来は、三、四世紀にはまだそれほど多くはなかったらしい。しかし、四〜五世紀になると急増している。まず、応神天皇一四年のときに、弓月君が百済から帰化し、一六年には一二〇県の民を招来した。二〇年に倭漢直の祖阿知使主が一七県の人民を率いて列島にやって来た、と『日本書記』にある（坂本太郎・家永三郎・井上光貞・大野晋校注『日本書記（二）』岩波書店、一九九四年、二〇四頁、二〇八―二一〇頁）。弓月君は秦氏の祖だといわれている。『古事記』の仁徳天皇の段には「秦人を役て茨田堤及び茨田三宅を作る」とある（倉野憲司校注『古事記』岩波書店、一九六三年、一五六頁）。今の寝屋川あたりに当時あった河内湖を干拓して水田を開いているのである。

当時は上町台地の東には広大な河内湖が広がっていた。秦氏はいわばここの総合開発を行ったのである。湖の東、生駒山脈の山麓には牧を開いて軍馬を生産した。湖の北、今の寝屋川や四条畷の近くには蔀屋北遺跡がある。ここは百済系の人たちの入植地で、馬具などを専門的に作っていたという。湖の南にいくと、今の百舌鳥古墳群の中に陵南遺跡というのがある。その南には陶邑古窯址群というのがある。ともに須恵器を大量に焼き、ここから全国に発送したのである。

大和川を遡って奈良盆地に入ると、橿原市の西北に曽我遺跡がある。これは巨大な玉製作基地である。これも渡来人によって経営されていた可能性が大きい。橿原市の西南には新沢千塚古墳群というのがある。これについてはすでに述べた。中国や新羅からの渡来人がたくさんいたところらしい。曽我川の西には葛城川が流れている。この葛城川を遡ると、その源流に近いところには葛城南郷遺跡群という重要な遺跡がある。ここには首長の居館があったらしい。それに鉄製品、玉、須恵器、武具製造も行っていて、大王に比肩する有力豪族がいたのではないかとされている。この工房群を指導していたのも、半島からの渡来人だったらしい。

こうしてみると、四世紀から五世紀の河内湖周辺と奈良盆地には、実に多くの渡来人が入ってきて、地方の開発に貢献したようである。

4—b　近江への到来

隣の近江盆地への渡来人の到来をみてみよう。河内、奈良に比べると少し遅れるような気がするが、五世紀の初めから六世紀の中頃には野洲川デルタでは玉の製造が極めて盛んだった。多くは滑石を材料にしたもので、その原石は和歌山県の紀ノ川流域から運んできたものらしい。野洲川デルタでは五世紀から六世紀の竪穴住居を掘ると、必ずといってもよいほど滑石を原料とした玉の未製品が見つかる。そして、そこにはしばしば韓式土器が伴うのだという。

六世紀から七世紀になると、今度は今の大津の北部に韓国系の人たちの集落が現れる。住居址には土壁造りの家があり、中にはオンドルをもったものもある。古墳群もある。これは一〇〇〇基を越す大きなものである。多くは韓国系の横穴式のものである。主室の屋根は持ち送りやドーム式のものが多いという。また、ここにはミニチュアの炊飯器を副葬したものがある。これは中国や韓半島の伝統だという。

こうした諸事実から、水野正好は、ここには志賀漢人を中心にした韓系の集団があったとしている。彼らは漕運業を中心にして活発に経済活動をした富んだ人たちだったらしい、としている（水野正好「後期群集墳と渡来系氏族」水野正好編『古代を考える　近江』吉川弘文館、一九九二年、八八―九四頁）。

4―c　秦氏

渡来人といえば、その代表は秦氏である。すでに河内湖周辺の開発のことでこの人たちの働きに触れたが、このグループはもっと広範に活躍していた。大和岩雄の『秦氏の研究』（大和書房、一九九三年）を手引きにその事蹟を見てみよう。

河内湖周辺だけでなく、この人たちは京都の深草でも大規模に水田開発をやっている。また大堰川（桂川）には葛野大堰という大きな井堰を作って周辺に稲田を開いている。この工事は彼らにとっても誇るに足る大工事だったらしい。秦氏はこれを秦の都江堰建造になぞらえている。都江堰というのは秦始皇帝のとき四川に造られた超巨大な井堰である。これが完成して四川は穀倉になり、それで秦は強くなったと言われている井堰である。

秦氏は雄略天皇のときに絹をうず高く積んで献上したので、禹豆麻佐の姓を賜ったのだと『日本書記』にある。秦氏は灌漑と農地開発の他に、養蚕や機織りもよくやったのである。太秦には秦氏の作った養蚕神社がある。ここは秦氏の本拠地であり、族長の太秦氏が居たところである。彼らはここに広隆寺と松尾神社を作っている。こうして巨大な勢力をもった秦氏は、後には長岡京や平安京の造営にも関わった。

秦氏はまた鉱山開発にも大いに関わっていたらしい。とくに銅と水銀の開発に関わったらしい。福岡県の香春岳の銅山の開発も秦氏が行っている。水銀は朱を作る原料で、昔は埋葬の時に大量に使われた。またアマルガム鍍金にも必要だった。秦氏はこの鍍金を用いた工芸品の作成までの全行程をこなしていたようである。

秦氏はまた、芸能や宗教の面でも大きな働きをしたらしい。例えば、能は秦氏が韓半島から導入した。英彦山の山岳信仰も、秦氏の手を通じて入って来たのだという。

このように、秦氏の存在は絶大だった。列島が力をつけた背景には秦氏の存在は欠かせなかった。『日本書記』の「欽明記」には「秦人の戸数、総じて七〇五三戸」とある。これに秦人のもとで働いていた秦部の人を加えると大変な数になる。何十万人という人たちが関わっていたのだろう、ともいわれている。

森浩一はこういう状態を評して、秦氏は日本に秦帝国を作っていたのだ、というようなことを言っておられたように思う。東南アジアの国々では、国造りに華人の果たした役割が極めて大きい。秦氏の果たしてきた役割は、ちょうどこの東南アジアにおける華人の役割に似ていたのだろう。私はそう思う。

Ⅵ―5　激動のピーク飛鳥時代

古墳時代は総じて激動の時代であった。大陸から新技術や天孫の思想が入って来て、大王が生まれた。その激動は飛鳥時代に入ってピークに達したといってもよい。なによりも仏教のような更なる新文化の到来があった。大化の改新のような大きな内政の変化があった。さらに白村江の敗戦という対外関係での大事件もあった。

5—a　異国風のアスカ

奈良盆地の東南にあるアスカは崇峻五年から持統八年にわたって一〇〇年の間、歴代の宮室がおかれたところで、古代日本の中心であった。しかし、ここはすでに述べたように、多くの渡来人が集住した地であったらしい。今もその痕跡は多く見られる。

ここには漢氏族と彼らの率いた一七の県の人たちが集住していたという。彼らは最初、河内に入って来たのだが、そこから大和川を遡った一派がここに住み着いたらしい。ここには今も於美阿志神社がある。祭神は漢氏の祖先の阿知使主である。この人たちは百済系だといわれている。近くの栗原には呉津彦神社がある。呉は高句麗のことである。ここには高句麗系の人たちが入植していた。

こんなところに蘇我氏が到来して、彼らを組織し出すと、他の豪族たちの中にも合流する者たちが現れ、急激に都市的な性格を帯びるようになったらしい。これが起こるのが六世紀の前半である。

こうして蘇我氏の牛耳るこの明日香村周辺は、極めて特異な文化をもつことになった。素人が歩いてみて強い印象を受けるのは、巨石が多いことである。路傍で奇妙な形をした石をたくさん見る。石人像や須弥山石、猿石、酒船石、亀石などだ。門脇禎二は酒船石や猿石は新羅のものだろうとしている。樋口隆康は石造りの導水施設はペルシャから来たデザインではないかという。とにかく、日本の在来のものではないものがここにはふんだんにあるのである。

古墳もまた違う。四〜五世紀の古墳と違って、石室は切石を使ってきっちりと積まれている。また、長大な横穴式石室が多い。これらは韓半島の影響のもとに造られたものである。高松塚のような見事な壁画のある古墳は大陸から来た絵師が描いたものとしか考えられない。

こうした異文化はみな特徴的なものだが、飛鳥時代に入ってもたらされた最大の異文化は仏教だったといってよいのではなかろうか。この時代になると、飛鳥寺や橘寺、山田寺など、それまでの日本には全くなかったものが現れた。その背の高い建物と色鮮やかな伽藍は異国風で、人を驚かしたに違いない。

仏教が到来すると、二つの有力豪族の間で争いが起こった。蘇我氏は仏教を受け入れようとした。一方、物部氏はそれを拒絶した。争いは長く続いた。しかし、五八七年には蘇我氏の勝利で決着がついた。守屋が敗死して、物部氏は衰えていった。

飛鳥に王都が移されたのは、その直後の五九二年である。それまで転々としていた王都は、この年、蘇我氏の本拠である飛鳥に移されたのである。この年、推古天皇が豊浦宮に遷られて、飛鳥朝が始まった。推古天皇が即位すると、聖徳太子はすぐに摂政になり、馬子とともに共同執政を行うことになった。

太子は六〇三年には冠位十二階を、翌六〇四年には憲法十七条を制定した。そして、四天王寺や法隆寺などを建立した。聖徳太子には極めて濃く蘇我氏の血が入っていて、国政は蘇我氏の路線で進められたのである。

5—b　大化改新

しかし、事は簡単には進まなかった。六四五年には乙巳の変が起こった。蘇我氏の専横に対して反発が起こったのである。中大兄皇子と中臣鎌足が蘇我蝦夷と入鹿の討滅を挙行した。変が起こると、その直後に孝徳天皇が即位し、天皇はただちに「大化改新」を詔せられた。大化年号が制定され、官制の改革、東国への国司の派遣、難波への遷宮、評の全国での設置などがなされた。天皇を中心とした中央集権が打ち出されたのである。

その後すぐに中大兄皇子は天智天皇になり、鎌足は藤原姓を賜って、天皇に仕えることになった。これ以降、天皇・藤原体制が続くのである。この体制は奈良、平安時代を通じて五〇〇年間続くことになる。

5—c　白村江での敗戦

大化改新は極めて大きな出来事だったのだ。しかし、私などは白村江での敗戦はもっと大きな意味があったと考えている。なぜなら、この時をもって日本はそれまで行っていた海洋志向を放棄して、これ以降六〇〇年ほどは内陸国日本に転身していったからである。

当時、百済の復興を願って、その遺臣たちが日本に救援を要請してきた。日本はそれに応えて軍を送り、唐・新羅連合軍と戦った。白村江の戦である。そして惨敗を喫した。六六三年である。翌六六四年と翌々年の六六五年、そして六六七年には唐の使者が大宰府に来ていた。戦後処理のためである。日本では宮都を大津に移した。防衛を考えてのことだろう。翌六六八年には天智天皇が即位した。六六九年には唐から二〇〇〇人が日本にやって来ている。進駐軍である。六七一年には近江令が出されている。天智天皇が没し、翌七二年には壬申の乱が起き、七三年には天武天皇が即位した。大変な激動期であった。こうして、とにかくこの大変な国難を、日本はようやくにして切り抜けた。そして、もう海外進出はしない、と決意したのである。

考えてみると、古墳時代は海の時代であった。海を通じて列島はいろいろな文化を吸収した。技術も、思想も、人材も得た。しかし、よく考えてみると、この海を通じての文化の吸収は古墳時代に始まったわけではない。弥生時代にすでに始まっている。稲作の導入がすでに海外の文化の導入であった。弥生時代から古墳時代にかけては勝れて海洋的な時代であった、ということである。

この一〇〇〇年ほど続いた海の時代が、この飛鳥時代の白村江の敗戦で終わりを告げたといってもよい。白村江の戦は、極めて大きな転換点であったといわねばならない。

第Ⅶ章

日本国の確立——律令制の導入と在地化

日本は中国の律令制を真似て、大宝律令を制定した。これでもって国家建設を確実なものにした。律令国家日本が出現したのである。しかし、これは中国と違って「天皇」を戴くものであった。中国では人工的に造られた都城の中に人間の長たる「天子」がいるが、日本のみやこには、多神教の中で創り出されたカミのひとつである天皇がいた。平安時代になると律令制は崩れ、その後の百姓の出現につながる荘園が広がった。文化の面でも、仮名文字の使用や文学の興隆など、国風文化が興った時代であった。平安時代も後期になると、武士が力をもってくるようになった。

Ⅶ―1 律令国家日本の成立

1―a 律令制の導入

中国には漢代の昔から、国を作る三つの柱がそろっていた。まず、都城があり、そこには天子が南面して座している。国を治めるために律と令がある。律は刑法で、令は憲法、官制法、民法などの法である。それと正史が書かれる。この三本の柱が国を構成するための最も基本的なものである。この中でも一番中心になるものが律令である。

漢代の律令制は、五胡十六国の時代には乱れたが、隋唐時代になると、またしっかりしたものになった。

そして、日本はこの唐の律令制を取り入れて、国を整えた。

律令は聖徳太子の時にはすでに日本に取り入れられていた。しかし、それはまだ完全なものではなかった。完全なものになったのは、七〇一年に完成した大宝律令である。これにはこれから作るべき日本国の骨組みがしっかりと規定されていた。まず、身分と階級が規定されている。民は良と賤に分け、エリートには階級が定められている。国家機構に関しては、天皇を頂点に官僚制が整えられている。官僚のトップは神祇官と太政官である。地方官制も定められていて、国司、郡司、里長がおかれている。交通体制も定められている。東海、東山、北陸、山陰、山陽、南海、西海の七道が決められ、駅伝制が整えられている。軍制も決められ、軍団と将軍がおかれている。刑罰も決められている。土地制度も定められ、基本は班田収授法である。租税も決められている。物産にかける調、人頭税に当たる庸、それに田租が決められている。

それまで地方の族長を通じて行われていたやり方を撤廃し、代わって官僚機関を完備し、全国の最末端に至るまで、中央政府による支配を貫徹するようにしたのである。

1—b　天皇の出現

大宝律令の母法は唐令だった。しかし、大宝律令には唐令とは極めて大きな違いが一つだけ作られた。それは、「天子」に代わって「天皇」が作られたことであった。たった一点だが、この違いは決定的な意味をもつことになった。

中国の「天子」は人間である。しかし、日本の「天皇」はカミとして認識をされたのである。中国の天子は人間の中から選ばれる。徳のある人が選ばれ、その人が人民を治める。この人は徳があるから、天神の加護を得ることができ、したがって国を治めることができる。しかし、人間だと過ちを犯すこともある。堕落することもある。こうなると、天神の加護はなくなる。こんな天子を置いておいたのでは国は不幸だ。だから、こうなったら天子のすげ替えを行う。いわゆる「易姓革命」である。

だが、日本の「天皇」は違う。「天皇」はカミだから、過ちも堕落もない。したがって、永遠に続く。「天皇」に対して革命などを行うことは全く考えられない。「万世一系」の天皇が続くのである。ここが中国と日本の大きな違いである。

七〇一年の大宝律令の制定に続いて、七一〇年には平城京が建設された。七一二年には『古事記』が撰録された。『古事記』は、天皇は高天原より降った神の血統を承けるもので、地上世界を正当に所有し、列島全体に秩序を与える者である、という主張が一貫している。

七二〇年には『日本書紀』が編纂された。ここにも同じ主張がある。八世紀の始めには日本は中国の国家の基本構造をほぼそのまま取り入れて国を作り出したのである。一つだけ違ったのは、それが神なる「天皇」を戴く特別な国であったことである。

Ⅷ—2 日本の基底には南性がある

2—a 上山春平の『記紀』解釈

日本特有のこの「天皇」が生まれ出てきたのは、当時の日本にあった老荘思想と深く関わっている、と上山春平はいっている。

上山春平は『古事記』の神統譜を分析し、図28のように二系列に分けて整理している。アメノミナカヌシ（O1）から生まれたものがA系列とB系列の二系列に分かれるが、最後はまたイワレヒコ（O2）に収斂するというのである。

A系列は高天原の系列で、タカミムスビ（A1）、イザナギ（A2）、アマテラス（A3）、ニニギ（A4）と続いていく。これは命令する者と従う者の結びつきである。例えば、ニニギノミコトはアマテラスの命令に従って天降っている。一方、Bの系列はカミムスビ（B1）の系列で、これは慕う者と慕われる者の関係になっているという。例えばスサノオ（B3）は母のイザナミ（B2）を慕うあまり、イザナミの住む根の国へ行きたいと泣き喚いた。そのすさまじさのために、結局彼は高天原から追放されて根の国へ落ちていった。スサノオの後がオオクニヌシ（B4）である。ここにはこういった二つの系列がある。意思の貫徹する世界（A）と情でつながる世界（B）がある。そして、この全く異質な二つの世界は、最

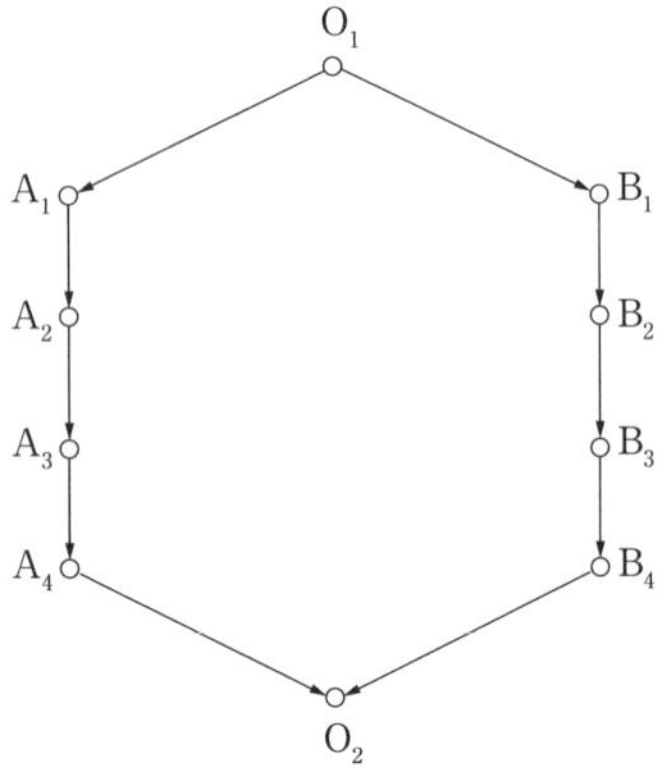

高天の原系
- A_1　タカミムスビ
- A_2　イザナギ
- A_3　アマテラス
- A_4　ニニギ

根の国系
- B_1　カミムスビ
- B_2　イザナミ
- B_3　スサノヲ
- B_4　オホクニヌシ

- O_1　アメノミナカヌシ
- O_2　イハレヒコ(神武)

図28●古事記の神統譜（上山春平『神々の体系』中央公論社、1972年、11頁図1を引用）

後にはまた一つの世界、イワレヒコの統合する世界に収斂するとしている、というのである。そして上山は次のように言っている。

> 支配の系譜としての高天の原系と、被支配の系譜としての根の国系の分裂から出発し、根の国系が自らの育成した社会を高天の原の統治にゆだねるという仕方で、二つの系譜を統合する秩序が形成され、その統合の中心として天皇が出現する、という形になっている。(前掲書、四一頁)

こう書いた後で、上山は次のようにも書いている。

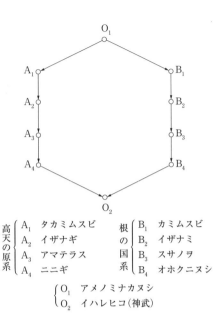

『古事記』の思想を忠実に復元してみせようとすれば、そこにゆくりなくも老子のおもかげが立ち現れてくるということはあらがいがたい自然の成り行きのように思われるのである。（前掲書、四五頁）

2—b　老荘の世界

福永光司も前掲書『〈馬〉の文化と〈舟〉の文化』で記紀に触れている。その「根の国」、「妣の国」、「常世」は『老子』の「根」と同じだとして、次のように言っている。「夫れ物は〈芸芸〉（千様万態）たるも各其の根に帰る」の根である。「妣」は母である。「常」とは永遠のことだが、「是を命に復るという」。「命に復る」とは「万物がそれぞれの個の生命を解かれて、宇宙の大自然の大いなる生命の流れに復帰することと」だというのである（前掲書、三一頁）。

また、次のようにも言っている。

唯一の正しさを求めがちな秩序だったコスモスの世界を、一度混沌としたカオスの世界に戻して、そこから新たなものを創造していく姿勢、それが老荘の「道」に目覚めをもつ生き方だと思います。言い換えると、対立し、矛盾するものが同時に成り立つ根源的な「調和の場」を探るということです。それが老荘の「万物斉同」の「全真」の哲学でもあります。排除、差別、独裁ではなく、受容、平等、共生、共存を目指す考え方です。（前掲書、九五—九六頁）

一度、二つに分かれたアマテラスとスサノオの系列は再び融合されて全真の「天皇」に落ち着く、という考え方である。上山と同じ考え方である。

2—c 「たたなづく青垣」

「ヤマトは国のまほろば、たたなづく青垣、山隠れる大和し美し」。これは死にのぞんで倭建命が詠んだ歌だとされている。緑の山々に囲まれたヤマトの国は大変美しい、という歌である。

私は天香久山から藤原京を見下ろして、つくづくその通りだと思った。この天香久山とその左前に見える畝傍山と右前に見える耳成山、この三山に取り囲まれて藤原京が作られている。その周りには丘陵が広がり、その奥には金剛山や葛城山や二上山が屏風を立てたように連なっている。緑で囲まれた、なんとも美しく平和なたたずまいである。

しばらく眺めているうちに、これは中国の西安とはだいぶ違うぞ、と思った。西安はここよりももっと開けていて、それに周りには緑などなく、砂漠のような乾燥地が広がっている。同じような碁盤目の都城が作られたとしても、長安と藤原京や平城京は全く違う。そう思って眺めているうちに、造園家の吉村元男が言っていたことを思い出した。

吉村は日本の古代の京は、中国の都城を真似て造っている。両方とも碁盤目に造っているが、中国だとそれを城壁で囲っている。しかし、日本の藤原京や平城京、平安京には城壁は全くない。これは極めて大きな違いだ、というのである。中国の都城では城外と城内ははっきりと断絶している。しかし、日本の都城は城外に連続している。断絶した、勝れて人工的な中国の都城と、連続していて自然に溶け込むような日本の京。これは全く違うというのである。

私は、これは中国の律令制と日本の律令制の違いに関係しているのだと思う。人工的に造られた中国の都城には、人間の長たる「天子」がいる。一方、自然に溶け込んだ日本の京には自然とつながったカミなる「天皇」がいる、とそんなことを考えたのである。

また、しばらく眺めているうちに別のことも考えた。この「たたなづく青垣」の中にはいろいろな「土地の主」がいるのではないか。馬子に倒された守屋も「土地の主」になって残っているに違いない。繁栄を極めた蘇我の人たちの霊も「土地の主」になって残っているに違いない。そういえば、伊吹山の神に打ち惑わされて死んだ倭建命も白鳥になってここに帰って来たのだ。だからこそ、最後にこんな歌を詠んだのだ。

2—d　多神教の中の天皇

日本の都のおかれている生態は、中国のそれとは全く違う。中国の都は見晴らせる砂漠の中にあって、カミなどは全くいない。しかし、日本の京は森に囲まれていて、そこには「土地の主」やもろもろのカミガミがいっぱいいる。日本は多神教の世界だ。

中国のような乾燥世界では、国家を造ったとしても、その長をカミとして受け入れることは全く不可能だ。だが、日本のような多神教の世界では国の長をカミとすることは、それほど突飛なことでもなんでもなかったのではないかと、私は思う。

東南アジアでの私の経験を紹介してみよう。そのとき私たちは、村長はどうして生まれるのかを議論していた。東南アジアの研究者は、こともなげに言った。「本人が偉いからでも何でもない。村長の被る帽子があって、それを被った人は村長になるのだ。帽子に値打ちがあるのだ」。かつて、私の祖母が母に言っていたことを思い出した。「坊さんが偉いのではない。袈裟が偉いのです」。両方とも同じことを言っている。帽子はカミの依代だから、それを被った人はカミの権威をもつ。袈裟は仏の衣だから、それを着けた坊さんはありがたい存在になる。

日本で新しい国が作られたとき、「天皇」という帽子が作られたのだ。それはもちろん、村長の帽子とは格が違う。もっと巨大な力をもった被り物だ。しかし、その被り物自体が、特別な力をもっているということにおいては変わりがない。南の森の世界では、こういう考え方が普通に受け入れられる素地がある。要するに、ここはもともと多神教の世界なのだ。天皇は多神教の世界の中で創り出されたもう一つのカミだったのである。

多神教世界のもつこの特徴は、仏教導入時のことを考えてみると理解しやすいのかも知れない。日本列島にはもともと列島のカミガミがいた。そこに新しい仏というカミが到来した。仏教受容をめぐって、蘇我と物部の激しい戦があった。排仏派の守屋は崇仏派の馬子に殺された。それ以降、仏教は天皇家にも受け入れられて広がったのである。多くの寺が建てられた。仏教が優勢になると、本地垂迹説なども現れた。一神教的な言説である。しかし、実際には列島のカミガミは消えたわけではなかった。その証拠に、私たちの家庭には仏壇と同時に神棚がちゃんと存在している。南の森系の多神教世界ではいくつものカミを創り出して、それらをみな受け入れるのである。

Ⅶ―3 藤原京から平城京、平安京へ

日本で最初に造られた都城は藤原京であった。これは六九四年に建造されたが、一六年間の短命であった。平城京が七一〇年から七八四年までの七四年間で、この後平安京に遷っている。平安時代には律令制の弛緩があった。この変化を簡単に追ってみよう。

3―a 藤原京時代

イ 新都建設

壬申の乱（六七二年）が終わると、天武天皇は飛鳥浄御原宮に帰ってきた。そして、六八一年には律令の撰定を命じている。このときにはすでに天武天皇は新しい王都の建設を命じていた。六八六年、天武天皇が没すると、その皇后だった持統が夫の遺志を継いで新都の建設を完成した。

天武天皇は新生日本国の国都にふさわしいものとして、この京を造るために極めて思い切った計画で臨んだようである。中国の都城に似せて、碁盤目に道が走る堂々たるものである。しかも、そこには瓦葺の

宮殿が建てられた。日本ではそれまで瓦葺の宮殿はなかった。立派な宮殿だから、歴代の天皇はそこに住まわれる、という宮殿だった。それまでだと、天皇の代替わりごとに宮殿は新しく建てられていたのである。

都城の規模は後の平城京を越す広さだったというから、大変大きなものだった。そこに宮殿や役所の建物を建てるのだから、大工事である。

材木を集めるのが当時からすでに大変だったらしい。原木は近江の田上山で伐り出し、そこから筏に組んで宇治川に流し、木津川を遡って泉の津（木津）に揚げた。そこからは平城山越えで奈良盆地に運び、佐保川や寺川、さらに新しい運河を掘って、それ沿いに藤原京まで引き上げた様子が、万葉集に歌われている。とてつもない大事業である。さらに瓦の製造がまた大変だった。藤原京内に日高山瓦窯というのが作られたが、それだけでは足りないので奈良盆地内のいくつかのところに瓦窯を作り、そこには奈良の職人だけでは足りないので、近江や和泉や讃岐からも職人を集めて焼かせたのだという。

こうして藤原京は国の総力を挙げて造られた。それは飛鳥の宮地とは全く違うものだった。まさに新生日本国のシンボルになったのである。

持統天皇はこの新都を完成させると、六九四年、ここに遷った。この後、ここには文武、元明と合わせて三代の天皇が住むことになった。

□　藤原不比等

藤原不比等は大化改新の大功労者、中臣鎌足の息子である。鎌足が藤原姓を賜ったので、不比等も藤原を名乗っている。この人は日本史上最大の天才といっても良い人だったらしい。上山春平は不比等こそ新しく創り上げられることになる日本国のシナリオを書いたその人だという。不比等は「天皇」という概念を創りあげた。『記紀』の編纂を指導した。都城の建設も彼らの意向に沿って進められた。七世紀の末以降、二一世紀の今日まで続いている日本の国体を決めたのは不比等だというのである。

不比等は、しかし、自分の抱く国家理念を実現するために、あらゆる荒業、寝技を用いた人だったらしい。不比等の狙いは藤原家を天皇家の外戚に仕立て、天皇を操作して国政を私物化する、ということだったらしい。

不比等は、はじめは持統についていた。天武の遺志を継いで新しい日本国を造ることを目指していた持統を、あらゆる面で強力に支持する能吏であったという。しかし、持統が没すると急速に表に出てきた。

いささか複雑で分かりにくいのだが、不比等がどのようにして外戚の地位を獲得していったのかを見てみよう。持統の息子の草壁は早く死んだ。それで持統は孫を皇太子にして、これを文武天皇にした。しかし、この天皇も二五歳という若さで死んだ。このとき、文武には首王子という息子がいたのだが、まだ幼少である。それで、この首王子が長ずるまで、つなぎの天皇を立てるということになり、文武天皇の母を元明天皇に、姉を元正天皇にした。この両女帝の擁立までの一連のやりくりにはずいぶん無理な点もあったようだが、これを強引にやったのが不比等だったという。

元明天皇自身は天皇にはなりたくなかったのだが、不比等の圧力で仕方なく即位したのだという。こうして元明天皇は藤原宮に入ったのだが、今度はすぐに平城京に遷宮することになった。元明天皇の即位は七〇七年である。翌七〇八年には平城遷都の計画発表があり、七一〇年には平城京が成立している。せっかく造った新都城を、たった一六年で捨てて、新しい都城が造られた。

この遷都計画もすべては不比等の考えに従って進められたと、上山春平は言う。不比等にすれば、天武、持統が始めた律令国家日本を本当に実現しようとすれば、こうするより他にやり方がなかったということであったに違いない。しかし、普通なら無理な状況の中で異例の天皇擁立をするというようなことをはじめ、遷都も実現した。いろいろの障害を強引にやりおおせてきたのが、不比等である。

こうしてつなぎの女帝、元明天皇、元正天皇を経て、七二四年には首王子が聖武天皇として即位した。夭逝した文武天皇には、不比等の娘の宮子が嫁いでいるから、首王子は不比等の孫である。その首に不比等はまた自分の娘の光明子を娶せている。首は後に聖武天皇になり、その娘が孝謙天皇になる。だから、この女帝は不比等からすれば孫であり、曾孫でもある。

不比等からすれば、本当に立派な日本国を創るためには自分とその子孫が外戚になる以外に方法はないと考えていたに違いない。いずれにしても、不比等は清濁合わせ飲んだ超巨大な人物であったというしかない。

3—b　平城京時代

カミなる天皇を戴き、その下の太政大臣に率いられた官僚群がいて、政治が行われている。これが律令制の表の姿だが、裏ではあらゆる種類の暗躍と裏切りが行われていたらしい。そして結局、奈良は怨恨に満ち満ちたところになり、平安京への遷都が行われたのだと言う。

イ　怨恨に満ち満ちた天皇の周辺

何かをやろうとすれば、天皇家の外戚になるのが一番手っ取り早い。しかし、こういう方法が常態になってしまうと、天皇自身は大変である。ロボットにされるわけだから、自分は操られるだけで、本当にやりたいことは何もできない。普通ならノイローゼになってしまうだろう。こうした意味での犠牲者の一人が、聖武天皇ではなかったかと、私は思っている。

先に述べたように、聖武天皇の母は不比等の娘の宮子である。宮子はずっと心の病におかされていて、若い頃の聖武は母とは全く会っていないという。聖武は七一四年に立太子。すぐに不比等の娘の光明子を妃にしている。七二四年即位、七二九年には長屋王の変が起こっている。

長屋王の変というのは政界首班だった左大臣長屋王が藤原氏によって自殺に追いやられた事件である。聖武生母の宮子への称号賦与をめぐり、長屋王は聖武天皇に異を唱えた。これがもとで皇位継承最有力候補だった長屋王は妻や子とともに自殺に追いやられたのである。

七三七年には天然痘が大流行して、不比等の子ども四人が死んだ。七四〇年には藤原広嗣の乱が起きた。良からぬことが続いたのである。

広嗣の乱勃発の直後に聖武天皇は東国に行幸に出た。その行幸の途上で橘諸兄は天皇を自分の別荘に近い恭仁に誘い、そこに恭仁京を建てることを勧めた。天皇はこれに従い、七四〇年の暮れには恭仁宮へ入っている。そして七四四年、難波宮に遷っている。恭仁宮はたった四年間の都だった。しかし、この間、五位以上の者の平城京居住を禁じ、恭仁京への移住を促している。そして、七四二年には近江に紫香楽宮と盧遮那大仏の造営を開始し、七四三年には恭仁京造営を中止している。そして七四四年には難波宮に遷都。七四五年には再び平城京に戻っている。この間、都は安定せず、政治不安、社会不安がつのった。

□ 平安遷都

藤原仲麻呂は広嗣の乱の後、聖武の皇后光明皇后の信任を得て、政界で力を得た。聖武天皇の第一皇女孝謙天皇のときにさらに力を得て、次の淳仁天皇のときにはもっと力を得た。そして、恵美押勝と改名した。しかし、押勝は淳仁天皇と孝謙上皇が不和になると没落した。孝謙上皇と結んで力を伸ばしてきた道鏡に惨殺されたのである。

藤原仲麻呂を殺した道鏡とは、もとは葛木山で修行をして験力を得た僧だという。孝謙太上天皇の病を治して、天皇の寵を得て政界に進出してきた人である。仲麻呂が死んだ後、重祚した称徳天皇（孝謙太上天皇）のもとで異例の昇進をし、太政大臣禅師を経て七六六年には法王になっている。天皇位を窺ったといわれている。しかし、これは和気・藤原両氏の抵抗で失敗した。七六九年には和気清磨呂が宇佐八幡を訪れ、「天の日嗣は必ず皇緒を立てる」との神託を得た。道鏡のもくろみは潰えたのである。称徳天皇が没すると、すぐに道鏡は失脚した。

ことほど左様に政治は乱れていた。

称徳天皇の後には藤原氏によって光仁天皇が擁立された。この天皇は天智天皇の孫に当たる。乱れに乱れた天武系に代わって、天智系を立てて不浄を一掃しようというのが狙いであったという。

光仁天皇の一〇年の後、桓武天皇が即位した。光仁天皇の長男である。桓武天皇は全てを一新するために新都を開くことを考えた。最初、長岡京を考え、造営工事が始められた。延暦三年（七八四）、万事があらたまるという「甲子革令」の年を選んで遷都が計画された。しかし、これはうまくいかなかった。造営の責任者が反対派に殺されたのである。

すべてを新規にと願って長岡遷都を考えたのだが、反対派の妨害で頓挫した。そして、この妨害の中心人物は早良親王だということになった。早良親王は逮捕され、淡路に流された。しかし、冤罪に抵抗した親王は自ら食を断って死んだ。するとその直後に天皇の周辺の人たちが多く死んだ。早良親王の祟りだということになり、早良親王には崇道天皇という尊号が贈られた。これらは全て藤原氏の陰謀によるものだとされている。皇位継承をめぐる陰謀は、まだ続いていたのである。

計画は急きょ変更され、長岡京から平安京への遷都になった。この遷都は「辛酉革命」の日、七九四年の一〇月二二日に行われた。桓武天皇は遷都はよほど大事な革命だと思っていたらしい。手垢に汚れてしまった土地から逃れたかったのである。

桓武天皇は天武系から天智系への切り替えも極めて強く意識していた。天皇は遷都するとすぐに父の光仁天皇の陵に報告している。

3—c　平安京時代

平安時代は摂関政治の時代であった。また、国風文化の現れた時代でもあった。

イ　摂関政治

平安遷都を断行した桓武天皇のときは、まだ混乱が目立った。次の天皇の平城天皇は平安京の建設にはあまり熱心ではなかった。むしろ平城に帰ろうなどと考えていた。

平城天皇は桓武天皇の息子である。早良親王の廃された後、皇太子になり、八〇六年に即位している。しかし病気になり、八〇九年には同母弟の神野親王に譲位し、自分は旧都の平城京に移っている。ところが病気が治ると復位を図り、事実上、二所朝廷といわれる状況を作り出している。そして八一〇年には平城京への遷都を宣言して挙兵をしている。しかし、これは失敗し、出家した。

平安遷都後も、混乱は続いていたのである。平安京が本当に正常に動き出すのは、その次の嵯峨天皇の代になってからだといわれている。この天皇は天皇権を確立すると同時に、格式という日本の実情を加味した律令を作った。また、藤原氏そのものの整理をした。それまでは藤原四家はそれぞれに談合していたのだが、天皇はそれらのうち北家を取り立て、政治を北家に委ねることが多くなった。

摂関家というのは、まず天皇家の外戚である。同時に太政大臣などのポストを持つ者でもある。これは不比等の始めたやり方だが、それが成功し、定着したのである。すなわち、政治の実権を握ると同時に外戚として内裏に近侍し、天皇家の日常の後見をも行うという者である。天皇というカミを奉じているが、実質的な権力者である。この制度は、うまく機能すれば国は安泰に続いていく。

この幸運な安泰期が一〇世紀に起こった。藤原道長・頼通の時代である。この二代が七〇年間続き、このとき、いわゆる王朝文化が栄えた。私は、この時代は日本が奈良時代に罹った外国起源の熱病からやっと回復して、自分を取り戻した時代ではなかったかと考えている。仮名を使った国文学ややまと絵、和風書道が現れた。浄土教や陰陽道、御霊信仰も現れたといわれている。一〇世紀から一一世紀にかけては、こうしたものが一斉に現れてくる。

□ 荘園制の時代

平安時代は荘園の時代でもあった。荘園は貴族社会を支えた経済基盤であった。国家による土地支配は中央の勢力が緩むと、急速に崩れていった。

これはある意味では当然のことだった。もともと、土地は地域の土豪や首長たちが持っていたものである。そこにある日、突然律令を公布して、土地は全て国のもの、と一方的に決めつけ、国司を派遣して徴税を始めたのである。国司は軍備を与えられていたから、強制的な徴税をしようとした。在地勢力も武力をもって対抗した。しかし十分な武力を用意できない土豪たちは、国司の誅求を逃れるためにその土地を貴族に寄進した。土豪だけでなく、賢い郡司や郷司もうまく立ち回って、公領を貴族や寺院に寄進した形にして、事実上の私有地とした。

この寄付作戦はどんどんエスカレートしていった。弱小貴族は安全に土地を確保するために、より強い貴族に寄進した。こうして土地は天皇家や摂関家に集中していくことになったわけである。もともとの土地所有者も、実際には土地を手放したわけではない。名目だけの寄進であり、実際には所有していて、年貢を納めているだけである。あるいはその土地の下司や預所として、ちゃんとした生活の方途を確保していた。

こうして土地制度は口分田という理論的には正しいが実施は極めて困難なものから、より現実的なものに急速に推移していったのである。そこでは摂関家などの本家、その下は中継者である領家や預所、そして最下層には元の寄進者である下司からなる重層的な土地制度が作られることになった。

荘園制度とは、律令的な土地制度から百姓の出現への間の一つのプロセスであった。

八　院政

摂関体制は一〇〇年続いて、世の中はそれなりに安定していた。しかし、その摂関制が崩壊するときがきた。道長と次の頼通は女子に恵まれなかった。東宮に自分の娘を娶せて、これで自分は外戚になる。外戚であったからこそ、摂関家の地位が保てたのである。しかし女の子がいなくて、この外戚になることができなくなり、藤原家は衰退していった。これと同時にそれまで安定していた宮廷にも乱れが生じてきた。

この頃から院政が始まった。これはもともとは後三条天皇が皇位を自分の直系に引き継がせるために、自分が早々と退位し、上皇になったのが始まりだという。しかし、この上皇制は、後には常態になり、朝廷は天皇と上皇の二重構造になったのである。後白河天皇などは在位三年で上皇になり、その後、五代三五年に渡って院政を行った。トップが二つになると、問題が出てくるのは当然のことである。

安定した摂関制がなくなり、命令系統が複雑になって、結果的にはいくつもの勢力が現れるようになった。天皇家、摂関家の他に、貴族、武家、寺社がそれぞれに勢力をもつようになった。地方では受領が国司としての公の任務よりも、私税を増やすような動きをした。平安時代末期になると、この分散的勢力の拡大ということが特徴になった。

こんな中で、最後には平氏の清盛が抬頭してきた。後白河上皇側についていた平清盛は出世街道を駆け上がって太政大臣にまでなった。その間にいくつもの荘園を手に入れ、さらに日宋貿易にも手を染めた。挙句の果てには首都をほんの一時ではあったが、神戸近くの福原（大輪田泊）に移したりした。あまりにも勝手な振る舞いは、貴族たちの反感をかった。仲間の武士たちにも離反者が増え、ついには源氏に滅ぼされてしまった。

平氏の滅亡でもって、平安時代は終わったと考えてよい。

第Ⅷ章

中世武家の時代——分裂と進出

ここで扱うのはいわゆる鎌倉・室町時代である。武家の力が強くなり、武家政治の中心として幕府がはじめて作られた時代である。「天皇」を戴く律令国家のあるべき姿と、実際に日本国全体を統治する組織・制度との対立が明瞭になった時代でもある。また、この時代を前時代と比べると、地方の文化が栄えた時代であった。海もにぎやかになり、列島の北辺にも中央の勢力が伸びていった。

Ⅷ―1―フロンティアに開かれた鎌倉幕府

平治の乱に敗れた源氏の嫡流頼朝は、幼少のころ、伊豆に流された。しかし、そこから立ち上がって平家を追い落として鎌倉に幕府を作った。頼朝が幕府を開いた鎌倉は、化外の地に接したフロンティアであった。まず、その様子を見ておこう。

1―a 東国の鎌倉

イ 草原の広がる武蔵野

鎌倉の背後の武蔵野から多摩丘陵にかけての地は、草原と林が広大に広がるところであった。

『とはずがたり』(二条尼、一二九〇年著)には「野の中をはるばると分け行くに、萩、女郎花、荻、薄より他はまた混じる物もなく、これが高さは馬に乗りたる男も見えぬほどなれば、推し量るべし、三日にや分け行けども尽きもせず」と書かれている（竹内誠ほか『県史東京都の歴史』山川出版社、一九九七年、八三頁）。今はもう東京の郊外になって、町が広がっているが、幕府のあった時代はこんな様子だったのである。一九六四年の東京オリンピックのころでも、まだ昔の武蔵野の風景はかなり残っていた。私はオリンピックの年には八王子に住んで、小金井の民間企業に通っていたのだが、八王子では広大な桑畑に囲まれて住んでいた。小金井でもまだ所々に藪が残っていた。武蔵野が開かれるのは江戸時代以降で、その頃、やっと道がつけられ、その周りには炭焼きのためのコナラやケヤキが植林され、野菜畑も拓かれたのだという。ここに一般の住居が造られるようになるのは、ようやく関東大震災の後である。

関東平野の西には広大な火山灰台地があって、こんな風景が昔から続いていたのである。そして、この台地と丘陵には早くから渡来人の入植があったらしい。霊亀二年（七一六年）には駿河、甲斐などから高麗人一七九九人を武蔵国に移して高麗郡を作った（『県史東京都の歴史』前掲書、四九頁）。モンゴル、ツングース系の騎馬に慣れた人たちが入ってきていた可能性が高い。そして、騎馬を利用する人たちが平安中期には武蔵七党や坂東平氏として跋扈していた。その代表が平将門である。将門は上総、上野、武蔵、相模を支配して、新皇と称して坂東八カ国の独立を宣言した。利根川の中・上流域に新しい国を建てたのである。

京都から見ると、草原文化をもつ全く新しい世界である。ここはまさに中世日本のフロンティアであった。

ロ　海の世界としての関東

鎌倉はまた海の世界でもあった。

もう四〇年ほど前になるが、初めて鎌倉を訪れたときの驚きを、私は忘れられない。三浦半島の付け根に当たる由比ヶ浜の海岸から、真直ぐ伸びる一本道を二キロメートルばかり歩いて行った。すると鶴岡八幡宮に突き当たり、ここが鎌倉の中心だと言われた。日本の中心だったところというけれども、何もないじゃないか、というのでがっかりした。

こんな立地は東南アジアにもあるぞ。東南アジアの港町というのも、少し立派なものだとこの程度だ。船を降りて少し歩くと宮殿がある。東南アジアの海民の王様の拠点とあまり違わないな、というのが第一印象だった。

(i) 三浦半島

私は三浦半島を歩いてみた。ここは弥生時代の昔から重要な拠点であったらしい。半島の南端には赤坂遺跡というのがある。弥生中期から後期にかけては南関東系屈指の大遺跡ということで、国指定史跡になっている。相模灘に突き出した位置にあって、船の動きを監視していたに違いない。五世紀から七世紀にかけての古墳もいくつか作られている。やはり、船の監視をしていたのだろう。

半島の最南端の城ヶ島には小さい資料館があって、舫船というのが展示してあった。そして、「ここは

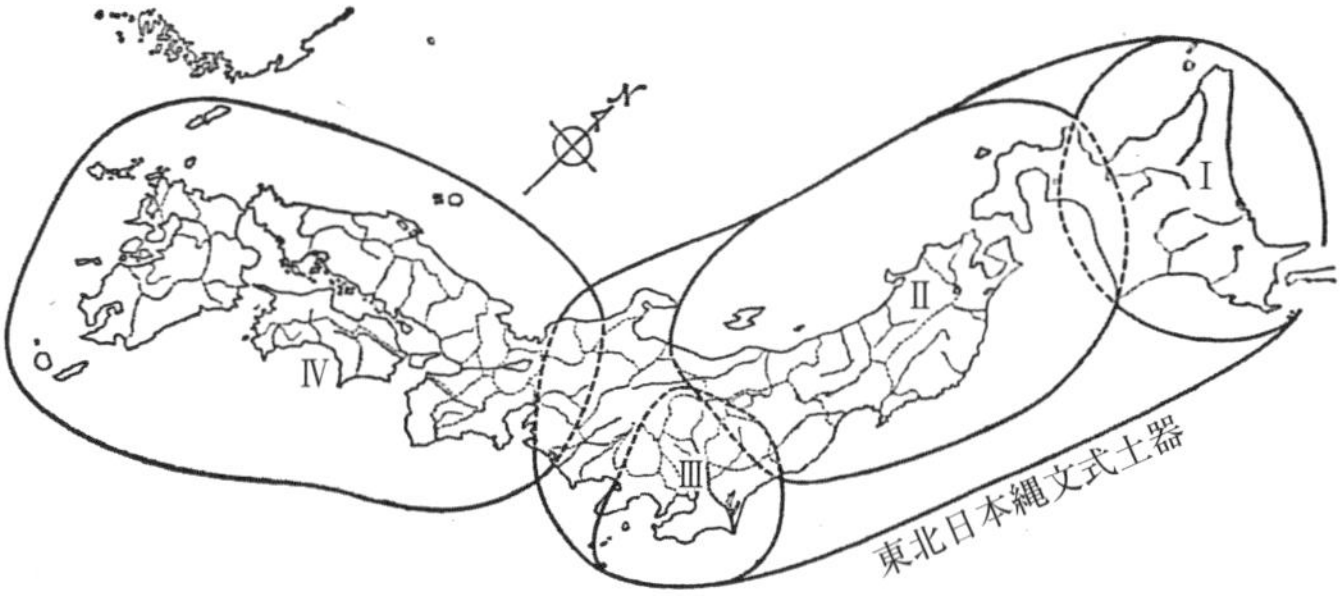

図29●縄文時代晩期土器の分布圏（鎌木義昌「縄文文化の概観」鎌木義昌編『日本の考古学Ⅱ　縄文時代』河出書房新社、1965年、24頁、図7）
Ⅰ ヌサマイ式、Ⅱ 亀ガ岡式、Ⅲ 安行Ⅲ式、Ⅳ 黒土BⅡ式

三浦半島と違って海人の世界である。島民はこの船を使って冬は覗突きをし、夏は裸潜りをした。男女とも潜り、アワビ、サザエ、トコブシを多く獲った」と説明されている。この島の最先端までは黒潮文化が到達しているのである。

(ii) 霞ヶ浦

もうひとつ、霞ヶ浦・北浦地区を付け加えておこう。ここは城ヶ島などと比べものにならないくらい、大きな海民の拠点だったらしい。面白い図がある。図29がそれだが、この図に示された安行Ⅲ式の分布が面白い。じっと眺めていると、いろいろのことが連想されてくる。この範囲は渡辺誠のいう日本の網漁の発祥地に当たるところである。渡辺によると縄文中期に、ここでクロダイやスズキといった浅海河口性の魚を網で取り始めた。これが日本の網漁の始まりで、網漁はここから波紋が広がるように全国に広がったというのである。

時代はずっと下るが、中世になっても霞ヶ浦や北浦には船住みの海民が多くいて、それを香取神社が支配していたといわれている。縄文中期と中世とではあまりに開きすぎているように見えるが、私は、きっとこれは一連のものだったに違いないと思っている。この間、海民がずっと住み続けていたのである。

南国系には、このようにして草原的ともいえる内陸の世界と黒潮系の海の世界が相接して存在していた。そして、鎌倉の人たちはそれを見事に使いこなしていた人たちだった、と私は考えている。

1—b　鎌倉幕府の開設

平安末だと、関東などはまだ無法の地だったに違いない。自らは武力を持たない公家政権がしっかりと抑えられるのは京都の周辺だけであったに違いない。あとは、いわば地方が勝手にやっていた。それが実状であったのだろう。

律令制が公布されたとき、関東は律令国家の一部で、北の蝦夷の地を抑えるための前線基地ということになっていた。しかし、中央の指示がここまで至っていたとは到底考えられない。やがて、そこに下って行った武家たちは、勝手な行動をとるようになった。先に見た平将門などがその例である。海でも似たようなことが起こっていたに違いない。関東の海には目立ったものはなかったが、西の海では藤原純友の乱があった。将門と同じ頃である。そんなときに現れたのが、頼朝である。

頼朝は公領や荘園を強奪している平家を追い払い、強奪された土地を朝廷や貴族に取り返す、と上申した。これは朝廷に歓迎された。朝廷は頼朝が東国・西道の諸国に進撃することを許した。頼朝は破竹の勢いで進撃し、一一八五年には平家掃討を終えた。そして侍所、公文所、問注所を開いた。自分の拠点を作ったわけである。

その後、頼朝は後白河上皇と面談し、東国支配権を与えられている。頼朝は遠江、信濃より東の支配権を与えられたのだった。ここでは「東国」、「西国」という言葉が使われている。東国は鎌倉幕府が支配するところであり、「西国」は朝廷の支配するところ、と国が二分されるような話になっている。

当時の日本列島の治安状況、それと朝廷の実力からして、この二分割は仕方のないことだったのだろう。林と草原と海から成る関東は頼朝の「東国」、盆地の世界は朝廷の「西国」に、という相互了解が自然に成立していたのだろう。この二つの世界の対峙は、後々までも続いている。少なくとも、生態と文化の面での違いは今でも常識として人々が感じている。雅で高踏的な西と、質実な東。伝統を墨守する西と、革新的な東。この二つは列島の大きな二つの地域として今も生きている。

Ⅷ—2 北条執権時代

2—a 承久の乱と元寇

頼朝が死ぬと、後継者をめぐって御家人の間で争いが続き、答えを出すことができなかった。仕方がなく、北条氏が執権として幕府をとりしきることになった。

幕府が固まらないのを見て、後鳥羽上皇は鎌倉幕府の打倒に打って出た。一二二一年の承久の乱である。

上皇側は西国の武士二万数千を集めたが、幕府側の一九万騎には全く及ばなかった。上皇は隠岐に流され、後には後堀河天皇が立てられ、六波羅探題が置かれた。多くの朝廷側の所領は没収され、そこには新しい地頭が置かれた。東国の武士がこれを機会に大量に京都と西国に入ってきた。この乱の後、幕府側では得宗家が強くなった。

得宗家の時には二度の元寇があった。文永・弘安の役である。一回目は一二七四年で、このとき、元軍は博多に上陸し、日本軍と戦った。戦力の差は明白だった。元軍の弩弓に対して我が軍の和弓は相手にならないし、元軍は火器も携えていた。この時、元軍は博多を焼き払うと引き上げた。そして帰途、大嵐に合い、多数の船と兵を失った。しかし、鎌倉側も大変だった。自分たちの防備力の実態を思い知らされたのである。鎌倉幕府は九州の沿岸防備に多大の力を費やした。鎮西探題が置かれ、博多湾沿岸には石垣を築いたりした。

一二八一年になると、再び元軍がやってきた。弘安の役である。この時には南宋はすでに滅ぼされていたので、元軍は南宋の海軍を引き連れてきた。南宋系の軍が一〇万人、それに朝鮮系が四万人、計一四万の兵が博多に攻めてきた。大変な危機である。しかし、この時にも大嵐が吹いた。敵は上陸するまでに嵐に巻き込まれて壊滅した。カミカゼだった。しかし、日本としては防衛の努力を止めるわけにはいかなかった。元はまたいつ日本に攻めてくるかわからなかったからである。

この二回の外敵の来襲は、日本を固めざるを得ない状況をつくり出した。北条執権を中心に結束しなければならないというムードが出てきた。

2―b　御成敗式目と新仏教

世の流れは否応なしに北条政権を国の中央へ引き出さざるを得ないような状況になっていた。そんな中で、北条政権自体が見せた積極的な国家経営の姿勢は御成敗式目の制定にあったのではないかと思われる。御成敗式目というのは、幕府の裁判の規範を示したものだという。一二三二年に制定されている。これは律令法とも違うし、貴族たちが作っていた公家法とも違う。幕府の考え方が前面に出ているものだという。いうならば、「東国」の考え方が全国に広げられたのである。外国製の世界法でもなければ、都の貴族が作ったものでもなく、もっと在地の、いわば日本のたたき上げの中堅が作った規範であった。

文化の面でも在地化、平民化が起こった。武家社会の中には、もともと高踏的な儀礼や芸術はなかった。しかし、京の都から流れ出した儀礼や芸術が簡素化され、広がりだした。このころには仮名混じりの漢文なども広まったという。

こうした文化の中で最も顕著なものが、いわゆる新仏教かと思われる。それまでの宗教界は貴族と絡み、悪僧などを抱えて常軌を逸するようなところも多かった。そんな中で、本当の救いを求めるという宗教家が現れた。法然や親鸞、それに一遍や日蓮である。こうした人たちは、頭で考えるよりも現場を這いずり回って真実を知ろうとした。宗教家として自分の目で見、肌で感じて問題を解決しようとしたのである。かつて、最澄や空海が求めた現場で行う宗教が、より広い民衆の間に広げられたのである。この在地性と平民性が、この時期の極めて大きな特徴だと考えてよいのではないだろうか。

2―c　鎌倉幕府の崩壊

鎌倉は新天地である。ちっぽけな京都の盆地と違って、広大に山と海の広がる縄文的空間である。京のような古臭いところにこだわっていないで、全く新しい武家中心の国を鎌倉中心に作ろう、という考えが出てきても当然である。鎌倉には独立国東国を作るべきだという意見と、日本国の一部としてとどまるべきだという意見の対立があったといわれる。先に少し触れた「東国」の問題である。

こうした対立がある一方で、もっと小さな、しかしより現実的な問題もあった。命を賭して戦ったのに、恩賞が少ないという兵士たちの不満があった。こんなことが重なって、鎌倉には不協和音が絶えなかった。こうした中、正中の変（一三二四年）が起こった。この変の後、幕府と朝廷の関係はめまぐるしく動くのだが、その様子を一応追っておこう。

正中の変では後醍醐天皇が討幕の計画を立てた。しかし、これは事前に計画がもれて失敗した。その後も天皇の討幕計画は続いたが、失敗を繰り返し、一三三一年、天皇は笠置に逃げてしまった。そして、その笠置も陥落した。天皇は退位させられ、隠岐に流されてしまった。翌年、天皇は隠岐から伯耆に脱出した。すると、討幕勢力が集まって蜂起した。この時点で討幕側に転じた足利尊氏は六波羅を壊滅させた。一方、新田義貞は鎌倉を攻め、これを落とした。ここで鎌倉幕府はいったん滅亡したのである。

これを受けて、後醍醐天皇は京都に帰り、復位した。建武新政が始まったのである。ところが、この新政はうまくいかなかった。後醍醐天皇はあまりにも性急に過ぎた。すぐに律令制の復興を目指し、摂関制度を廃止し、天皇親政を断行した。しかし、これはすでに定着していたやり方からすると、あまりに大きな変化だった。後醍醐天皇は人心を失い、尊氏もこのとき、それまで尊敬していた天皇から離れた。

天皇から離れた尊氏は、一旦鎌倉に帰った。しかし、ここでも落ち着かなかった。北条執権はビジョンに欠けるところがあったからである。それで尊氏は京都に舞い戻り、自らが室町幕府を開いた。以上が鎌倉幕府の崩壊と室町幕府誕生の経過である。

Ⅷ―3 室町幕府の時代

3―a 南北朝

後醍醐天皇は日本国を正常な律令国家に戻そうと本気で考えていた。平安時代になって、摂関政治が始まると、政治を私物化する人たちが現れ、乱れることが多くなった。寺社も似たようなものだった。荘園を増やし、権力を振りかざすばかりだった。この流れはどうしても変えねばならない。そのためには自分が中心に座って、全てを最初からやり直さなければならない。これを本気で追い求めていたのが、後醍醐天皇であった。後醍醐天皇は大変立派な天皇だったと思う。

足利尊氏もまた、傑出した人物だったと思う。尊氏は北条執権下の一武将に過ぎなかったが、卓越した考えを持っていた。彼は最初、後醍醐についた。それは天皇の律令国家復元の考え方に賛同したからである。

当時の北条方の人たちはあまりにも狭い量見しかなかった。日本全体の幕府というよりも、「東国」の幕府という観があった。尊氏は、これには否定的だった。

尊氏は悩んでいたらしい。後醍醐天皇の考え方自体は確かに正しい。しかし、そのやり方は性急に過ぎて誰もついていかない。このジレンマに苦しんだ挙句、京に自らが幕府を開いたのである。幕府の場所を京都としたのは、充分な理由があった。

理由の第一は、資力である。京には鎌倉などとは比べものにならない資金があった。荘園を持った貴族たちが集まっていたからである。それに官僚組織もある。何よりも天皇がいる。これらは国の中央政府を置くには決定的に重要な要素である。こうして尊氏は京都に幕府を移したのだと私は思う。

しかし、ことは計画通りには進まない。いざ京都に幕府を開いてみると、頼みの天皇が必ずしも自分のいうことを聞いてくれない。それで仕方なく、別の天皇の擁立を行った。神器さえ手に入れておけば、それを持った者が天皇だ、ということで尊氏は持明院統の光明天皇を擁立した。一三三六年である。ここに二人の天皇が生まれることになった。南北朝の併立である。

後醍醐天皇と足利尊氏のこの対立は日本の歴史が抱え続けてきた大変重要な問題を最も端的に表したものである。中西輝政は、これを「正しい政治」と「上手な政治」の対立として捉えている。(『日本人として知っておきたい近代史』ＰＨＰ研究所、二〇一〇年)。律令国家のあるべき姿としては、後醍醐天皇が正しい。しかし、現実にはそのやり方ではうまく国は治まらないではないか、というのが尊氏の考え方である。どちらが本当に正解であるのかは、簡単には言えない。尊氏のやり方は強引だったが、同じようなことをもっとソフトにうまくやっていた例は、平安時代にはいっぱいあった。

こうした問題は、その後も繰り返し起こっている。黒船が到来した幕末にも盛んに議論された。どちらが正しいかは論理的には決着のつけ難い問題だ。ただ、日本人の美意識として、まずは「正しい」ことの方が「上手に」よりも大事なこととして存在しているように私には見える。この辺りは、イギリスなどとは決定的に違うように思う。

3―b 義満のころの京都

南北朝は一三三六年から一三九二年まで五〇年以上にわたって続いた。後醍醐天皇は吉野に逃れ、抗戦した。後醍醐天皇は、自分が北朝側に渡した神器は偽物だったと発言したから、どちらが正統かわからなくなった。武士や寺社も南朝につく者が少なくなかった。こうして戦いはなかなか決着がつかなかった。

第三代将軍義満のとき、やっとこの問題は解決した。南朝の後亀山天皇が退位し、北朝の後小松天皇に譲位するということで決着がついたのである。後亀山天皇は退位後、大覚寺に隠退した。室町幕府にとっての最大の問題は、とにかく解決した。

義満の時代（一三五八―一四〇八年）は室町幕府が最も順調にいき、かつ元気なときだった。南北朝が合一すると、その翌々年、義満は将軍職を義持に譲り、自分は太政大臣になった。しかし、それもすぐに退き、出家した。法王になったのである。そして北山第を拠点に、そこから政治を主導した。この頃の義満は、公家たちを家令や家司にしていたという。まさに平安時代の藤原氏北家のような形を作ったのである。

京には大きな資産があった。義満は豊かな京の中心に座り込んで、思うがままに政治を指導したのである。義満は社寺に人を送り込んで、そこから資金を得た。今一つの大きな財源は土倉と酒屋であった。当時の京都には何百軒という土倉と酒屋があった。こうしたものからの上納金も膨大なものであった。

義満が邸宅にした北山第は室町文化の中心だった。ここは今もその一部は金閣として残っているが、貴族風の寝殿造りと新しく現れた禅宗風の建築様式が折衷されたものだという。この頃、義満のまわりには伝統的なものと新しいものとの折衷や、唐風と和風の折衷が多く現れたという。水墨画や能楽や連歌も盛んになった。少しあとには茶湯や立花も盛んになった。こうして、義満の周りから「みやこ」文化が花開いたのだという。

Ⅷ―4　動き出した地方

鎌倉・室町時代は社会の底辺や周辺が元気になった時代である。また、蝦夷地も中央に巻き込まれていった。

4—a 海の活況

中国で五代十国が終わり、宋が現れると海は治安を取り戻し、貿易が活発に行われるようになった。平安貴族たちは香薬や奢侈品を褒めたので、多くの宋商人が大宰府にやってきた。その宋が金に追われて南遷し、南宋になると（一一二七年）貿易はますます盛んになった。一二世紀後半になると清盛が現れ、南宋貿易を拡大させるためにいろいろの手を打った。先述のように首都をほんの一時ではあったが、神戸の近くの福原に移しもした。平安末期、瀬戸内の海は大変な活況を呈するのである。

北条時代も、海運はかなり活発に行われていたらしい。例えば、金沢氏は横浜の六浦に拠点をもっていたが、周防、長門の守護になり、さらに鎮西の探題にもなって、相模灘—中国貿易を監視していたという（網野善彦『海と列島の中世』日本エディタースクール出版部、一九九二年、一四三—一四四頁）。当時は建長寺船や鎌倉大仏造営料唐船、天龍寺船などが多く出ていて、金沢氏はそういう「唐船」を支配していたらしい。

最近、朝鮮半島の南西沖から「新安沈没船」というのが引き上げられた。日本向けの船だったらしい。多くの陶磁器と銭が載せられていた。船底には三〇トンの銅銭が積まれていたという。これも伽藍造営料船の一艘だったらしい（松木哲「沈船は語る」荒野泰典・石井正敏・村井章介『アジアのなかの日本史Ⅲ海上の道』東京大学出版会、一九九二年、二一一—二一三頁）。この船は今、木浦の国立海洋文化財研究所に展示されている。

室町時代になると、勘合貿易が行われるようになった。原則は足利将軍が行う進貢貿易である。この貿易を行うために義満は明の皇帝に「日本国王臣源……」の上表文を送って冊封を受けている。当時の明は海禁政策をとっていたので、こうしないと貿易が出来なかったのである。義満がいかに貿易に熱心だったかが分かる。

実際には有力守護大名や大寺院も、博多や堺の商人と結んで、この貿易に参加したらしい。細川氏や大内氏がこれをやった。日本からは刀剣、扇などの工芸品のほかに、硫黄、銅などを出し、中国からは銅銭や絹織物、生糸、書籍、薬剤などを入れたという。

こうして、清盛のころから義満の時代にかけて海は極めて賑やかだったのである。この間、元寇があったものの日元貿易は行われていた。元の時代を含めてアジアの海は活況を呈し、日本もそれに乗ったのである。

4—b　惣村の出現

鎌倉時代から室町時代にかけては、惣村の生まれる時期であった。惣村というのは、自衛し、自治組織をもった集落である。何故、こんなものが現れたのか。この頃になると農民の中にも力を持つものが現れてきて、仲間を糾合し、自分たちの権利を守ろうとする人たちも出てきたからである。今一つは末端の治安は相当悪かったからである。武士が現れ、その連中が荘園の奪い合いなどを始め、世の中が騒然としていたのだ。故なくして、自分たちの耕地を強奪されるような危険も大きくなっていた。そんな中で、農民たちが自衛体制をとったのが、惣村である。先進的な農村地域だった野洲川デルタ地帯には、そんな惣村がいくつか現れたのである。

惣村の一つを見てみよう。なかなか立派なものが出来ている。木戸雅寿「水辺の集落の原風景」（渡辺誠編『湖の国の歴史を読む』新人物往来社、一九九二年、一四九頁）は次のようにいっている。

初期の屋敷地は浅い溝で囲まれていた。しかし、一三世紀後半になると、これらの溝が深く、かつ幅広く掘られるようになった。堀は普通、深さ一メートル、幅四メートルぐらいである。ここは低湿地だったから、排水を考えてこんなものにしているのだが、おそらく、それと同時に防禦も考えていたのだろう。

こうした環濠集落の屋敷跡からは、中国製の青磁や白磁、それに中国の銅銭も多く出ている。瀬戸焼きや常滑焼きもたくさん出ている。遠隔地からの物品が入り込む交易があったことは間違いないのである。

これが近江の野洲川デルタの様子である。

惣村という言葉でくくってしまっているが、実際には多様なものであったらしい。数町歩の田をもつ名主クラスが仲間を組んで、純農民風に作る惣村もあったが、交易網を握る商人や武士が拠点を作って活動をする、そういう惣村もあったらしい。上に見た環濠の屋敷地などは、その類かもしれない。

南北朝時代になると、野洲川デルタにも「悪党」が現れる。この頃になると、末端の状況はもっと不安定になり、惣村地帯にもっと大型の暴力が入ってくる。武士の集団、延暦寺の僧侶、神人などが加わって、荘園の年貢の横領、刈田狼藉、物品の強奪などを行うのである。このことは、地方権力が強くなったとも言える。中央から見れば地方権力の強化は治安の乱れであり、地方から見れば、中央の権威がゆらぐ、すなわち従来の支配構造の乱れである。こうして室町時代も後半になると、地方の治安は一気に乱れたようである。

4―c 併合された蝦夷地

海に囲まれた生態環境は、孤立よりもむしろ、海を通じた制度や文物の交流を促した。中心である「みやこ」から地方へ波及するという方向だけでなく、海を通じて地方が中心に取り込まれる歴史的過程が、中世の日本国を形作ってきた。地方からの視点を確認するために、縄文時代から室町時代までの蝦夷のことを概観しておこう。

イ もともとの蝦夷地

津軽海峡をはさんだこの地域は、縄文早期から古代の始めまで、極めて均質な地域を作っていたことはすでに述べた。三内丸山遺跡もこの範囲にあった。ここでは温帯落葉広葉樹林を巧みに利用した、極めて豊かな生活の場があった。

縄文後期になると、この森の文化は衰退した。そして、三世紀頃になるとここではソバやヒエを作り始めた。いわゆる続縄文時代に入ったのである。

七世紀になるとまた新しい時代に入った。内陸では擦文文化が、海岸ではオホーツク文化が広がり出したのである。擦文文化というのは、続縄文文化の延長と考えても良い。ただ、穀物栽培は続縄文文化よりもっと増えている。アワやキビ、オオムギも作り出している。とはいえ、まだ狩猟、採集が高い比率を占めていた。この時代のもう一つの特徴は鉄器、須恵器が現れてくることである。周溝をもった墓が現れ、木棺の中からは蕨手刀などの鉄器が出てくる。これは蝦夷の末期古墳と呼ばれるもので、首長のような人が現れたことを示している。副葬品などから考えると、律令地域との接触がかなりの程度あったと考えねばならない。

一方、海岸に現れたオホーツク文化は、北海道の西岸では奥尻島あたりまで、東岸は根室半島あたりまでは伸びてきている。これは流氷の広がる範囲に一致し、海獣狩猟と強く結びついたものらしい。彼らは、冬は竪穴住居に住み、夏はキャンプを張って遠くに漁撈に出る生活だったらしい。

越の国守だった阿倍比羅夫が六五八年から六六〇年にかけて渡島方面に遠征している。その時、粛慎と出会ったとされているが、この粛慎はたぶん、オホーツク文化の人たちだったに違いないとされている。

ロ　律令勢力の進出

以上が円筒土器文化の時代の様子である。七世紀中頃になると、この文化圏の南縁に沿って、いくつもの柵が作られた。これは朝廷側が蝦夷攻略を考えて作った軍事施設である。八世紀中ごろには陸前で黄金が発見された。すると、朝廷は金を求めて軍を送った。阿弖流為がこれに抵抗した。しかし多くの死者が出るのを良くないと見た阿弖流為は自ら朝廷軍に下って殺された。阿弖流為が殺されたのが八〇二年である（高橋克彦『東北・蝦夷の魂』現代書館、二〇一三年、五一頁、六六―七一頁）。その直後にこの辺りの人口はかなり減った。逃亡したのだろう。この種の侵攻とそれにたいする反抗が何回もあり、そのたびに、いくつかの柵は破壊され、また新築されたりしたらしい。

津軽で見てみると、九世紀の後半から一〇世紀の前半には人口が激増している。これは陸奥・出羽方面から多くの人びとがこの「奥地」と呼ばれていた津軽に逃亡してきたからだ。擦文人だけでなく、王臣家（親王や内親王の親族）の使人なども多く入って来た。そしてこのとき、津軽には須恵器生産、製鉄、製塩、馬産の技術が急速に起こった。津軽は産業の興隆するセンターのようになった。

そしてこの頃、十三湊北岸の福島城と五所川原の南にあった藤崎城は交易の拠点であった。津軽で作られた多くの品が、ここから北海道に運ばれたようである（森浩一企画・鈴木克彦著『日本の古代遺跡 29 青森』保育社、一九八六年、一七七―一八〇頁）。津軽海峡圏が最も活発に動いていた時期であったという。

八　併合された蝦夷地

一一世紀中ごろになると、また新しい変化が現れた。境界権力の成立とでもいうべきものが現れた。安倍氏や清原氏が現れ、「奥六郡」を纏めたのである。この人たちは「東夷の酋長」と呼ばれた。律令勢力とは対立したり、時にそれを利用したりして大きくなっていったのである。そして、それには鎌倉にいた源氏がいつも絡んでいた。源氏は軍馬が欲しかったのである。当時、この地は日本でも最高級の馬を産出していた。蝦夷の本拠では、最終的には清原氏の系統である平泉藤原氏が土地を纏め、平泉の平和を築いた。中尊寺を中心とする浄土の世界を作ったのである。

しかし、この平和は源頼朝の謀略で破壊された。藤原氏は滅ぼされ、鎌倉幕府の御家人たちがこの地に入ってきた。蝦夷の地は幕府に併合されたのである。

この平泉藤原氏の後に抬頭してきたのが安藤氏だといわれている。この人も俘囚の長のような人物だったといわれている。しかし、鎌倉幕府によって「蝦夷管領」に任じられている（榎本守恵『北海道の歴史』北海道新聞社、一九八一年、四九―五〇頁）。

十三湊安藤氏の系図によると、安藤氏は神武天皇によって外の浜に追われて「醜蛮」となった「鬼王安日」の後裔だという。安藤氏は自ら「日の本将軍」と称した。もう一つの日本の王である、という意識があったのだという。さらに後の子孫である近世大名の秋田氏は「エゾ弓」というモンゴル系の短弓を家のシンボルにして大事にしていたという。蝦夷の誇りは生きていたのである。蝦夷はモンゴルとどこかで通じている。

さて、この安藤氏が最も栄えたのは一四世紀後半から一五世紀前半である。十三湊を拠点にした交易が極めて盛んになった。鎌倉幕府初期には交易ルートはまだ鎌倉から平泉、青森と続く陸路の縦貫路だった。すなわち「道奥」だった。しかし、室町幕府になると、交易の幹線は京都から北陸に出、海路を蝦夷地に行くものになった。こういう交易路ができて、十三湊は極めて重要な港になった。

一四世紀になると、蝦夷地そのものも変わった。北海道にはこの航路を通じて内地のものがどんどん運び込まれるようになった。北海道の方からは熊皮、熊胆、アザラシ皮、ラッコ皮、鷲羽が内地に運ばれることになった（榎本守恵『北海道の歴史』前掲書、六四頁）。内地ではこれらの商品の需要が大きかったからである。北海道ではかつての擦文型の自給的な生活から、商品用の狩猟を中心とする生活に変わっていった。新しいアイヌの生活が始まるようになった。北海道と東北の分離が起こったのである。やがて安藤氏は南部氏に敗れて松前に敗走した。

以上が室町までの蝦夷地の歴史のあらましである。蝦夷地は鎌倉時代に律令世界の影響を強く受け、室町時代になると日本海海路の開設で急速に変わっていったのである。

第Ⅸ章

陸海あげての激動期——近世への胎動

これは応仁の乱から江戸幕府開設までの間の激動期である。実際には二つの時期から成っている。一つは将軍義昭までの時であり、今一つはいわゆる織豊時代である。前者は幕府はあっても極めて弱く、群雄が割拠していた時期である。後者は信長と秀吉が現れて、その分裂を統一にもっていった時期である。両方とも中央の権力は社会の底辺には及ばず、社会は見方によっては無政府状態だった。しかし、逆に自力救済の時代であり、防衛する村が多く出来た。この時代はまた、中央の権力の及びにくい海域が独自の活動を極めて活発に行った時代でもあった。

Ⅸ―1　戦国の群雄割拠と下克上

1―a　戦国時代の出現

室町幕府はようやくにして新しい秩序を作り出したかに思えた。しかし、それは成功しなかった。結局、またいろいろな勢力が抬頭し、群雄割拠の戦国時代に入った。

この時代には、いわゆる戦国大名が現れた。それまでは大名といえば守護大名であった。大名は幕府に指名されて領国を治めていた。しかし、戦国大名は違う。自分の実力で地域を獲得し、それを経営したのである。

従来から続いてきた守護大名が至る所で倒れ、戦国大名が現れた。伊達、松平、織田、浅井、毛利、長曾我部などはみな、国人から成りあがった戦国大名である。守護から引き続いて戦国大名になった者も、多くは抬頭してきた地方勢力との闘争を経て、大名の地位を確保した人たちである。要するに、勢力地図の書きかえが起こっていたのである。

こんなことが起こるのは、そもそもは中央における混乱が原因だった。室町時代には南北朝に分かれて争った。この争いが底辺に大きな影響を及ぼすことは当然である。室町時代には「悪党」などというものが現れた。中央の指揮は地方に及ばないような状況が起こっていた。戦国時代は、だから戦国武将たちの戦いとしてだけではなく、その下でも乱れに乱れた時代と考えておく必要がある。

そもそも戦国大名たちは多数に過ぎた。この人たちがお互いに争うのだから、現実には兵士の取り合いが起こっていたようだ。多くの兵士は傭兵だったらしい。兵士は戦のたびに多くの報酬をくれる大名について戦うのである。いわゆる雑兵である。こうなると、大名は兵士の規律などということには全く無頓着になる。そのときの戦争に勝ってくれさえすればよいのである。こういう無規律な状況におかれた兵士ほど厄介なものはない。戦争の合間には、一般の村々を襲い、物品や食糧の強奪、人さらいを行うのである。こういう状況が日常的に起こっていたのが戦国時代のもう一つの姿だったようである。

1—a　野洲川デルタの状況

戦国時代のもう一つの姿、一般の村々の様子をもう少し具体的にみるために、私の住んでいる野洲川デルタの当時の様子を紹介してみよう。すでに述べてきたように、野洲川デルタの存在する近江は、奈良・京都にも近く、古代より国内外の政治経済や社会の変化を大きく受けてきた地域である。中世には惣村が発達し、強い自立性を持っていた（松下浩「敏満寺の時代――中世近江の特質」『中世都市を掘る　資料集』滋賀県文化財保護協会・滋賀県立安土城考古博物館、二〇〇五年）。大名による統制下にあったというよりも、むしろ、寺社をはじめとする、さまざまな勢力の中で生き抜いてきた歴史を持つ。すなわち、日本国が経験してきた激動の歴史を、村の視点から見直すことができるまさに最適の場所なのである。

私の住んでいる野洲川デルタの当時の様子を紹介してみる。

イ　多くいた在地領主

戦国時代の野洲川デルタには多くの小さな中世城郭が作られていた。図30はこのうちの守山市に分布するものを示している。多くは遺構もあまり残っていないので、詳しいことは分からないのであるが、それでもあらかたの様子は窺い知れる。開発領主や地侍が割拠し、自分の土地を守っていたのである。そのうちのいくつかは、城を築いて守護大名の六角家に仕えていた。

地侍のうち、その歴史が比較的よく分かる大槻氏のケースを紹介しておこう。これは図30では4である。木浜という湖岸の大きな村のほぼ中央にある。今の大槻家の屋敷が城址だという。かつては三反半のところが幅二間の濠で囲まれていて、土塁を巡らせていたという。しかし、今はその濠は埋められ、土塁も取り払われている。

この大槻家に伝わる文書によると、大槻家は豪族で、頼朝の御家人になっていた。建久六年(一一九五年)、頼朝が東大寺再建供養会に出かけたときには、それに供奉している。室町時代になると、六角氏の家臣になって、三〇〇〇石の知行を得ている。六角氏が亡びると、信長、続いて秀吉の家臣になっている。そして大坂の陣が起こると家康側についていている。この大槻家は明応三年(一四九四年)には坂本日吉大社の十禅師社を勧請している。また同じころ、野洲川に樋口を作って田の灌漑施設を作っている。

今一人の著名な国人は進藤山城守である。進藤家の古記録はないが、もとは土地の土豪だったらしい。それが後には六角氏に仕えて、その重臣になっている。進藤家は小浜と木浜に城を構えていた。小浜には今もその濠跡が残っている。木浜の方は焼失したということで、その場所も今では定かではない。この家も六角氏が亡びると、信長、秀吉に仕え、後には家康に仕えている。

これらの土豪をみると、重臣になった人たちであるにもかかわらず、その主君をいとも簡単に変えている。譜代の家臣というよりも、何か傭兵的な変わり身の早さを感じさせる。野洲川デルタは早くから開けた先進地域で、そこには土豪なども多く生まれていたらしいが、その土豪たちも時代の変化をいち早く読んで、出仕の先を簡単に変える。そういう浮動票的な勢力だったらしい。

ロ　寺内町の金森

野洲川デルタ地帯には室町時代から多くの惣村が出来ていた。そして、そうした惣村は室町時代の後半になると一気により強く防禦を固め、戦闘的にもなっていった。この時代になると一揆が多発するが、野

城郭跡分布地図

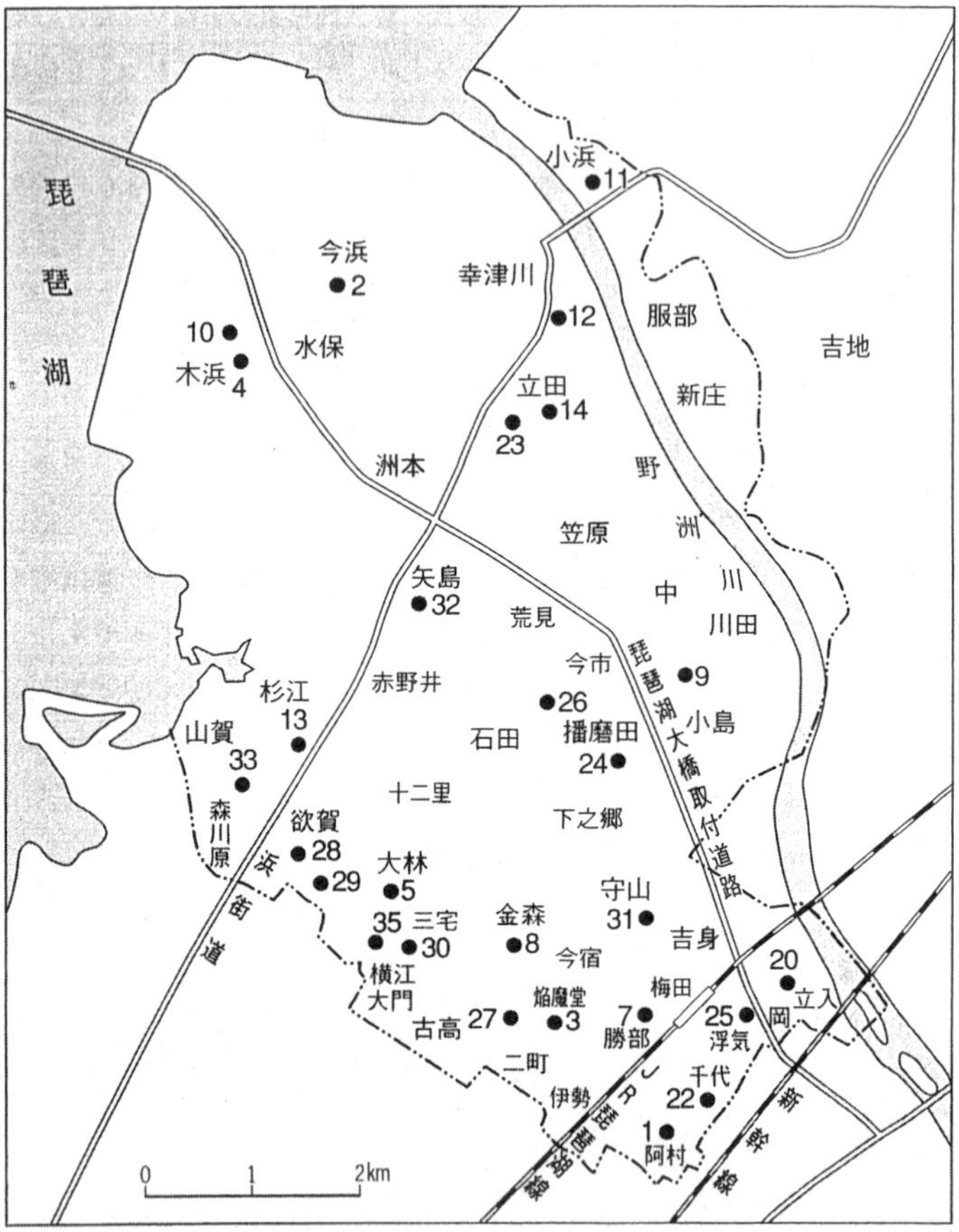

図30●野洲川デルタの中・近世城郭（『守山市誌資料編　歴史年表』2002年、154頁の図に一部加筆）

洲川デルタも例外ではない。ここでは一向一揆が多く興った。守山市の金森は良く知られた典型例である。

金森には永享三年(一四三一年)、土豪の川那辺氏の居館が作られてきた。そして、この居館には「惣道場」が作られていたという。川那辺氏は浄土真宗に帰依していたので、「念仏道場」を作っていたのだという。

ここに寛正六年(一四六五年)の村絵図が残っている(図31)。それによると集落の中央に道場があり、その周りには屋敷がぎっしりと並んでいる。その頃には二〇〇戸があり、その構成員は豊かな農民、問屋、酒屋などだったという。農村というよりも町である。それを川と堀で取り囲んで、環濠城塞のような格好にしていた。

当時の金森は次のような性格を持っていたという。

① 「老ナ衆(オトナシュウ)」と呼ばれた有力農民一〇家による村の自治が行われていた。
②惣倉があって、そこには「惣倉米」が貯えられていた。
③年貢や公事の「地下請」が確立されていた。
④隣村の三宅と共同の「用水管理」には、しっかりしたものがあった。
⑤惣の掟の「置文」があった。
⑥「老ナ衆」による宮座があった。

典型的な惣村だったのである。

一四六五年には叡山の僧兵たちが京都の大谷本願寺を破却するという事件が起こっている。すると門主の蓮如は金森に避難してきた。そしてここで三年を過ごしている。一四六六年には、今度は守山の山徒

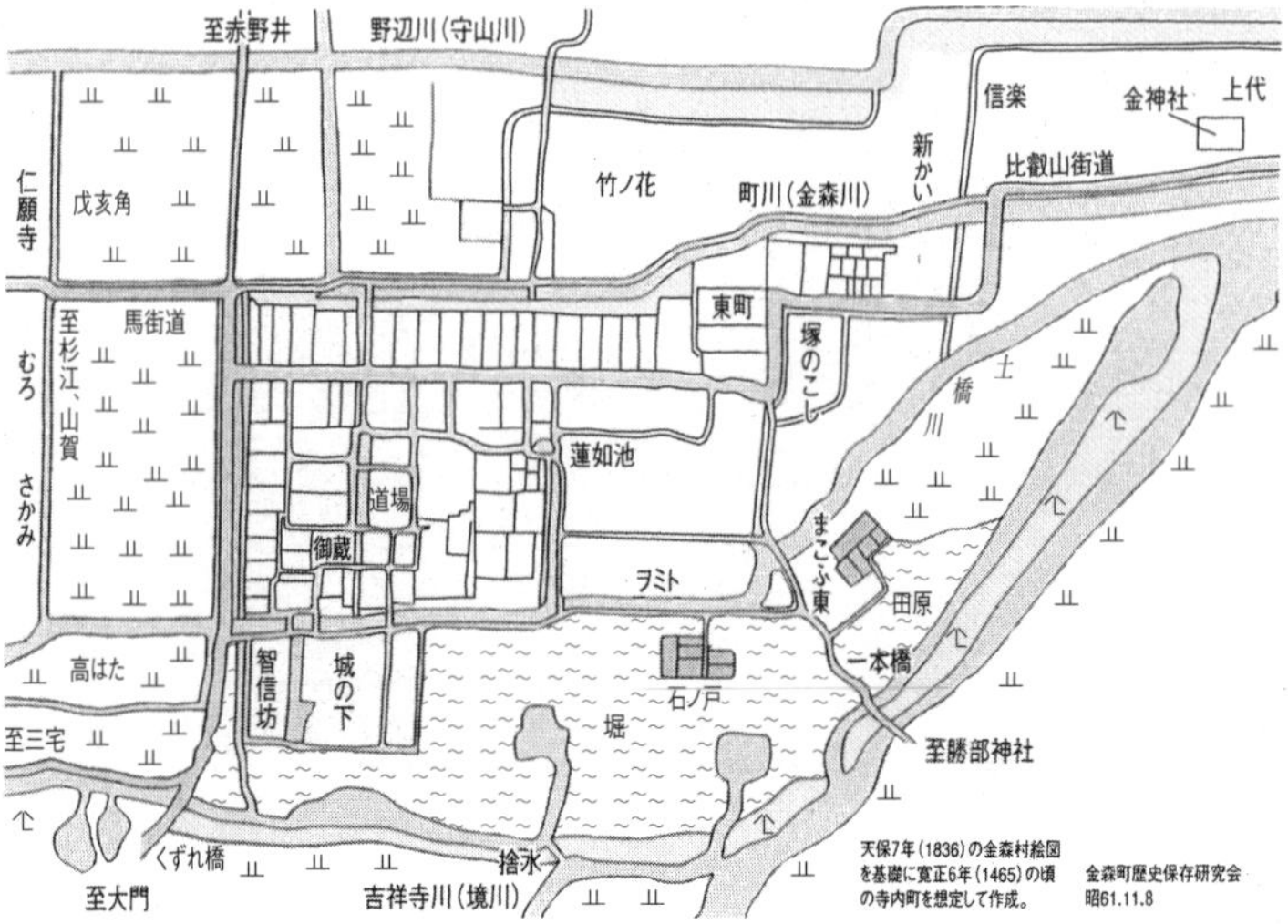

図31●寛正のころ（1460－1465年）の寺内町金森の復元図―環濠城塞―（『守山市誌　歴史編』2006年、128頁より引用）

日浄坊が金森に攻めてきて、戦いが起こった。山門と門徒との戦はこの後も続き、ついに文明三年（一四七一年）蓮如は金森の長老道西らを引き連れて北陸の吉崎に移った。

時代は少し下って、信長の頃になるが、その時の様子を見てみよう。

信長は全国統一の中で、最後の反抗勢力であった門徒勢力の粉砕に全力を挙げていた。この頃の真宗教団は信徒の集まりというよりも巨大な政治集団だった。本山の指導で一向一揆が一斉に起こっていた。さらに本山は毛利、浅井、朝倉と連携し、勢力拡大を図っていた。一五七〇年、本願寺法主顕如が檄をとばすと、いわゆる石山合戦が始まった。すると金森、三宅などの村々も一揆を起こして信長に立ち向かった。「元亀二年（一五七一）の夏には、「諸方、門徒、武士、強勇、坊主衆」

が金森、三宅両域を中心に川那辺秀政の指揮の下に蜂起し、信長の軍勢を迎撃した」（『守山市誌　歴史編』二〇〇六年、一五六頁）ということになった。しかし結局、この戦いは勝敗がつかず、両者は人質を取り交わして停戦した。

その直後、一五七二年には信長は金森に対して朱印状を発している。金森には楽市楽座を開かせ、諸役を免ずるというものである。同時にこの交通の要衝が発展するようないろいろな手を打っている。もうすでに天下の大勢の決まったのを確認した信長は、ここを信長政権下の新しい商業拠点として作り直そうと考えたようである。

古くから金森は志那街道の要衝として栄え、中世には惣村として生きてきたのである。その後、蓮如の真宗の教えを受けて、門徒の道場になり、一向一揆の最も強力な拠点の一つになった。それが中世の終焉とともに再び商業拠点金森として生きていくことになったのである。惣村の人たちは力を合わせて複雑な時代の波を賢明に乗り越えていった。今も、金森は守山市域の中の典型的な一集落として生きている。

八　私の村

野洲川デルタの中の典型的な普通の村の一例として、私の住んでいる開発（カイホツ）のことを書いておこう。開発は大槻家のある木浜からすると、東南に二キロメートルほど離れたところにある。野洲川沿いの集落である。今は一六〇〇戸ほどの集落だが、第二次世界大戦までは一〇〇戸ほどで、このサイズで続いてきた、古い字である。

開発というのだから、開発領主が住んでいたのだろう。その起源は平安時代から鎌倉時代にさかのぼるのだと考えられる。開発と、それに北接する大曲の集落と合わせて、今は洲本という大字を成している。地図には洲本として示されている。洲本には己爾乃神社という式内社がある。これは二座からなるが、一座は開発に、他の一座は大曲にある。開発には蓮光寺という最澄開基の寺がある。今は浄土真宗の寺になっている。開発には蓮光寺の他に浄土真宗の寺が四ヶ寺ある。開発はこのように、野洲川デルタに存在する寺社を中心として結合した典型的な近江型の集落の一つである。

さて、我が家のことについて簡単に触れておこう。我が家は戦国末にこの開発に入り込んできた新参者である。それまでは吉地というところにいた。先の図30には吉地が書き加えてある。野洲川の右岸にあって、今は野洲市に属している。この吉地に小さな城を構えて、六角氏に仕えていたようだ。しかし、六角氏が信長にやられると、この吉地城を放棄して周辺の集落に移り住んだらしい。兄弟三人がそれぞればらばらに移り住んだが、そのうちの一人が開発に住んだということになっている。開発に移り住んだ人は、その後分家を出して、今は一二戸がみな、高谷姓を名乗って住んでいる。その吉地城崩壊の様子はよくわからないのだが、戦のようなものはなかったらしい。比較的簡単に帰農したようである。

野洲川デルタには、こうした地侍たちが何人かいて、それらが六角氏の下に集まっていた。六角氏は戦国大名に比べると統率力は弱かったようで、信長の侵攻があると、家来たちはいとも簡単に主人から離れて、新しい状況に対応していったらしい。このことは別の見方をすれば、このデルタには自立性の強い地侍や百姓がたくさんいたということであろう。

ところで、二一世紀の今日でも、戦国末の記憶はまだ生きている。吉地城から分散して高谷姓を名乗る二〇戸ほどは今も吉地城跡に小さい神社をもっていて、それを守っている。毎年、正月には兵主神社の宮司に来てもらって社の前で簡単な儀式をし、その後、一統で直会をするのである。これは立派な神社にある宮座というものとは全く違い、素朴なものである。格式張っていない。本家、分家の区別もない。ただ、一統意識と長幼の序だけはある。年寄りが大事にされているのである。極めて農民的なものだ。

野洲川デルタには昔から、その基底にこんな農民的な連帯感が生き続けているのではないか、と私は思っている。

Ⅸ―2　経済と文化

2―a　銀山の開発

戦国時代は農業と鉱業の発展した時代でもあった。戦国大名たちはそれぞれに自分の領国の発展に真剣に取り組んだからである。大名たちは農地の開発や灌漑施設の充実、新技術の導入には熱心だった。また、綿などの商品作物の導入も行った。

しかし、戦国時代を最も大きく特徴づけるものは、鉱工業の発展ではなかろうか。中でも銀の開発は特筆すべきものであった。

銀山で最も有名なものは、島根県大田市にある石見銀山である。ここは一五三三年に博多の商人神谷寿禎が開いたのだという。寿禎は灰吹法を導入して、当時の世界では最大級の銀山を育て上げたという。

この銀山は儲かるものだったから大内、尼子、毛利などの戦国大名が争奪戦を繰り返した。一五六二年には毛利が確保し、毛利は室町幕府と朝廷に料所として銀を献じていたという。一五八三年になると、秀吉がここを掌握し、運上をとっている。そして一六〇一年には徳川幕府の天領になり、大森の陣屋が置かれた。

兵庫県朝来市の生野鉱山も極めて大事な鉱山である。これは古くからあった鉱山だが、一五四二年に再興されて銀、銅、鉛を出した。最初、山名氏が握っていたが、太田氏の手に渡り、織豊の手に渡り、最後は徳川の手に渡った。

生野鉱山に続いて、山陰、山陽、北陸でも多くの銀山や銅山が開かれた。奥羽にも開かれた。鉱山開発は鉱石を掘り出すという簡単なものではない。広範な関連産業を誘発するから、その経済効果は絶大である。まず、第一に何千人、何万人という鉱夫とその家族が入ってくる。すると彼らを支えるための商店なども必要になってくる。掘り出した鉱石は製錬しなければならない。製品の輸出も必要になる。そして、こうした全体をスムーズに動かすための管理部門や時に防備武力も必要になる。鉱山事業というのは地域とその周辺を大きく変えるのである。戦国時代、とりわけ一六世紀の中ごろからは、この鉱工業が起こりだしたのである。

ちなみに日本は一六世紀初めまでは銀の輸入国であった。銀は中国から輸入されていた。それが一五三八年以降は巨大な輸出国になるのである。日本の銀は一七世紀の初頭には世界の総生産量の三分の一を出していた。戦国時代から江戸初期にかけては銀工業は文字通り、列島の経済をけん引し、それを大きく変えたのである。

2―b　都市と文化の拡散

経済の発展は都市を生んだ。多くの港町が出来た。近畿では堺、尼崎、兵庫、淀、大津、小浜、敦賀、桑名などが現れた。戦国時代は兵農分離が行われたので、城下町のようなものもでき始めた。大内氏の山口、今川氏の駿府、朝倉氏の一乗寺などはその例だった。

また戦国大名はそれぞれに広く国の評判を高めるために、文化活動を盛んに行った。儒学者や禅僧、あるいは芸能者が集められたという。また、一部ではキリシタン文化も入れられた。大友氏などはその例である。要するにいろいろの手立てをして、領国経営に精を出したのである。

Ⅸ―3　織豊時代

この時代は狭義の戦国時代とはだいぶ違う。乱立していた戦国大名が統合されたからである。その意味では、これは近世への過渡期と見ることもできる。織田信長と豊臣秀吉がどんな意図をもって国の統一に向けて動いていたのかを中心に見てみよう。

3―a　織田信長

イ　信長の戦い

信長は一五三四年、尾張に生まれた。『信長公記』（太田牛一著・中川太古訳『現代語訳信長公記』KADOKAWA、二〇一三年）によると、若い頃は粗暴が目立ち、大うつけと呼ばれたという。しかし、織田家の家督を受けた後には、尾張を平定し、一五六〇年には今川義元を討っている。そして徳川家康と結んで西進に転じた。一五六七年、斎藤氏を滅ぼしてからは、岐阜に本拠を移していよいよ天下統一に乗り出した。六八年には足利義昭を擁して上洛、義昭を第一五代将軍にした。しかし、浅井、朝倉、武田、本願寺らの反信長勢力はまだまだ大きく、信長はしばしば窮地に陥った。そんな中で、ようやく義昭、信長体制を確立した。しかし、ほどなくしてこの体制は破綻し、信長は義昭を河内に追放した。ここで室町幕府は終わるのである。

一五七五年には信長は右近衛大将に任じられた。これは天皇を守護する役目で、武官の最高位である。この後も反信長勢力はまだ強力だった。信長はしばしば死地に追いやられた。しかし、ついに浅井、朝倉を滅ぼし、伊勢長島、越前の一向一揆勢力をも殲滅し、八〇年には石山合戦で本願寺を屈服させて一段落をつけた。

この時点でもまだ信長の天下統一は正確にいうと完成していない。東には義昭の要請に応えて信長に対抗していた武田氏がいた。信長は一五八二年にはこれも倒した。西にもまだ敵はいた。次は毛利だった。義昭は武田の次には毛利を使おうとしていた。まだ、征夷大将軍の位にあった義昭の命令は、この下剋上の時代にあってもそれなりの効用があったのである。信長は毛利征伐の途上で明智光秀に裏切られ、本能寺で自刃する。

信長の一生は、天下統一を目指して、文字通り戦の連続であった。統一はならなかったけれども、その直前まで行った。大変な大仕事をしたわけである。信長がここまでやってこられたのは、彼の極めて勝れた時代感覚のためだといわれている。

信長は当時、まだ珍しかった鉄砲を多用した。武田の騎馬軍団も鉄砲隊の前には歯が立たない。鉄砲を買うために、信長は経済を大変重視していた。信長は、戦争はもう武力ではなく、経済力だと考えていた。また、時代を変えるためには何でもやる、という信念をもっていた。抵抗する者には徹底した武力攻撃を加えた。比叡山の焼き討ちや一向一揆の「根切り」は神仏をも恐れぬ信長の悪徳のようにいわれることもあるが、必ずしもそうとはいえない。

□ 天下統一

戦国大名の多くは自分の領国の経営で精一杯であった。そんな中で信長は自分の領国のことよりも天下統一を考えていたらしい。そして、それをもうやり遂げたと思っていたようだ。天皇から右近衛大将の位をもらった時点で、天下統一は成った、と信長自身は考えていたというのである。

このことに関して、松下浩『織田信長　その虚像と実像』（サンライズ出版、二〇一四年、九一―九三頁）は次のようなことを言っている。右近衛大将になった翌年、信長は安土城の築城を始めるが、これはそれまでにあった戦国大名の城とは全く違うものだった。安土城は、それまでには前例のない高い石垣を築いている。そして、その上に高層の天守を作っている。さらに屋根には金箔瓦を用い、鯱がつけられている。それまでの合戦用の陣城などとは全く違って、「見せる」ための城になっているというのである。遠くから見たときの外観だけではない。内部にも至る所に金が使われている。そして、一流の絵師と金具師が建物の中を飾っていて、芸術的香りが極めて高い。要するに、一般の領国支配の城とは全く違った、天下人の「格」がここには示されているというのである。

藤田達生『秀吉神話をくつがえす』（講談社、二〇〇七年）も似たようなことを言っている。安土城は室町幕府の将軍御所の系譜に連なるものだ、というのである。足利義満の北山第、義輝の二条御所、それに義昭の二条城に続くものとして建てられている、という。信長はこの将軍の城の流れに乗せて、安土城を作った、というのである（前掲書、一二〇頁）。

ハ　信長の求めた天皇の平和

前掲の本で松下浩が繰り返し述べていることがある。それは信長が一貫して「天皇の平和」を考えていた、ということである。割拠する群雄を倒して、自分がトップに立つということだけを考えていたのではない。そうではなくて、信長の目的は室町幕府の再興であったという。自分がトップになるのではなく、強い足利幕府を作り上げることだったという。将軍の役割のうち、最重要なものは天皇の敵を取り除いて天下静謐を達成することである。自分はその将軍を補佐して、天下静謐を成し遂げたい。それが信長の天下布武の真意であったという。しかし、結果的にはそうはいかなかった。途中で将軍の義昭がおかしくなった。仕方がないので、信長は将軍に代わって天皇のために指揮をとる役目を買って出た、というのである（松下浩『織田信長　その虚像と実像』前掲書、一二七―一二八頁）。

信長は新しいものをどんどん取り入れる人であった。しかし、根源のところでは極めて保守的な国家観を持っていた。常に天皇を中心に考えて、「天皇の平和」を考えていたというのである。

3―b　豊臣秀吉

秀吉は尾張の片田舎に生まれ、太閤にまでなっている。信長を継いで、日本の統一をしたのである。

イ　ネットワークに生きた男

秀吉は信長に仕えるが、清須（清洲）城割普請や美濃墨俣築城などでは驚異的なスピードで工事を完成させ、逸話を残している。秀吉は合戦の勇者として手柄を立てるよりも、こうした巨大プロジェクトのゼネラルマネージャーとしての力で出世をしてきたように見える。藤田達生は前掲書『秀吉神話をくつがえす』で、秀吉の財産は広い人脈と情報網であったとしている（前掲書、三一―三二頁）。藤田はまた、秀吉は百姓の子だということになっているが、実際は「非農民の子」であったと言っている。非農民が作っていたネットワークが、秀吉を支えていたというのである（前掲書、六七—七一頁）。

このことは付城戦法によく現れているという。付城戦法というのは、包囲戦で使う戦法だそうだ。敵の城を囲んで、円陣上に付城をいくつも並べる。付城は小さい城だが、そこには三階櫓が組んであり、見張りがいて、騎馬武者が二〇人、鉄砲の射手が一〇〇人ほどいる。こんな付城の外に主力軍をおいた陣城が作られる。こんなふうにして囲まれると、籠城している方は食糧補給ができない。だから降参する。秀吉はよくこの方法を用いたのだという。ただ、こんな付城を作るとなると、大変な資金と人手が必要になる。しばしば賃労働を用いて工事を進めねばならない。秀吉はこんなことを自分のネットワークを使って、素早くやりおおせた。戦国末の戦争は、もう刀だけの武士同士の戦ではなかった。資金とネットワークの戦であったというのである（前掲書、七一頁）。

さて、浅井氏が滅亡すると、一五七三年には秀吉は一二万石の長浜城の城持ちになった。そんなときに本能寺の変が起こった。毛利攻めの最中だった秀吉は、急遽引き返し、山崎で光秀を討った。光秀の天下は「三日」で終わった。

光秀討伐の後、すぐに秀吉は重臣たちを集めて会議を開き、信長の次男の信雄を安土城に入れて織田家を継がせた。そして自分はその家老になった。一方で大坂城の建設を進めた。これは、当初は信長が始めていたものだという。秀吉はそれを自分のアイデアでもって再開したのである。そのアイデアがまた雄大なものであった。大坂城ができたらここに内裏を移し、さらに諸宗派寺院を移転させるというものであったという。要するに、京から大坂への主都の移転を行うというものである。

秀吉はこの計画を安土の信雄の下の一家老として、推し進めた。しかし、実際にはこれは問題である。事実上ないがしろにされた信雄は家康と組んで秀吉に戦を挑んだ。小牧・長久手の戦である。家康、秀吉両雄の老獪な処置があって、この戦は引き分けとなった。戦争が終わった一五八四年、信雄は正五位下左近衛権中将に任ぜられた。秀吉は従五位下左近衛権少将に任ぜられた。しかし、同年の一一月には秀吉は従三位権大納言に昇っている。これは亡命中の将軍義昭と同格であったという（前掲書、一八六頁）。

秀吉はこの後、義昭の養子になろうと画策した。第一六代将軍になろうとしたのだという。しかし、これは「卑賤の者を養子になどできない」と義昭に拒絶された。怒った秀吉は、今度は近衛前久に近づき、その猶子になり、後には関白になった（前掲書、一八七頁）。位、人臣を極めたわけである。

ロ　秀吉の事跡

秀吉の行ったことは、大変大きかったと考えたい。戦国大名が群立していた状況を剛腕でもって整理し、統一国家を創り上げたのである。ある意味では日本に初めて国民国家を創り上げた人、それが秀吉だといってもよい。

秀吉はいわゆる太閤検地を実施した。一筆ごとに字地、等級、面積、石高、名請人を登録して、一地一作人制を徹底した。これでもって、荘園制は完全に消滅した。名請人はここに登録されることによって、百姓身分を確保し、耕作権を保証された。しかし、同時に年貢と夫役の義務を負うことになった。人々はみな、新しくできた日本国の構成員になったのである。

これは中世的な本領の考え方に対する、完全な否定である。自力で開発したのだから私領であり、他人がとやかくいう権利はないという考えは否定された。土地は国のものである。それは全て登録され、名請人を明記して、その人に耕させ、その人から年貢をとる、という考え方に変えられた。

大名の性格も完全に変えることになった。それまでの大名は自力で自分の国を経営していた。しかし、検地が終わってからはそうはいかなくなった。土地は全て国のものである。領主は国の指示にそって、それを預かっているだけである。当てがわれた分の石高に応じて軍役を負担するということになった。しかも、国の命令で転封が行われる。大名たちは土地から引き抜かれ、いわゆる「鉢植え大名」になったわけである。

検地は農地だけに行われたわけではない。山野や川、海も同じ考えで査定され、登録された。そして小物成が決定された。こうしたところは、たいてい村請けになった。村に法人格が与えられた。同時に自治権も与えられ、村は公的に確立したのである。自己救済の惣村ではなく、国の庇護のもとにある「村」になったのである。

IX—4　海への進出

戦国時代は内陸の経済が活性化し、社会も大きく成長したときであった。しかし、ある意味ではこの時代を特徴付けるもっと大きなことは、海域の活性化である。日本は海へ大きく関わるようになった。この傾向は室町時代にはもう起こっているのであるが、それが一層増幅されたのは戦国時代である。
海の世界というのは、内陸の世界とは全く違う。何度か述べたように、ここは一衣帯水の世界である。一つの港に現れた考え方や生き方は、時を移さず何百キロメートルも離れた港にも移っていく。船乗りが運ぶのである。船乗りは基本的には旅人だから、港は旅人たちの集まる社会でもある。それは何世紀にもわたって土地にしがみついて住み続ける農民の村社会とは全く違う。

こうして海は陸とは全く違う世界なのである。戦国時代になると、この海の世界に日本人たちは乗り出していったのである。戦国時代の海は倭寇の海と言われているが、これは前期と後期の二つに分けられている。前期は一四世紀から一五世紀にかけてのものであり、後期は一六世紀である（田中健夫『倭寇　海の歴史』教育社、一九八二年、一八頁）。この二つの時期に分けて、海の様子を見てみたい。

4―a　前期倭寇の時代

イ　前期倭寇

倭寇という言葉は、誤解を招く言葉である。悪事を働く日本人という意味になるが、それは事実とはだいぶ違う。

そもそも海域の秩序維持は陸域とは全く違った方法で行っている。ここでは漁撈や交易、略奪というものは混然としたもので、それは海域の人たちの個人的つながりで、そう事を荒立てずにスムーズに行われている。ここは自力救済という暴力の世界であると同時に顔見知りの連中の情の世界でもある。そんなところに、お前たちのやり方は国のやり方には不都合だということで、活動そのものを停止させようとしたのが海禁である。明の海禁令が出されると、海域全体から総反発が起こった。米類を運ぶ船が襲われ、米倉が破られた。人さらいが行われた。さらった人間は奴隷にして売られた。こうしたことを行ったのは、対馬や壱岐や松浦地方の人たちだった。これはみな海に生きる地方である。この地方に巣食っている海賊衆や浮浪者ももちろん、商人や名主や荘官、地頭までもが加わって、この活動を行ったのである。しかも日本人だけではない。多くの朝鮮半島の人たちも加わって行ったのだという。海民たちが行った自衛のための闘争だったのである。

□　勘合貿易

明の海禁政策に真っ向から対決するのではなく、それを利用する勢力もあった。勘合貿易がそれであった。明は朝貢貿易しか許さなかったから、足利義満は明皇帝に表を送って冊封を受けた。そして、日本国王の立場で朝貢貿易を行った（田中健夫『倭寇　海の歴史』前掲書、六八―七〇頁）。明の、いわゆる勘合貿易である。勘合貿易は一四〇四年に始められ、一五四七年まで続いたが、その間一七回行われ、八四艘が渡航した。勘合貿易は実際には天子への進貢の部分と、公貿易、私貿易からなっていた（平凡社『大百科事典』）。私貿易になると、もう商人たちの商取引と同じである。また、この勘合貿易は基本的には幕府が行うものだが、後には大内氏のような人が代行することになった。とにかく海禁令の手前、形を整えて実質的な交易が行われたのである。日本からは刀剣や硫黄が、中国からは絹糸や銅銭が運ばれた。

ハ　ダミー国家　琉球

倭寇の海、朝貢の海というのは、実際には多様な内容を持っていたらしい。琉球の場合は、ある意味では最も海民らしい状況が生まれたのであるが、その様子を見てみよう。

明の太祖洪武帝が海禁令を発布したのが一三七一年である。その目的は沿岸部と近海を跳梁する倭寇や密貿易勢力を抑え込むことだった。沿岸防備を固め、住民の渡海を禁じた。この強硬策とともに、太祖は外交交渉による華夷秩序の回復も目指した。招諭の使者を安南、チャンパ、ジャワ、高麗、日本、琉球に派遣し、朝貢を促したのである。これに応えて琉球は一三七二年、中山王が明に朝貢した。山南王、山北王もこれに続いた。明は海禁令の翌年招諭に応じて朝貢船を出した中山王を、そして続く数年のうちに山南王、山北王を冊封体制に組み込む。そして、島尻佐敷の豪族尚氏の三山統一によって、琉球王国が一四二九年に建国した。これ以降、琉球国は明の属国として生きる。

明は琉球に対しては特別の優遇策をとった。例えば洪武・永楽年間に海船三〇隻を与え、また朝貢業務を行う中国人居留地の久米村を作った。また、福州に福州琉球館を置き、朝貢貿易の業務を支えた（岡本弘道『琉球王国海上交渉史研究』榕樹書林、二〇一〇年）。この状況をどう見るかだが、村井章介は、琉球は明の貿易商社になったと言う（『アジアのなかの中世日本』校倉書房、一九八八年、一二九―一三一頁）。これは面白い見方だが、海域に生きる海民に焦点を当てる視点からすると、私は福建の海民たちが急遽、国を仕立てたと考えたい。久米村は一三九二年に明朝から閩人三六姓を下賜されたのが始まりとされ、その華僑社会は朝貢業務を習得して来た琉球官生とともに、海上交易活動を根幹とする琉球国の原動力であったことが再認識されている（吉成直樹『琉球の成立――移住と交易の歴史』南方新社、二〇一一年、二一四頁）。

海禁令では一般海民の交易活動は一切禁止された。許されるのは国王が冊封を受け、朝貢貿易をする場合だけである。こういう事態にいたって、閩の海商たちは国をでっち上げたのである。琉球国は、それ以降、明への朝貢貿易はもちろん、東南アジア方面に極めて活発に交易活動を行っている。一四二五年から一五七〇年の間に、琉球はシャムやマラッカ、パタニ（南タイ）に一〇〇回以上の航海を行っている。

足利幕府が勘合貿易を行ったのとほぼ同じ時期に、福建の海商たちは琉球という国を作って朝貢貿易の形を整え、交易活動を展開したのである。

4―b　後期倭寇の時代

イ　後期倭寇

倭寇は勘合貿易や琉球王国の貿易が行われると、少し下火になった。倭寇たちもこれに合流して働き場にありつくことができるようになったからであろう。すると海禁の取締りは緩くなった。

海禁が緩むと、また倭寇の活動は活発になり、かつ大規模になった。今度は強大な武器をもって取締りに対抗する者も出てきた。主力は華中や華南の商人だった。

このときの海商の一人が王直である。王直は、最初は塩商をしていたのだが、海禁が緩み出した一六世紀前半に貿易に乗り出し、東南アジアの物産を日本へ輸出する仕事を中心に活動し出した。たちまちのうちに、何千人という海商が彼のもとに集まった。王直は長江河口の舟山列島と長崎の五島列島を拠点とし、日本では平戸に居宅を置いて、そこには妻子を住まわせた。

私は舟山群島に行ってみた。杭州湾の入口に散らばる島々である。寧波から定期船が出る。瀬戸内海の備讃諸島か、芸予諸島に入ったような感じがした。これだけ島が多く入り組んでいると、確かに海賊基地としては最適の場である。王直はここに何千という船をおいて、海賊活動をしていたらしい。平戸の方には商品が荷揚げされて、それを買いに来る商人たちが集まり、まるで京都にも比べられるような賑やかな場所だったという。倭寇というけれども、彼らは間違いなく一つの王国を作っていたのである。

ところで面白いと思うのは、倭寇の拠点が官憲によって破壊されたときのことである。もちろん中国人が大量に加わっていたのだが、日本人も多くいたらしい。拠点が破壊されると彼らは薩摩、肥後、長門、大隅、筑前、筑後、日向、摂津、播磨、紀伊、種子島、豊前、豊後、和泉に逃げ散ったという（田中健夫『倭寇　海の歴史』前掲書、一六七頁）。これだけの地方出身の日本人が参画していたらしい。西日本の海岸地帯からは、海に生きる民が馳せ集まっていたのである。倭寇を、単に海賊という簡単な言葉で片づけてしまうと、誤ったイメージをもってしまう。敵船を襲う、ならず者の集まりなどといったものではないのである。東シナ海から瀬戸内海、太平洋岸にかけて住んでいた海民たちが、お互いに連携をとって生きている、そういう普通の社会だった。戦国時代日本には、そうした海に生きる社会が広く存在していたのである。

□　南洋の日本人町

戦国時代には、こうして日本列島の海岸からは多くの人たちが東シナ海あたりに乗り出していた。そういう中で、いわゆる南洋の日本人町というのが作られた。日本人町というのは一六世紀中ごろから一七世紀のはじめ、すなわち江戸幕府が鎖国令を出すまでの間に、東南アジアを中心に作られた日本人の居住地である。日本人町の代表的なものは、中部ベトナムのホイアン、タイのアユタヤ、フィリピンのルソン、カンボジアのプノンペン、ベトナムのトンキン、台湾などにあった。先に見た日本の海岸が活性化したときに、多くの人たちが出て行った。彼らは海賊や船乗りや商人、破産者、追放キリシタンなどだったという。

こうした進出者のうちの代表例は、山田長政である。この人は沼津の人で、領主の駕籠かきをしていた。しかし、一六一二年にアユタヤに渡った。アユタヤにはすでに一〇〇〇人ほどの日本人がいたのだが、すぐに彼はそのグループの親分的存在になった。

アユタヤにはもともと多くの日本人が渡っていたようである。一五九三年にはアユタヤはビルマと戦っているが、その時にも五〇〇人の日本人がアユタヤ側の兵士として戦ったのだという。そんな伝統のあるところに渡った長政は、すぐに頭角を現し、王の信任を得てタイ王国の最高官位を与えられた。その後、王位継承問題に絡んでいき、武力でもって反対派を倒したりしている。しかし、打ち続く派閥抗争に巻き込まれて、南タイのリゴールの総督に遠ざけられ、そこで毒殺されてしまった。

長政を通じて言えることとは、力のある日本人が単身アユタヤという異国の主都に渡り、そこで同胞の力を武器に国の内政を左右するような実力者に伸び上がっていったということである。後期倭寇のこの時代には、そういう場があったということである。

ちなみに、この頃のアユタヤの地図がある(図32)。チャオプラヤ川の川港である。海から一〇〇キロメートルほどはいったところに、川の湾曲部をうまく利用して王都が築いてある。そこには王宮といくつかの寺とバザールがある。そして、そのすぐ下流にはいくつかの外国人居留地がある。川の東岸で一番海に近いところには、日本人区がある。川沿いの間口一キロメートルほどで、幅五〇〇メートルほどのものである。そこに一〇〇〇人ほどの日本人がいた。同じ東岸で、日本人区のすぐ北には水路を隔ててオランダ人区とイギリス人区があった。川の西側にはポルトガル人区、マレー人区、ベトナム人区などがあった。港は極めてインターナショナルな構成をしていた。王は、こうして多くの外国人を集め、そういう外国人を適宜使い分けて治安を維持し、交易活動をしていたのである。日本人は交易者であると同時に傭兵のような働きを多くしていたらしい。

アユタヤにいた日本人交易者のひとつの大きな取引品目は鹿革であったという。戦国時代から江戸初期にかけて、鹿革は日本で大きな需要があった。防寒具や武具として多く売れたのだ。毎年、何十万枚という革が売れていたという。ところで、この鹿革に関して、こんな問題が起こっている。日本人商人は鹿革採取の時期に入ると、いち早く現場に入ってその革を全部買い占めてしまった。鹿革を日本に売りつけよ

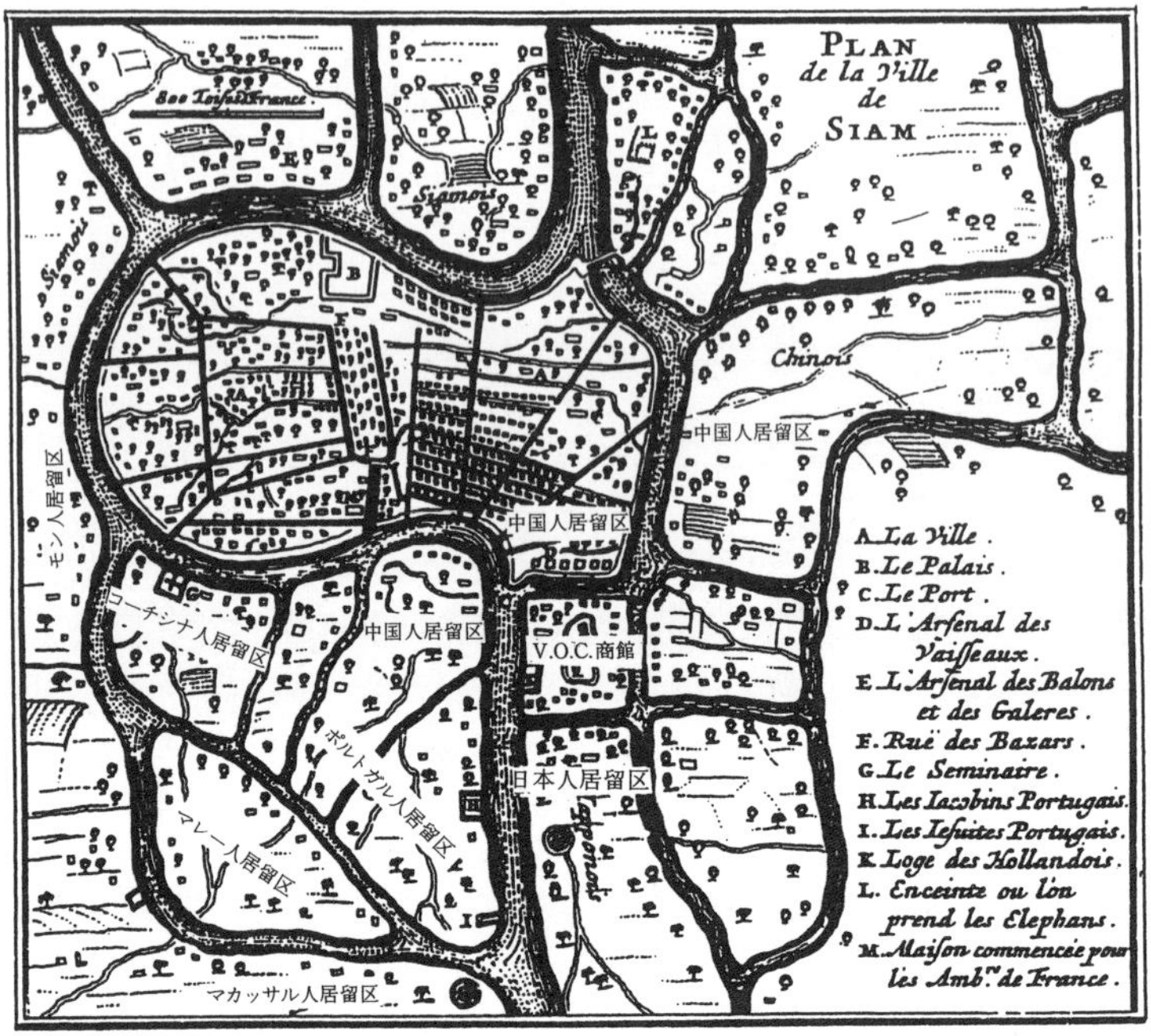

出典：Simon de la Loubère, *The Kingdom of Siam*. Singapore：O. U. P., 1986.

図32●河川に囲まれたアユタヤと外国人居留区（石井米雄「「港市国家」としてのアユタヤ」石井米雄・辛島昇・和田久徳編著『東南アジア世界の歴史的位相』東京大学出版会、1992年、86頁より引用）

うとしていたオランダ人は一枚も得ることができなくて、王に直訴した。すると王は、日本人町を焼いて、その直後に鹿革を王の専売品とした。これが起こってからは、すぐに日本向けの鹿革貿易はオランダの独占するところとなった。この例でも分かる通り、いろいろの駆け引きが錯綜する中で、実力勝負で交易活動は行われていたのである。

　東南アジアに散らばった日本人町は、上に見たアユタヤのようなものばかりではない。土地ごとに違った生き方をしていた。ホイアンはかつてチャム国が栄えたところ（第一部参照）だが、この場合は比較的安定した住み分けが行われていた。中国人区、ベトナム人区、日本人区があって、それぞれに安定した社会を作っていた。ここには一〇〇〇人の日本人がいて、角屋七郎兵衛のような大商人もいた。そのときの日本人社会が作った日本橋は今も残っている。

マニラの場合は、また違っていた。この町はスペイン人が支配していて、日本人は城外に二〇〇〜三〇〇人の塊で住まわされていた。多くの日本人はスペインの傭兵になっていて、中国人弾圧などをやっていた。やがて、一七世紀に入ってキリシタンの亡命者が加わって、人口は三〇〇〇人にもなった。こうして強大勢力になると、反乱を恐れたスペイン政府から組織的な弾圧を受けるようなことになった。

南洋における日本人の活躍はいろいろであったが、一六世紀になって、日本が銀を産出するようになると、一気に増大したようである。

ハ　銀の時代

前期倭寇と比べると、後期倭寇は一段とスケールが大きかった。それ以上に大きな違いは、後者になると銀が現れ、これを中心に海域活動が行われたということである。一五三三年に石見の銀山が開発されて、日本は一気に大変な金持ちになった。この銀でいろいろの物産を買いまくったのである。それまでの南海物産もさることながら、これ以降は中国の生糸や絹織物を大量に買うようになった。要するに、絹・銀貿易が始まったのである。そして、この中継貿易は儲かる仕事ということで、中国人海商やポルトガル人、それに日本の海民が殺到して一大活況が現れることになったのである。江戸時代になっても鎖国令が出されるまでは続くのである。

鎖国に入るまでの幕府は朱印船貿易をやっていた。一六〇四年から一六三五年までの三二年ほどの間に三五六隻の朱印船が出ている。多くは二〇〇〜三〇〇トンの船だったという。島津、松浦、有馬などの大名が出す他、日本人商人、在留中国人、ヨーロッパ人も朱印状をもらって船を出した。行き先は中国、東南アジアと台湾である。日本からは銀、銅、銭、硫黄、樟脳、米などを出し、先方からは生糸、絹織物、綿織物、皮革、蘇木（染料材料）を入れた。

日本列島の産出する銀の量は膨大なものであったから、この貿易は活況を極めた。それに加えて南米産の銀も到来するようになった。一五七〇年代になると、マニラが建設されて、ボリビアのポトシ銀山の銀も入って来始めたのである。

一方の明国はこの銀をどうしても必要とする状況にあった。

明は当時、「北虜南倭」といわれる国難を抱えていた。南には倭寇の活動があった。北からはモンゴル系の騎馬民が攻め入って来ていた。タタール部のアルタン・カンが毎年攻めて来た。一五四二年には山西省に攻め入り、二〇万人を殺した。一五五〇年には一時、北京そのものが包囲された。明政府は万里の長城の修築をし、北縁に兵をはりつけておくことが不可欠なことだった。長城の修理費や兵士への給与、それにそれらの要員のための食糧購入に莫大な量の銀が必要だったのである。その銀が日本から東シナ海を渡って中国に運ばれた。

4―c　ポルトガルの参画

後期倭寇の時代になると、ポルトガル人が参入するようになって、全体の様相は大きく変化した。

イ　ポルトガルの出自

一五世紀のポルトガルは、イスラームに占拠されていたイベリア半島からイスラーム教徒を追い出し、自分たちの国を建てた。小さい国だったが、自分たちの未来は海だということで、すぐに大西洋の島々に探検に出ている。これが彼らの歴史の始まりである。これ以後、彼らは海外探検を繰り返し、その延長で種子島にも来ているのである。

当時、ポルトガル人をこうした探検に駆り立てていたものは、ローマ法王の「教皇大勅（教）書」だった。そこでは「異教徒を征伐して改宗させれば、そこの支配権を認めよう。その土地を自分のものにしようが、そこの人間を奴隷にしようが、構わない」と書かれているのだという。一四八八年には、彼らは大西洋を南下して、アフリカ大陸の最南端にまで達している。一四五六年に得た大勅書には、「アフリカの南端に到るまでの全ての地の征服権はポルトガル王に与える」と書いてある（井沢実「大航海時代の先駆者ポルトガル」『大航海時代叢書Ⅱ』岩波書店、一九六七年、九六―九七頁）。

ポルトガル人にとっては軍艦を連ねて行って、征服すればその地は自動的に自分のものになったのである。この論理で、アジアの海にまで入って来た。アフリカは簡単にとれた。アジアの海でもマラッカやマルクなど、一部のところは大砲で破壊して自領にすることができた。しかし、さすがに南シナ海や東シナ海に入ると、そう簡単に自分のものにすることはできなかった。

一五一一年、マラッカを占領して自国のものにしたポルトガルは一五一七年には南シナ海に入って来て、明政府からマカオに居住することを許され、王直に連絡をとって倭寇に加わった(田中健夫『倭寇　海の歴史』前掲書、一二〇―一二二頁)。そして、一五五〇年には平戸に来て、領主の松浦氏から平戸の入港を許されている。それ以降、平戸を拠点にして一六三九年まで、いわゆる南蛮貿易を行うのである。

東シナ海に入って来た時点でのポルトガルは、おとなしくなっている。しかし、基本はあくまで侵略し、国を奪うことと、カトリックの布教なのであった。

スペインのことも簡単に見ておこう。スペインはポルトガルより少し遅れて大西洋に乗り出した。しかし、アフリカ西岸を南下することはできない。すでにポルトガルが押さえてしまっているからである。だから大西洋を西に進んで新大陸を発見した。この時、ポルトガルとスペインは二国で地球全体を二分して所有することを決めている。大西洋のほぼ真ん中に南北に線を引いて、これより東にあるものは全てポルトガルのもの、西にあるのは全てスペインのものと決めている。いわゆるトルデシーリャス条約である(F・ドルーシュ編・木村尚三郎監修・花上克己訳『ヨーロッパの歴史　欧州共通教科書』東京書籍、一九九四年、二〇二頁)。そして、これもローマ法王のお墨付きを得て、有効な国際条約だとしている。身勝手この上ない取り決めだが、彼らはそういうことを神の名において正しい、としてこれを押し通すのである。

スペイン勢は実際一五二一年にはアステカ王国を征服し、そこの豊富な銀鉱を開発し、住民のキリスト教化を行っている。虐殺と苛酷な労働とスペイン人の持ち込んだ病気のために、一六世紀の二〇年代のメキシコ中央高原推定人口二五〇〇万人は、一七世紀初頭には一〇〇万人にまで減少したと推計されている(『平凡社大百科事典』)。初期の入植者に同行したドミニコ会士ラス・カサスは、一五四一年、スペイン国王カルロス五世に提出した報告で、スペイン人たちが中南米全域でインディオを虐殺し、全滅させている悲惨な悪行を報告し、告発している(ラス・カサス著・染田秀藤訳『インディアスの破壊についての簡潔な報告』岩波書店、一九七六年)。メキシコ人を人間だと認めないスペインの暴虐が、こういう結果を招いていたのである

ロ　キリシタンと鉄砲

この時代になると、キリシタンと鉄砲という、今までになかった新しい要素も加わった。

キリシタンは一五四九年、イエズス会の宣教師フランシスコ・ザビエルが初めて日本に伝えて広まった。これは貿易の利を求めた北九州の大名の間に受け入れられて広がっていった。一五五一年、豊後の大友義鎮はザビエルを自領に招いて会談し、キリスト教の受け入れと少年団のローマへの派遣を決めている。肥前の有馬晴信も同じような交渉をしている。大村純忠は長崎を開港し、長崎、茂木をイエズス会に寄進している。九州西岸にはポルトガル海商とイエズス会が強力な基盤を作りかけていたのである。

一方、堺はもう一つの強力な拠点になっていた。もともとここは室町時代から海外貿易を行う商人たちの拠点だったのである。ここには会合という自治組織があり、強力な力をもっていた。信長に矢銭を出し、

信長の直轄地で事実上、一つの自由都市のような様相を呈していた。貿易をやる、鉄砲を作る、宣教師を受け入れる、茶会もやる。エネルギー溢れる人たちが集まっていたのである。

商人の中には、例えば納屋助左衛門という人がいた。フィリピンのルソンと盛んに交易していたので、呂宋助左衛門とも呼ばれていた。彼はルソンの高価な壺を秀吉に贈ったりしている。しかし、あまりに豪奢な生活をしていたので秀吉に睨まれ、闕所になっている。闕所になった後、助左衛門はカンボジアに渡り、そこで商人の頭目になったという。

今井宗久という豪商もいた。この人は豪商であると同時に鉄砲作りをやっていた。堺の近くの我孫子に職人を集め、新しく日本で知られるようになった鉄砲を大量に作ったのである。戦国大名たちが、争ってこれを買ったのだという。

小西隆佐という豪商もいた。この人はいち早く自分自身がキリスト教徒になり、宣教師と深く付き合っている。

ここには最先端の情報が集まっていた。日本人町を通じての情報や、キリシタンを通じての情報も集まっていた。また、技術が集まっていた。日本を大きく左右する力を持つところだったのである。とりわけ鉄砲を大量に作っていたということは、充分に留意しておく必要がある。

『信長公記』によると、信長は伊勢で作った巨大な船をもっていて、そこには大砲を据えていた（太田牛一著・中川太古訳『現代語訳信長公記』前掲書、三一八頁）。この軍艦で一向衆の立てこもる大坂を封鎖していたという。鉄砲（種子島銃）だけではなく、大砲（石火矢）の時代に入っていたのである。

八　秀吉の朝鮮出兵

秀吉の朝鮮出兵は、こんな状況の中で起こっている。アジアの海は極めて活発に動いていた。その中では日本が主役だといってもよいような状態に入っていた。日本は一六世紀の末には、もう世界で最も多くの鉄砲を持つに到っていたという。銀をふんだんに持っていた。これも世界第一といってもよいほどに持っていたから、経済的にも大変強い。そして堺の情報センターがあった。

秀吉はしばしば堺に出かけて、千利休や今井宗久、津田宗及、小西隆佐らと茶会を開いたという。当時の茶会は極めて豊かな内容を持つものだったという。茶を楽しみ、禅も語り、国際政治を考え、商談もする場でもあったらしい。こうした中で、秀吉は東アジア海域世界や中国大陸の現状を分析し、大きく夢を膨らませたらしい。

文禄の役（一五九二年）の時には一六万の軍が出動した。目的は明国を滅ぼして、その地を家臣に与えるということであったという。この遠征のための道案内として朝鮮を使うということであった。

一五九二年には日本軍は漢城（現ソウル）を陥落させ、さらに北上した。しかし、結局撤退している。そして明国との間で講和条約を結んだ。このとき、日本側から出された条件は七か条あったが、その主なものは三点であった。第一は、明皇帝の娘を天皇妃とすること、第二は勘合貿易の復活、第三は朝鮮領土の割譲であったという。一方、明側からは、大坂城に冊封使を派遣し、秀吉を「日本国王」に封ずるというものであった（林屋辰三郎『日本の歴史　一二巻　天下一統』中央公論社、二〇〇五年、四七〇—四七一頁）。

しかし、この講和は成立しなかった。結果的には秀吉の出した条件は無視され、冊封だけが行われた。こんなことが起こったのは、小西行長と明の沈惟敬が画策した芝居だったからだという。激怒した秀吉は、一五九七年には再度、朝鮮に攻め込んだ。これが慶長の役である。この遠征では日本軍は苦戦をした。そして翌年、秀吉が死ぬと撤兵して戦は終わった。

この事件は、途方もないことのように見える。しかし、当時の状況からすると、それほど突飛な事件だったとは言い切れないのかもしれない。秀吉自身は戦勝のあかつきには天皇に北京に来ていただき、自分は寧波に移るつもりだと語っていたという（「組屋文書　山中長俊書状」『小浜市誌　諸家文書編一』一九七九年、一三七―一四〇頁）。秀吉のイメージの中では、中華世界というものがあり、それは陸中国と海中国からなっている、天皇（天子）の居場所は陸中国だが、経済の中心は海中国であって、自分はそこに居座って海域世界全体を支配したい、と考えていたのかもしれない。戦国時代末というのは、こういうことが為政者によっても本気で考えられる時代だったのである。

第X章

近世日本国の成熟——江戸時代

戦国時代は混乱の時代であった。それを修復して国を成熟させたのが江戸時代であった。

X―1　徳川幕府

1―a　幕府開設前後の国際情勢

幕府開設前後の国際情勢は、かなり厳しいものがあった。とりわけポルトガルが持ち込んだキリスト教が大きな問題であった。

日本列島のキリスト教は、一五四九年、ザビエルがマラッカから弥次郎（またはアンジロウ、アンゼロ等と表記される）を伴って鹿児島にやって来たときから始まる。その後、一六世紀の中頃には戦国大名の大村氏の下の土豪だった長崎氏の居館の近くに最初の拠点が作られた。一五六九年にはここにイエズス会の教会が建てられた。すると急速に人が集まり、一五九〇年には五〇〇〇人、江戸時代初めの一六一一年には一五〇〇〇人、一六二六年には四万人の町になった。こうして長崎は港として大発展した。ここにはポルトガル船を中心にして、中国船、スペイン船、オランダ船、それに日本の朱印船が集まった。

ポルトガル船はもともとは平戸に来ていたのだが、松浦氏がキリスト教を嫌うようになったので、長崎氏のもとに来るようになったのである。一五八〇年、ここの領主であった大村氏はイエズス会に茂木村とここの検断権を与えるなどして、ポルトガル勢を優遇した。やがてイエズス会は教会領に住む住民にキリスト教への転宗を強制した。そして、土地の要塞化を始めた。町は完全にキリスト教徒の町になり、全体はポルトガルの植民地のような恰好になった。

この様を見た秀吉は、一五八七年には「宣教師追放令」を出し、教会領を没収し、直轄地とした。理由は、宣教師のガスパルが、キリスト教徒の領主に対して一層の軍事援助を行うためのフスタ船を一艘作らせるといった、秀吉に対する思慮を欠いた振る舞いがあったためである（高瀬弘一郎『キリシタン時代の研究』岩波書店、一九七七年、一一六頁）。

やがて秀吉は死んで、徳川幕府の時代になった。徳川幕府も貿易全体の管理を考えて、貿易船は長崎港に集まるような手を打った。徳川幕府とポルトガルの関係は秀吉のときほど険悪なものではなかった。当時は秀吉の朝鮮出兵事件もあり、日明関係は冷えきっていて、日本はポルトガルを使う以外に大陸の物産を入れる手段がなく、幕府はポルトガルを使ったのである。

しかし、やがて島原の乱が起きた。島原と天草の農民が一六三七〜三八年にかけて起こした激烈な一揆であった。ここは有馬、小西の二人のキリシタン大名の土地で、キリシタンの農民が多かったのだが、この二人が転封になり、松倉、寺沢の新しい領主になると、キリシタン弾圧が始まった。これがもとで一揆が起こったのである。一揆は壮絶を極めた。背後にポルトガルとイエズス会があったことは充分に想像される。

この乱があってから、幕府の対ポルトガル政策ははっきりと決まった。このまま放置しておくと日本が危ない、と幕府は判断したのである。ポルトガル勢を長崎から追放した。そして、そこに残った人間を改宗させ、その人たちに交易権を与えた。こうして長崎を幕府の交易の拠点にしたのである。

ポルトガル商人とイエズス会のタッグマッチは、決して普通の交易活動ではなかった。その背後には極めて大きな野心があったのである。そして、さらにこの二つの背後には、当時、世界最強の海軍国といわれたスペイン王国がひかえていた。ポルトガルとスペインの海外遠征の基底には、世界中を自国領にし、カトリックの世界にするという考えが決して消えていなかったのである。

徳川幕府はそんな国際情勢の中で、国家経営をしていかねばならない状況だった。

1―b　幕府の政策

イ　鎖国政策

ポルトガルの意図が上に述べたようなものであったから、徳川幕府は慎重に交易活動を監視した。幕府の発給する朱印状をもった船だけが中国や東南アジアと日本の間を航海して、長崎に入ることが許された。日本人海商や在日中国人、ヨーロッパ人がこの許可証を受けて交易活動を行った。しかし、この交易活動も一六三五年以降は中止になった。とりわけ日本船の海外渡航は一切禁止になった。これが鎖国である。

しかし、鎖国後も唐船の来航とオランダ船の入航は許された。唐船は日宋貿易の時代から続いている伝統的な交易である。中国の絹や東南アジアの香薬などを日本に運んだ。オランダについていえばオランダ東インド会社が一六〇九年、幕府の許可を得て平戸に商館を開いた。一六四一年、ポルトガルが長崎から追放されると、以後幕末まで、オランダは鎖国時代に日本に入って来ていた唯一のヨーロッパ勢として日本と交易を行った。

オランダという国は面白い国である。ヨーロッパの異端児といってもよい。宗教戦争で敗れたユグノー派の人たちがフランスから北海沿岸の低湿地に逃げ込んで建てた国である。逃げ込んだが一五五五年にはスペインの植民地になった。しかし、一五八一年にはその支配をはね返して、一部が独立している。独立すると、商業立国を目指し、一六〇二年には東インド会社を作ってモルッカ諸島の香料貿易に参入したのである。しかし、東南アジアでの活動が必ずしもうまくゆかず、日本にやって来て銀貿易に入って来たのである。中国の絹や東南アジアの香薬、鹿皮などと銀を交換する中継貿易に参入したわけである。このための幕府の許可を得たのが一六〇九年である。

オランダ人たちが差し出した国書は、スペイン、ポルトガルがカトリック布教を通じて侵略的植民政策を進めることに注意を促している。そしてオランダ貿易のための通商許可を得た（岩生成一『日本の歴史一四巻　鎖国』中央公論社、一九七四年、四二三頁）。ひらたく言うと、「ポルトガル人は危険です。日本人をキリスト教徒に変え、日本をとってしまうことを考えています。私たちは同じキリスト教徒ですが、プロテスタントだから安全です。日本人を改宗させようなどとは全く考えていません。交易がしたいだけです」といって、幕府から交易の許可を得たのである。オランダ人のやり方は商人のやり方だった。商館長の江戸参府が繰り返され、一八五〇年までの間に一六〇回の江戸詣が行われている。この間に、幕府はこのオランダ人から世界の情勢をいろいろと学んだ。持ちつ持たれつだが、幕府は上手い具合に情報源を確保していたわけである。

ロ 「四つの口」

このように、鎖国というけれども、完全に国を閉じていたわけではない。江戸時代には長崎を含めて「四つの口」が日本列島には開いていた。この四つの口を通じて、江戸日本は外国と通じていた。長崎以外の三つの口は「対馬口」、「薩摩口」、「松前口」である。以下、石川清「鎖国体制下、外国への窓口は長崎だけではなかった」（藤原清貴編『江戸時代の見方が変わる本』洋泉社、一九九八年、六三—七五頁）を参考に四つの口を見てみたい。

(i) 対馬口

徳川幕府は対馬の宗氏を通じて中国情報を得、中国との交易さえ行っていたという。

私自身は対馬のような大国に挟まれた小国は、特有の知恵を持っていて、それでうまく生きていたのだと思っている。大国に利用されるだけでなく、自ら進んで仲介者になり、その旨味を獲得していた、とそのように考えている。仲介者の旨味というのは実際には両属することによって得られる。両属とは、弱いから両方に服して生きていくというような受け身なものではない。間に入って、両大国の意図を充分に理解し、両者が納得するようなシナリオを作って、それを両者に認めさせる。そういう生き方だと私は思っている。

対馬には有名な国書偽造事件（柳川一件）というのがあった。飛脚役をする人間が途中で信書を書き直して相手に手渡すものだから、重大犯罪である。徳川将軍からの国書も、朝鮮王からの国書も勝手に書き変えたのだから、両方から叩き潰されても文句のいえない犯行である。しかし、結果的には潰されなかった。宗家の知恵が両大国のメンツをつぶさないシナリオを描いたからである。

私は徳川幕府も対馬のそういう能力をちゃんと認めていて、ここを窓口にしていたのだと考えている。

(ii) 薩摩口

薩摩は江戸から遠く離れた土地である。これほど遠く離れていると、江戸からの監視は効かない。ここは密貿易がいくらでもできるところである。こういう所がひとつの「口」になることは、自然の理であろう。それにここはもっと特殊な条件が重なっていた。江戸時代の始めに薩摩藩は三〇〇〇の兵を送って、琉球王国を併合してしまった。江戸幕府はこれを認めて、琉球は薩摩藩の一部だとした。

しかし、もともとは琉球は明国の一部である。この薩摩の侵略は、だから表立って国際社会に出せば大きな問題になるところである。しかし、そうはならなかった。琉球は日・明両国への両属ということになった。これは対馬の場合よりも、もっとはっきりとした両属と認められた。日本も明国も琉球も、ここで事を荒立てて交易活動が停止することは得策でないと考えて、両属ということで折り合いをつけたのである。

「薩摩口」というのは、こういうことで明国に大きく口を開けたものになった。この琉球の両属という国際関係は清国時代になっても続いた。

(iii) 松前口

ここは上の二つとは少し性格が違う。蝦夷地は江戸時代、日本のフロンティアだったのである。平安時代には律令日本国のフロンティアは箱根を越えてすぐのところにあった。鎌倉時代になると、それは宮城県辺りになり、室町時代には日本海側の十三湊がそれだった。そして江戸時代になると、松前まで北上するのである。

フロンティアには、いつも異境の人たちとの交易と国防という二つの任務がある。そういう形で口は開いているのである。松前藩には蝦夷地から出る鳥獣などのいろいろの物産の他に、周りの海からとれるニシンやコンブが集められた。もっと遠く、サハリンやシベリアの方からやって来るテンの毛皮なども重要な交易品だった。本州側からは鉄鍋などを出して、それらと交易した。もっとユニークなのは、いわゆる山丹貿易があった。黒竜江周辺から蝦夷錦などが入って来た。これはテン皮の見返りに清から下賜されたものである。それが黒竜江の商人の手を経て松前に入って来たのである。

一八世紀末になると、ロシアの南下が激しくなってきた。すると、ここは国防の拠点という役目をもたされた。松前の城は日本で造られた最後の城であった。ロシアの大砲に対抗するためにフランス人技師を雇って造った城だといわれている。

秀吉が検地を行い、兵農分離という大技を行ってくれたので、家康はその成果を受け継いで幕藩体制を固めていけばよかった。

八　参勤交代

江戸時代の大名は、戦国時代の大名と比べると、二つの点で大きく違う。第一は、鉢植えされた大名であることとである。第二は、参勤交代をする大名だった。鉢植え大名についてはすでに見た。

参勤交代というのは江戸への参府である。藩主は一年間領地にとどまると、次の一年間は江戸に詰めるというものである。従臣は君主のもとに赴いて臣下の礼を捧げるというのが礼儀である。江戸にはしばしば妻子を人質として置いたから、謀反防止の手立てでもあるともいわれている。

参勤交代はまた、藩にとっては大変な出費でもあった。大藩だと二〇〇〇人ほどの人たちが藩主について江戸に向かった。小藩でも二〇〇人から三〇〇人の人が動いたという。これ自体、大変な出費である。それに江戸滞在中はこれだけの人たちが生活していくための費用もいる。参勤交代は財政の面でも藩を苦しめる手段にもなっていたわけである。

参勤交代は、一方では、国全体にとっては大きなプラスの効果があったともいわれている。まず経済効果である。

何百人、時に何千人という人たちが街道を動くのであるから、街道の整備や宿場の繁栄には大きな効果があった。街道筋の治安もよくなった。庶民の旅を誘発する効果もあった。やがて伊勢参りなどが流行して、毎年何十万人という人たちが伊勢神宮に参拝するということも起こった。

各藩は参勤交代の出費をまかなうために、年貢米や特産品を大坂に出して現金化した。大坂ではそれらを加工したりして全国に販売した。大坂は市場として大発展することになる。もちろん江戸の人口は急増した。藩主や藩士が大勢滞在して武家屋敷ができた。それらの人が生活できるように食品や日常品やサービスを提供する店が作られた。こうして武家屋敷と下町も大きく広がった。今までほとんど何もなかった江戸は、急に大人口を抱える大都市に発達したのである。こうして日本列島には大坂と江戸という二つの経済拠点が生まれた。参勤交代という大プロジェクトのおかげで、この二つの拠点を中心に日本列島全体が活気を帯びるようになったのである。

参勤交代は、もう一つ大きな効果を結果したといわれている（土居浩「大名行列は諸藩の経済力を削ぐための政策ではなかった」（前掲書『江戸時代の見方が変わる本』、一七一—一八〇頁）。それは日本の中心は江戸だということをはっきりと人々に意識させることになったということである。なにせ何百人、ときに二〇〇〇人に達する大行列が、毎年いくつも江戸に向かって行進したのである。いやでも人々はそれを見た。こんなことが繰り返されている間に、人々は江戸こそは日本の中心だと意識することになった。さらに、ときには朝鮮通信使や琉球使節の行列も通った。オランダの商館長はほぼ毎年参府した。こういう異人の行列は、人々に一層大きなインパクトを与えたに違いない。江戸は大したところだ。外国人までがやって来る。そう思わせたに違いない。

これは人々をして自分は日本人だ、立派な日本に住んでいる。そしてその中心が江戸なのだ、という意識をはっきりと植え付けることになった。参勤交代が果たした最も大きな役割は、ここにあったのだと私は思う。

二　自給自足政策

鎖国の最も大きな理由は、危険なポルトガル勢力を締め出すことであった。それともう一つの大きな理由は、それまで輸入に頼っていたものを国内生産に切り替えることであったという。かつて、極めて大量に生産していた銀も、その生産量が減少してきて、このまま輸入を続けることができなくなったからだ。

国産に切り替えた代表的なものには綿布があった。綿を植えさせ、それから布にしたのである。綿は戦国時代に導入したものだが、元禄時代には近畿を中心に広く作られるようになった。絹の生産も増えた。こういう繊維作物と並行して藍の生産なども増えた。ナタネが多く栽培され、食糧油が作られた。一八世紀末になると砂糖も作られるようになった。これは讃岐や紀州で作られた。これらは原料の作物が栽培されるだけでなく、その加工技術も習得したのである。自給自足は農村工業の展開にもつながった。

徳川幕府の行ったこの自給自足政策は当時の世界を広く見渡しても、実にユニークなものであった。そして、これが後の日本国の発達の仕方に大きく関係することになった。この点はイギリスの場合などと比べてみると極めてはっきりする。

もともとイギリスは羊をたくさん飼うところだったのだが、あるとき、オランダから羊を飼う新技術が導入された。すると為政者たちは土地を柵で囲み、そこを新技術の羊飼い専用の場にし、農民を締め出した。いわゆる「囲い込み」政策である。

少し後になって、産業革命が始まると、また新しい農民潰しが始まった。農民はみな織物工場で働けばよい。マンチェスターの工場で作った綿布を外国に売って、食糧は外国から買えばよい、という政策である。これは江戸幕府が行った自給政策、農民育成の政策とは全く違うものである。

この違いが、その後もずっと長く続くのであるが、それについては、次章で考える。

X―2　地域社会の充実

江戸時代は徳川幕府がしっかりしていたから、国は全体として力をつけた。その進む方向も間違いではなかった。一方、地域社会の方も幕府の農民育成の基本方針を受けて順調に充実していった。

農民社会はすでに室町時代から生まれ出していた。特に、惣村というかたちで自衛する自治組織を生み出していたことは先に見た。しかし、江戸時代になると、これはもっと広く農民層全体に広がっていくのである。

イ　土地持ち百姓の出現

中世の惣村も、確かに自治組織をもっていた。しかし、それは不平等を内在したものだった。村には少数の「おとな」百姓がいて、その人たちが村を牛耳っていた。その人たちは田も多く持ち、武器も持っていた。そして、多くの小百姓や下人を従えていた。中世の惣村はまた、自力救済の社会でもあった。しばしば隣の惣村との間で灌漑水や草刈り場の奪い合いが起きた。そんなときには村の「おとな」百姓を中心に戦った。裁判制度などが確立していなかったから、実力で勝った者が勝ちである。

こんな中世の社会に変化が起こった。まず、武力をもつ者と農業を行う者が分離された。秀吉の兵農分離のおかげである。お上が現れ、それが裁判を行ってくれるようになった。さらに、かつての下人たちにも土地が与えられ、百姓が増えた。多くの百姓が生まれ、それらを庄屋が率いる農村ができたのである。

幕府も藩も生産を支えるものは百姓であることを意識しだした。しかも、その百姓の主体は今や土地を持った農民である。自営農民の時代が来たのである。

□　地縁社会の確立

集落では稲作を安定させるために灌漑施設を共同で作ることが多くなった。井堰造りや水路の掘削などには共同作業が求められる。用水の配分には話し合いが必要になってくる。こうして集落は水利を軸にした地縁共同体に育っていった。集落で生きるということは、全員で力を合わせて生きていく、ということになった。

水利を軸にした社会というのは、しかし、実際には極めて複雑な人間関係を作り出すということでもある。普通、灌漑の単位は集落である。ひとつの集落はその直上の集落が敵になる。その集落が多くの水をとったりすると、自分の集落は水不足になる。だから徹底的に監視する。雨の少ない年などは、上流の集落は不法を承知の上で、強引な取水をする。すると、下流の集落は鍬や鎌を武器に不法取水の現場に突入して阻止する。しばしば戦争のようなことが起こる。何せ、水は死活に直結した問題だから、生半可なことはしない。集落は文字通り、運命共同体であり、全員が力を合わせて上流の敵に立ち向かう。

しかし、事態が一筋縄でいかないのは、この後である。

集落の水路に入った水は、今度は各家が分け合うことになる。すると、そこでも同じ問題が起こる。自分の田のすぐ上流に田を持つ家は、敵である。彼はなるだけ多くの水を取ろうとする。集落内にも水利慣行が確立していて、どの田がどれだけの水を取って良いのかは決められている。しかし、雨の少ない年などは、そんなものに安心して頼っていることはできない。

私は村の年寄りたちから何度も聞かされた話がある。「今年は雨が少ないので、おちおち寝ておれない。」真夜中に慣行を破って不法取水をする奴がいるからである。それで、それをやらさないために真夜中も畦に隠れて見張りをするのである。敵が不法をして帰っていくと、それを元のように戻して帰って来る。「こんなことがしょっちゅうやから、もう殺してやろうか、と思うのや。しかし、そんなことはできんわな。相手は同じ村の人間や。そんなことしたら、村におれんようになる。朝になったら、何もなかったふりをして挨拶を交わすより他、やりようがないわな。」

村というのは複雑である。皆で力を合わせて水を確保する集団である。しばしば一丸となって敵の村に当たる。しかし、その内部には反目と憎しみが渦巻いている。だがそれらをグッと抑えて、皆で団結して生きていく。江戸時代の「百姓」は、実によく練られた人間に育っていったのである。

八　頭を働かさないと

村はやがて、純稲作農村から二毛作や手工業をも織り込んだものに変化していった。この変化の中で、かつての百姓社会は格差のある新しい社会に変わっていった。これは幕府がとった自給政策と強く関係している。自給政策の中で、稲以外のものが広く作られるようになった。先に見たように綿やナタネや藍などが作られるようになった。こうして、百姓をとりまく日々の生活も稲作一色の単調なものではなくなった。百姓も知恵を働かさないと落伍していくようなことになった。裏作には何を作ったらよいのか？いつ、どんな肥料を入れる必要があるのか？どこの仲買人に渡すのが有利なのか？こんなことをうまく処理した百姓が富み、うっかりしていると落伍したのである。百姓も賢くあらねばならなくなった。とりわけ、多様化してきた農作業の中で、稲作以外にも広い知識をもち、それらを組み合わせる「段取り」の能力が必要になってきた。村人たちはみな、実利を求めてすばしっこくなった。

二　納得の風土

近世になると地縁共同体ができ、そこの住民たちは賢く、我慢強くなった。要するに、よく練られた百姓になったのである。ところで中世に比べると、もう一つ変わった点があるように私には思える。それは信仰に関わる問題である。信仰が奇妙な屈折をしてしまったのではないかと私は思うのである。

私の住む野洲川デルタの場合を紹介してみよう。ここは真宗王国といわれている。真宗門徒が非常に多いのである。しかし、本当に信仰に支えられた生活があるのかというと、どうも、そんなふうに思えない。多くの人たちは付き合いで門徒にとどまっている。地縁共同体の中で生きていくためには門徒でないと差しさわりが出る。だから門徒にとどまっている。そんなふうに見えて仕方がないのである。

中世の惣村時代には信仰はもっと積極的な意味を持っていたように思う。百姓たちが苦しい生活の中で惣村を作ったとき、蓮如の教えは彼らに新しい光を与えたように思う。どうしたら、この世をまっとうして次の世に行けるのか、分からないままに不安の日々を送っていた百姓たちに対して、蓮如は本当の安心立命は、こうすれば得られるのだと教えた。そして、それに賛同したのが道西のようなオトナ衆であったのだろうと、私は思う。蓮如の教えは「おとな達」を先頭に多くの百姓たちに受け入れられた。

しかし、江戸時代になると事態は大きく変わった。変わったのは百姓の方ではなく、僧侶たちの方であった。宗門改めという利権を得て、教団は墜落した。宗教の本来の意味を忘れ、教団の勢力拡張、とりわけ財源確保に突っ走っていった。その典型例は幕府法令だとして本山から末寺に向けて配付された「偽文書」である。この文書には檀那寺を太らせるための手段が具体的に書いてあるという。例えば寺の命令に従い、寄付には喜んで応ずること、先祖の仏事法要は檀那寺に頼み、他の寺にもっていかないこと、などなどの指示が細々と書いてあるのだという。そして、それに従わない者は宗門改帳から外せ、と指示している(『守山市誌　歴史編』二〇〇六年、二一六頁)。

こういうことで真宗教団はどんどん堕落していった。百姓側もそのことは充分に分かっていた。しかし、反抗はできなかった。宗門改帳がある、葬式を出さねばならないなどという弱みがあって、仕方なくこれに従ったのである。しかし、心はどんどん離れていった。ただ、村共同体に住むためには寺に従っていくより他に方法がないのだ、ということで進んでいったのである。

こんな中で人々の心を支えたものは、中江藤樹の教えた「致良知」に近いものであったと私は思っている。人々は充分に人生を考えた挙句に、結局、一番大事なものは「ご先祖」と「世間様」だという確信に到っている。自分の生まれた土地で、苦しみ半分、楽しみ半分の人生を生き、最後は納得して死んでいく。自分たちで納得の風土を作ったのである。これが江戸時代に現れた農民の生き方である。そして、それは現在なお生き続けている。

私事になって恐縮だが、少し書かせていただきたい。

私は近頃、畑仕事をすることが多い。半日くらい畑を耕したり草を取ったりした後に、書斎の仕事にかかる。そんなとき、いつも畑に出る前には、どうせ単純な畑作業なのだから、何か論文に書けそうなことを考えてやろう、などと思って出かけるのである。しかし、いざ畑に立つと、そんなことはすっかり忘れてしまう。数時間畑にいた後で、「あれ！結局今日も何も考えなかったな」と気づく。無心の境地で時間が経つなどという上等な話ではないが、とにかく何も考えなかった間に時間が経ってしまっているのである。そして、草がなくなってきれいになった一角を見やりながら、「よし、これで明日は種子を蒔けるな」などと、いささか誇らし気に満足するのである。私も土地の人間らしく、「納得の風土」の入口に差し掛かっているのかもしれない。

X—3　活発になった沿岸航路

江戸時代は鎖国の時代だからといって、海岸はひっそりとしていたわけではない。結構賑やかだった。一六三〇年代の鎖国令が出るまでは、朱印船が動いていたことはすでに述べた。これは主として南の海に向かっていたのである。

しかし、江戸時代が中期に近づいてくると、全く別の航路が活発になり出した。国内航路である。すでに見たように参勤交代は江戸と大坂の爆発的拡大を引き起こした。すると、これらの成長する都市を支えるための海運が必要になってきたのである。

江戸は急膨張する新しい都市だったから、いろいろのものを必要とした。建材としての木材が必要だった。それに米やミソ、醤油、酒、衣類なども大量に必要だった。これらを関西から運ぶことになったのである。大坂からは菱垣廻船が生活必需品を積んで江戸に向かった。すぐ後には酒を運ぶ早船の樽廻船が現れた。これは後には一般物資も運ぶようになり、菱垣廻船と競争した。紀伊国屋文左衛門のような人も現れた。この人は、最初は大々的に材木を運んでいたのだが、後には紀州ミカンの運送で有名になった。

江戸の台所といわれた大坂は、江戸への廻船も出したが、北前船の仕事も忙しかった。北前船は大坂と松前を結ぶものであった。松前の福山城は岡の上にあったが、その直下には江差の町が現れた。これは北海道周辺でとれるニシンやサケやコンブ、アワビといったものを集めて、大坂に送り出す基地である。北海道にはこうした海産物を集める漁場ができた。漁場は日本海側だけでなく、オホーツク海に面した国後などにもできた。江差は、こうした漁場を輩下におく集荷基地になったのである。海産物を集荷すると同時に、漁場などに送る米や酒や衣類などの発送基地でもあった。江差は大変な盛況を呈していて、「江差の五月は江戸にもない」といわれるほどの賑わいだったという。

当時の北海道は松前だけではなく、北海道自体がフロンティアであったから、漁業以外にもいろいろな開発事業があった。そんな中で高田屋嘉兵衛のような人も現れる。嘉兵衛はもともと淡路島の人で、始めは淡路島の瓦を兵庫に運んだりしていたのだが、そのうち、北前船をもつようになり、成功して、漁場経営から函館の町の建設まで行うようになるのである。大変な成功をして、大金持ちになった。しかし、後には幕府からロシアのスパイではないかという嫌疑をかけられて蟄居を命じられている。フロンティアの海域はなかなか複雑な様相を呈していたようである。

近江と松前との関わりも、極めて深い。江南良三『近江商人列伝』(サンライズ出版、一九八九年、三八―四八頁)に記されている建部七郎右衛門のことを紹介しておこう。建部家は六角佐々木氏の家臣だったが、佐々木氏が信長に潰されると七郎右衛門は浪人になった。それで新天地を求めて蝦夷地に渡った。当時は渡島半島の西岸だけが和人の居住地で、そこには津軽安東氏の家来であった蠣崎慶広が館を建てて、蝦夷地を見張っているだけだった。七郎右衛門はここに転がり込んだ。やがて二人は親しくなり、慶広は安東氏から独立したいという意向を七郎右衛門に明かした。そこで七郎右衛門は人脈を頼って慶広を秀吉に会わせた。慶広は蝦夷地は木材も海産物も大変多くて、日本にとっては大事な新天地だと述べた。すると、秀吉は喜んで、慶広を従五位下に叙し、蝦夷地の領主に任じた。慶広は蠣崎姓を松前に変え、ここで松前藩が誕生したのである。

当時の松前は本当に何もない辺境だったらしい。慶広が秀吉に拝謁するというのが決まったときも、慶広たちは武家の作法を全く知らなかった。服装も整わなかった。それで七郎右衛門は六角家の遺臣の何人かを松前に呼び寄せて慶広主従に礼儀作法を教え、これでようやくにして、一藩の体面を保って秀吉に謁見することにしたのだという。こんな状況だったから、松前藩が誕生すると、七郎右衛門は藩政などに関してもいろいろのアドバイスをしたのだという。七郎右衛門はあくまで商人ということであったが、藩主の後見役でもあった。

こういう七郎右衛門を頼って、近江からは浪人やその他の人たちが続々と松前に渡った。七郎右衛門の出身地である柳川、薩摩（現彦根市）からは二〇家以上が渡った。そのすぐ隣の近江八幡からも一〇家以上が松前に渡って、交易、漁場経営など多様な活動をするのである。それが成功して、城下町の江差は先に見たように「江差の五月は江戸にもない」ほどの発展を遂げるのである。

幕末になると、また別の人たちが近江から北海道に渡っている。例えば、豊郷町の藤野四郎兵衛がその代表である（前掲書、二五六―二六七頁）。彼は地元で商家の丁稚をしていたのだが、北海道に渡り、三〇歳のときにはすでに七艘の船を持って国後で漁場を開いていた。現地では探検家の間宮林蔵や高田屋嘉兵衛と親しく交わっていたという。四郎兵衛家は二代目も三代目も同じ仕事をしたが、三代目は維新にかかり、もうこの海の仕事を止めて故郷の近江に帰りたいと思っていた。しかし、新政府の開拓使から北海道開拓を手伝ってほしいといわれ、蒸気船による定期航路の開設や農場の経営を始めた。日露戦争の時には自分の船を出して政府に協力したという。この三代目は、最後には国会議員になった。

こうしてみると江戸時代にも海はけっこう忙しい場であったことがわかる。とりわけ北海道は賑やかに開かれていった。江戸時代は鎖国時代というが、国内の力がついてくると、それに引きつられてフロンティアの北海道や沿岸の活動も活発に動き出すのである。

X—4 新しい日本の中心の出現

すでに触れているが、改めて確認しておきたいことは、江戸という新しい日本の中心がこの時代に出来たことである。久々に現れた首都らしい首都であった。

平安時代の京都は日本の都であった。しかし、それ以降は本当の首都らしいものはなかった。鎌倉は首都というには、そのたたずまいもあまりに質素に過ぎた。室町幕府は京に移ったが、国をまとめる力に欠けていた。戦国時代になると、もっと分散的であった。徳川時代になって、はじめて強力な中央政府ができ、その行政府はやがて二〇〇万の人口を持つ世界最大規模の都市になったのである。

日本は江戸時代から改めて仕切り直して、国づくりが始まった、といってもよい。

第XI章

脱亜から戦争へ——明治以降

幕末には欧米列強がやって来て開国を迫った。アジアのほとんどの地域は、この時すでに欧米の植民地かそれに近い状態になっていた。日本では激論が闘わされ、結局開国ということになった。この過程で徳川幕府は倒され、新しく天皇を中心とする日本国が創られた。新しい日本は欧米にならって富国強兵に励んだ。強くならなければ欧米に食われることは目に見えていたからである。明治新政府のやり方は成功して、二〇世紀の初めには日本も列強に並ぶ位置を占めるようになった。しかし、これは畢竟、戦争への道であった。列強同士は戦を繰り返さざるをえないような構造になっていたからである。日本も二つの大戦に加わった。第一次大戦は戦勝国側になった。しかし、第二次大戦では敗北した。

本章では特に、維新前夜からの海民の動きに注目したい。彼らのもつ進取性、弾力性、そして日本とは何か、日本人とはどうあるべきかという信念がなければ、維新は到底成し得なかったと考えるからである。そのうえで、日本列島の風土の成り立ちをあらためて捉え直してみたい。それは必ず、この近代を越えた先にある次の時代を拓く道標になるからである。

XI—1　列強の到来と開国

1—a　化政文化期の日本

江戸時代も後半になると、江戸は世界的な規模の都市になり。そこにはいわゆる化政文化が現れた。文化・文政年間（一八〇四—三〇年）を中心に現れた町人層を中心にした文化である。文芸や浮世絵や歌舞伎などが盛んになった。これに合わせて武士階層の間では儒教や蘭学も盛んになった。蘭学は特に医学や天文学、地理学の知識を広めることに力を発揮した。

この時代はもうすでに鎖国で安眠を楽しんでおれる時代ではなかったらしい。ロシアは沿海州やカムチャッカから北海道を狙って南下してきていた。江戸幕府は慌てて北海道を直轄地に組み入れる作業をしなければならなかった。蘭学の先生として入って来た外国人にも、スパイまがいのことをする者がいた。有名なシーボルトなどは、それである。

ドイツ人医師のシーボルトは一八二三年にオランダ商館医師として長崎に着任したが、二八年にはシーボルト事件を起こしている。シーボルトが乗船を予定していた船が台風で座礁した。調べてみるとシーボルトの荷物の中から伊能忠敬の「大日本沿海輿地全図」の写しや蝦夷・樺太の地図が出てきた。これらは国家機密に属するもので、禁制品である。「大日本沿海輿地全図」は幕府天文方の高橋景保がクルーゼンシュテルンの「世界周航記」と交換に贈ったものだという。景保は死罪になり、シーボルトは国外追放になった。五〇名の関係者が処罰されたという。

化政文化の時代は、こういうことも起こった時代だったのである。地方の藩にも海防や海外交易などについて考える人たちはすでにいた。例えば、佐久間象山（一八一一—一八六四年）は松代藩士で、西洋兵学に通じていて、江戸で塾を開き、貿易と海外進出を論じていた。

横井小楠（一八〇九—一八六九年）は肥後藩士の出で、肥後実学党を作った。この人は、後には坂本竜馬とも連絡をしている。

いわゆる開国論が大きく展開する前にこういう動きは鎖国日本の中のいろいろの所で起こっていたのである。

1—b　列強の到来と安政の不平等条約

一五世紀の末に大航海時代が始まると、世界は慌ただしく変わった。まずポルトガルがアフリカの西岸を南下して喜望峰を回り、インド洋に入って東南アジアにやって来た。彼らは直接的には香料貿易に参入しようとしてやって来たのだが、その背後にはキリスト教の布教と領土の奪取があった。同じころ、スペインは西廻りでアメリカ大陸に達し、そこから太平洋を横断してフィリピンに到っていた。スペインがマニラ港を開くのは一五七一年である。スペインもポルトガルと同じようにキリスト教の布教と領土の奪取を最終目標としていた。

ポルトガルを追ってオランダもインド洋廻りで東南アジアにやってきた。オランダはもっぱら香料貿易を目指していた。しかし、香料貿易よりももっと甘みのある事業がこの頃見つかった。日本が銀を出すようになり、日本の銀と中国の絹を交易する事業が、より儲けの大きいものとして立ち現れたのである。これは一六世紀の中頃から始まった。ポルトガルもオランダもこれに参加すべく東シナ海に入って来た。少し遅れてスペインもこの銀・絹貿易に参加した。

やがて時代はもうひとつ変化した。それはヨーロッパでは後進国だったイギリスが頭角を現したからである。イギリスも最初は香料貿易に参画しようとしたのだが、オランダに追い返された。するとインドの綿をイギリスに運ぶことに集中した。それまで綿を知らなかったヨーロッパでは、新しい布である綿布はいくらでも売れた。洗濯ができて、鮮やかな模様の綿布は革命的な布地で、これが爆発的に売れたのである。

やがてイギリスは綿布を自国で織って売り始めた。インドからは原綿を運び、これをマンチェスターで織って、世界中に売り出す新ビジネスを始めたのである。いわゆる産業革命が始まったのである。これが軌道に乗り出すのが一七七〇年頃である。これ以降、世界はそれまでと違った性質の展開をし始めた。イギリスの綿布輸出船が軍艦に守られて世界中に綿布を売りまくる光景が現れたのである。

マンチェスターでの綿布製造者とイギリス東インド会社が組んで、綿製品の販売ということで世界中をかき回し出した。このとき、彼らはそれまでと違って新しい論理を主張しだした。自由貿易こそ、世界の人類を幸福にする。各国は国を開かねばならない。国を閉じていることは、人類の福祉に反する、という論理である。やがて、東インド会社に代わってイギリス国海軍がこの役目を引き継ぎ、この自由貿易はますます強力に世界中に広がって行った。

この自由貿易が中国に押し寄せてきたとき、清朝はこれを拒否した。そこでいわゆるアヘン戦争が始まった。一八四〇年である。清朝はこの戦争に敗れ、国を開いた。不平等条約を結ばされ、半植民地になった。

全く同じ開国の圧力は、日本列島にもやってきた。そして、いわゆる安政の不平等条約が結ばれたのである。この時の不平等条約は中国などの場合と同じく、具体的には領事裁判権の承認、関税自主権の放棄、片務的最恵国待遇の供与などからなっていた。

領事裁判権の承認というのは、治外法権を認めるということである。居留地を作り、そこでは日本の法律は認められず、ヨーロッパの法律が生きている、ということである。この条項に従って、横浜の居留地には一三〇〇人の英国軍の兵士が置かれ、弾薬庫や射撃場も作られた。日本の一部がイギリスなどに占領され、そこには外国兵が駐屯したのである。

関税自主権の放棄というのは、日本側から輸入品に対して関税をかけることができない、という約束である。こんなことになると、関税障壁で守ってその間に国内産業を育てようという政策をとることもできない。不平等条約というのは、まさに半植民地になりました、ということであった。

一九世紀中頃の世界を見てみると、日本の徳川幕府とイギリス政府は、全く違ったやり方をする二人の巨人であったといってもよい。

徳川幕府はすでに述べたように、自給自足を旨としていた。だから「お百姓」が育っていた。しかし、イギリスの場合は違う。マンチェスターの綿工業が軌道に乗り出すと、彼らははっきりと工業立国を国策にした。イギリスは世界の工場になる。イギリスで織った綿布を世界中に売りつけて、そこで儲けた金で食料を買えばよい。百姓はいらない。百姓は全部、工場の労働者にすべきである。これがイギリスの国策だった。

こんな国策を掲げたイギリス人が、アメリカ海軍を先頭にやって来て、綿布などの販売を求めた。これが開国であり、その開国のルールとして求めたのが不平等条約であった。

1―c　維新を導いた海民たち

ヨーロッパ列強が開国を迫って来て、日本は大変危険な状態になった。こんな時に国際情勢をしっかりと見つめ、明治維新を成功させたのは海民たちだった。その様子を見てみよう。

イ　西南の雄藩

倒幕、維新を成功させた主力は薩摩や長州など西南の雄藩だったと言われている。こうした藩は、どんなところだったのかを見てみよう。

(ⅰ) 薩摩

薩摩は海民の世界である。しかも南海系の海民世界である。その立地も藩主も一般住民も南海系である。この海民性が列強にうまく対峙し、さらに倒幕、維新を成功させる力になっていたと私は考えている。

まず、立地である。薩摩は他に例を見ない特別な位置を占めている。南に長く伸び、琉球列島をも支配した。薩摩藩は江戸時代の初めに兵を派遣して琉球王尚寧を降伏させ、この島をとったのである。しかしこの藩はもっと古くから南海に連なる性格を持っていた。例えば、種子島には南海に連なる民俗が大変多い。奈良時代には鑑真が漂着している。室町時代にも戦国時代にも、ここは中国に開けたところだった。坊津や山川はいわば公認の密貿易港だった。

こういう特別な立地だったから、規制の厳しい幕末でもここには特別な状況が作られていた。例えば、島津斉彬は西洋帆船や蒸気船、水車動力の紡績工場、ガラス製造、砲丸、大砲などの製造を行っていた。普通の藩では全く考えられないような近代技術の集成が、ここにはあったのである。藩主自身がハイカラで、外国通だった。斉彬はワインをたしなみ、オランダ文字が読めたという。斉彬はもともと鎖国派だったが、ペリー来航を見ると、すぐに開国派に転じた。

薩摩藩は生麦事件を起こしている。島津久光の一行が江戸から帰国の途中、生麦村（現横浜市）でイギリス人を切り捨てたのである。行列に対して無礼を働いたというのが理由であった。それに対してイギリスは謝罪と賠償を求めた。しかし、薩摩藩はこれに応じなかった。結果は薩英戦争である。イギリスの軍艦七隻が鹿児島湾に侵入し、町を砲撃して大きな被害を与えた。結局、薩摩藩はこの戦いに負け、償金を支払った。しかし、その直後、青少年一九名を教育のためにイギリスへ送っている。と同時に、イギリスから機械紡績や砂糖製造の技術者を招へいして藩産業の強化に努めている。機を見るのに極めて敏なのである。

藩のトップだけではなく、一般住民がもっと海民的な実力を持っている。薩摩藩は他の藩と違って武士の教育はちゃんとしていない。いわば自由奔放に育っている。西郷や大久保のように下級武士も一般民と同じように若者宿の雰囲気の中で、強く、かつ人間的に育ったらしい。

若者宿というのは同年代の若者が一つの宿に集まって、そこで寝食をともにし、お互いに切磋琢磨する習慣である。これはメラネシアやポリネシアには今も見られる風習だ。荒波の中で生きていくためには本当の実力がなければならない。本で読んだ知識や、大人から教わった理論だけではどうにもならない。どんな突発事故が起こるかもしれない環境の中で、それを乗り越えていく生きた知恵と実力が必要になる。しかも、仲間と力を合わせて切り抜けていく組織力も必要になってくる。こうした実力をつけるために、日ごろから親許を離れて同年輩の仲間だけで生活する、というのが若者宿の生活である。

薩摩というのは特異な藩で、こういうことがずっとやられてきた。ここで鍛えられた下層藩士たちが、仲間を組んで維新の偉業を成し遂げた。私はそのように考えるのである。黒潮が育てた若者のバイタリティーと知恵と仲間意識が、維新を成すのに大いに力があったと私は思っている。

(ii) 長州

長州は薩摩とは全く違う内容をもっているが、やはり典型的な海域世界である。ここは対馬海峡、関門海峡、瀬戸内海に続く極めて戦略的な位置にある。人々は毎日そこを通る船を見ながら生活している。外国の商船が通れば、舶来品を手に入れることができた。軍艦が現れれば、肌身で脅威を感じたに違いない。

ここは大昔から、特に朝鮮と強く結びついたところだったらしい。ここはずっと大内氏の治める土地だったが、その大内氏は百済聖明王第三王子の琳聖太子を祖にしているのだという。始めは製鉄技術を持っていて、それで栄えたらしい。その後も半島から高級文化を受け入れ続け、京都と比べることができるほどの文化に満ちた土地だったとされている。

この地に一六世紀初めには石見の銀山が発見され、それ以降は経済面でも大発展する。大内氏はやがて、毛利藩に引き継がれるが、毛利時代になっても文化と経済の両方で栄えるという基本的なスタイルは変わらない。下関と銀山をもつということは、特に大きな特長である。戦国時代に定着していたこの土地柄は、江戸時代になっても引き続いていく。毛利藩は他の多くの藩が農業中心で生きていたのに対して、ずいぶん異種な性格をもっていたのである。

こういう歴史的な背景をもつ長州だから、幕末の開国の危機の時にも薩摩とはだいぶ違った対応が行われている。薩摩の場合は海賊王と海賊たちといった観があるが、長州の場合は武士、商人の差なく、市民全体が関わり、しかも近代的技術で対応する、というようなやり方が正面に出てくる。例えば大村益次郎のような人が出て来た。この人は、始めは医師を目指していたが、蘭学を学ぶと、いち早く西洋式の軍制の研究に転じ、それを藩に勧めている。藩ではすぐに新式の小銃や大砲を大量に揃え、ほぼ完ぺきな西洋風の軍隊を作っている。

一方では、高杉晋作のような人もいた。晋作は藩命で上海に行っている。そして、そこでイギリス人たちの横暴ぶりを見せつけられて、決意するところがあった。帰国すると、品川にあったイギリス公使館の焼き討ち事件を起こしている。彼の組織した奇兵隊は武士だけではなく、商人や農民などあらゆる身分の人たちを入れたユニークな混成軍隊だった。いかにも長州的なものであった。

ロ　吉田松陰

維新といえば吉田松陰のことを忘れるわけにはいかない。中西輝政は、「この国の未来を守るための戦略」を正確に見据えていたのが吉田松陰だ、としている。そして、彼の教えを受けた若い人たちが維新を完成させたのだと言っている（中西輝政『日本人として知っておきたい近代史』ＰＨＰ新書、二〇一〇年）。

松陰は一八三〇年に萩藩（長州藩）の家臣で山鹿流兵学を家学とする吉田家の跡取りとして生まれた。幼少の頃から天才的によく出来る人だったらしいが、若くして他流の兵学を学びに出た。その時、最も強い影響を与えたのが長沼流の山田亦介だった。彼は、外国勢は琉球や長崎に迫ってきているから、日本にとっての急勢は海防であると繰り返し教えたという。

その後松陰は、北は津軽半島から西は九州の平戸までを歩いた。兵学者として「日本はどこから攻められると最も危ないか」を調査して回ったというのである。この実地踏査こそが松陰を作り上げたのだ、と私は考えている。松陰は、歩きながらいろいろのことを考えたに違いない。本当に守るとすれば、どこに大砲を据えるべきか。それにしても、敵の武器は我が国のものより数段強力なもののようだ。それに対抗するにはどうするのか？武器での対抗が難しいとなれば、精神で対抗するより他に方法はない。強い決心をもった者が結束して当たらねばならない。そのためには人々に正確に状況を説明して、理解者を増やさねばならない。とりわけ若者を教育して人材育成を急がねばならない。今の幕府を中心に、それがやれるだろうか？天皇を中心にして結束を図る必要があるのではないか。松陰は日本の海辺を歩きながら、そんなことを繰り返し考えていたのではなかろうか。

兵学者、つまり〈国防問題の研究者〉として松陰が立てた国家戦略は、〈尊王攘夷〉であったと、中西は言っている。松陰は松下村塾で教えたのだが、その門下にはいろいろの人たちがいた。下級藩士が多かったのだが、その中に、先に述べた高杉晋作もいたのである。伊藤博文や山県有朋もいた。長州出身の若者たちがたくさんいて、この人たちが維新を成し遂げるのに大いに働いたのである。

松陰自身は、しかし、その大業の成功を見ずに、安政の大獄で死罪となった。

ハ　隠岐の人たち

島根県松江の沖には隠岐島がある。離島だから、もちろん典型的な海民の居住地である。ここの人たちが薩摩や長州に劣らず、極めて立派な生き方をしているのである。列島の沿岸には、こういう人たちがたくさんいたのだということを知ってもらうために、この島のことを書いておきたい。

以下に述べるものは、松本健一『隠岐島コミューン伝説』（河出書房新社、一九九四年）を基にしている。この本には中沼了三のこととコミューンのことが述べられている。

中沼了三は文化一三年（一八一六年）、隠岐の医者の家に生まれる。二〇歳のときに京都に出て、儒学を学び、三一歳で孝明天皇の侍講を勤めている。またこの頃、十津川郷の「文武館」の開設を指導したりしている。これは勤王の志士を親兵に育てるための学校のようなものらしい。

了三は四一歳で明治天皇の侍講になっている。この頃から政治の方面でも活躍したらしい。しかしやがて、これらの職から退いている。明治新政府の中の開明派とは意見が合わなかったかららしい。欧米の知識や思想のあまりに急激な導入は日本を駄目にすると、了三は考えていたからである。

野に下った了三は日清戦争中、一度明治天皇に出会っている。広島に進出した大本営で天皇に出会ったのである。その時、軍服姿の天皇を見て、了三は涙を流した。天皇は軍部などに使われたりしてはならない、超然とした存在であるべきだ、というのが彼の信念だったからだという。

中沼了三は筋の通った国士だった。天皇はどうあるべきか。日本はどうあるべきかを、きっちりと考えていたのである。

次にコミューンのことである。幕末になると、日本の近海には外国の船が出没するようになった。幕府も海防を強化したが、既存の武士だけでは足りないので農民が動員された。隠岐では四八〇人の農兵が作られた。

この頃、隠岐では庄屋や神官が中心になって「文武館」の設置を歎願していた。こんな国家の危機に当たって、お役に立つ人間を作りたいから、武芸を教える施設を作りたい、というのであった。これは中沼了三が指導していた十津川郷の「文武館」を見習ったものだった。しかし、この歎願は却下された。それぱかりか、「武芸差留め」の布告が出された。藩は、これ以上農民に武器を持たせると危険だ、一揆に発展するかもしれない、と考えたらしい。農民たちは怒った。藩は、日本国に大きな危険が迫っていることを全く認識していない。せっかくお国のために働こうとしているのに、それを却下するとは何事だ、というのである。歎願は三度行われたが、三度とも却下された。狭量な郡代が島民を信用せず、却下を繰り返したのである。

怒った農民たちは、世は「天朝御料になったのだから、旧藩の役人は早々にこの地を退去してほしい」。島は自分たちで守る、といって郡代を島から退去させた。慶応四年、すなわち明治元年（一八六八年）のことである。この時は、すでに新時代になっていた。しかし、松江藩自体はまだ存続していて、郡代も島にいたのである。その郡代を追い出した農民たちが、自治政府を作った。コミューンである。

郡代を追放したコミューンは、すぐに檄文を出している。「藩の指導者たちは、危機意識が低く、自らの安逸だけをむさぼっている。その間にも侵略者たちはこの島に刻々迫っている。島が彼らの手に渡れば、妻子も田畑もとられてしまい、先祖の位牌も焼き捨てられてしまう。そんなことになってはならない。当分の間は、とにかく自分たちの力だけで守り通さねばならない。そして、天皇を中心とした新しい国を作るのだ。」時代を的確に捉え、自らの力で立ち上がっている島民の姿が、よく現れている。

大政奉還がなり、新体制が整った。その段階でどういうことが起こっていたのかは判らないが、新政府からは「不穏な土人を厳しく取り締まれ」という指示が松江藩に来たという。すると、松江藩は鉄砲隊を島に送り込んで、自治政府の本拠を急襲し、何人かを殺した。コミューンは八一日で終わった。

短命だったが、このコミューンは大変大事なことを示していると、私は見ている。離島と言われる地方の人たちは、時代の先を見る目と、身体を張って立ち上がる勇気を持っている。隠岐の人は、薩摩や長州や土佐の人たちと同質だ。対馬海流や黒潮に洗われる海岸には、同質の進取性がある。それと同時に日本人とは何か、日本の国体は何かをしっかりと考えている。そんな人たちを、私は深く尊敬している。

二　トマス・グラバー

維新を主導したのは、いろいろな人たちだった。しかし、その流れを主導した人たちは海民の系統ではなかったか、ということで、上に薩長の人たち、松陰、隠岐の人たちのことを見てみた。ところで、海の世界というのは面白いところである。地元の海民だけでなく、海民的な性格をもった外国人もそれに参画してくる。ここが陸世界と違って海世界の面白いところである。ここではトマス・グラバーに焦点を当てて、このことを見てみよう。

トマス・グラバーは一八三八年にスコットランドのアバディーンに生まれている。若い時に長崎にやって来て、貿易業を行った。当時、上海には総合商社を開いていたジャーディン・マセソンがいた。彼はアヘン貿易をやっていて、アヘン戦争を起こした張本人である。グラバーはこのマセソンを頼ってやって来て、総合商社の長崎代理店を開かせてもらったのである。長崎から茶、生糸、海産物を輸出する仕事である。合わせて彼は、高鍋藩にも渡りをつけ、ここに大量の武器や軍艦、そのほかの軍需品を売った。

当時、ちょうどアメリカでは南北戦争が終わったときで、大量の武器が安価に手に入った。グラバーはその鉄砲を何十万丁と薩摩藩に売りつけた。死の商人である。しかし、同時に薩摩の少年をイギリスに送る世話もしている。グラバーは倒幕活動を行う薩摩藩に味方して、倒幕の片棒をかついだのである。

ちなみにいうと、維新が成ったとき、グラバーは維新への貢献が大きかったということで、新政府から勲章を受けている。そして倒幕の後、彼はまた炭鉱開発などの自分の仕事に帰って行った。しかし、これは成功しなかった。破産して、最後は乞食同然の恰好で死んだという。自分の夢を、最初はマセソンに、次は明治維新に賭け、夢を追い続けた男であった。

東シナ海は一六世紀には中国人海商、日本人海民、ポルトガル人、オランダ人が入り乱れて、極めて活発に動いていた。そこは銀を中心にした交易の世界だった。しかし、一七世紀になって、日本が鎖国すると、その活動は一時下火になったかに見える。

しかし一九世紀になると、再びここは騒がしくなってきた。開国を求めてイギリスの軍艦がやって来たからである。朝貢貿易にこだわった中国は妥協せず、二回のアヘン戦争を戦って、事実上の植民地になった。その波が日本に押し寄せたとき、敢然とそれに立ち向かった人たちがいる。海民である。彼らは列島の歴史が始まって以来、ずっと日本の沿岸に居続けて、海外の様子をよく知っていた。その人たちが立ち上がったのである。一部の外国人海民もそれに参画した。開国とは、まさにこうして海の時代の再来であった。

1—d　列島を支えた人たち

海から敵が襲ってきたようなとき、断然強いのは海民である。しかし、この危機を乗り越えた後には、また別の事態が発生して、別の種類の能力が必要とされるようになる。幸いなことに、この列島には多様な社会があった。先に私は日本列島の基盤にはツングース系のものとオーストロネシア系のものがあるとした。これは縄文時代の話である。弥生時代に入ると、農民系とでも呼んでよいような要素が加わる。日本人の基層には、少なくともこの三系統のものが共存し、全体として日本を作っているのである。この多様な要素を持つ日本人が外圧を上手くかわし、明治維新につなげていった様子を見てみよう。

イ　オーストロネシア系の海民

薩長の海民はよく黒船を追い払えたな、と思う。黒船も海民である。ヨーロッパからはるばる海を渡ってやって来た海民である。海民であるという点においては、薩長と変わらない。しかし、大きく違う点がある。それは薩長の海民はオーストロネシア系の海民である。「まれびと」を喜んで受け入れる海民である。だが、ヨーロッパからやって来た海民は違う。もともとが戦争の海からやって来た海民で、略奪と征服を主たる目的にしている。彼らは地中海のガレー船の系統に属するものであり、その駿足の船に大砲を積んでやって来た。平和なオーストロネシア系の日本海民が侵入者に対抗しえたのは、一つには戦国時代以降、農業生産が増大していて、基礎体力がついていたからである。第二は、やはり常に東シナ海、南シナ海に仲間を持っていて、あらゆる情報をもち、火器などの新技術も備えていたからである。長州がもっていた情報は、この点では薩摩よりはるかに勝れたものであったように見える。

ロ　ツングース系の内陸民

この人たちは海民に比べると外部との接触ははるかに少ない。だから、ずっと後までもとの生活の様式や考え方を残している。極端に言えば、温帯落葉広葉樹林帯で暮らした縄文時代のものが、まだそんなに崩れないで残っている。進歩がないといえばその通りだが、人々が失くしてしまった自然やカミガミとの対話といったものを、まだ持ち続けている。

人類は、カミを失くしてしまったら本当におしまいだと私は思う。傲慢になって、人も他の生き物も自然もみんな殺してしまい、結局は地球の破壊につながるのだと思う。そんなカミを失くすことが世界中で起こっている。口先だけではカミを論ずるが、本当は全く違うということが、至るところで起こっている。残念ながら、私自身、そんな一人である。そんなことを考えるとき、例えば今の東北の人たちのことを想ってみると、この人たちはまだ大丈夫だ、何とかしてこの人たちの世界を残さねばならない、そんなふうに思うのである。

日本列島が森を残していることは、大変大事なことだと思う。

ハ　水稲耕作民

弥生時代以降、水稲耕作が盆地や海岸平野や山地の川筋に広がった。この稲作民は特別な社会を作った。水稲耕作は水田という資産を保つ必要から、集団で定着生活をする。しかも何世代にもわたって行う。すると、人々は社会的に練れたものになっていく。社会的に練れるだけでなく、個人としても深みが出てくる。先に「納得の風土」について書いたが、あれである。与えられたことに文句を言わないで、納得する。そういうゆとりである。激しく議論している人がいても、「まあまあ、どちらも一理あるので、このあたりで折り合いをつけようや」といった仲介の労をとったりもする。「万物斉同」に近い処理の仕方である。

倒幕から、全く新しいシステムの建設といった時には、激突があったに違いない。そのままぶつかっていたのでは共倒れである。そんな危険に満ち満ちたときに、共倒れを阻止し得たのは、この水稲耕作民のいわば融通無碍の哲学であったに違いない。そんな諦観を持ち合わせていて、結果的にはそれが世の中のバランスを保つのに役立っている。ひょっとすると、この諦観は農民だけのものではないのかもしれない。日本の住民は多くがそれをもっているのかもしれない。

私は日本にはこの三種の人たちがいたこと、とりわけ融通無碍の体得者がいたおかげで、危機をうまく脱したのではないかと考えている。開国を迫られたとき、正直言って、日本はずいぶん惨めな状況だった。不平等条約を結ばされてしまって、人々はいらだっていた。江戸幕府が倒れたとき、下手をすると内乱の危険もあった。それを西郷と海舟の話し合いで、無血開城に落ち着いた。もしあのとき内乱になっていたら、日本は確実に植民地になっていただろう。二つに分割されて、憎しみ合う二つの国に分かれていた可能性もある。西郷も勝も、稲作農民ではない。しかし、この頃には農民から出て来た融通無碍の思想は広く列島に浸み込んでいて、彼らもその知恵を充分に活かしてくれたのではなかろうか。

XI―2 新政府の行った大改革

2―a マイナスからの出発

徳川幕府から明治政府に移行するときは、本当に危険な時であったと思う。徳川時代にすでに日本は不平等条約を結ばされて、半分植民地のような状態だった。欧米は最初から日本を異教徒の黄色人種の下等な国と決めてかかって、差別的な接し方をしてきたのである。日本のような非キリスト教国では、欧米と司法制度が全く違うのだから、自分たちは自分たちの独自の領事裁判権を持つ必要があると、強引に主張して不平等条約を強要した。

そうした中で、何よりも屈辱的だったのは、居留地を置かれたことである。イギリスなどはその居留地に兵営と火薬庫と射撃場も置いた。日本はイギリスの属国になった観さえあった。こんな不平等条約を改正するために政府の高官たちは夜な夜な鹿鳴館で西洋式のパーティーを開き、慣れないダンスを踊ったりしたという。こんな涙ぐましい努力をしても、不平等条約の撤廃には五〇年かかった。大きなマイナスからの出発だったのである。

ところで、ペリーの来航以降、明治の初年までにどんなことがあったのかを拾い上げてみよう。

一八五三年　ペリー浦賀に来航。

一八五四年　ペリー再来、日米和親条約（不平等条約）調印。英、露、蘭も加わる。
一八六七年　明治天皇践祚。この年、竜馬暗殺される。
一八六八年　江戸城開城。江戸を東京に改称。
一八六九年　天皇の東京着。
一八七〇年　兵制統一布告。
一八七一年　廃藩置県。
一八七三年　徴兵令布告。
一八七四年　台湾出兵。
一八七七年　西南戦争起こる。西郷隆盛自害。
一八七九年　教育令制定。

マイナスからのスタートだったけれども、新政府は刻を移さず、明治天皇を奉じ、東京を首都にした。さらに兵制統一、廃藩置県、教育令の発布と、国の枠組みを作る重要事項を次々と打ち出していった。新政府は基本的には薩長と土佐を中心とした藩閥政府であったが、その藩閥政府が天皇を中心にして、先の三種の日本人をよくまとめて国を作っていったのである。

2―b　東京の出現

明治天皇が即位すると、その翌年、江戸は東京と名が変えられ、その翌年には皇居が東京に移った。このことは日本全体にとっては大変大きな意味をもった。はじめて日本の首都が完全な形で出来たのである。徳川幕府は二五〇年以上にわたって日本を引っ張って来た。幕府自体は江戸を大都会にし、日本全体の国力の増強を果たした。徳川幕府のやってきた実績は、極めて大きかった。しかし、それでも本当の意味での日本の中心にはなっていなかった。何故か？それは天皇が江戸にはいなかったからである。

イ 「みやこ」ということ

園田英弘は日本の首都に求められるのは「みやこ」性だという。これは首都性、王宮性、都会性の合わさったものだという。

首都性というのは、そこに政府があり、国の主要なことがそこで決められる、ということである。王宮性というのは王宮があって、そこに王がいる、ということである。日本の場合だと、皇居があって天皇が住まうということである。都会性というのは、たくさんの人が集まっていて、にぎやかで、内外の文化的雰囲気を楽しむことができる、ということである。

こういう三つの要素を拾い出してみて、その変遷を時代ごとに並べたものが図33である。平安時代の京は、模範的な首都を作っていたのではないかと思う。すべてが揃っている。鎌倉はやはり「東国」の中心にとどまる。首都ということはあまり考えていない。室町時代は王宮性も都会性も完全なものとはいいがたい。朝廷は南・北に対立していたし、町はしばしば戦禍にあった。戦国時代には群雄が割拠して、中心らしいものはほとんどなかった。

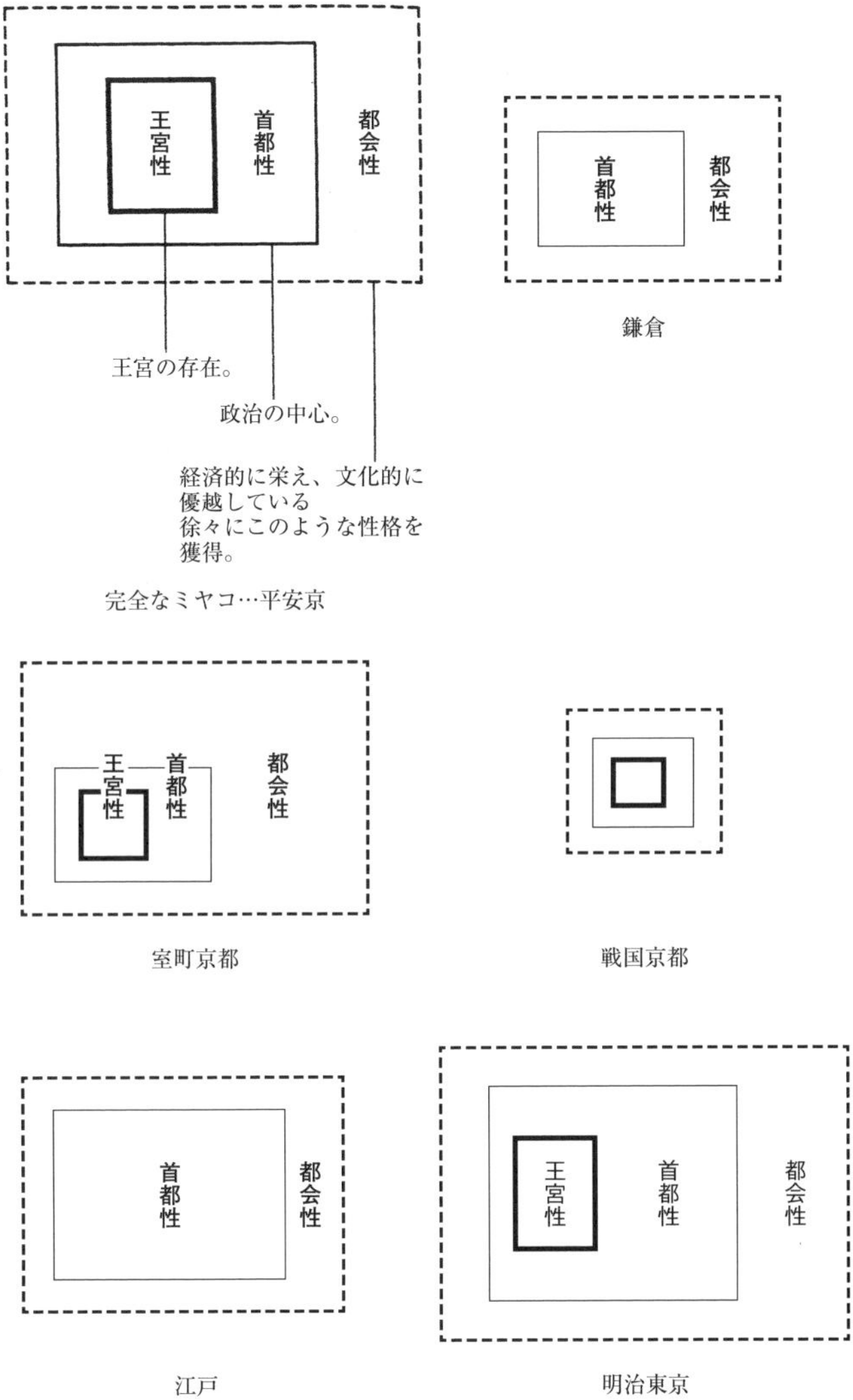

図33●首都の変遷（平安京は園田英弘『「みやこ」という宇宙』日本放送出版協会、1994年、27頁より引用。それ以後のものは作図）

江戸時代には徳川幕府は幕藩体制を堅持していた。新しく作られた江戸ははじめは大きなものではなかったが、中期以降は人口一〇〇万を超す世界最大級の都市に成長していた。町の文化も栄えた。特に一九世紀以降になると、いわゆる化政文化が栄えた。滑稽本が出、浮世絵が出回り、歌舞伎や芝居が流行り、学問の分野でも儒学の他に蘭学などが現れた。何よりも江戸っ子という人たちが現れ、「お江戸」に大変な誇りをもつようになった。都会性は立派に揃ってきたのである。ただ、天皇はいなかった。天皇は京都にいた。

明治になると、これが大きく変わった。最大の変化は、天皇が東京へ遷居したことである。首都性は明治新政府が現れて立派に保たれた。明治憲法が作られ、明治維新は成功した。江戸時代の幕府と士族の役人は退いたが、新しく現れた西南雄藩出身の政府首脳と一般人の官僚が現れて、首都性はそのまま維持された。山の手における住民の入れ替えは、かなり大幅に行われた。しかし、江戸っ子たちに代表される庶民は、そのまま居続ける人が多かったらしい。東京の人口と賑やかさはそのまま持続したのである。そこに天皇が京都から遷って来て、王宮性が加わった。

明治維新で考えたことは、今までのような身分制度を固定した士族中心の幕藩体制に代えて、平民を総動員し、天皇を頂点にして挙国態勢で日本を作ることであった。そしてその「みやこ」は、世界に恥じない都会でもあるべきだ、ということだった。

江戸から生まれ変わった東京は、今や平安京以来初めて作られることになった、完全な「みやこ」だった。

□　都会性

都会性というのは、一方では厄介な性格をもっている。これは一度現れ出すと自己増殖を繰り返して、どこまでも成長する性質をもつもののようなのである。人々は都会に集まるのが好きである。都会に行けば、便利で楽な生活ができる。いろいろの芸術や娯楽もあって、精神的な満足感も得られる。こんなことがあって、多くの人たちが都会に出てくるのである。東京の場合は、この現象が最も典型的に現れた。帝国の首都になった東京は、町のたたずまいも欧米風なものを多く取り入れるようになった。外国人の到来も多くなった。彼らは世界のトップレベルの情報やファッションを持ち込んだ。増大する首都機能を支えるために、役人も工場労働者も商人も、全国から集まって来た。それらの人たちが入り混じって、それまでの江戸にはなかった、新しい都会の雰囲気を作り出した。それに参加することは誇らしく、満足を与えるものだった。それは何も、山の手だけで起こったことではない。下町の間でも起こった。こうして東京は急速に都会化が進行したのである。

都会化のちからというのはすごいものらしい。関東大震災のときには、東京は一度壊滅するかのような打撃を受けた。東京の民家の七〇%は焼失し、一〇万以上の人が死んだ。治安が悪くなって、一時は戒厳令のようなものが出されたりした。しかし、結局はそこからまた新しい芽が吹きだして、それまでにも増して、より一層の都会化が進んだ。丸の内周辺が整備され、山ノ手環状線が新設され、一層近代的な都市になった。

この東京の都会化は、あの敗戦という決定的なダメージがあった後にも止まらなかった。一度、完全な焼け野原になったところに、また人口は集まってきて、戦前にも増して巨大な都会を作り上げた。超高層ビルが立ち並ぶ様などは、一昔前なら想像をすることもできないようなものだった。この様を見ていると、都会性というのは一人歩きしている、と考えざるを得ない。首都性や王宮性などは全く無視して、ひとりで自己増殖している。国家などという枠組みを完全に飛び出して、膨張する都会東京という感さえある。

八　地と柄

東京はどこへ向けて進んでいるのだろう。国の首都という枠を離れて、世界都市というものに向かっているのだろうか。そうだとすると、これはまた今までの話の筋とはすべて別のやり方で考えねばならない。後のためにも本腰を入れて考えねばならないような一問題である。

こういう事態が起こっているとすると、私はいよいよ、我が国の構造の「地」と「柄」の組み合わせを考え直さねばならないように思う。

弥生時代にはこの列島には「地」だけが広がっていた。古墳時代になると首長や大王という統治者が現れた。柄が現れ出したのである。やがて日本の律令制が整うと、「天皇」という第二の柄がそれに加わった。平安時代になって貴族が現れると、「都会」という第三の柄が加わった。「地」の上に現れ出た三種類の柄は、この列島の仕組みをきれいなものに見せた。この仕組みは、その後はこんな見事な形で現れることはあまりなかった。そして中世と近世が過ぎた。やっと明治になって三種類の柄が再び揃って現れ、見事な日本国が現れたように見えた。しかし、平成のこの時代になって、「都会」の柄は異常発達をして、日本列島から飛び出そうとしている。

この時に到って、今一度見つめ直さなければいけないのは「地」の存在ではなかろうか。「都会性」という柄が飛び出すとしたら、その後の日本列島の在り方を考えるとき、まず見なければならないのは「地」の持っているその基盤性である。そこからこの国のことを考えなおさねばならない。

私自身は東京のことを考えれば考えるほど、「地」のことを考えることが急務に思えるのである。

2—c 革命的な変革

イ 大日本帝国憲法

明治二二年（一八八九年）に大日本帝国憲法（明治憲法）が制定された。これは維新の総決算だといってもよい。黒船の到来以来、列島は大揺れに揺れた。新政府も批判勢力もともに頑張って、やっと日本の行くべき道筋を見つけ、そしてこの憲法に結実させた。

ここで一度、日本国のたどって来た道を振り返っておくのがよいのかも知れない。

八世紀に日本は唐から律令制度を導入して、日本国を作った。日本の律令制は唐のものを真似て作られた。ただ、一点だけ大きな違いがあった。日本は天子に代えて天皇をもった。天子は人間だが、天皇はカミである。日本はカミを戴く律令国家を作ったのである。

そして一二〇〇年後の一九世紀の後半、ここに大日本帝国憲法を制定して、日本国は立憲君主国になった。これはこれまでのものに比べると、極めて大きな違いである。天皇を戴く律令国家だけれども、憲法を持っている、ということである。憲法では国民の権利が保障されている。今までだと国民の権利などというものはなかった。これは極めて大きな変化である。欧米の考え方を取り入れた大転換である。

天皇制と立憲制は一見矛盾するように見える。国にはカミなる天皇がいます。その一方で世俗のことは議会で議論を闘わす。これは欧米風に白か黒かで考えると矛盾なのかもしれない。しかし、普通の日本人の感覚からすると、至極当たり前のことである。私たちの家には神棚があり、仏壇があり、そして学校では合理性について教わっている。みな、本当なのである。これが日本である。日本はここでも独自の多神教的本質を守り続けたのである。

□　身分制廃止

新政府の行った改革は、考えてみれば革命的なものであった。それまでは身分制があり、士族はエリートで、他の人より一段高い所にいた。士族が日本の役人のほとんどを占め、服装や家の造り、名前もそれが分かるような仕組みがあった。そういう不公平を大前提に、二六〇年間、社会は保たれてきたのである。それが新政府の出現で廃止され、国民は全て平等ということになった。士族は特権を完全に失ったのである。没落していった士族も多い。よくだまって引き下がったものだな、と思う。

同じことは承久の乱で守護、地頭クラスにおいても起こった。明治維新だと、それまでの大名は曲がりなりにも自分の藩というものがあった。そこを基盤に経済も成り立っていた。それがすべて国に取り上げられ、新しく県や郡が作られ、そこには新政府から役人が来たのである。

こうした基本的な枠組みの切り替えが大胆に行われたうえで、兵制と教育制度の改革が行われた。徴兵制が敷かれた。そして国民の全てに教育の機会均等を与えた。それまでだと、どんなによく出来る子供でも、平民だと教育を受ける機会は限られていて、出世する機会はほとんどなかった。それが明治の教育令の発布で、勝れた子供はどこまでも登ることが出来るようになった。

教育の機会均等は日本の社会に計り知れない大きな影響を与えたと私は考えている。それは優秀な人材を中央に集めることに大きな効果があったからである。しかし、同時に田舎にも大きなインパクトを与えた。それまでだと、農民社会には静止的な状態を大前提にした秩序や人生観があった。それが揺らぎ、田舎から飛び出る人たちも出て来たからである。これは伝統的な田舎社会からすれば、破壊であった。この後遺症は教育令発布一五〇年の今日に至っても、まだ続いている。私なども八〇歳を越したこの年になって、このことを感じるのである。もし、まだ幕末が続いていたなら、私はたぶん一介の農民か、せいぜい庄屋で終わっていたに違いない。今と比べてどちらが良かったかは、即断できない。

八　殖産興業

富国強兵のためには、殖産興業は絶対に必要なことであった。殖産興業は身分制廃止とうまく連動していたように見える。新しい事業を起こすと、職を失くした士族を吸収することができる。農村地帯から出てくる有能な人材を活用する場にもなる。

この殖産興業の必要性は、アメリカとヨーロッパ、東南アジアを二カ年に渡って歴訪した岩倉使節団によっても極めて強く認識されたところのようである。この使節派遣は、明治四年という早い時期に新政府の最重要人物たちによって行われた。不平等条約の改正という目的もあったらしいが、それよりも何よりも、いかにすれば日本国を強くするかに最大の関心が集められていたらしい。

実際、自給自足をモットーとして農業立国を目指していた日本と、海外支配を最大の目標にして近代的な技術を開発してきた欧米とでは、この時代では極めて大きな差がついていた。使節団の報告書である『米欧回覧実記』を詳しく分析した田中彰（『〈脱亜〉の明治維新』日本放送出版協会、一九八四年）によると、アメリカに渡ってすぐの使節団の衝撃は極めて大きかったらしい。それを次のように述べている。

サンフランシスコに着いた使節団は五階建てのホテルに泊まるが、各部屋がきれいに整えられ、いろいろな調度があるのに驚いた。「顔を洗うためには水盤があって、栓をゆるめると清水がほとばしり出る。奴婢を呼ぶのに電線がある。指先で触れると、鈴声は一〇〇歩の外に鳴る」。四階の部屋を当てがわれた佐々木高行は「雲中ニ入ル心地、驚キタリ」と言っている、という（前掲書、二三頁）。

その後、一行はサンフランシスコからシカゴに向かうのだが、その時には夜行列車に乗って驚いている。「米国ニテハ、昼夜兼行、蒸気車ニ、スリピンカールト名ク車アリ」（久米邦武編・田中彰校注『米欧回覧実記 一』岩波書店、一九七七年、一一三頁）といって、その座席の仕組みを詳しく書いている。そして、車窓からは開け行く大平原の様を見て、なるほどアメリカはこうして国力をつけていくのか、と皆で議論している。放っておけば、ただの荒野だが、そこに鉄道をつけ、人を入れて開拓すればやがて町が出来、富が生まれる。「世界ノ太宝ハ、貸財ニ在ズシテ、物力ニ在コト」(『米欧回覧実記 一』前掲書、一六二頁)を確認している。国を富ますのは財宝ではない。技術と労力を注ぎこんで、土地を拓き、人材を育てることだ、と確認し合い、日本もこれに習わなければならない、と決意していたのだ。

使節団はこの後、ヨーロッパに渡り、いろいろのところを調査研究するのだが、ここでも殖産興業の必要性を痛感している。

新政府の政策の基本は、このように徴兵、教育の拡充、殖産興業にまとめられていったのである。

2―d　脱亜入欧

明治維新は「脱亜」でもあった。『米欧回覧実記』はヨーロッパの後、使節団がスエズ運河を通ってインド洋に出、そこからスリランカを経由して東南アジアを通り、上海から日本に帰国した、その記録も詳細である。東南アジアに関しては、繰り返し二つのことが述べられている。一つは熱帯の緑は素晴らしい、いろいろな産物もあって楽園だ、ということである。今一つは、それに比べてそこに住んでいる人間は全く救いようがない、怠惰で汚く、生活を改善しようなどという気力は全くない。豊かな自然があるということは、これほどまでに人間を無気力にするものか、と繰り返し述べている。

東南アジアに対する使節団の評価には、かなり偏ったものがあるように、私には見える。欧米を手本にして、とにかく日本を強くしなければならない、という先入観が最初にあって、それをより鮮明にするために、こうした東南アジア蔑視がエスカレートしたらしい。

ともあれ、この使節団の見方が、その後、日本のインテリに大きな影響を与えたようだ。箸にも棒にも掛からない東南アジアや中国に関わり合っていないで、欧米を手本にして進んで行くべきだ、という「脱亜入欧」が日本で支配的になるのである。福沢諭吉も全く同じ考えをもつようになっている。

XI―3　世界大戦へ

3―a　列強の一角へ

二〇世紀は戦争の時代だった。日本もこの時代の流れに乗って、列強の仲間入りをしようとした。日本が帝国主義活動の第一歩を踏み出したのは、一八九四年に勃発した日清戦争だった。日本には早くから征韓論があった。この時も日本が韓国に圧力をかけた。すると、清国が出てきて、日中の戦争となった。戦争は拡大したが、一八九五年には清国が日本に遼東半島を割譲するということで、一旦は話がまとまった。しかし、これにはすぐにロシア、ドイツ、フランスがクレームをつけ、この割譲案は消えた。

一八九九年には中国各地で「扶清滅洋」のスローガンが叫ばれ、大規模な排外運動が起こった。外国人を排除しようというものである。北京の公使館地区や天津の租界が民衆によって包囲された。すると、すぐに列強八ヵ国が共同出兵した。一九〇一年には列強と清国の間に和約が成立し、列強側は多額の賠償金と駐兵権を獲得した。このとき、日本はイギリスの要請で列強中最大の軍隊を派遣していた。そしてそれに対する褒賞も大きかった。事件後には日本は「極東の憲兵」の地位が認められた。

一九〇四年には日露戦争が起こった。三国干渉で日本を引き下がらせたロシアは、逆に南下を始め、満州には大軍を駐留させていた。これに一番神経をとがらせたのはイギリスだった。イギリスは一九〇二年に日本と結んでロシアを後退させるために日英同盟を結んだ。この同盟を基に、日本は一九〇四年、日露戦争を始める。日英の連携作戦が成功して、一九〇五年、日本は日本海海戦でバルチック艦隊を破って大戦果を上げた。するとアメリカが仲介に入り、講和条約を締結した。この結果、日本による韓国の植民地化、遼東半島の租借権が認められた。日本はいよいよ列強の仲間入りをして、帝国主義的拡大を始めることになった。

安政の日米和親条約（一八五四年）以降、結ばれたままになっていた欧米との不平等条約は、この頃になってやっと改正されることになった。ついこの間まで痛めつけられていた日本が、二〇世紀初めになってようやく解放され、今度は列強の仲間入りをして隣の韓国や中国を痛めつける側になったのである。

ここのところはもう少し正確に書いておいた方が良いのかも知れない。一旦、列強の仲間に入ってしまうと、仲間の付き合いがあって、自分一人が良い恰好をしておれないのである。列強というのは、お互いに組んで協力し合っているのである。こうなると、一度どこかと組んで同盟関係などになると、相手の誘いを拒むことも難しくなる。また、全体としては列強が弱い国々を食いちぎり合っているのだが、この大構造を否定することは、それこそ裏切者ということになる。世界の構造は、この頃から強者が組んで、お互いに口封じをしながら、弱者群を食いつぶしてかかるということになってしまったのである。日本はその強者の仲間に入った。脱亜入欧とは、そういうことである。

3―b　二つの世界大戦

二〇世紀は戦争の世紀だった。第一次世界大戦と第二次世界大戦が戦われた。これに関しては、実にたくさんのことがすでに言われている。私の付け加えるべきことは何もないが、私の問題意識に関係することだけを、ごく簡単に述べておこう。

イ　第一次世界大戦

先に述べたように、一八世紀後半には列強群が現れ、それが弱肉の食いちぎり合いを始めた。一八七〇年代にはオスマン帝国の蚕食が始まった。一八八〇年代に行われたアフリカの分割などは、その典型であった。今もアフリカには極めて不自然な定規でひいた様な直線の国境ばかりだが、これはそのときに列強が分け合ったなごりである。

列強が「仲良く分け合う」時代は、ここまでだった。すぐに列強の足の引っ張り合いが始まった。産業革命に成功したイギリスは、例えば綿織物の独占的販売を強行し、一人勝ちをしようとした。これに対してドイツが待ったをかけた。イギリスはそんなことではへこまない。結局、両者は互いに仲間を見つけてイギリス派とドイツ派に分かれて戦った。これが第一次世界大戦である。

日本はこのとき、イギリス側についた。すでに触れたように、ロシアの南下をチェックしたいイギリスは、日本をうまく誘い込んで日英同盟を作った。日本はこれが幸いして日露戦争を勝ち、文字通り列強の仲間入りをした。

ロ　第二次世界大戦

列強の体験が身に付いた日本は、一九三一年、満州事変を起こした。そして満州国を作った。するとすぐにアメリカが反対した。九ヵ国条約に違反している、というのである。国際連盟もアメリカと同じ判断を下した。孤立した日本は一九三三年、国際連盟を脱退した。そして、やがてアメリカと戦うことになったのである。

アメリカはこの時点では力の衰えたイギリスに代わって、世界第一の力をつけていた。アメリカが日本の頭を押さえにかかったのは、二つの理由があった、と私は考えている。

第一はイエローモンキーの抬頭を憎んだからである。欧米グループのリーダー的位置に立つに至ったアメリカは、黄色のアジア人が大きな顔をするのが、どうにも許せなかったのである。欧米人は私たちが想像する以上に頑迷な人種差別を心の底に秘めている。

第二の理由は、アメリカ合衆国の膨張計画にとって、日本の膨張は無視できなかったのである。アメリカはこの時点ですでに太平洋の取り合いを予想していて、その芽を摘み取るためのあらゆる準備をしていたのである。深謀遠慮に欠けた日本は、こうした状況の中で、一九四一年、真珠湾を攻撃した。そして一九四五年、日本は敗れた。

第二次世界大戦が終わると、全く新しい国際情勢が生まれた。世界共産主義革命を掲げるソ連が出て来た。そして、中国もこれに同調した。ソ連、中国対アメリカという構図が明確になり、冷戦の時代に入った。世界共産主義革命の橋頭保はベトナムになった。

ベトナムがソ連、中国の側についてしまえば、世界は一気に共産主義に傾いてしまう、という恐怖がアメリカに広がった。アメリカはベトナム戦争を戦った。そして、日本をこれに協力させる、ということになった。

ベトナム戦争ではアメリカは敗北し、ここから手を引いた。一方のソ連も分解した。最後に残った大国は、中国とアメリカ、ということになった。そして、二つの大国は今、太平洋を間に挟んでお互いに勢力を拡げ合う事態になった。

3—c　敗戦後の日本

イ　茫然自失

戦争が末期になると、南の島々では軍隊や一般民の玉砕が報じられるようになった。やがて本土決戦かということを、人々は考え始めた。そんなとき、広島と長崎に原子爆弾が落とされて、終戦になった。一体、あの戦争で何百万人の同胞が死んだのだろう。そのうちの多くは、前途のある若者だった。町はいたるところが焼かれているし、何もかも失った感じだった。茫然自失というのが、偽らざる状態だった。

そんな中で、アメリカの意向を受けた戦後教育が始まった。日本の突き進んできた軍国主義がいけなかったのだ、ということになった。一億総懺悔などということもいわれた。昨日まではお国のために、といって頑張っていた。鬼畜米英は倒さねばならない、といって竹槍を振っていた。それが、一瞬にして全部間違いだったと言われた。当時、小学生だった私にとっても、あの急変は狐につままれたようなものだった。

□ 救いは経済発展

ソ連の推し進める世界共産主義革命と、それを阻止しようとするアメリカの衝突は、東アジアで興っていた。一九五〇年代には朝鮮戦争があった。一九六〇〜七〇年代にはベトナム戦争があった。この二つの戦争を契機に、日本は軍需景気の恩恵を受けた。日本はこれを経済復興のチャンスとした。

進むべき方向を失っていた日本人は、これに飛びついて一目散に経済発展に精を出した。国としての理念も何もないけれど、金儲けだけは一心不乱の日本人を見て、外国人はエコノミック・アニマルだと軽蔑した。しかし、そのうちGNPが伸びてくると、ジャパン・アズ・ナンバー・ワンなどという言葉も聞かれたりした。日本のGNPは、いつの間にか世界第二位になった。とにかく私たちは、こうして何も考えないで経済だけで突き進んできた。それ以外のことを考えるのが恐ろしかったのである。

ハ　これからどうする？

茫然自失の後遺症がまだ残っていて、頭の中には何もない。その空虚感から逃れるために、金儲けだけを考えて突っ走っているうちに、七〇年が過ぎた。

そして今、ちょっと周りを見てみると、中国が伸びてきていて、日本は頼みのＧＮＰでも中国に抜かれて、世界第三位になった。このままでも食っていくだけなら何とかなるのだが、ひょっとしたらそうもいかないのかも知れない。中国に国をとられてしまう危険性が皆無とはいえない事態になってきた。さあ、これからどうするのか。もうそろそろ、本気になって考えないと取り返しのつかないことになる。

私は、ことここに到ったからには、私たちは根本的なところから考え直さなければならないと思う。我々日本人とは何なのか、それを根本的なところから考え直して、その本質を皆で共有し、身を引き締めて出直さなければならないのではないかと考えている。結論から先に言ってしまうと、私たちは美しい日本列島に住み続けてきた人類の宝のような民族なのだ。この本質をちゃんと共有し、世界の中に自分たちを位置づけなければならない。

その先にもやらなければならないことはいっぱいある。それは一つずつ考えなければならないのだが、とりあえず、原点をまず確保しなければならない。それは、ここで指摘している自分とは何かをまずはっきりさせることである。

第二部のまとめ

最後に、日本は結局どういう歴史を経て作られたのか、今はどんな様子なのか、将来についてはどう考えるべきかについて、私の考えるところを簡単に述べておきたい。繰り返し述べてきたように、日本には弥生時代までに作られた内世界がある。そこに外文明が到来して、今日のまとまりのよいユニークな日本ができた。これはそのまま、将来も生き続けられるのか？そんなことについて、今、考えていることを述べてみたい。

1　日本の内世界

日本は島国である。海に囲まれていて、大陸からは隔離されている。このことが、日本の独自性を作る最も大きな特徴になっている。

列島の最初の住人たちは、この島という環境の中で、自分たちの身体と文化を作った。日本人になった。日本人とは何か？それは、日本語を話す人たちである。では、その日本語とは何か？それは、北の森から南下してきたツングース系の人たちと、南の海から北上してきたオーストロネシア系の人たちが、この島で混じり合って作った言葉だという。今から五〇〇〇年ほど昔に出来たもので、出来てしまうと、もうそれは元の北の森の言葉でも南の海の言葉でもない、極めて個性的な言葉、日本語になった。この日本語を話す人たちが、日本人である。

言葉が混じり合っただけでなく、心も混じり合ったのではないかと、私は考えている。森の人たちは、北の森の人も南の森の人も、万物に魂を認めている。あるいは物にはカミが宿ると考えている。木や草にも動物にも、水の流れや岩にもカミを認めている。カミが周りにいっぱいいて、その中で自分も魂をもった者として生きていると、そんなふうに考えている。

一方、海の世界の人たちは、万物に魂を認めるのだが、加えて「まれびと」信仰というものをもっている。遠くに自分たちよりも勝れた人たちがいて、あるとき、不意に流れに乗ってやってきて、自分たちを導いてくれる。そんな期待を持っている。だから、訪れてくる客人を、尊敬の念をもって受け入れる。日本列島で出会うことになった北の森の人たちと南の森や海の人たちは、混ざり合って、この森の魂と海の「まれびと」というものの両方を共有するような人たちが出現することになったのだ。そう、私は思う。だから、日本人の身体の一番基層には、汎神論と「まれびと」信仰があると、私は考えている。

次に、こうしたものの上に弥生時代になると、もうひとつ別の要素が入ってきた。これは長江流域から入って来たもので、老荘的、あるいは道教的世界観とでもいうべきものである。これは思惟的なものだが、決して洗練された思想として入って来たものではない。稲作としっかり結びついた生き方そのものであったに違いない。稲作民は仲間と共に同じ土地を耕して、それを自分たちの子孫に伝えていく。ここにあるのは、強い土着意識と、土地への感謝の気持ちである。

森の人、海の人、それからあとから入って来た川筋の人は、お互いに孤立していたわけではないから、交流し、その血も混ざりあった。こうして汎神論、「まれびと」信仰、川の人たちの土着意識が複合して日本人ができた。ここまでを一応、日本の内世界としてよいのではないかと思っている。そして、この上にいわゆる外文明が覆いかぶさってくるのである。

2 外文明の在地化

日本には古来、いくつもの外文明が到来した。しかし、それらは瞬くうちに在地化したのではないか、と私は考えている。汎神論、「まれびと」信仰、土着意識は完全に融合していて、極めてしっかりとした内世界を作っていた。だから、そこに到来した外文明は、それを一層豊かなものにする、あるいは活性化することがあっただけで、その土台から作り直すということはなかったように思う。

到来した外文明で最初の強力なものは、天孫の思想だった。これは当時の列島の人たちにとっては、全く新しいものだった。しかし、天孫は「まれびと」の一つとして迎え入れられたのだろう。

南海のスラウェシ島にもトゥマヌルンの神話がある。トゥマヌルンというのは天から降って来る、ということである。それまでは混乱の多かった自分たちの社会に、あるとき天から高貴な人が降って来て、その人の統治のおかげで世の中は安定して、今日の自分たちの社会がある、という話である。天孫降臨そのものの話である。同じようなことが、列島の弥生農民の間にも起こったのではなかろうか。土地の人たちは、むしろ指導者の到来を待っていたのである。天孫はそこに素直に受け入れられたのである。

奈良時代には別の外文明がやって来た。唐から律令制度が到来した。国家経営のための巨大なシステムが導入されたのである。官僚制が整えられ、都城が造られ、正史が編纂された。さあ、これから日本国を経営していくぞ、ということになったのである。しかし、本家の中国から見れば、画龍点睛を欠くようなことが起こった。一番大事な天子が置かれなかったのである。その代わりに「天皇」が創設された。森に囲まれた日本の風土の中では、砂漠起源の「天子」は生き延びるはずがない、むしろここは「カミ」なる天皇だ、ということで「天皇」を戴く日本国が創られたのである。日本列島は国の作り方を中国から受け入れたのだけれども、中国とは全く違う森系の国を創ったのである。

仏教も日本が受け入れた大きな外文明である。これは早く、飛鳥時代に取り入れられているが、しかし、これが民衆にも広く広がっていくのは平安時代末以降ではなかろうか。その拡散の中で、この仏教も釈迦が教えられた元の仏教とはずいぶん変わってしまったようである。極めて強く在地化した。早い話が、私自身、一応は仏教徒である。私は、仏教は素晴らしい教えだと思っている。しかし、家の仏壇などに向かっている自分は、本来の仏教よりももっと強烈に祖先や怨霊のことを気にしているのに気がつく。これは決して堕落でも悪いことでもないだろう。こういう形であの疎林のインド大地で作られた仏教は、この湿潤な列島に定着したのだ。

時には外文明は換骨奪胎をともないながら、この日本に定着し、ここをより豊かなものにしてきた。

3　外郭のしっかりした日本

日本国は世界でも稀に見るまとまりのよい国である。日本列島という大陸とは隔絶された島に住んでいて、全員が日本語という孤立した言語を話している。こんな均質でまとまりのよい国は、世界中探してもそれほど多くはない。

大陸へ行くと、こんなまとまりはまず期待できない。大陸の中央には草原と砂漠がずっと横断していて、そこでは騎馬民族や商人たちが思い切り動き回っている。人々は入り混じり、混血するのが普通である。草原の北に広がる森林地帯においても、その影響は無視できない。そこはこういう中央帯から弾き飛ばされた人たちが逃げ込むアジールにもなっているからである。

例えばドイツを見てみると、この混住と拡散の様がよくわかる。一九世紀になって、いよいよドイツが国を創ろうとしたとき、それはなかなかうまくいかなかった。ドイツ語を話す人たちの居住する範囲をドイツ国としよう、ということになった。しかし、それをやってみると、ポーランドの大部分やロシアの一部、フランスの一部などもドイツということにせざるを得ないことになった。そうしたところにもドイツ語を話す人たちがいたからである。これはもちろん出来ない。それで、この案は放棄された。

次にドイツ語を話す人たちが集住する範囲をドイツ国としようということになった。ドイツ国とは、ドイツ語を話す人たちの国である、ということである。しかし、これも難しい問題が出て来た。ここにはユダヤ人が多くいたからである。それでユダヤ人を追放しようということになった。このやり方が強力に行われたのが、ナチスドイツの時代で、実際多くのユダヤ人が虐殺された。

大陸の国々というのは、ほとんどの国がこういう問題を抱えている。まず国境を引くこと自体が難しい。それに国境を確立したとしても、その中にはたくさんの異分子を抱え込むことになる。こういう大陸の状況と比較してみると、日本はまとまるという意味では大変恵まれたところだったと思う。

4 近代文明というもの

日本は幕末、開国の圧力を受け、国を開いた。そして幕府は倒れ、明治維新がなり、列強に追いつこうとして必死で頑張った。あのとき列強から学んだものが、いわゆる近代文明というものだった。それは、それまでの日本がやってきた、国を閉じて、ひたすら自給自足を目指して国力をつけるべく頑張ってきたやり方とは全く別のものだった。

近代文明とは何か?いろいろな見方があるのだろうが、私は、それは一七六〇年代にイギリスで確立して、世界中に広がったものだと考えている。一七六〇年代といえば、マンチェスターとリバプールという二つの六〇万都市が大急ぎで作られたときである。マンチェスターは綿織物工場の町として、リバプールは原綿の輸入港兼綿布の輸出港として作られた。このツイン・シティが動き出すと、いわゆる産業革命が本格化し、近代文明が世界に広がり出したのだと、私は考えるのである。

この前後のイギリスで何が起こっていたのかを見てみよう。

イギリスはそれまで世界中に綿布を輸出していたインドの紡織工場を武力で壊し、インドの大地で作られた原綿をマンチェスターに持って帰って織り出した。やがて、工場がフル操業を始めると、原綿が足りなくなった。それでエジプトに新しい綿産地を作った。しかし、それでも原綿が不足したので、アメリカ南部に新しい綿プランテーションを拓いて、そこの綿をマンチェスターに運んだ。

アメリカ南部での綿プランテーションは大変だった。なにせここは新大陸だから、人のいないところである。だから労働力の確保ができない。それで行われたのがアフリカからの黒人奴隷の投入である。アフリカの西海岸には奴隷の積出港を作り、そこから大量の奴隷をアメリカ大陸に運び、それで綿作りを敢行した。積出港に集められた奴隷は、男も女も皆丸坊主にされ、身体に会社の焼き印を押され、ほぼ全裸で船に詰め込まれた。普通、二〇〇~四〇〇トンの運搬船が用いられたが、そこには三〇〇~五〇〇人の奴隷が丸太のように詰め込まれた。もちろん、便所などないから糞尿と一緒の輸送である。四〇~五〇日の船旅の後、新大陸に着いた。平均、六人に一人は船中で死んだという。こういう船が、イギリス海軍の船に守られて奴隷の搬入を行ったのである。

アメリカ南部で作られた原綿は、リバプールからマンチェスターに送られ、そこで布になって、今度はその一部はリバプールから西アフリカに送られた。その時には綿布に加えて鉄砲やビーズ、酒なども送られた。鉄砲はバーミンガムで毎年一〇万丁が、この奴隷狩り用に作られたという。ビーズや酒は、奴隷狩りに協力する仲間への贈り物である。

同じころ、イギリスで大きな需要があったのは、砂糖だった。ちょうどイギリスなどでコーヒーや茶を飲む習慣が広がっていたからである。サトウキビプランテーションは西インド諸島に拓かれた。ここにも同じ方法で、アフリカから黒人奴隷が入れられていった。西インド諸島で作られた黒糖はイギリスに送られ、そこで砂糖やラム酒に加工されて売られた。

アフリカからイギリスが積み出した奴隷は、一七世紀末には年間五〇〇〇人程であった。それが一八世紀中頃には二万五〇〇〇人程になり、同世紀の末には四万人を超すようになっていた。これだけの黒人奴隷を、極めて非人道的に酷使して、原材料を海外で作らせ、それを自国に持ち込んで製品にして、それを世界中に売り出す。しかも、自由貿易を建前にして、買わないと武力でもって脅し、しばしば国をとってしまう。この仕組みが、いわゆる「近代世界システム」であり、これをよしとする生き方が「近代文明」である。

そういう文明が幕末に突然日本にもやってきた。日本も下手に対応すれば、国をとられてしまう。そんな状態が起こっていたのである。

5　これからの日本

近代世界システムというのは、こうしてイギリスを先頭にして搾取する側とアフリカのような搾取される側に分かれて、この搾取・被搾取のシステムが世界規模で起こるようになったものである。

やがて、奴隷貿易による搾取という、あまりにも露骨でしかも能率の悪いものは姿を消していった。それよりも、人々をその地に置いておいて、その周りの鉱山開発労働者として使ったり、コーヒーやアブラヤシ等のプランテーション労働者として使った方が得策だ、ということになった。いわゆる植民地経営型の経済になる。最初はアフリカで始まった搾取は、やがて植民地型のものに変容し、それが世界中に広がった。アジアでも奥の未開地域が植民地になり、一方搾取側も数が増えていった。いわゆる列強と植民地の二グループに分かれたのである。

やがて列強の間で植民地の取り合いが始まった。列強の行きつくところは戦争でしかあり得ない。こうして二〇世紀は戦争の世紀になった。日本も二つの世界大戦に加わり、第二次大戦では敗戦国になった。まだ列強の争いは解消したとはいえないが、二〇一四年頃からは新しい争いが起こり出したように見える。それは、近代世界システムの中で搾取された側の総反撃である。近代の最初の顕著な被害者は、熱帯アフリカの黒人たちだったが、次に大きく搾取されたのは地中海からインド西部にかけて伸びる乾燥地帯のイスラームの人たちだった。アフリカの人たちはどちらかというと心優しいが、砂漠のイスラーム系の人たちはそうではなくて、搾取と圧迫の歴史をはっきりと覚えていて、今や反撃に出始めた観がある。この二〇〇年にわたって蓄積された怨念は、もう限界にきているようだ。すでに多くの人たちが命を賭してかつての搾取者に対して反省を促している。列強側はそれを自爆テロというが、私自身は決してそんな簡単なものではないと思う。歴史が大きく変わる節目に来ているのである。近代というものが終わらねばならないところにきているのである。

近代というものがどういう形で終わるのか、私には想像できない。しかし、はっきり言えることは、近代になって喧伝された大理論というのは、身勝手な詭弁に過ぎなかったということである。神は白人のキリスト教徒を一番上等な人間として創られた。人類の底辺には異教徒の黒人がいる。イギリス人は人類の頂点に立っているのだから、責任を持って他国の人間たちを指導しなければならない。近代が獲得した科学技術は、全ての人間を幸福にするものだから、わけの分からない迷信は撲滅しなければならない。民主主義こそは人類の考え出した叡智である。それを奉じない者は人類の敵だ、等々といった、一見普遍的に見える論理である。彼らは地球世界を、まるでノッペラボウな球体のように考えて、その上に自分たちの考え出した論理を張り巡らそうとしている。

しかし、これは土台無理なのである。ちょっと目を開いて見れば分かるように、この地球上にはいろいろな場所がある。熱帯林で覆われたところもあれば、砂漠や草原もある。山地もあれば海岸地帯もある。そんなところには、何千年もかけてそれぞれの風土が出来上がっているのである。そこに住む人たちはそれぞれの固有の歴史や人生観、幸福感を持っている。そのことを無視して、地球はこうだ、人類はこうあるべきだ、と強制することは全くの間違いである。

近代というのはイギリスが、己が得をするために、虚偽の地球像を強引に作り上げた時代であった。近い将来、この近代は根本的なところから考え直さねばならない。幸い、地球の破壊が免れて、この超近代を迎えることができるとしたら、それは多様な風土の時代であるに違いない、と考えている。

日本は幸いなことに、しっかりとした風土を作ってきた。このことはしっかり意識して、大事にしなければならない。

終章

日本、「周辺」、そして世界の共存

この小冊を書き終えて、最後に三点ほど書き足しておきたい。第一点は、この本ではこういうことが書いてあるのだという、いわばエッセンスである。それは、この国は豊かな自然的基盤を持っていて、そこに外からの文明が入って来て、幸運にも良い国に育ってきた、ということである。

第二点は、周辺のことである。この本では、政治中心よりも地方と言いながら、列島の周辺部のことをほとんど書けなかった。実は、周辺部には素晴らしいものがいっぱいあるのである。これに触れることが出来なかったのは大変残念である。そこで、十分とは言えないが東北のこと、隠岐・沖縄の二つを取り上げて、周辺の素晴らしさについて少し書いておきたい。

第三点は、今の世界のことである。日本はともかく、ここまで順調に進んできたのだが、世界を見渡すと、このままでは人類が亡びるのではないかと思うような状況が起こっている。本書で日本のことを書きながらも、この点が常に気になっていた。世界の共存の問題である。

1　日本の来たみち

このことに関しては詳しく繰り返す必要はないかと思う。本書の中でかなり詳しく論じてきたところである。日本列島は森で覆われていた。その周りには海が広がっていた。そうした生態の中で、日本人は一万年以上生きてきた。その間に、私たちは森のカミガミと共存し、海を渡ってやって来たマレビトを受け入れる、という体質を作った。

やがて弥生時代になって稲作が到来して、生産性が上がり、人口が増えた。しかし、谷間で耕作をするという生活の仕方は、それまでの縄文時代のものとそれほど大きく変わるものではなかった。精神生活は、基本は縄文時代と同質のものが続いた。

列島社会が大きく変わり出したのは、古墳時代からである。このとき、草原の騎馬民の文化が到来した。鉄製の武器が入った。それと天孫の思想が入り、民を統合する大王が現れた。

奈良時代にはもう一つ別の文明が到来した。律令思想である。武力だけでは国は治められない、ということで、中国から律令制を入れた。法と罰則を定め、官僚組織を整えた。しかしこの時、日本列島は極めて賢明な選択をした。「天子」は受け入れないで、「天皇」を創りだした。これは極めて大きな岐路だった。これ以降、日本列島はカミなる「天皇」を戴くことになった。戦後、昭和二一年元旦の詔書で天皇が、現御神であるとするのは架空の観念であると国民に告げた後も、国民と天皇は相互の信頼と敬愛で結ばれている。制度としての天皇制には様々な議論があるが、精神的な構造は変わっていないと私は思う。易姓革命で天皇の矜持と国民個々の心にある信頼が奪われることはなかったわけだ。

ともあれ、律令制というのは、畢竟、大陸の唐のやり方だった。規律ずくめの律令制は、平安時代になると弛緩していった。貴族が現れ、日本的な「情」が現れ出した。国風文化が盛んになってきたのである。

やがて貴族中心の秩序も自壊した。貴族の末端から武士が現れ、武士が政権をとることになった。鎌倉幕府の成立である。これは京都中心、貴族中心からの離脱であった。武家は基本的に平民的、在地的なものであった。それに農民や商工業者が育ってきたから、列島は一挙に平準化された。

戦国時代になると、この傾向は一層顕著になった。農民や商工業者の出現と成長は、それ自体で静かな革命だった。やがて、彼らの間から土豪や国人領主が現れてきた。そして幕府や守護を突き上げるような事態にもなっていった。下剋上の時代である。この時代の後半には鉱業も発達した。銀鉱山が開発され、一時は日本列島が出す銀は世界の総産出量の三割を占めるほどになった。日本は銀を放出する巨大な経済大国になったのである。

下剋上という政治的不安定と、一方では大変金持ちになって行先の見えなくなった日本を、再び秩序ある統一体にしたのが、信長と秀吉だった。秀吉は、しかし勢いあまって明国攻略を考え、朝鮮出兵をした。しかし、この暴挙に見える行動も、決して秀吉の狂気のなせる業ではなかった。一六世紀の東アジアの海は、こんなことは当たり前というほどに激しく動いていたのである。中国人海商、ポルトガル人などが入り乱れて、皆が銀をめがけて壮絶な交易戦を繰り広げていたのである。

そんな中で徳川幕府が出来た。すると日本は海からサッと身を引いて、鎖国体制に入った。そして自給自足を柱に国力をつけることに専念した。農民保護のための多くの施策がとられた。日本列島に初めて農民中心の時代がやって来たのである。農民は幕府のことを「お上」といい、人々は農民のことを「お百姓」といった。こうして足腰の強い日本ができた。

こんなところに一九世紀中頃になると、列強から強引な開国の要求があった。日本は国を挙げて激論した揚句、開国に踏み切った。この間に幕府は崩壊して、明治維新となった。その後は日本も生き残るため、列強に倣って富国強兵路線を突っ走った。

しかし、富国強兵路線は、結局は戦争への道であった。日本は太平洋戦争に突入し、敗れ、最初からやり直すことになった。

2 「周辺」の問題

日本国のことを記述しながら、気になっていたことは周辺のことである。しょせん自分は中央部のことしか書いていない。これでは本当の日本のことは書けていない。少しでもいいから周辺のことにも触れなければ、と思い続けて来た。いくつかの地域のこのことを書きたいのだが、割愛して、ここでは東北のこと、沖縄のことを少し書いてみたい。

イ 東北のこと

高橋克彦『東北・蝦夷の魂』（現代書館、二〇一三年）という本がある。先に第Ⅷ章で揚げた本だ。私はその本を読んで「あ、そうだったのか！認識不足で済まなかった！」と思った。その本に書かれていることを簡単に紹介しておこう。

八世紀に現在の宮城県では黄金が発見された。それが奈良に伝わると、朝廷からはその黄金をとりに軍隊がやって来た。土地の人たちはそれに反撥した。すると、朝廷は「蝦夷は山川の険しいのをたのみ、辺境を犯している。三千の兵を発して卑しい狼どもを亡ぼしてしまえ」という勅令を出した。東北人たちは怒った。「自分たちは薄汚い獣の仲間などではない」と言って戦った。しかし、大勢の人たちが殺された。

それを見て、指導者の阿弖流為は自ら下って仲間の命を救った。これが中央の人たちとの最初の接触だった。

第二回目の接触は、一一世紀の後半に起こった。この時には前九年の役（一〇五一～一〇六二年）と後三年の役(一〇八三～一〇八七年)が起こった。戦の主な原因は源氏が東北の馬と鉄を手に入れるべくやって来たからである。源頼義は当時の蝦夷の豪族、安倍氏を攻め亡ぼした。それが前九年の役である。安倍氏が亡びると、その領土をめぐって清原氏を中心に後継者争いが起こった。すると、これにまた源義家が絡んできた。蝦夷の資源の獲得が目的だった。しかし、義家の狙いは成功しなかった。軍事貴族源氏の伸張を好まなかった朝廷が、源氏を抑えたからである。

後三年の役を勝ち抜いたのは藤原清衡だった。彼は土着した藤原経清と安倍家の女性の間に生まれた人である。清衡は事態を何とかして改めたいと考えていた。そのためには根本的なところからの改善が必須だと考えていた。

朝廷の間では、相変わらず蝦夷蔑視が続いていた。関東には軍事的征服を狙い続ける源氏がいた。これに連動して、地元でも安倍、清原の同族間での争いが続いていた。こうした事態を根本から作り直すためには、この蝦夷の地に、京にも勝る平和の町を作る以外に方法はない、「浄土の町」をここに創るのだ、と清衡は考えた。

幸い、奥州藤原氏の貿易拠点十三湊は栄えた港で、奥羽は経済にゆとりがあった。その資金を投じて浄土の町を創り、日本中から僧たちを呼ぶ。こうして創られたのが平泉の中尊寺であった。平和の町、平泉の町の建設には、清衡以下四代の奥州藤原氏が力を注いだ。こうして東北は平泉を中心に平和の一〇〇年を迎えた。

源氏の毒牙はしかし、この後にも消えていなかった。頼朝は何としても奥羽の地を手に入れたかった。頼朝は藤原を倒すための陰謀を周到に進めた。朝敵に仕立てた義経が藤原氏の許に逃げ込んで、秀衡はそれを匿っているという話をでっち上げて秀衡を攻めた。平泉は長大な土塁で守られていて、一〇万の頼朝軍を迎え撃つのに充分な戦力があった。しかし、泰衡はたった一日でここから出て行った。朝廷の命を受けて来ているという頼朝軍に対しては、たとえ勝ったとしても、その後とんでもない長期の戦争を続けなければならなくなるのは目に見えている。たとえ自分たちに非はないにしろ、ここは退かねばならない。それが蝦夷の同胞の命を救う唯一の方法である。そう考えたのである。程なくして秀衡の臨終が近づいた。すると秀衡は息子の泰衡を枕元に呼んで、「金色堂へ移せ、陸奥を守りたい」と言って死んでいったという。

東北人の誇りを傷つけるようなことは明治維新のときにも起こった。このとき、会津藩主松平容保は京都で将軍方の守護職に就いた。辞退したのだが、周りの圧力でその職を引き受けた。守護職の下にあった新選組は尊王攘夷派の志士たちを次々と殺していった。薩長が勝をおさめて新政府が出来ると、新政府は、今度は徹底的に会津藩をいじめにかかった。藩主の容保の首を差し出せと命じてきた。藩ではそれに反抗した。幕府の命に従って守護職を引き受けただけで、何ら間違ったことはしていない、という理由で反抗した。藩では白虎隊と朱雀隊が組織され、徹底抗戦が始まった。しかし、優秀な火器を持つ政府軍には通じなかった。白虎隊を含め、会津軍は全滅した。しかし、戦死者の埋葬を政府軍は許さなかった。遺体を野犬や鳥に食わせた。そしてやっと許した時には、藩の処刑場に運んで埋めさせた。会津藩の人たちの誇りは著しく傷つけられた。

だが、もっと深刻だったことはこの後に起こっている。戦争の後、領地が下北へ移され、石高も大きく削られたことである。二八万石だった会津藩は、三万石になった。こうなると食っていくのが大変である。多くの人たちは不承不承、食うために職にありつける東京に出て行った。そして東京では下積みの仕事を甘んじて受けた。それだけではない。もっと屈辱的なことが起きた。訛りの強い東北弁はひどく差別された。下人のように見られた。それを耐え忍んで生きていかねばならなかった。東北人の誇りは、幕府の倒壊とともに極めて大きく崩れ去ることになった。

この本の著者の高橋さんは、巻末で次のようなことを述べている。


東北人の特徴として、〈喧嘩ができない〉あるいは〈喧嘩下手〉というのがよく挙げられる。相手の気持ちをまず考えてしまうから、喧嘩ができない。怒るほうにも理屈があるのだろうと考えてしまって、たとえそれが殺人者でも、動機を理解してあげようとするようなところがある。この気質は、優しさとか協調性とは、ちょっと違う。とにかく相手を分かろうとする姿勢が強いということなのだ。自分の怒りは取りあえず脇に置いて、先に相手を理解してしまうから、喧嘩にならない。相手の気持ちに思いを巡らせ、対応を考えているうちにボコボコにされてしまう。

けれども、この相手の気持ちをまず考えるということが、これからの世の中、そして世界で本当に必要なことだろうと思う。（前掲書、二三一—二三二頁）

本当にその通りだと思う。多くの日本人が失いつつある「相手を分かろうとする姿勢」。世界の共存を考えるとき、極めて大切な資質である。

二〇一一年の六月、東北大地震の被災地を訪れた。地震と大津波で破壊された惨状に身震いを覚えた。丘の上を走る三陸鉄道のコンクリート架橋が流され、平地の住宅はコンクリート基礎もろとも消えている。ビルは屋上まで壁が破れ、カーテンが壁に絡みついて海中の藻のように風に揺れていた。身一つで逃げ、肉親を失った苦しみに耐える人々の深い悲しみに言葉もなく、亡くなられた方々の冥福を祈るだけだった。大槌町で、還暦過ぎの方から話を聞いた。家も車も灯篭流しのように燃えながら流された。火と津波に追われて家から家へ飛び移り、電線をつたい、逃げた。壁の破れた鉄骨二階立ての家に上がったが、二波で水位がさらに上がり、思わず「助けてくれ」と絶叫した。非番の消防署員が梯子を屋根へ掛けて辛うじて助け出されたのである。三月一一日で、価値観が変わったとこの人は洩らした。形あるものにすがる思いから、手を取り合って、形のない人の心のつながりにすがることが生きるということなのだと判ったと。

東北人は世界に誇るべき日本人だと、私は思う。

□ 沖縄

沖縄は隠岐と同じように島だけれど、その内容は隠岐とは全く違う。沖縄の人たちは隠岐の人たちと違うだけでなく、普通の日本人とも相当違った国家観をもっている。

私は、沖縄は日本国などに入って小さく生きるより、独自の「世界」を創って、そこで世界をリードしながら生きてもらいたいと思っている。

沖縄に関連して、面白い論文がある。安里進「琉球王国の形成と東アジア」(豊見山和行編『日本の時代史　一八　琉球・沖縄史の世界』吉川弘文館、二〇〇三年)である。ここには県別に行ったアンケート結果が示されている。例えば、次のようなものである。「今の社会は良い社会だと思うか?」という質問がある。これに対して、内地では七〇%から七五%の県が「まあよい社会だ」としている。最低の県でも六五%が「良い」と答えている。しかし、沖縄県は違う。半分以上の人が「そうは思わない」としている。また、「天皇は尊敬すべき存在か?」という質問に対しては、多くの県が五〇%から六五%が「尊敬すべき存在だ」としている。最低の県でも四五%がそう答えている。しかし、沖縄県だと「尊敬すべき存在だ」と答えている人は三五%にとどまっている。ここにも大きな差が見られる。

この調査は日本復帰六年後の一九七八年に行われたものだから、今でも通用するかどうかは分からない。しかし、たぶん基本的にはそんなに大きな違いはないのではなかろうか。沖縄は内地と比べると、その生態も歴史も大きく違う。これがこうした違いを作り出しているのである。

まず、生態だが、ここは亜熱帯の島である。時に猛烈な台風が来るが、そうでなければ年中比較的温暖で、いつも青い海が見えている。サンゴ礁に行けば貝やカニやタコは比較的簡単に獲れる。本州などでは考えられないような明るさがあり、生活も楽である。南の楽園という感じがする。それに第一、人間そのものが違う。ここでは外から来る人を歓迎する「マレビト」信仰が今でも生きていると思う。

次に歴史が違う。一一世紀～一二世紀までだと、人々は大きな社会を作らずに、黒潮の洗う島々に自由に生きていた。律令制などといった堅苦しいものはなく、おおらかな社会を作っていた。

沖縄が初めて大きな社会に接触するのは、一四世紀に入ってからである。大陸の明が海禁政策を発令した。すると、それまで東シナ海を股にかけて交易活動をしていた商人たちは、活動ができなくなった。冊封を受けた者の朝貢貿易しか許されないことになったからである。すると、福建の商人たちは、沖縄を琉球国に仕立てた。自分たちが生き延びるため、沖縄に朝貢貿易ができるダミー国家を作ったのである。これ以降、琉球国は明の属国として生きる。

一六〇九年、島津藩は琉球に出兵し、ここを属国にした。琉球国はもともと明の属国だったから、ここで明と日本の両方の属国になったわけである。この両属という状態は、明が清になっても続いた。一八七二年には明治新政府は琉球を琉球藩とし、一八七五年には清に朝貢することを禁じた。そして一八七九年には琉球藩を廃して沖縄県とした。このときまで、琉球は両属という形で独自の道を歩いてきたのである。一九四五年以降はアメリカに占領され、そのまま占領が続いた。沖縄が日本に復帰するのは、一九七二年である。太平洋戦争では、ここはアメリカ軍の上陸で激戦地となり、多くの人が殺されたり自決したりした。内地では全く経験しなかったことが起こっている。そしてこれを見てみると、沖縄はいわゆる内地とは全く違った歴史を経てきたことがはっきりする。そして、現在もまだ沖縄は基地問題を抱えて、内地の人びとには想像できないような苦労をしている。先の安里論文にも現れた沖縄島民と内地人の間の乖離は当然なものに見える。私が沖縄は日本の一部であるとする常識論に懸念を覚えるのは、こうした事実に依っている。きっとここは、台湾、福建から東南アジアに続く広い海の世界の一部なのだ。そう考えた方が自然なのである。

ハ　つなぐ力

私が隠岐や沖縄のことを取り上げたのは、こうした島々が口火を切って、ゆるやかなネットワークを作れないかな、と思うからである。これはネットワークであると同時に、バッファーゾーンでもある。

今、世界は極めて危険な状況にある。強国が領土の拡張を狙って、角を突き合わせていて、一触即発の状況にある。例えば、日本は韓国との間に竹島問題をかかえている。中国との間には尖閣諸島の問題がある。南沙諸島にも似たような問題がある。

こんな問題を根本的に解決するためには、どこの国にも属さない、バッファーゾーンを作ることである。この中には、竹島も尖閣諸島も南沙諸島も入っている。そんなバッファーゾーンを隠岐や沖縄が率先して作ってくれないか、と私は考えているのである。

もともと、バッファーゾーンは国家ではない。国益というものは考えない。むしろ、「つなぎ」が最も大事な任務である。世界の平和共存ということを考えると、今、最も強く求められていることは、この「つなぎ」である。

沖縄はこういう仕事をやるには最も素質のあるところだと、私は考えている。「両属」などという言葉は響きが悪いが、まさに両方を立てて衝突を抑える立派な「つなぎ」である。

隠岐もそういう能力を充分にもっていると、私は見ている。今、この島は竹島を抱えて忍従の日々を送っている。もし、隠岐が暴走したら大変なことになる。先にも見たように、隠岐の人たちは勝れて日本的である。下手な内陸県の人たちなどよりも、はるかに強烈な日本魂をもっている。だが、同時に世界を見る眼ももっている。こういう人たちが進んで、例えば環太平洋ネットワークとでもいったようなものを作ってくれれば、どんなに素晴らしいことかと考えている。

具体的に言うと、私はこのネットワークはアラスカから日本海を通り、東南アジアに広がっていく地帯だと考えている。ここは、実は海と森の世界であり、そこでは「マレビト」信仰と「カミガミ」との共存が生きている世界なのである。台湾に拠点を置いて、こういう地域連合が作れれば良いのに、と私は思っている。

二　多彩なモザイク

日本は東北地方や隠岐、沖縄以外にも個性的な地方がいくつもあって、列島は多彩なモザイクをなしているように私には見える。すでに触れた薩摩や長州や土佐もその例である。他にもある。すぐに思い浮かぶものだけでも、次のようなものがある。

(i) 紀州・熊野

この二つの地方、特にその海岸部は極めて個性的である。薩摩や土佐に通ずるものかも知れない。

もう三〇年以上の昔になるが、私は紀州の海岸地帯によく出かけた。そして、古座の地元の方と研究会などを持った。この人がよく言っておられたことは、「俺たちは海民だ。嵐が来て、難破船が出るときがチャンスなのだ。昔の海民連中は荒れる海に乗り出していって、かっぱらいを行っていた。農民の連中も真似をしたのだけれど、たいてい捕まった。農民は素人だけど、俺たちは海のプロだ。これは昔の話だけどな。」

古座辺りは、また人の出入りの激しいところでもあったらしい。この人はこんなことも言っていた。「近くに雑賀という家があるけれど、あれは華僑だ。古座辺りには華僑の系列の人がたくさんいる。古座の人は海を渡ることは何とも思っていない。古座には伊豆辺りに親戚をもっている人が多い。俺の小学校時代の同級生の一人は南洋に行って、今、酋長になっている。」

紀州や熊野の海岸は、黒潮に洗われていて、普通の内陸部などとは全く違うらしい。極めて開放的でバイタリティに富み、脱国家的なところさえあるように見える。

(ii) 山陰から北陸

ここは同じ海岸地帯でも、紀州や熊野とは全く違う。冬は寒くて雪深い。たぶん、このことと関係しているのだろうが、太平洋の人に比べると静止的で内向的に見える。しかし、孤立的かというと、そうでもないらしい。

私は能登を旅行したとき、びっくりしたことがある。そこの海岸にはペットボトルなどの漂着物がいっぱい流れ着いていた。気がつくと、ハングルが書かれたものが極めて多いのだ。海岸は一衣帯水の世界だな、と強く実感させられた。海岸にいると、決して孤立的などではあり得ないのだなとも思った。

その能登で、こんな話を聞いた。舳倉島には昔は韓半島から海女がたくさんやってきた。ロシアの漁民がやって来たこともある。島というのは国境とは関係なく、いわばみんなの共有の場のようなところでもあったらしい。

こういう海はまた、決して距てるところではなく、そこを渡って人々が交流を行う場でもあったらしい。政治的な理由で国家が国境を厳しく閉じない限り、人々はここを通って盛んに交流した。例えば渤海使は八世紀の初めから一〇世紀の初めまでの二〇〇年足らずの間に三〇回、この海を渡って日本に来ている。問題は、国際政治の垣根なのである。これさえ低くなれば、日本海の文化的、経済的価値はすばらしく大きなものになるのは目に見えている。ポテンシャルは非常に高いのである。先に少し議論した隠岐などは、まさにこの国際政治の問題と直結した火中にあるのだが、この問題さえうまく処理できれば、環日本海地域というのは一斉に大飛躍しうるのだと私は考えている。

(iii) 北部北海道

北海道は二つの部分から成っている。北部北海道と南部北海道である。前者はオホーツク海に面した部分である。ここは原植生が亜寒帯常緑針葉樹からなっていて、南部の落葉広葉樹林帯とはだいぶ違う。南部だと、擦文文化というのが広がっていて、少しは農業もやっていたが、北部はオホーツク文化というのが広がっていて、狩猟と漁撈をもっぱらとしていた。特に海獣を多く獲った冬は、竪穴住居に住むが、夏はキャンプをして歩くという生活である。南部は基本的には本州の続きと考えてよいが、北部はそれとは全く異質で、オホーツク海を中心に広がる世界の一部である。

オホーツク海に面したこの北部は、実際には二本の腕を伸ばしたような格好になっている。一つはサハリンからアムール川流域に伸びるものであり、今一つは千島列島からアリューシャン列島を経てアラスカに伸びていくものである。

サハリンからアムール川に伸びる腕は、古代から大陸と北海道をつなぐ通路になっていたが、元代になるとこの通路は一層整備されたものになり、いわゆる山丹貿易のルートになった。山丹貿易というのは、山丹人が行った国際貿易である。彼らはシベリアの貂を中国に運び、中国の錦を持ち帰って、それをサハリン経由で日本に売った。これは清代まで続いたかなり大きな貿易である。北部北海道は結局、この北アジア貿易の一端を担った地方ということになる。

一方、千島列島の腕に関しては、こんな状況がある。アラスカのトリンギットの人たちが私に「自分たちの先祖は日本から来たのだ」と言った。これは事実かどうかわからない。しかし、彼らはきっと自分たちも日本人と同じモンゴロイドだ、それに北海道の人たちは同じ流氷域に生活している、という親近感があって、こんなリップサービスをしてくれたのかも知れない。現に日本とアラスカの原住民の間には、大きな経済関係があるわけでも何でもない。にもかかわらず、私は彼らが持っていてくれるこの連帯感とでもいうべきものは大変大きな意味をもつように思うのである。先に少し述べた環太平洋森海文明圏の建設のようなことを考えるとき、これはとっても大きな資産だといえるのである。

以上のようなことを考えてみると、地方の持つ意味というのは大変大事だと思う。世界が将来、手をつないで共存していこうとするなら、上に述べたような地方というのは、まさに決定的に重要な意味をもつのである。

私はこの小冊で日本のことを論じたが、あまりに畿内偏重が過ぎた。反省しているところである。次に機会があれば、「地方群からなる日本」とでもいう視点で再検討してみたいと考えている。私は世界の共存という点から、このことを考えているのであるが、これは同時に地方分権を本当に意味あるものにするためにも、必要な考えかと思っている。

3 世界の共存の問題

つい最近も、パリでテロがあり、一三〇人の人が死んだ。テレビをつけると、どのチャネルもこれを報じている。でも、いかにしてテロを防ぐか、に関する議論ばかりがされている。私は、これではまずいぞ、このままでいけば、人類は破滅するのではないかと思うのである。テロ問題を解決するには、テロを起こしている人たちはなぜこんなことをするのかを考えなければならないと思っている。私は、彼らは二つの点で恨みを持っている、だからテロを行うのだと考えている。一つは、今までに自分たちの文化が踏みにじられてきたことに対する恨みである。もう一つは、あまりにも大きな貧富の格差に対する恨みである。

何故、こんなことが起こるに至ったのか、そのことも考えねばならない。私は結局、これは近代が言い続けてきた「力は正義」の論理のおかげで、弱い人たちが大変なしわ寄せを受けてきたのだと考えざるをえない。

例えば、イギリスが行ってきたことを見てみよう。イギリスをはじめとする列強はアフリカを分割した。民族や歴史など全く無視して、定規で線引きをしてアフリカを分け合った。そして、イギリスは自分に割り当てられたところから何千万人という人間を奴隷として運び出し、カリブでのサトウキビやアメリカでの綿栽培に酷使した。鉄や銅、その他の地下資源を掘り出して国に持って帰り、自分の国を富ませた。

こういうことをイギリスは人類のためにやっているのだといって、堂々とやった。社会を作る能力もない怠け者は、こうしてイギリスが指導してやらないと、どうにもならないのだ、地下資源はイギリスが掘り出してこそ人類のために役立つ、こうして人類の幸福につながるのだ、と言ってきた。人類のために、という詭弁で猛烈な暴虐が行われてきたのである。これではやられた方は恨みをもつのは当たり前である。

近代というのは、このイギリスの暴虐が大手を振って歩き回るような時代だった。世の中が大きく「力は正義」と暴虐の時代へ移り変わる時代だった。それまでは、イスラームの時代だった。イスラームの時代は交易が中心で、どちらかというとソフトな時代だった。イスラームは富んでいてきらびやかで、周りからすれば羨望の的だった。それが強力な工業と軍事力に押しのけられる時代に置き換わってしまったのである。

イギリスは産業革命に成功し、綿布生産で世界を圧するとともに、軍艦もたくさん持った。フランスもナポレオンが出て強力な国になった。加えてここでは、フランス革命を経過して「自由、平等、友愛」の新思想を打ち出した。イギリスもフランスも軍事力を付けると同時に、新しい思想も生み出して、いわば鬼に金棒の状況を手に入れた。

ここで彼らは、それまで七〇〇〜八〇〇年にわたって押さえつけられていたことに対する報復に打ってでる。徹底したイスラーム封じを始めたのである。その様は長い間、中国に抑えられていた日本が、維新後、急速に中国を見下し、弾圧に転じたのと似ている。ヨーロッパはイスラームに、日本は中国に長い間コンプレックスを持ち続けて忍従してきたが、ここに到って溜飲を下げる挙に出た。

今、この問題を考えるとき、二つの勢力の対立の内容はかなり複雑なものになり、見えにくくなっている。決してイスラーム対欧米という問題では済まされないような具合になっている。その一つが普遍論理といわれるものの内容の問題だ。フランスが出した「自由、平等、友愛」が、本当に普遍性のあるものかどうかが問われている。例えば、こんなことが起こっている。フランスはアフリカ分割のとき、イスラームの多い北アフリカを多く獲得した。それとシリアなどの中近東も獲得した。戦後はそこからの移民が多くフランス国内に入っている。その移民との間に、例えばチャドル問題などというのが起こった。チャドルを付けて登校した学生が退学を要求された。学校のような公共の場に宗教的習慣を持ち込むべきではない、というのである。女性たちが市場などでチャドルを被ると罰金がとられるという法律もある。イスラーム教徒たちは「自由」を侵されている、という。一方政府は、宗教は家でやればいいもので、それを公衆の面前に持ち出すのはいけない、宗教と公共を切り離すというというのは大前提で、そのうえでの自由だ、と言っている。

しかし、これなどはやっぱり考え直すべき問題ではないかと、私は思う。「神は死んだ」といってしまっているフランスでは、これでよいのかもしれない。しかし、神がまだ生きている世界もある。こうした世界では、信仰はフランス政府がいうようにコマギレにして処理できるものではない。要するに、フランスでいう「自由、平等、友愛」はフランス風の「自由、平等、友愛」なのだ。本当の意味での、普遍性のある「自由、平等、友愛」はもっと深いところから考え直す必要がある。世界には基本的なところで価値観を異にするいくつかの社会があるのだ、ということをまず確認する必要がある。

また、もう一つの厄介なことは、問題がキリスト教対イスラームというような単純なものではなくなっていることだ。むしろ、金持ちと貧乏人の対立になっている、ということである。現実の世界を見てみると、先進国の人たちは平均すると後進国の人たちに比べて一〇倍くらい豊かな生活をしている。先進国の一人が生活していくためのエネルギーがあれば、後進国の人たちは一〇人、あるいはそれ以上が生きていける。これでは不満が出るのは当然だ。テロは、だから、金持ち対貧乏人の戦いである。宗教対立でも国家対立でもない、別の次元の戦いが起こっているように見えるのだ。

結局、最近急にエスカレートし出したテロ問題は、もう、それをロケット攻撃や監視では封じ込みきれない問題になっている。それは、二つの極めて根本的な問題を解決する以外に、方法はない。一つは個別文化の尊重ということだ。強者が勝手に決めた普遍論理というものは、何の役にも立たない、ということだ。たとえ相手のいうことが気に食わなくても、あるいはよく分からなくても、とにかく一度「相手の気持ちを考えること」、これが必要なことだと思うのである。わが東北人に教わるところが多いと言わねばならない。もう一つは、やはり貧富の格差をなくするように努力しなければならない。先進国は努力したから豊かになったのだ、後進国は怠けているから貧しいのだ、という意見があるが、これは間違いだ。例えばアフリカを考えてみてほしい。何千万人という人材が奴隷として連れ出され、資源は大量に持ち出されてしまった。列強が植民地を放棄したのは、人道的な立場からでもなんでもない。もう収奪するものがなにも残っていない、こんなものを持っていればむしろ足手まといになる、ということで投げ出した。アフリカに多くの国が独立したとき、その中の一人の大統領は、「せめて元のアフリカであってほしい。今の状態は、マイナスからのスタートだ」といって嘆いている。それが現実だ。先進国は償いをする必要があると、私は考える。せめて先進国に住む私などはつつましい生活をするように心がけるべきだと考えている。

パリのテロの報道が流れたとき、私は七〇年前の自分のことを思い出した。あの頃、私は特攻隊に志願して敵艦に突っ込むことを考えていた。それが当然だと考えていた。叔父は海軍航空隊にいたが、自爆した。そんな話を二年年上の先輩に話すと「おれはすでに中学生だったが、毎日遺書を書く練習をしていた」と言っていた。あのころ、自爆は私たちにとってそんな遠い問題でもなんでもなかった。その後、いろいろな書き物などを読んだりして、歴史のことなど少し分かるようになった。そして今、あの頃の自分の考えでは、私は間違ってはいなかったと思っている。

追い詰められた人のテロ行為を抑え込むことは、不可能だと私は考えている。近代の矛盾はそこまで来てしまったのである。

この問題は本書ではほとんど触れることができなかったが、一刻も早く、みんなで考えねばならない問題だと思う。今後はぜひ、地球文明学の勉強会で発想を得たいと思っている。

世界単位論を引き継ぐ同時代人に——跋に代えて

二〇一六年三月一一日、高谷好一先生はインド北部の町チャンディガルで逝去された。地質学を学び、東南アジア研究を推進され、世界単位論を構想された高谷先生の学術的な業績は、専門分野を越えて引用され多くの研究者を刺激してきたが、そのアイデアは傘寿を越えても尽きることなく、その突然の死も、まさに次の構想のためにインド聖地を巡る調査旅行のさなかであった。

その時、高谷先生の手元には、印刷物の裏紙に手書きで記された、日本史を世界単位論から見直す論考が残されていた。この遺稿をどうするか、遺品を整理する中でその扱いが議論された。その結果、手書きの遺稿を草稿として、高谷先生に特に縁の深かった阿部健一（総合地球環境学研究所）、嶋田奈穂子（総合地球環境学研究所）、古川久雄（京都大学・名誉教授）、柳澤雅之（京都大学東南アジア地域研究研究所）の四名が不足分や図版を補い、一冊の本として刊行し世に問うことで一致した。それが、本書刊行の直接的な経緯である。

しかし、実は本書は、高谷先生によって二〇〇五年からすでに構想が開始されていた。高谷先生はそれまでの海外を中心とする研究調査から、日本列島の文明生態史を考えるために、国内の調査を活発に進められていた。さまざまな考古遺跡を巡り、その立地環境や周辺の景観から遺跡を俯瞰すると同時に、現地の博物館を訪れ、遺物の一つ一つの文様等を丹念に読み解き技術の伝播について思いを馳せられた。そうした調査は二〇一五年一一月の奈良県橿原・明日香での調査まで一〇年以上にわたって継続し、その後、集中的に原稿執筆に取り組まれ、手書き原稿として二〇一六年一月に完成した。インド聖地の旅は、その直後のことである。同行していた嶋田によると、亡くなられる前日の三月一〇日には、聖地ハリドワルのガンジス川で沐浴をされ、インドの偉大さについて熱く語られていたという。普段とまったく変わらない中での、突然の逝去であった。

＊　＊　＊

本書は、世界単位論を構想された高谷先生が、日本の社会形成をどのように読み解いたのかが主題となっている。一国史観を排し、より広域のアジアの生態環境や交易・交流の歴史の中で、アジアの東端にある一つの列島が、いかに「日本」という形をなしてきたのかを再構築しようとしている。その意味において本書は、高谷先生の世界単位論研究の一つの終着点であるが、その構想は、一九八〇年代に遡る世界単位論を構想した時に始まっていたといってもよい。

世界単位論について高谷先生はいくつかの著作にまとめられた(1)。国民国家を前提とした地理的空間や歴史的認識に依拠して世界を理解するのではなく、人びとが実際に依拠してきた、より基層の思想や行動規範に基づいた範囲を措定し、そのまとまりが世界を形作っていると考えた。そして生態環境は、その思想や行動規範に影響をおよぼす重要な要素であった。

アカデミズムの世界ではよく知られているように、この世界単位論の考え方は、称賛と批判が入り混じって広く議論された。その意味で、一つのパラダイムを提起したと言って間違いないが、たとえば「世界単位論学会」や「高谷学派」というようなアカデミックサークルを作ることはなかった。そういうアカデミックサークルを形成するようなことは、高谷先生ご自身が好まれなかったことでもある。

アカデミックサークルが形成されなかったからといって、世界単位論の輝きが、一発の打ち上げ花火のように、先生のご逝去とともに消え去っていくわけではない。現代のグローバル世界において、国民国家を前提とした世界システムに由来する数多くの問題群の解決が必要とされている。その中で、近代的な「国境」を越えた秩序の可能性を示した世界単位論の考え方は、ますます重要になっている。世界単位論こそがこれからの世界を理解するための唯一の考え方であるという主張をするつもりはまったくないが、世界単位論の考え方の基層にある、現代文明を地域の生態と人びとの暮らしの相互作用、すなわち風土から理解するというアプローチは、今に生きる私たちが強く学ぶべき視点であり方法であることは間違いない。世界単位論を私たちがどう引き継いでいくのか、本書を通じて同時代人に生きる人びとに考えていただきたい——これが、高谷先生の遺稿を基にご本人の意向を確認することなく本書を刊行することにしたわれわれの意図である。

本書は、さまざまな人のお世話になって刊行することができた。高谷先生が本書執筆にあたりお世話になった方々に加えて、本書を刊行するにあたって、本書で引用されていた史資料の検索・収集には、大橋信弥氏（近江古代史研究会代表）、高木叙子氏（滋賀県立安土城考古博物館）、中井純子氏（守山市埋蔵文化財センター、画家）、小島康平氏（京都大学大学院生）のお世話になった。伊藤ゆかり氏（京都大学東南アジア地域研究研究所）には丁寧な校正作業と索引の作成に、全面的にご協力いただいた。また、生前の高谷先生の著作を何冊も刊行されてきた京都大学学術出版会の鈴木哲也氏には、本書の構想時点のご相談から、読み合わせ会への参加、一切の編集作業と、すべてのプロセスでお世話になった。心より、御礼申し上げる。

有形無形の知的財産を残してくださった高谷先生に哀悼の意を表するとともに心からの感謝の気持ちを込めて

阿部健一・嶋田奈穂子・古川久雄・柳澤雅之

（1）「世界単位」が明記された入手しやすい書籍として、『新世界秩序を求めて』（中公新書、一九九三年）、『「世界単位」から世界を見る 地域研究の視座』（京都大学学術出版会、一九九六年／（新編）二〇〇一年）、『世界単位論』（京都大学学術出版会、二〇一〇年）などがある。

ミーソン　118, 120
三浦半島　310
南シナ海　71, 110
都城　286
三輪山　262
武蔵　308
ムシ川　87
宗像神社古墳　256
明　174
メコン・デルタ　115
メソポタミア　159
元　124, 143, 172
モヨロ貝塚　130
モンゴル高原　140
モンゴル世界帝国　123, 142, 161

［や行］

野洲川デルタ　241, 248, 250-252, 277, 323, 331-332, 335, 337-338
ヤップ帝国　221
邪馬台国　245
大和　261
大和川　268
ユーフラテス　160
ユーラシア　145

［ら行］

ランタン・ヒマラヤ　6
琉球　351, 371, 394, 445
良渚遺跡　31, 33
林邑　117

楚　181
宋　171-172
曽我遺跡　276
ソグディアナ　157

［た行］
大興安嶺　51-52, 59-60
大理　37
高松塚古墳　281, 260
楯築遺跡　255
種子島　219
タリム盆地　151, 152, 158
チェアパン　7
チェンマイ　45, 46, 47
チグリス　159
チベット高原　2
チャーキェウ　118
チャム　118-120
チャンパ（占城）　117, 121
長江　5, 164, 167
長州　395
長白山脈　51, 52
津軽　326
作山古墳　260
対馬　239
造山古墳　260
ティドレ　106
テルナテ　106
滇池　36-37, 112
滇王国　36, 112, 250
天山山脈　151-153
唐　171
統一新羅　186
トゥーボン川　118
同江　53, 55-56
東京　407
東北（日本の）　439
東北地区（中国の）　167
登呂遺跡　232

［な行］
ナイル　160
奴国　250
菜畑遺跡　233
奈良盆地　267, 269-270
南越　114, 250
日本列島　190
ネパール　6
能登　448

［は行］
八丈島　222
服部遺跡　241
パリットプラジャン　87
ハルピン　53, 54
パレンバン　121
パンカラン　74, 78
バンダ島　107
バンテン王国　128
反排村　11-12
東シナ海　216
ヒマラヤ　6-7
ビルガンジ　6
深草　280
ブカワン　90, 92-95, 97-98
藤ノ木古墳　260
藤原京　295, 297
福建　351
扶南　116
フローレス海　108
平安京　301
平城京　297-298
北京　144
ホアイ・ダム　17
ホイアン　118, 120, 356
彭頭山遺跡　34
北魏　138, 170
北海道　449
ポルトガル　115, 127, 359
ボルネオ　99

［ま行］
マカオ　115
纏向遺跡　261-262
松尾神社　278
マニラ　357
マムルーク朝　143-144
マラッカ王国　124, 126

蝦夷地　324, 372
越　36-37, 114, 234, 247, 249
江戸　374
燕　274
近江盆地　277
大岩山古墳群　250
大川遺跡　207-208
大坂　374
オーストラリア　92
大堰川　278
隠岐　398
沖縄　443
オケオ遺跡　115
オセアニア　222
オランダ　368-369

［か行］
鏡作神社　268
橿原遺跡　209
霞ヶ浦　311
カトマンズ　38-40
河姆渡遺跡　29, 31, 231
鎌倉　310
加茂岩倉遺跡　254
唐古・鍵遺跡　268
カロリン諸島　221
神奈備山　120
環日本海地域　224
韓半島　182, 184
ギアロ　43-45
吉備　238
京　292
葛野大堰　278
百済　185-187
原倭国　241, 245, 252
黒河　56, 58
黄河　164, 167, 169
高句麗　185-187
広州　114, 123
荒神谷遺跡　254
広隆寺　278
香料群島　106
コーロア（古螺）城　111
黒竜江省　53
五胡十六国　170
栫ノ原遺跡　223
五代十国　171
古朝鮮　185-186
コーロア（古螺）城　111, 114

［さ行］
堺　361, 363
サマルカンド　162
三内丸山遺跡　202-205
シアク・スリ・インドラプラ（シアク王国）　74-80
シベリア高原　51-52
シホテアリン山脈　51-52
下之郷遺跡　242, 246, 247
下鈎遺跡　244
シャイレンドラ王国　121
ジャカルタ　128
十三湊　327
珠江　114
シュリヴィジャヤ　120
松花江　53, 56
小興安嶺　51-52
小スンダ列島　108
ジョホール王国　126
新羅　186-187
シルクロード　151
城頭山遺跡　34
新開流遺跡　66
清　174
シンガポール　92, 108, 128-129
新疆ウイグル自治区　148, 164
新沢千塚古墳　260
瑞麗　38
スペイン　360
スマトラ　21, 71-74, 77
スラウェシ島　22, 24, 87
スラットパンジャン　78-81, 83, 96
スルー海・セレベス海　101
スルー王国　103-104
スルー諸島　103
スンダカクパ　128
スンダ陸棚　70-71, 74
石寨山遺跡　36-37, 248

長津一史　104-105
中臣鎌足　282
永留久恵　239
中西輝政　318, 397
中大兄皇子　282
納屋助左衛門　362
難波洋三　250, 265
野中恵子　145

［は行］
バクル，アブー　103
パセーの王　125
林屋辰三郎　364
パラメスワラ　124
張明聲　165
樋口隆康　280
卑弥呼　245, 258, 263-265
ピレス，トメ　125
深見純生　24, 74, 77, 120
福永光司　180, 291
藤田三郎　268
藤田達生　344-345
藤田富士夫　225
藤原不比等　296, 302
古川久雄　74, 128
ヘロドトス　136
ホンタイジ，バートル　150

［ま行］
枡本哲　67
松木武彦　236-237
松木哲　321
松下浩　332, 344-345
松田眞一　207
松本健一　398
水野正好　278
源頼朝　312
村井章介　351
村上正二　146
森岡秀人　245, 263
森浩一　204, 222, 268, 279, 326
森下正明　59
森安孝夫　141

［や行］
安田喜憲　34-35
山崎幸治　206
山田信夫　136, 141, 146, 157
大和岩雄　278
弓月君　276
横山浩一　166
吉田松陰　397
吉成直樹　352
吉村元男　ii, 292
依田千百子　187-188

［ら行・わ行］
ラピアン，A・P　128
蓮如　335
若林弘子　12
渡辺誠　130-131, 311

■地名（地域／国家／施設名／歴史的地名／遺跡）

［あ行］
アジア大陸　2
アスカ　280
天ケ原セジョウガミ遺跡　239
アムール川　53
アユタヤ　354-356
壱岐　350
伊豆・小笠原諸島　220
出雲　238
伊勢遺跡　243, 245, 264
伊勢神宮　374
イル・カン国　143-144
インダス川　160
インドラギリ　89
上野原遺跡　223
ウォーレシア　71, 100-101
ウスリー川　53
内蒙古　164
海中国　364
雲南　111-112

井沢　実　359
石井米雄　356
石川清　370
イスカンダール・シャー　124
イスマイル，ムサ　23
イブラヒム，ラムリ　78
今西錦司　59-60
岩生成一　369
植田文雄　256-258
ウォーレス，A・R　101
梅棹忠夫　54, 59, 271
梅原猛　34
江上波夫　157-158, 271
榎本守恵　327
王直　353
大林太良　47
岡村秀典　168
岡本弘道　351
織田信長　336, 342

［か行］
樫永真佐夫　43
門脇禎二　280
ガフン，アブドラ・マナフ　90-93, 98
鎌木義昌　311
上山春平　5, 289-290, 297-298
川喜田二郎　40-41, 59
川野和昭　231
木戸雅寿　323
吉良竜夫　59
クビライ・カン　143, 172-173
久米邦武　416
グラバー，トマス　401
クレイノヴィチ，アブラモヴィチ　67
厳文明　167-168, 178
孔子　169
高祖（漢）　169
江南良三　383
甲元眞之　166-167, 178
後白河上皇　313
後醍醐天皇　316-317
小山修三　201

［さ行］
崎山理　226-227
佐々木高明　5, 15, 50, 52, 66, 201-202
佐藤正衛　140-142, 147
佐原眞　271-272
シーボルト　389
始皇帝　169
持統天皇　296
ジュチ　142
徐朝龍　33, 181
聖徳太子　281
聖武天皇　298
徐福　223, 235
新東晃一　224
推古天皇　281
杉山正明　141, 172
鈴木克彦　326
蘇我入鹿　282
蘇我蝦夷　282
園田英弘　408-409
蘇秉琦　165

［た行］
高瀬弘一郎　367
高橋克彦　325, 439, 442
竹内誠　309
田中彰　416
田中健夫　349-350, 353, 360
田中俊明　185-186, 188
チンギス・カン　123, 140-142, 143, 158, 173
鶴見良行　125
出口晶子　213-214, 216
寺沢薫　259, 261, 263
天武天皇　283
土居浩　374
トメ・ピレス　125
豊臣秀吉　345
鳥越憲三郎　12, 249
ドルーシュ，F　360

［な行］
中江藤樹　381
中尾佐助　4-5

［ま行］
マーケットランゲージ　176
纏向型前方後円墳　259→地名索引参照
丸木船　213-214
丸ノミ型石斧　218
マレー・イスラーム　126
マレー語　127
まれびと　200, 227, 403
　——信仰　426, 444
マングローブ　71, 84
満州族　66
マンライ王　46
水の神　61
三つの系列の稲作　233→稲作
密貿易（密輸）　93, 99, 104-105, 371
港町　310, 341→港市国家
南の海　216-217, 223
南の海民　226
南の森　2, 4, 28, 190, 200, 209-210
「みやこ」性　408
村請け　348
村建て　14
「村の柱」（ラック・バーン）　47
村の門　14
室町幕府　317
明治維新　393
綿
　イギリスの——　46, 376, 391, 430-431
　日本の——　375, 379
綿布　129
森→植生区分
　北の——　2, 4, 50, 52, 200-202, 206, 210, 226
　南の——　2, 4, 28, 190, 200, 209-210
　大陸の——　3

［や行］
焼畑　8, 24
　——稲　233
社　220
大和王権　265
山の神　61
遊牧　134
よく練られた百姓　379
横穴墳　260
四隅突出型墳墓　255
四つの口　370

［ら行］
卵生神話　188
陸中国　364
陸に上がったバジャウ　102
陸のシルクロード　174
律令　175-177, 286, 428
　——国家　274, 413
離島　221, 398, 400
竜脳採り　21, 22
領家帯花崗岩　240
両属　370
良渚文化圏　166
遼西紅山文化圏　165
ルア　47
ルカイ　15
老荘　291

［わ行］
倭寇　349, 351
　後期——　352
　前期——　349
佤族　12, 14, 249

■人名（歴史人名／研究者名）

［A–Z］
Furness, William Henry　21
Nieuwenhuijzen, F.H.　75
Woengsdregt, Jac.　24

［あ行］
安里進　444
足利尊氏　316
網野善彦　204, 222, 321
アンズオン（安陽）　111

トゴ　91
都市　262, 374
　──国家　159
　──作物としての水稲　41→稲作，水稲
　オアシス──　161
　交易──　35, 42
　城壁──　155, 159
「土地の主」　ii, 48-49, 293
土着意識　427
突厥　138, 146, 158
渡来人　275-276, 309
トルファン　153, 156
奴隷　102, 108-109, 162-163
ドンソン・ドラム　111, 113
　──文化　111, 117

［な行］
内陸国日本　282
苗族　8-12
納得の風土　381, 404
南越→地名索引
　──漢墓　113-114
　──文化　113
南宋貿易　321
南蛮貿易　360
南北差　178
南北朝　317-318
ニヴフ　67, 68, 206
ニクズク　106
西風　108
日元貿易　322
ニッパヤシ　73
日本語　225-226
『日本書紀』　288
日本人　225, 374
　──の美意識　319
　──町　354, 356
二里頭文化　166
人間力　98-99
熱帯多雨林　21
ネットワーク　93, 120, 141, 247, 345, 446
練られた人間　378
能　279

［は行］
バガン　91-92
白亜の殿堂　76
白村江の戦　282-283
バジャウ→サマ人
畑作型水稲　234→稲作，水稲
秦氏　276, 278
鉢植え大名　348
バッファーゾーン　446
隼人　231
万世一系　288
班田収授法　287
藩閥政府　407
氾濫灌漑　160→灌漑
ピー（精霊）　17-20
日向神話　220
ビマ　109
百姓　304
ビャクダン　106
漂海民　95
卑南　16-17
プー・ター　48, 49
風土　178, 182, 434
ブギス　87, 108-109
部族連合社会　147
仏教　281, 294, 428
　新──　315→仏教
福建系中国人　96
ブナ林　203→植生区分
船　179
不平等条約　406, 419
フロンティア　97, 308, 372, 383
墳丘墓　254
フン　138
平民性　315
ホイトウ　219
貿易　321
ポー・ナガルの塔　117
濮　36-37, 50
ホジェン（赫哲）　65-67
ホタアイル　135
ポルトガル人　106, 126, 359
本地垂迹説　294

生態史　iii, viii
聖地　120
製鉄　238
精霊　101
世界循環交易網　123
世界単位　i-iii
世界帝国　143-144
石貨　221
石家河文化圏　166
摂関政治　302, 304
前期倭寇　349→倭寇
戦国時代　330
戦国大名　330
先住者　47
扇状地　242-243
鮮卑　138, 146
前方後円墳　254
　纏向型――　259
前方後方墳　256-257, 260
双獣頭　112
草原　134
　――オアシス型の王　35→オアシス
　――の民　158, 192
　――文化　309
惣村　322-323, 333
蘇我氏　280-281
ソグド　157
外文明　212, 234→内世界
　――の在地化　427

［た行］
タイ・ユアン　45, 47
大化改新　282
太閤検地　347
大宝律令　286-287
太洋と島　195
大陸の森　3
ダウ　122
高床建物　179, 230-231
拓跋　170
竹　230
　――笛　180
多神教　286, 293-294
　――的本質　414
脱亜入欧　418
魂を送る　227
ダミー国家　445
地縁共同体　377-379
地球文明学　ii
地と柄　412
チベット・インド交易　40
地方群からなる日本　451
チャム　117
中華思想　163
中華世界　2, 64, 163, 175, 193
中原龍山文化圏　165
中国の新石器文化　167-168
中国語→漢語
長江文明　33, 34
朝貢貿易　350
チョウジ　106
津軽海峡圏　202, 204
鼓社節　9, 11
つなぎ　446
ツングース　183, 226, 402
　――の神話　187
蹄耕　219-220
泥炭湿地林　73, 74
鉄砲　361
天下統一　343
天子　286
天孫降臨　145, 147, 188, 220
天孫思想　145, 271-272, 275, 427
天皇　254, 286-288, 292, 294, 344
澱粉　81
道教　180
銅鏡　265
銅剣　236, 238
東西交易　110, 116, 120, 139
銅鐸　236, 240
銅鼓　248
東南アジアの海　70, 194
東風　108
動物　63
　――の主（ヌシ）　63
銅矛　236, 239
都会性　413
独立棟持柱　232, 244

『古事記』 288-289
御成敗式目 315
五畜 135
国家連合 244
コプラ 104-105
コミューン 398-399
ゴム栽培 85-86
コメ・プランテーション 243, 247→稲作
コンセッション 100

［さ行］
サーフィン文化 112-113, 117
在地性 315
サカ 137
鎖国 368, 370
サゴヤシ 81-82
　サゴ澱粉 83
　サゴ・ルンダン 81, 83
　サゴ洗い 81-83
里山 203, 209, 210
サヌカイト 210
砂漠 2, 151, 153-154, 193→オアシス
サマ人 101-102
山岳信仰 279
産業革命 129
参勤交代 373
サンゴ礁 218
山東龍山文化圏 166
自営農民の時代 377
塩 91
鹿革 355
色目人 124, 175-176
軸線 263
シコクビエ 7, 8
自然堤防 232
始祖神話 146, 185-188
漆器 180
湿地林 71, 87
　——開発 87
　——の消滅 99
磁鉄鉱系花崗岩 238
錫伯 65
島連合 221
シャーマニズム 8-9, 18, 62, 142, 147
佳木斯 54-55
ジャワ人 85, 100
ジャンク 123, 127
朱印船貿易 358
織豊時代 341
儒教 164, 169, 173, 175, 177
首都 385, 408
狩猟採集民 209
春秋・戦国時代 234
荘園 303
小区画水田 242
商人 108
商品としてのコメ 248→稲作
尚武の民 148, 150
城壁都市 155, 159→都市
情報センター 363
縄文尺 225
縄文時代 209
照葉樹林 4, 5, 201, 207→植生区分
　——文化 4
植民地化 129
植生区分
　亜寒帯常緑針葉樹林 50, 59, 63, 191
　亜熱帯林 5, 17
　温帯落葉広葉樹林 50, 64, 192
　照葉樹林 4, 5, 201, 207
沈香 120
信仰
　山岳—— 279
　まれびと—— 426, 444→まれびと
神社 219
真珠取り 92
壬申の乱 283, 295
新仏教 315→仏教
森林観 63
森林物産 76-77
隋 171
水稲 233→稲作
　——耕作 42, 404
　都市作物としての—— 41
　畑作型—— 234
水陸両用の人たち 218
スキタイ 136-137, 147
炭焼き 83

オンドル　277

［か行］
貝貨　221
海禁　350
　──令　351
蚕神社　278
海獣狩猟文化　130
外戚　297-299
海賊　102, 124, 353
回転式離頭銛　130-131
海民　310, 393, 402
　──王　265
華僑　352
カザフ人　148, 150
化政文化　389
家畜　61
滑石　277
カナート　153-155
鎌倉幕府　312
カミ　26, 200, 211, 286, 288, 404, 413, 426
　──なる「天皇」　293
　──の依代　294
神の柱　14
カム族　17-20
伽耶　186, 188
漢氏　280
カラホショ（高昌壁）　156
川港　74, 77, 268
瓦葺　295
灌漑　155
　──稲作　45, 233
　──施設　377
　氾濫──　160
漢語（中国語）　164, 176
環濠　246, 247
　──遺跡　242
　──集落　247
勘合貿易　322, 350
韓式土器　277
感精神話　146
官僚制　287
北の海　130, 196, 224→海
北の森　2, 4, 50, 52, 200-202, 206, 210→森
　──の狩猟中心の人たち　226
『魏書』東夷伝馬韓条　19
絹　180
木の文化　114
騎馬民族　136, 192
　──国家　158
　──到来説　271
　──の文化　137
境界祭祀　239
共存　451
匈奴　136-138, 156
魚食　178
キリシタン　361
キリスト教　366
金　172
銀　357
銀山の開発　339
近代文明　430, 432
くにの柱（ラック・ムアン）　46-47
首狩り　22
熊祭（熊送り）　67-68
クメール　49
クリ林　203, 210
呉　234, 247
黒潮　448
　──帯　218
　──文化　219, 311
黒タイ　43, 44
群集墳　260
景観学的アプローチ　28
交易　36, 243, 247, 252, 323, 327
　──システム　161
　──都市　35, 42
航海祭祀　239
航海術　221
工学的空間　153
黄河文明　160
後期倭寇　352→倭寇
鉱山開発　279
港市（港市国家）　115, 126
香料　107
香料貿易の独占　128
ココヤシ　90, 247

索　引

■事項（歴史事象，民族，生物，一般事項）

［あ行］
アイヌ　67-68, 205-206, 328
アウトリッガー　215
アカシア林　100→植生区分
亜寒帯常緑針葉樹林　50, 59, 63→植生区分
飛鳥時代　279
安曇氏　218, 235, 248
亜熱帯林　5, 17→植生区分
アブラヤシ　100
アラビア人　76, 115
粟祭　15
安政不平等条約　392
イエズス会　366
家船　95, 101-102, 179, 215
イギリス東インド会社　129
異人　118
イスラーム　127
　——の時代　122
　——のネットワーク　122→ネットワーク
　——の港市国家　126
一向一揆　335
一衣帯水性　138, 223, 349, 448
稲作　29, 178, 230→水稲
　稲作祭祀　240, 249
　——の出現　28
　——文化　230
　コメ・プランテーション　243, 247
　商品としてのコメ　248
　三つの系列の稲作　233→稲作
イモ　218
院政　304
インダス文明　160
インド化　117
インド人　116
ウイグル　139, 158
鵜飼い　230
内世界　425→外文明
馬　238
海（の世界）　2, 212, 220
　——の時代　283
　——のシルクロード　116, 174
　——の文化　236
　北の——　130, 196, 224
　南の——　216-217, 223
海中国　364
エヴェンキ（埃文基）　61
易姓革命　288
駅伝制　287
エビ獲り　73, 91
沿岸航路　382
円墳　260
オアシス　151-154, 157, 162→砂漠
　——系畑作　234
　——都市　161
　——の民　173, 193
　——型の王　33
王　244, 255, 265-266, 274, 412
王宮　262
王朝文化　303
王都　263
近江令　283
オーストロネシア系民族　226, 402
送り　205
「おとな」百姓　376
オホーツク海　130-131
オホーツク文化　449
オランダ東インド会社　106, 128, 368-369
オランラウト　95
オロチョン（鄂倫春）　57-59
温帯落葉広葉樹林　48, 62, 182-184, 192→植生区分

【著者略歴】

高谷　好一（たかや　よしかず）

京都大学名誉教授、滋賀県立大学名誉教授。

1934（昭和9）年、滋賀県守山市に生まれる。1958年、京都大学理学部卒業。

京都大学東南アジア研究センター助手、助教授を経て、1975年から京都大学東南アジア研究センター教授。

1995年から2004年まで滋賀県立大学人間文化学部教授。

2004年から聖泉大学教授。

2016年3月11日、調査旅行中のインド・チャンディーガルで逝去。


【主な著書】

『熱帯デルタの農業発展』（創文社、1982）、『東南アジアの自然と土地利用』（勁草書房、1985）、『マングローブに生きる』（NHKブックス、1990）、『新世界秩序を求めて』（中公新書、1993）、『「世界単位」から世界を見る』（京都大学学術出版会、1996／新編2001）、『多文明世界の構図』（中公新書、1997）、『地域間研究の試み』（京都大学学術出版会、1999）、『地球地域学序説』（弘文堂、2001）、『地域学の構築』（サンライズ出版、2004）、『二人の湖国』（サンライズ出版、2004）、『地域研究から自分学へ』（京都大学学術出版会、2006）、『世界単位論』（京都大学学術出版会、2010）、他多数。

学術選書

世界単位 日本
——列島の文明生態史　　学術選書 082

2017 年 8 月 15 日　初版第 1 刷発行

著　　者…………高谷 好一
発 行 人…………末原 達郎
発 行 所…………京都大学学術出版会
京都市左京区吉田近衛町 69
京都大学吉田南構内（〒 606-8315）
電話（075）761-6182
FAX（075）761-6190
振替 01000-8-64677
URL http://www.kyoto-up.or.jp
印刷・製本…………㈱太洋社
装　　幀…………鷺草デザイン事務所

ISBN 978-4-8140-0079-1
定価はカバーに表示してあります

学術選書［既刊一覧］

＊サブシリーズ「心の宇宙」→心 「諸文明の起源」→諸
「宇宙と物質の神秘に迫る」→宇

001 土とは何だろうか？ 久馬一剛
002 子どもの脳を育てる栄養学 中川八郎・葛西奈津子
003 前頭葉の謎を解く 船橋新太郎 心1
005 コミュニティのグループ・ダイナミックス 杉万俊夫 編著 心2
006 古代アンデス 権力の考古学 関 雄二 諸12
007 見えないもので宇宙を観る 小山勝二ほか 編著 宇1
008 地域研究から自分学へ 高谷好一
009 ヴァイキング時代 角谷英則 諸9
010 GADV仮説 生命起源を問い直す 池原健二
011 ヒト 家をつくるサル 榎本知郎
012 古代エジプト 文明社会の形成 高宮いづみ 諸2
013 心理臨床学のコア 山中康裕 心3
014 古代中国 天命と青銅器 小南一郎 諸5
015 恋愛の誕生 12世紀フランス文学散歩 水野 尚
016 古代ギリシア 地中海への展開 周藤芳幸 諸7
018 紙とパルプの科学 山内龍男
019 量子の世界 川合・佐々木・前野ほか編著 宇2
020 乗っ取られた聖書 秦 剛平
021 熱帯林の恵み 渡辺弘之
022 動物たちのゆたかな心 藤田和生 心4
023 シーア派イスラーム 神話と歴史 嶋本隆光
024 旅の地中海 古典文学周航 丹下和彦
025 古代日本 国家形成の考古学 菱田哲郎 諸14
026 人間性はどこから来たか サル学からのアプローチ 西田利貞
027 生物の多様性ってなんだろう？ 生命のジグソーパズル 京都大学総合博物館 京都大学生態学研究センター 編
028 心を発見する心の発達 板倉昭二 心5
029 光と色の宇宙 福江 純
030 脳の情報表現を見る 櫻井芳雄 心6
031 アメリカ南部小説を旅する ユードラ・ウェルティを訪ねて 中村紘一
032 究極の森林 梶原幹弘
033 大気と微粒子の話 エアロゾルと地球環境 笠原三紀夫 東野 達 監修
034 脳科学のテーブル 日本神経回路学会監修／外山敬介・甘利俊一・篠本滋 編

035 ヒトゲノムマップ　加納　圭
036 中国文明　農業と礼制の考古学　岡村秀典　諸6
037 新・動物の「食」に学ぶ　西田利貞
038 イネの歴史　佐藤洋一郎
039 新編 素粒子の世界を拓く　湯川・朝永から南部・小林・益川へ　佐藤文隆 監修
040 文化の誕生　ヒトが人になる前　杉山幸丸
041 アインシュタインの反乱と量子コンピュータ　佐藤文隆
042 災害社会　川崎一朗
043 ビザンツ　文明の継承と変容　井上浩一　諸8
044 江戸の庭園　将軍から庶民まで　飛田範夫
045 カメムシはなぜ群れる？　離合集散の生態学　藤崎憲治
046 異教徒ローマ人に語る聖書　創世記を読む　秦　剛平
047 古代朝鮮　墳墓にみる国家形成　吉井秀夫　諸13
048 王国の鉄路　タイ鉄道の歴史　柿崎一郎
049 世界単位論　高谷好一
050 書き替えられた聖書　新しいモーセ像を求めて　秦　剛平
051 オアシス農業起源論　古川久雄
052 イスラーム革命の精神　嶋本隆光
053 心理療法論　伊藤良子　心7
054 イスラーム 文明と国家の形成　小杉　泰　諸4
055 聖書と殺戮の歴史　ヨシュアと士師の時代　秦　剛平
056 大坂の庭園　太閤の城と町人文化　飛田範夫
057 歴史と事実　ポストモダンの歴史学批判をこえて　大戸千之
058 神の支配から王の支配へ　ダビデとソロモンの時代　秦　剛平
059 古代マヤ　石器の都市文明［増補版］　青山和夫　諸11
060 天然ゴムの歴史　ヘベア樹の世界一周オデッセイから「交通化社会」へ　こうじや信三
061 わかっているようでわからない数と図形と論理の話　西田吾郎
062 近代社会とは何か　ケンブリッジ学派とスコットランド啓蒙　田中秀夫
063 宇宙と素粒子のなりたち　糸山浩司・横山順一・川合　光・南部陽一郎
064 インダス文明の謎　古代文明神話を見直す　長田俊樹
065 南北分裂王国の誕生　イスラエルとユダ　秦　剛平
066 イスラームの神秘主義　ハーフェズの智慧　嶋本隆光
067 愛国とは何か　ヴェトナム戦争回顧録を読む　ヴォー・グエン・ザップ著・古川久雄訳・解題
068 景観の作法　殺風景の日本　布野修司
069 空白のユダヤ史　エルサレムの再建と民族の危機　秦　剛平
070 ヨーロッパ近代文明の曙　描かれたオランダ黄金世紀　樺山紘一　諸10
071 カナディアンロッキー　山岳生態学のすすめ　大園享司
072 マカベア戦記㊤　ユダヤの栄光と凋落　秦　剛平

073 異端思想の500年 グローバル思考への挑戦 大津真作
074 マカベア戦記㊦ ユダヤの栄光と凋落 秦 剛平
075 懐疑主義 松枝啓至
076 埋もれた都の防災学 都市と地盤災害の2000年 釜井俊孝
077 集成材〈木を超えた木〉開発の建築史 小松幸平
078 文化資本論入門 池上 惇
079 マングローブ林 変わりゆく海辺の森の生態系 小見山 章
080 京都の庭園 御所から町屋まで㊤ 飛田範夫
081 京都の庭園 御所から町屋まで㊦ 飛田範夫
082 世界単位 日本 列島の文明生態史 高谷好一